Praxisorientiertes IT-Risikomanagement

Prof. Dr. Matthias Knoll ist Professor für Betriebswirtschaftslehre an der Hochschule Darmstadt. Sein Spezialgebiet ist die betriebliche Informationsverarbeitung mit den Schwerpunkten GRC-Management, IT-Prüfung und IT-Controlling.

Er studierte an der Universität Stuttgart technisch orientierte Betriebswirtschaftslehre mit den Schwerpunkten Organisation, Wirtschaftsinformatik und Nachrichtentechnik. Im Jahr 2000 promovierte er über die Fragestellung der Abbildung und Steuerung organisationsübergreifender Geschäftsprozesse mit objektorientierten CSCW-Systemen. Es folgte bis zur Berufung an die Hochschule Darmstadt eine sechsjährige Tätigkeit im BI-Umfeld in der IT-Abteilung eines großen Finanzdienstleisters in Baden-Württemberg.

Matthias Knoll

Praxisorientiertes IT-Risikomanagement

Konzeption, Implementierung und Überprüfung

Unter Mitarbeit von Markus Böhm

Prof. Dr. Matthias Knoll
matthias.knoll@h-da.de

Lektorat: Vanessa Wittmer
Copy-Editing: Friederike Daenecke, Zülpich, Annette Schwarz, Ditzingen
Herstellung: Birgit Bäuerlein
Umschlaggestaltung: Helmut Kraus, www.exclam.de
Druck und Bindung: M.P. Media-Print Informationstechnologie GmbH, 33100 Paderborn

Fachliche Beratung und Herausgabe von dpunkt.büchern im Bereich Wirtschaftsinformatik:
Prof. Dr. Heidi Heilmann · heidi.heilmann@augustinum.net

Bibliografische Information der Deutschen Nationalbibliothek
Die Deutsche Nationalbibliothek verzeichnet diese Publikation in der Deutschen Nationalbibliografie;
detaillierte bibliografische Daten sind im Internet über http://dnb.d-nb.de abrufbar.

ISBN 978-3-89864-833-2

1. Auflage 2014
Copyright © 2014 dpunkt.verlag GmbH
Wieblinger Weg 17
69123 Heidelberg

Die vorliegende Publikation ist urheberrechtlich geschützt. Alle Rechte vorbehalten. Die Verwendung
der Texte und Abbildungen, auch auszugsweise, ist ohne die schriftliche Zustimmung des Verlags
urheberrechtswidrig und daher strafbar. Dies gilt insbesondere für die Vervielfältigung, Übersetzung
oder die Verwendung in elektronischen Systemen.
Es wird darauf hingewiesen, dass die im Buch verwendeten Soft- und Hardware-Bezeichnungen sowie
Markennamen und Produktbezeichnungen der jeweiligen Firmen im Allgemeinen warenzeichen-,
marken- oder patentrechtlichem Schutz unterliegen.
Alle Angaben und Programme in diesem Buch wurden mit größter Sorgfalt kontrolliert. Weder Autor
noch Verlag können jedoch für Schäden haftbar gemacht werden, die in Zusammenhang mit der
Verwendung dieses Buches stehen.

5 4 3 2 1 0

Vorwort

Die steigende Abhängigkeit aller Unternehmen von der IT, die zunehmende globale Vernetzung, innovative IT- und internetbasierte Geschäftsmodelle, aber auch neue Endgeräte eröffnen nicht nur vielfältige Chancen. Sie erfordern auch eine sorgfältige Beschäftigung mit ebenso vielfältigen neuen *IT-Risiken*. Schließlich möchte kein Unternehmen sensible Daten offenlegen, mit Störungen in den Betriebsabläufen konfrontiert werden oder in der Öffentlichkeit negativ auffallen. Presseberichte, Studien und Konferenzbeiträge bestätigen diese Notwendigkeit. Sie verweisen auf eine wachsende Zahl einschlägiger Vorfälle und die hohe »Professionalität« derjenigen, die für gezielte, immer gefährlichere Angriffe und den Diebstahl vertraulicher Daten verantwortlich sind.

Erfahrene IT-Risikomanager wissen, dass sich solche Vorfälle in *jeder* Branche ereignen und Unternehmen *aller* Größen treffen können. Es ist nicht die Frage, *ob*, sondern nur, *wann* etwas geschieht und *wie groß* der Schaden ist. Vorkehrungen müssen also getroffen werden, und selbst das ist weder einfach noch Erfolgsgarantie. Immer wieder stellen Experten fest, dass neue Schwachstellen entstanden sind, ehe alte beseitigt werden konnten, und ergriffene Maßnahmen wirkungslos werden, ehe bessere einsatzbereit sind. Der Umgang mit IT-Risiken, das IT-Risikomanagement, ist deshalb ein ständiger Prozess.

Es gibt unterschiedliche Möglichkeiten, diese Aufgaben zu bewältigen. Um die Grundlagen zu vermitteln, die Theorie darzustellen und beides mit Erfahrungen aus der Praxis anzureichern, ist dieses Buch entstanden. Interviewpartner aus Unternehmen unterschiedlicher Größe haben den Blick aus Forschung und Lehre um die Erfahrung derjenigen ergänzt, die IT-Risikomanagement täglich betreiben, immer in dem Bestreben, Risiken von ihrer IT fernzuhalten. Alle Sachverhalte, Abkürzungen und Strukturen in den Beispielen wurden gezielt verfremdet. Ähnlichkeiten mit Verhältnissen in bestimmten Unternehmen wären rein zufällig und nicht beabsichtigt.

In einem einzelnen Buch können niemals alle Facetten ausführlich diskutiert werden. Es wird immer Aspekte geben, die unberücksichtigt bleiben müssen. Diesen Anspruch erhebt das vorliegende Buch deshalb nicht. Vielmehr soll diese Kombination aus Theorie und Praxis denjenigen Lesern Hilfestellung geben, die sich in diesem Themengebiet neu orientieren. Für diejenigen Leser, die bereits im IT-Risikomanagement tätig sind, aber das Gefühl haben, nicht genug zu tun oder Wichtiges zu übersehen, kann das vorliegende Buch vielleicht den einen oder anderen neuen Impuls geben. Und nicht zuletzt richtet sich das Buch an alle Lernenden. Es ist zwar kein Lehrbuch, ist jedoch als ergänzende Lektüre einsetzbar.

Dank

Ein solches Buch entsteht durch vieler Hände Arbeit.

Bedanken möchte ich mich ganz besonders bei allen Interviewpartnern. Sie haben sich umfassend Zeit genommen und mir das Vertrauen geschenkt, das ein offenes Gespräch über ein solch sensibles Thema erfordert. Mein besonderer Dank gilt auch Dr. Markus Böhm, PwC Frankfurt, der trotz seiner Verpflichtungen den gesamten Text sehr kritisch durchgesehen, Praxisbeispiele und Handlungsempfehlungen ergänzt und geschärft und insbesondere die Kapitel 10 und 11 wesentlich gestaltet hat. Meinem Kollegen Prof. Dr. Stefan Ruf, Hochschule Albstadt-Sigmaringen, verdanke ich viele weitere wertvolle Hinweise. Ohne seine Erfahrungen und seine Ideen und Anregungen wäre manches gute Argument unberücksichtigt geblieben. Und schließlich geht ein großer Dank an alle Gutachter für ihre vielen hilfreichen Hinweise zur Verbesserung des Textes.

Beim Lektorat, insbesondere bei Vanessa Wittmer, dem Copy Editing und allen Mitarbeiterinnen und Mitarbeitern des dpunkt.verlags möchte ich mich für die motivierende Betreuung und sehr geduldige Begleitung des Entstehungsprozesses und die gewohnt hohe Qualität von Satz und Druck ganz herzlich bedanken.

Mein besonderer Dank gilt schließlich der Herausgeberin dieses Buches, Frau Prof. Dr. Heidi Heilmann, die durch ihre konstruktiven Hinweise den Text hat besser werden lassen und mir während des gesamten Erstellungsprozesses mit fachlichem und menschlichem Rat zur Seite stand.

Ich hoffe, dass Sie viel Freude bei der Lektüre dieses Buches haben und natürlich, dass Sie Neues kennenlernen oder Bewährtes bestätigt finden. Ich freue mich über Ihr Lob ebenso wie über Ihre Anregungen und Kritik, denn nichts ist perfekt, und manches regt sicherlich zu Diskussionen an.

Matthias Knoll
Darmstadt im Dezember 2013

Inhaltsverzeichnis

1	**Einführung**		1
2	**IT-Risiko**		7
2.1	Der Risikobegriff		7
	2.1.1	Der Wahrscheinlichkeitsbegriff und das Risiko	11
	2.1.2	Risikoarten	13
2.2	Das IT-Risiko		17
	2.2.1	Systematisierung von IT-Risiken	20
	2.2.2	Die Darstellung von IT-Risiken in der Praxis	27
	2.2.3	Ursache-Wirkungs-Beziehungen in der IT	29
	2.2.4	IT und der Faktor Zeit	32
	2.2.5	Bedrohungen in der IT	35
	2.2.6	Verwundbarkeiten in der IT	36
2.3	IT-Risikobewusstsein, IT-Risikokultur, IT-Risikoneigung und IT-Risikopolitik		39
	2.3.1	Das IT-Risikobewusstsein	39
	2.3.2	Die IT-Risikokultur	42
	2.3.3	Die IT-Risikoneigung und IT-Risikoakzeptanz	44
	2.3.4	Die IT-Risikopolitik	50
	2.3.5	IT-Risikorichtlinie	50
3	**IT-Risikomanagement**		55
3.1	Begriff und Ausprägungen des Risikomanagements		55
	3.1.1	Risikomanagement	55
	3.1.2	Enterprise Risk Management	56

3.2	Das IT-Risikomanagement		57
	3.2.1	Anforderungen an das IT-Risikomanagement	59
	3.2.2	IT-Risikostrategien	63
3.3	Vorgaben für das IT-Risikomanagement		68

4 Aufbauorganisation des IT-Risikomanagements — 87

4.1	Organisationsstrukturen im IT-Risikomanagement	87
4.2	Rollen im IT-Risikomanagement	94
4.3	Gremien für das IT-Risikomanagement	102
4.4	Externe Gruppen mit Bezug zum IT-Risikomanagement	106
4.5	Qualifikationsaspekte	107

5 Der IT-Risikomanagement-Prozess — 111

5.1	Grundstruktur und organisatorische Verankerung	111
5.2	Zuordnung von Verantwortung im IT-Risikomanagement-Prozess	117
5.3	Schritt 1: Definition des Kontexts	120
5.4	Schritt 2: Identifikation	124
5.5	Schritt 3: Analyse	131
5.6	Schritt 4: Bewertung	137
5.7	Schritt 5: Behandlung der IT-Risiken	140
5.8	Reporting, Kommunikation und Beratung	143
5.9	IT-Risiko-Controlling	150

6 Methoden und Werkzeuge für das IT-Risikomanagement — 155

6.1	Methoden und Werkzeuge		156
6.2	Dokumente		184
6.3	Hilfestellungen für die Methoden- und Werkzeugwahl		192
6.4	Software für das IT-Risikomanagement		193
	6.4.1	Anforderungen	195
	6.4.2	Übersicht über Lösungen	199

7	**Risikomanagement im IT-Betrieb**		**203**
7.1	Organisation des IT-Betriebs		205
	7.1.1	Zentraler und dezentraler Betrieb	205
	7.1.2	Outsourcing und Outtasking	214
	7.1.3	Cloud Computing	222
7.2	Unzulänglichkeiten, Fehler und Ausfälle		226
	7.2.1	Ursache »Mitarbeiter, Kunde, Partner«	226
	7.2.2	Ursache »Daten«	228
	7.2.3	Ursache »Anwendungen und IT-Infrastruktur«	229
	7.2.4	Ursache »IT-Prozesse und IT-Organisation«	231
	7.2.5	Ursache »IT-Umfeld«	233
7.3	Angriffe		234
7.4	Notfälle und Katastrophen		238
7.5	Nutzung von Mobilgeräten		240
7.6	IT-Betrieb in kleinen Unternehmen		244

8	**Risikomanagement in IT-Projekten**	**249**
8.1	Risiken in IT-Projekten	255
8.2	Open-Source-Projekte	263

9	**Einführung des IT-Risikomanagements**	**267**
9.1	Schritte zur Entwicklung und Einführung	267
9.2	Wirtschaftlichkeitsbetrachtungen	274

10	**Das Interne Kontrollsystem in der IT**	**279**
10.1	Begriff und Aufbau	279
10.2	Konzeption	285

11	**Prüfung des IT-Risikomanagements**	**287**
11.1	Formen und Varianten der Prüfung	287
11.2	Prüfungsablauf	293

12	**Wie könnte es weitergehen?**	**303**

Anhang 307

A Übersicht über Vorgaben für das IT-Risikomanagement 309

B Glossar 319

C Abkürzungsverzeichnis 327

D Literaturverzeichnis 335

Stichwortverzeichnis 347

1 Einführung

Die Unternehmens-IT steht vor vielfältigen Herausforderungen: Kostenreduzierung, Standardisierung, Komplexitätsreduktion, Virtualisierung, Verfügbarkeit und Steuerung externer Dienstleister werden häufig genannt. Durch IT sind viele neuartige Produkte und Dienstleistungen entstanden, die Zusammenarbeit zwischen Unternehmen hat sich wesentlich verändert. Fragen der Informationssicherheit und des Datenschutzes rücken zunehmend in den Vordergrund, wie Datenschutzskandale, etwa einer Suchmaschine, eines Social-Network-Anbieters und mehrerer US-Telefongesellschaften und IT-Provider, verdeutlichen. Unter diesen Bedingungen IT erfolgreich zu steuern, setzt ein hohes Maß an fachlicher und sozialer Kompetenz, effektiven und effizienten Methoden, Erfahrung und Geschick voraus.

Davon betroffen sind nicht nur Unternehmen, sondern Organisationen jeder Art. Alle öffentlichen (staatlichen und nichtstaatlichen) Einrichtungen werden daher ebenso in die folgenden Überlegungen einbezogen wie gemeinnützige Organisationen, auch wenn einheitlich der Begriff »Unternehmen« verwendet wird.

Zum Streben nach bestmöglicher IT-Unterstützung aller Geschäftsprozesse kommt die Verpflichtung, das Unternehmen und seine Eigentümer vor Schaden durch die IT zu bewahren. Denn mit den vielfältigen neuen Herausforderungen gehen zwangsläufig neue Bedrohungen und Verwundbarkeiten einher. Was passiert, wenn die IT nicht verfügbar ist? Wenn sie Fehler in den Geschäftsprozessen verursacht, die Missbrauch, Datenmanipulation oder Datenspionage ermöglicht?

Nicht alles lässt sich durch verantwortungsvolle Führung verhindern, wohl aber kann verlangt werden, dass das Unternehmen vorbereitet ist und angemessene Gegenmaßnahmen ergreift. Sich über mögliche Bedrohungen und Verwundbarkeiten zu informieren, ist deshalb eine zentrale Forderung an die IT-Leitungsebenen. Es geht dabei um einen zielorientierten und besonnenen Umgang mit einer *künftigen* Situation, auf die man sich bereits heute einstellen muss. Das erfordert eine genaue Kenntnis der *gegenwärtigen* Situation in der IT und im Gesamtunternehmen.

Gegenmaßnahmen kosten Zeit und Geld. Zu schnell kann aus übertriebener Sorge zu viel investiert werden. Dieser Endpunkt im Kontinuum des Aufwands verbietet sich ebenso wie der Anfangspunkt geringstmöglichen Aufwandes, der auf zu großem Optimismus baut.

Ziel aller Bemühungen und Überlegungen ist es, in **betriebswirtschaftlich vernünftiger Form** *wesentliche* Risiken von der IT fernzuhalten, deutlich zu **reduzieren** oder ihre **Auswirkungen** zu **begrenzen**. Der Anwendungsbereich dieser Überlegungen (vgl. Abb. 1–1) erstreckt sich auf alle

- **IT-Systeme**
  Eingeschlossen sind Großrechner ebenso wie Server und Arbeitsplatzrechner, aber auch alle mobilen Geräte sowie IT-Infrastrukturelemente (bspw. Appliances), wie Firewalls, Router oder zentrale Speichersysteme (SAN).
- **Software**
  Dazu zählen neben Software zur Unterstützung der unterschiedlichen Geschäftsprozesse auch das Betriebssystem und andere für den IT-Betrieb notwendige Software (Middleware), ebenso Spezialsoftware in IT-Systemen (Firmware), unabhängig davon, ob die Software bereits eingesetzt oder noch entwickelt wird.
- **Daten** bzw. **Informationen**
  Eingeschlossen sind alle Daten zur Konfiguration und Administration von Software sowie Dokumente mit IT-Bezug.
- **IT-Prozesse** zur Unterstützung von **Geschäftsprozessen**, aber auch **administrativer IT-Betriebsabläufe**, wie Datensicherungen.
- **organisatorischen Regelungen**, wie Berechtigungen und Verantwortlichkeiten.
- **sonstigen IT-Ressourcen**
- **Personen** und **Organisationseinheiten**, die in irgendeiner Form einen Bezug zu den genannten Elementen haben.

Der Begriff IT-Organisation umfasst dabei organisatorische Regelungen (Ablauforganisation) und Organisationseinheiten (Aufbauorganisation) mit IT-Bezug. Zur IT-Organisation gehören demzufolge die IT-Abteilung sowie Bereiche und Rollen in den Fachabteilungen mit IT-Bezug.

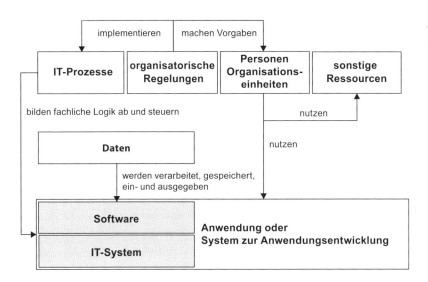

Abb. 1–1
Informationssystem

Zusammengenommen bilden die beiden ersten Elemente eine **Anwendung** oder ein **System für die Anwendungsentwicklung**. Alle sieben Elemente beschreiben ein **Informationssystem**.

> Die Disziplin, die sich mit **Risiken aus dem Betrieb und der Nutzung** solcher **Informationssysteme** befasst, wird **IT-Risikomanagement** genannt.

Definition

Aufbau des Buches und Hinweise zur Nutzung der Praxiselemente

Das Buch gliedert sich in vier größere Themenbereiche (vgl. Abb. 1–2).

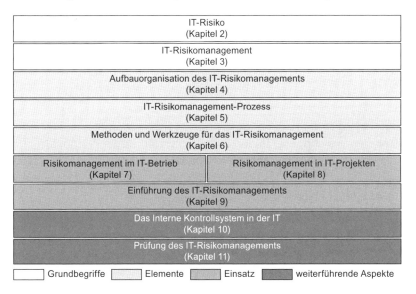

Abb. 1–2
Struktur des Buches

Der erste Themenbereich (Kap. 2 und 3) legt die begrifflichen Grundlagen. Der zweite Themenbereich (Kap. 4 bis 6) behandelt die Organisation des IT-Risikomanagements, den IT-Risikomanagement-Prozess sowie Methoden, Werkzeuge und Dokumente des IT-Risikomanagements. Der dritte Themenbereich (Kap. 7 bis 9) betrachtet das IT-Risikomanagement im IT-Betrieb und in IT-Projekten sowie Schritte zu seiner Einrichtung. Der vierte Themenbereich (Kap. 10 und 11) stellt das Interne Kontrollsystem und seine Bedeutung für das IT-Risikomanagement dar und erläutert die Prüfung des IT-Risikomanagements hinsichtlich Angemessenheit und Wirksamkeit.

Ein wichtiges Ziel ist es, die Theorie des IT-Risikomanagements für die Praxis aufzubereiten. Dazu hebt das Buch wichtige **Definitionen** hervor, ergänzt die Theorie durch kleine (**Anwendungs-**)**Beispiele** und hilft bei der Umsetzung durch **Praxishinweise**, konkrete **Handlungsempfehlungen** und Muster als Anregung für die Erstellung eigener **Checklisten**.

Ein **Praxishinweis** ist erkennbar am Hinweis in der Marginalspalte und einem grau unterlegten Kasten:

Praxishinweis

Konkrete Fragestellung
Als Antwort auf die jeweilige Fragestellung sind in einem Praxishinweis wichtige Erfahrungen in knapper Form zusammengefasst.

Handlungsempfehlungen sind gekennzeichnet durch einen Hinweis in der Marginalspalte und eine Schritt-für-Schritt-Empfehlung zur Umsetzung:

Handlungsempfehlung

Schritt-für-Schritt-Empfehlung für die Bearbeitung einer bestimmten Fragestellung	
Schritt 1	Handlungsempfehlung
Schritt 2	Inhaltlich nächste Aktivität, gegebenenfalls Alternativen, Bedingungen

Checklisten enthalten Punkte, die bei der Beschäftigung mit einer Aufgabe Berücksichtigung finden sollten. Sie sind in der Marginalspalte gekennzeichnet und als Tabelle ausgestaltet.

Checkliste

Checkliste zur Aufgabenstellung		○ | ◗ | ●
1.	Zu beachtender Aspekt, gegebenenfalls mit Unterpunkten	Grad der Erfüllung/Abdeckung, Statusinformation
2.	Weitere Frage im Kontext	

○ nicht erfüllt, ◗ erfüllt, kann aber noch verbessert werden, ● erfüllt

Praxishinweis

Wie können Vorlagen und Überlegungen aus Büchern, Zeitschriften und dem Internet im eigenen Unternehmen eingesetzt werden?

Beim Auf- und Ausbau des eigenen IT-Risikomanagements können viele Anregungen hilfreich sein. Allerdings ist eine direkte Übernahme von Inhalten selten möglich. Eine Anpassung an die individuellen Verhältnisse ist meist notwendig, auch wenn der Beitrag das Gegenteil suggerieren sollte. In der Regel müssen

- Begriffe in die Sprachwelt des Unternehmens übertragen werden.
- inhaltliche Details zu Prozessen und der IT auf Übereinstimmung geprüft und angepasst werden. Dies betrifft beispielsweise verwendete Systematisierungen, Klassifizierungen, Einheiten, Farbcodes und Symbole.
- Besonderheiten des eigenen Unternehmens ergänzt werden. Dabei handelt es sich meist um Spezifika aus der Geschäftstätigkeit, die im Dialog mit den betroffenen Fachabteilungen ermittelt werden müssen.

2 IT-Risiko

> Dieses Kapitel führt in den Begriff *IT-Risiko* ein. Im Einzelnen werden die folgenden Fragen geklärt:
> - Was ist ein Risiko, was ist ein IT-Risiko, wie lassen sich IT-Risiken systematisieren und klassifizieren?
> - Warum werden Ursachen und Auswirkungen separat betrachtet?
> - Was sind Bedrohungen und Verwundbarkeiten? Warum wird hier unterschieden?
> - Welche Rolle spielt die Zeit im Kontext von IT-Risiken?
> - Was sind IT-Risikobewusstsein, IT-Risikokultur, IT-Risikoneigung und IT-Risikopolitik?
> - Wie sieht eine IT-Risikorichtlinie aus und wofür wird sie benötigt?

Ziel dieses Kapitels

2.1 Der Risikobegriff

Die betriebswirtschaftliche Literatur kennt zahlreiche Definitionen des Begriffs **Risiko** (bspw. [Königs 2013], S. 9f., [Schmidt 2011], S. 549f., [Seibold 2006], S. 10). Das gemeinsame Element in allen Definitionen ist die unternehmensspezifisch mehr oder weniger stark ausgeprägte Unfähigkeit, das zu steuern, was in Zukunft eintreten wird.

> **Das Risiko**
> Das Risiko ist ein Maß für die Möglichkeit, durch ein zukünftiges Ereignis einen (monetären) Gewinn oder Nutzen zu erzielen oder aber einen (monetären) Schaden zu erleiden. Möglich sind also **positive** wie **negative Entwicklungen**, wenngleich in der Praxis vorrangig eine **negative Sicht** vorherrscht.
>
> Das Risiko wird formal als Produkt der – empirisch bestimmten – relativen Häufigkeit eines Ereignisses oder – objektiv – seiner Eintrittswahrscheinlichkeit und seiner Auswirkungen beschrieben:
>
> **Risiko = Eintrittswahrscheinlichkeit eines Ereignisses × Auswirkungen**
>
> Kann die Eintrittswahrscheinlichkeit nicht quantitativ (mit Werten zwischen 0 und 1 bzw. den entsprechenden Prozentwerten) angegeben werden, wird eine qualitative Charakterisierung (z.B. in den Kategorien *sehr hoch*, *hoch*, *mittel*, *gering*) verwendet.
>
> →

Definition

> Die Einheit, in der Auswirkungen von Risiken angegeben werden, kann eine Geldeinheit (bspw. Schadenskosten) sein. In anderen Fällen kann ein einheitenloser Punktwert (bspw. Reputationsverlust) oder eine Anzahl (bspw. betroffene Personen) verwendet werden.
> Risiken können das Unternehmen als Ganzes oder in Teilen betreffen und im Zeitablauf unterschiedlich relevant sein.
> **Im Außenverhältnis trägt die Unternehmensleitung stets die gesamte Verantwortung für Risiken.**

Ein Risiko aus dem Betrieb oder der Nutzung von Informationssystemen, kurz **IT-Risiko** (vgl. Abschnitt 2.2), stellt eine **Teilmenge allgemeiner Risiken** dar und ist deshalb **dem Grundsatz nach nicht anders definiert**.

Für Risiken wird in der Regel eine Gesamtbetrachtung ausgehend von Eintrittswahrscheinlichkeit *und* Schadenskosten vorgenommen. Insbesondere größere Unternehmen mit *ausreichenden* finanziellen Spielräumen machen davon Gebrauch. Grundvoraussetzung ist, dass sich Wahrscheinlichkeiten *weitgehend* objektiv ermitteln und Schäden *weitgehend* monetär bewerten lassen. Hilfreich ist zudem eine angemessen realitätsnahe Betrachtung des Kosten-Nutzen-Verhältnisses einer Risikobehandlung.

Damit stellt sich die Frage, was unter »ausreichend«, »weitgehend« und »angemessen« zu verstehen ist. In Vorgaben, Literatur und Vorträgen werden Präzisierungen für diese und verwandte Begriffe nur selten vorgenommen, weil sich Verhältnisse nur selten verallgemeinern lassen. Jedes Unternehmen legt sie also aus seiner Sicht fest (vgl. Tab. 2–1).

Handlungsempfehlung

Tab. 2–1
Einheitliches Begriffsverständnis im IT-Risikomanagement

	Schaffung eines einheitlichen Begriffsverständnisses im IT-Risikomanagement zur Vermeidung von Missverständnissen
1.	**Bestandsaufnahme** • Welche Begriffe werden verwendet? • Bei welchen Begriffen besteht inhaltlich/fachlich Unklarheit? • Welche Begriffe sind im Unternehmen bereits anders belegt? • Wo gibt es weitere Mehrdeutigkeiten und falsch verwendete Synonyme? • Welche Begriffe lassen sich *nicht* mit konkreten Werten (Definition, Euro, Stunden, Anzahlen) beschreiben?
2.	**Abstimmung:** Einigung auf ein einheitliches Begriffsverständnis • Gibt es ein Enterprise Risk Management (vgl. Kap. 3)? Wenn ja, liegen dort bereits Begriffsdefinitionen vor? • Gibt es ein akzeptiertes Rahmenwerk, das die Begriffe definiert hat?
3.	**Klärung und Entscheidung** Erstellung einer Liste der Begriffe in Form eines Glossars zur Entscheidung durch das Management (bspw. IT-Leitung, besser: Unternehmensleitung)

→

4.	**Kommunikation**
	▪ Schriftliche Fixierung der erzielten Ergebnisse
	▪ Klärung des Verteilers der Informationen
	▪ Bereitstellung im Intranet über zentrale Verzeichnisse oder andere geeignete Quellen für alle Betroffenen

Beispiel

Die Wahrscheinlichkeit für einen Serverausfall beträgt empirisch ermittelt 0,2 % in 365 Tagen (also 0,73 Tage oder 17,52 Stunden). Der Ausfall eines Servers verursacht einen Schaden von 20.000 € je Stunde. Das Risiko beträgt demnach 17,52 Stunden × 20.000 €, also 350.400 € je Jahr.

Wenn sich Eintrittswahrscheinlichkeiten nicht exakt ermitteln und Auswirkungen nur schwer monetär bewerten lassen oder wenn Auswirkungen komplex und deshalb schwer quantitativ beschreibbar sind, kann die Eintrittswahrscheinlichkeit als führendes Entscheidungskriterium herangezogen werden.

Bedroht ein Schaden das Unternehmen in besonderer Weise (wie im folgenden Beispiel der Brandfall in einem Serverraum) und sind solche Ereignisse sehr selten, liegen praktisch nie verlässliche Daten vor. Deshalb kann in diesen Fällen die Schadenshöhe als führendes Entscheidungskriterium herangezogen werden. Zudem werden dann für die Risikoberechnung alternative, aufwendigere Methoden eingesetzt (vgl. Kap. 6).

Beispiel

Angenommen, alle 25 Jahre entsteht ein Brand in einem von 5.000 Serverräumen, für die eine CO_2-Löschanlage zu aufwendig oder teuer wäre. Ferner lassen sich die Auswirkungen wegen des hohen Wertes der dort gelagerten Daten mit 50 Millionen Euro angeben. Bei Anwendung der einfachen Berechnungsformeln würde das Risiko in diesem fiktiven Beispiel je Jahr 50 M€/25 Jahre, also 2 Millionen betragen, verteilt auf alle Serverräume also 400 €.

Schon der gesunde Menschenverstand sagt, dass eine solche Berechnung nicht zulässig ist. Denn solche Schäden bedrohen nicht nur mittelständische Unternehmen in ihrer Existenz. Der Eintritt des Risikos würde die finanziellen Möglichkeiten auch vieler großer Unternehmen übersteigen. Die Eintrittswahrscheinlichkeit ist dann irrelevant. In dieser Konstellation wird daher bei den Überlegungen zur richtigen Reaktion *unabhängig* von der Eintrittswahrscheinlichkeit **stets** nach wirksamen Möglichkeiten zur exakten Behandlung gesucht.

Ursachenbezogene Sicht des Risikobegriffs

Die ursachenbezogene Sicht geht von einem initialen **Zustand** und einem oder mehreren gleichzeitig oder (kurz) aufeinander folgenden **Ereignissen** aus. Der initiale Zustand sowie Art, Häufigkeit und Zeitpunkt der Ereignisse stellen die Ursachen für das Risiko dar. Sie können unternehmensintern oder unternehmensextern begründet sein.

> **Definition**
>
> Ursachen für Risiken werden auch als **Risikofaktoren** bezeichnet. Es lassen sich
> - technische,
> - aufbauorganisatorische,
> - ablauforganisatorische (prozessbezogene),
> - betriebswirtschaftliche,
> - rechtliche und
> - personelle
>
> **Risikofaktoren** unterscheiden.

Mitunter wird im Kontext von Risiken das Wort **Problem** als Synonym genutzt. Probleme und Risiken sind jedoch *nicht* synonym. Beide Begriffe beschreiben gänzlich unterschiedliche Sachverhalte. Statt von einem Problem sollte exakter von einer Schwachstelle (als Zustand) gesprochen werden, wenn es um die Voraussetzung geht, dass ein Risiko überhaupt eintreten kann. Denn meist verbergen sich hinter einem Risiko mehrere Schwachstellen, oder aus einer Schwachstelle können mehrere Risiken folgen.

Wirkungsbezogene Sicht des Risikobegriffs

Die wirkungsbezogene Sicht systematisiert die **Auswirkungen** eines Risikos. Unter Umständen erstrecken sich Auswirkungen auf die Öffentlichkeit, häufiger jedoch lediglich auf das Unternehmen und seine Partner (Dienstleister, Kunden, Lieferanten).

Für das Verständnis der wirkungsbezogenen Sicht sind Art, Umfang, Zeitpunkt und Dauer der Auswirkungen entscheidend.

> **Praxishinweis**
>
> **Warum wird zwischen ursache- und wirkungsbezogener Sicht unterschieden?**
>
> Die Identifikation und Behandlung aller *wesentlichen* Risiken ist abhängig davon, dass *alle wesentlichen* Ursachen *und* Auswirkungen erkannt und verstanden sind.
>
> Es ist **nicht ausreichend, ausschließlich Ursachen oder Auswirkungen** zu betrachten.

→

> Einige Methoden und Werkzeuge stützen sich auf die ursachen-, andere auf die wirkungsbezogene Sicht (vgl. Kap. 6), eine Kombination beider Sichten ist daher für ein möglichst gutes Ergebnis sinnvoll.

Beispiel

Ein Unternehmen möchte umfassend im E-Commerce tätig werden. Hierzu erweitert es seine IT-Infrastruktur, Anwendungslandschaft und seine Aufbau- und Ablauforganisation und geht Geschäftsbeziehungen zu neuen Partnern ein. Der neue, initiale Zustand, ein Hacker-Angriff, die Nichtverfügbarkeit des Web-Shops und mögliche Reputations- und Umsatzverluste (Auswirkungen) müssen nun vor diesem Hintergrund differenziert betrachtet werden, um alle neuen IT-Risiken richtig verstehen und behandeln zu können.

2.1.1 Der Wahrscheinlichkeitsbegriff und das Risiko

Der Berechnung und Beurteilung von Wahrscheinlichkeiten kommt eine besondere Bedeutung zu, denn Zeitpunkt, Dauer und Umfang von Ereignissen und Auswirkungen können nicht vorab »gemessen« werden. Es ist daher das Ziel, mithilfe von Wahrscheinlichkeiten anzugeben,

- *wann*,
- *wo*,
- *wie* Ursachen und Auswirkungen auftreten und
- *was* genau sie
- *wie oft* auslöst.

Bei allen Überlegungen und Berechnungen wird dabei auf möglichst **umfassende, genaue**, mit der betrachteten Situation **vergleichbare** und **verlässliche** statistische Daten, Erfahrungswerte oder Schätzungen zurückgegriffen. Hinsichtlich der Vergleichbarkeit und Genauigkeit sind Daten aus dem eigenen Unternehmen ideal, andererseits wird jedes Unternehmen hoffen, möglichst wenig eigene Erfahrungen sammeln zu müssen.

Liegen keine eigenen Daten vor, wird soweit möglich auf statistisches Material aus externen Quellen zur Ermittlung von Wahrscheinlichkeiten zurückgegriffen, etwa in der Internetsicherheit (Angriffsstatistiken) oder bei Zuverlässigkeitsanalysen für Hardware.

Dann jedoch ist es **zwingend** erforderlich, solche Daten auf ihre **Anwendbarkeit** sowie auf notwendigen **Annahmen für die Verwendung** zu prüfen und das **Ergebnis** dieser Übertragbarkeitsprüfung zu **dokumentieren**, ehe die Daten in weiteren Überlegungen genutzt werden (vgl. Tab. 2–2). Denn die Verwendung von externen Daten zur

Ermittlung von Wahrscheinlichkeiten und Schadenshöhen stellt bei unzureichender Anwendbarkeit selbst ein Risiko dar.

Handlungsempfehlung

Tab. 2–2 Verwendung externer Daten im IT-Risikomanagement

Klärung der Eignung externer Daten für das IT-Risikomanagement
1. **Sammlung** • Welche Daten stehen zur Verfügung (Erreichbarkeit der Quellen, Inhalt/Umfang, Seriosität/Ruf des Anbieters, Kosten)? • Wie aktuell sind die Daten? Daten, die länger als ein Jahr nicht aktualisiert wurden, sollten nicht oder nur mit großer Vorsicht genutzt werden. Daten auf Basis von Zeitreihen sind prinzipiell geeignet, allerdings müssen die Rahmenbedingungen (technologische Änderungen, Änderungen in der Gesellschaft usw.) berücksichtigt sein. • Müssen Annahmen getroffen werden, um die Daten nutzen zu können?
2. **Prüfung** Passen die Daten hinsichtlich: • der eigenen Anwendungen und IT-Infrastruktur? • des Unternehmens (Branche, Größe, Rechtsform)? • der Zielsetzung (welches Risiko soll betrachtet werden)? • verwendeter Methoden zur Ermittlung solcher Werte? Ist transparent, wie die Daten entstanden sind? Wie stark sind Abweichungen von diesen Punkten? Bis zu welchem Grad können sie hinsichtlich der Eignung der Daten toleriert werden?
3. **Klärung** Erstellung einer Vorlage für das Management (IT-Leitung, Risikomanagement) • Darstellung des Vorhabens (wo werden welche externen Daten mit welchen Konsequenzen eingesetzt; welches Budget wird benötigt?) • Darstellung aller getroffenen Annahmen

Trotz großer Sorgfalt sind die meisten Überlegungen, Schätzungen und sogar Berechnungen in mehr oder weniger großem Umfang subjektiv beeinflusst, etwa weil einzelne Variablen in einer Berechnung geschätzt werden müssen. Die sich daraus ergebende Unsicherheit stellt ebenfalls ein Risiko dar. Um dieses Risiko bei Entscheidungen besser einschätzen zu können, kann Unsicherheit durch zusätzliche Streuungsmaße differenziert beschrieben werden. Es ist zudem für das Management hilfreich, wenn diese Unsicherheit (grafisch) angegeben ist (vgl. Abb. 2–1). Ursprünglich existierende Meinungsverschiedenheiten lassen sich so gut dokumentieren, auch wenn in der Folge Konsens erzielt und mit einem konkreten Wert gearbeitet wird.

Dominiert die Tendenz zu pessimistischer Sicht, kann über geeignete Methoden (bspw. die Dreipunktschätzung, vgl. Kap. 6) aus mehreren Werten ein mittlerer Wert gebildet und dieser Effekt minimiert werden.

Abb. 2-1
Wahrscheinlichkeitswerte und Unsicherheit (Streuung)

In der IT sind Ereignisse oft **voneinander unabhängig**. Trifft dies zu, kann die Gesamtbetrachtung der Wahrscheinlichkeiten über eine einfache Multiplikation erfolgen.

- Zwei Server werden unabhängig voneinander betrieben. Die Wahrscheinlichkeit eines Ausfalls beträgt für den einen Server 0,3 % und für den anderen 0,5 %. Das Risiko für einen Ausfall des Gesamtsystems beträgt 0,3 % × 0,5 %, also insgesamt 0,15 %.
- Ein hintereinander geschaltetes Router-Gateway-System fällt aus, der Ausfall der einzelnen Komponenten selbst ist unabhängig voneinander. Die Wahrscheinlichkeit eines Ausfalls des Routers beträgt 0,1 %, die des Gateways 0,5 %. Die Ausfallwahrscheinlichkeit des Gesamtsystems beträgt in diesem Fall 1-[(1-0,001)×(1-0,005)], also 0,5995 %. Erwartungsgemäß steigt die Ausfallwahrscheinlichkeit des Gesamtsystems über die größte Ausfallwahrscheinlichkeit der Einzelkomponenten.

Beispiel

Die Ermittlung von Ausfall- und Fehlerwahrscheinlichkeiten ist – abgesehen von meist schlecht verfügbaren Daten – jedoch deutlich anspruchsvoller als hier dargestellt. Oft bestehen Abhängigkeiten zwischen einer Vielzahl von technischen oder organisatorischen Elementen. Besonders anspruchsvoll werden die Berechnungen, wenn Ereignisse voneinander abhängig sind (Berechnungsgrundlage: bedingte Wahrscheinlichkeiten). Zur Lösung auch solcher fortgeschrittenen Fragen stehen verschiedene Methoden, wie bspw. die Fehler-/Ereignisbaumanalyse (vgl. Kap. 6), zur Verfügung.

2.1.2 Risikoarten

Es lassen sich folgende, in *allen* Funktionsbereichen des Unternehmens auftretende **Risikoarten** unterscheiden, die zur Beherrschung systematisiert werden müssen. Eine *trennscharfe* Abgrenzung existiert *nicht* ([Lenges 2008], S. 12):

- Das **fachliche Risiko**, beispielsweise Fertigungsrisiken, Finanzrisiken, Vertriebsrisiken und IT-Risiken. Viele Unternehmen unterscheiden fachliche Risiken auch nach strategischem und operativem Charakter. Strategische Risiken beziehen sich auf die Ausrichtung der Geschäftstätigkeit, operative Risiken auf die Geschäftstätigkeit selbst.

Beispiel
- Ein strategisches Risiko in der IT ist eine intern unabgestimmte oder lückenhafte IT-Strategie, die Auslagerung interner Prozesse an einen externen Dienstleister, die Umstellung auf eine serviceorientierte Architektur oder die Einführung von Thin Clients und browserbasierten Anwendungen.
- Ein operatives Risiko in der IT ist eine Terminverzögerung in einem IT-Projekt oder der Ausfall eines Servers.

- Ein **inhärentes Risiko** entsteht unmittelbar aus der Geschäftstätigkeit. Für inhärente Risiken sind Gegenmaßnahmen zwingend notwendig, außer sie werden vollständig gemieden, indem etwa die Geschäftstätigkeit eingestellt wird und damit auch Chancen vergeben werden. In der IT sind inhärente Risiken allgegenwärtig. Das IKS (auch außerhalb der IT) ist ein Beispiel für Gegenmaßnahmen, denn es sichert auch Risiken aus den Geschäftsprozessen ab (vgl. Kap. 10).

Beispiel Inhärente Risiken durch den Einsatz von IT sind
- bestimmte Angriffsformen aus dem Internet (etwa auf Zahlungsfunktionen in Webshops), wenn die Entscheidung für eine Präsenz im E-Commerce gefallen ist.
- Produkte und Dienstleistungen mit IT-Anteilen, die vom Markt nicht angenommen werden oder sonstige Betriebsrisiken zur Folge haben (etwa Funkmodule zur Fernwartung oder Fernsteuerung an Anlagen für Endverbraucher, etwa Heizungen, Türen, Rollläden).
- Produkte und Dienstleistungen, für deren Verkauf/Erbringung Wettbewerber auf eine bessere IT-Unterstützung zurückgreifen können und daher Wettbewerbsvorteile erzielen können.
- getroffene Entscheidungen in der IT-Strategie, die sich später als Hemmnis für die Entwicklung neuer Produkte und Dienstleistungen herausstellen.
- die unerwartete Abwanderung von Mitarbeitern mit betriebswichtigem IT-Know-how.
- Fehler im Umgang mit der IT durch Mitarbeiter.

- Ein **wesentliches, bedeutendes** oder **relevantes Risiko** (**Material Risk**) bedroht die Betriebskontinuität und hat damit große (finanzielle) Schäden zur Folge. Ein IT-Risiko gilt z. B. dann als wesentlich, wenn es die **Erstellung des Quartals- oder Jahresabschlusses oder die Berichterstattung an Aufsichtsbehörden** beeinträchtigt oder verhindert. Im schlimmsten Fall kann sich ein wesentliches IT-Risiko zu einem **bestandsgefährdenden, existenziellen Risiko** entwickeln. Wesentliche Risiken werden gelegentlich auch als **Schwerpunktrisiken** bezeichnet. Je nach Abhängigkeit des Unternehmens von der IT ist eine mehr oder weniger große Zahl von IT-Risiken wesentlich.

Wesentliche Risiken in der IT sind: *Beispiel*
- der Ausfall des zentralen ERP-Systems oder des PPS-Systems in einem Produktionsunternehmen mit 24×7-Fertigung
- der Ausfall des Webshops für einen großen E-Commerce-Händler an besonders umsatzstarken Tagen (bspw. Adventswochenende)
- der Ausfall eines Wertpapierhandelssystems für eine Bank während der Handelszeiten
- die Verletzung der Integrität von Finanzinformationen vor dem Jahresabschluss (bspw. durch fehlerhafte Datenmigration bei einer vorangegangenen Systemumstellung)

- Das **höchste akzeptable Risiko** ist das rechtlich oder wirtschaftlich gerade noch tolerierbare Risiko. Zur Festlegung wird auf die vom Unternehmen definierte Risikoakzeptanzgrenze aus maximal geduldeter Eintrittswahrscheinlichkeit und Schadenshöhe zurückgegriffen (vgl. Abschnitt 2.3.3). Wird diese Grenze überschritten, *müssen* Maßnahmen zur Behandlung ergriffen werden.
- Ein **Restrisiko** (verbleibendes Risiko, **Residual Risk**) ist das trotz *aller* Maßnahmen zur Behandlung verbleibende Risiko ([ISO 2005], Punkt 3.8., ISO Guide 73 [ISO 2009c]). Liegt das Restrisiko anschließend noch immer über dem höchsten akzeptablen Risiko, *muss* nach weiteren Wegen zur Behandlung gesucht werden. Liegt es unterhalb des höchsten akzeptablen Risikos, ist eine weitere Behandlung nicht unbedingt erforderlich. In manchen Fällen kann eine weitere Behandlung vom Unternehmen auch nicht *gewünscht* sein (entsprechend der Risikoneigung als »unnötig« oder mit »ungünstigem Kosten-Nutzen-Verhältnis« eingestuft). Restrisiken sollten grundsätzlich so gering wie möglich sein.

Das Restrisiko erhöht sich, wenn Erkennungs-, Bewertungs- oder Kontrollrisiken zunehmen.

Beispiel

Typische Restrisiken in der IT sind
- inhärente IT-Risiken, beispielsweise aus E-Commerce, Outsourcing.
- im Rahmen eines IT-Projekts nicht umgesetzte, zwingend benötigte Anforderungen an die zu entwickelnde Anwendung.
- die trotz sorgfältiger Qualitätssicherungsmaßnahmen verbleibenden Fehler im Quellcode.

- Das **Compliance-Risiko** beschreibt das Risiko, gegen eine interne oder externe Vorgabe zu verstoßen. Verstöße gegen Gesetze, Verordnungen, Normen und sonstige externe Vorgaben sind offensichtlich, das Compliance-Risiko umfasst aber auch die Nichtbeachtung unternehmensinterner Richtlinien und Arbeitsanweisungen (Standard Operating Procedures).
- **Erkennungsrisiko** (Detection Risk) und **Bewertungsrisiko** verdeutlichen, dass nicht immer alle Risiken erkannt oder richtig eingeschätzt werden. Dabei geht es nicht ausschließlich um technische Aspekte. Gerade rechtliche und organisatorische Risiken und Risiken, die ihren Ursprung in sozialen oder psychologischen Zusammenhängen haben, werden in ihrer Tragweite oft nicht richtig erfasst. Erkennungsrisiken nehmen auch deshalb einen besonderen Stellenwert ein, weil Risiken oft durch bestimmte Berufsgruppen ermittelt werden. Für (Wirtschafts- bzw. IT-)Prüfer, Revisoren, Gutachter und andere Experten ist ein Nichterkennen von Risiken von besonderer Bedeutung, bis hin zu Haftungsfragen oder strafrechtlicher Verfolgung. Die Qualifikation und Kompetenz hinzugezogener Risikomanagement-Experten (vgl. Kap. 4) und die Sorgfalt im Rahmen des Risikomanagement-Prozesses (vgl. Kap. 5) sind deshalb wichtige Aspekte bei Ermittlung des Erkennungsrisikos.
- Ein **Kontrollrisiko** (**Control Risk**) entsteht, wenn eine Kontrolle (vgl. Kap. 10) ungeeignet oder unwirksam ist und damit eine Absicherung gegen Auswirkungen suggeriert, die *nicht* besteht. Wie bereits bei Erkennungs- und Bewertungsrisiken sind auch hier (Wirtschafts- und IT-)Prüfer, Revisoren und Gutachter besonders betroffen, da sie Kontrollen auf Angemessenheit und Wirksamkeit hin überprüfen ([Steckel 2011], S. 100ff.).

Erkennungs-, Bewertungs- und Kontrollrisiken wirken **immer.** Weil durch sie *wesentliche* Risiken übersehen werden könnten, darf die Auseinandersetzung mit ihnen nicht vernachlässigt werden.

2.2 Das IT-Risiko

IT-Risiken betreffen Informationssysteme (vgl. Abb. 1–1) mit allen Elementen. Das gesamte Informationssystem wird deshalb als schützenswerte IT-Ressource (IT Asset, IT-Vermögenswert) bezeichnet. Eine gelegentlich noch immer beobachtete rein technische Sicht auf den Begriff ist stark einseitig und daher unzulässig.

> **IT-Risiko** *Definition*
> Ein IT-Risiko beschreibt die Wahrscheinlichkeit, mit der eine interne oder externe Bedrohung aufgrund einer Verwundbarkeit des Informationssystems zu *negativen* materiellen und/oder immateriellen Auswirkungen im Unternehmen und bei seinen Partnern führt. Bedrohungen und Verwundbarkeiten können dabei kurz-, mittel- und langfristig wirken, bis hin zur dauerhaften Betriebsunterbrechung.

Typische IT-Risiken sind: *Beispiel*
- der Ausfall einer wichtigen Anwendung, bedingt durch technisches Versagen oder gezielte Angriffe von außen.
- das Ausspähen von sensiblen Daten durch persönliche oder indirekte Beeinflussung der Mitarbeiter durch Dritte (Social Engineering).
- das Mithören des Datenverkehrs, insbesondere bei Verwendung von Drahtlosnetzwerken. Auch wenn es hierzu unterschiedliche Rechtsauffassungen gibt, wird ein Unternehmen kein Interesse am Mithören haben.
- die Verletzung von Patenten bei der Programmierung von Software (Urheberrechtsverletzung), wenn dadurch die Verfügbarkeit der betroffenen Anwendung eingeschränkt ist oder Prozessrisiken aus deren Einsatz entstehen.
- erhebliche zeitliche Verzögerungen oder inhaltliche Unstimmigkeiten in einem IT-Projekt.

Aus Sicht der Fachabteilungen wirken IT-Risiken stets auf die Geschäftstätigkeit (**Business Impact**). Eingetretene IT-Risiken stellen für sie dabei jedoch nicht den Schadensfall dar. IT-Risiken gelten vielmehr als Ursache für *fachliche* Risiken in den Geschäftsprozessen ([Seibold 2006], S. 11). In dieser Sichtweise gehen IT-Risiken von den genutzten IT-Systemen aus. Viele Unternehmen unterscheiden dabei mit Blick auf die Schadenshöhe zwischen Auswirkungen auf die Produktion/Fertigung (Operations) und solchen auf die Verwaltung (Back Office).

Solange Fehler in Anwendungen und Performance-Probleme oder andere Störungen in der IT keine Auswirkungen auf die Geschäftstätigkeit haben, werden sie von den Fachabteilungen vielfach nicht als Risiken wahrgenommen – wohl aber von der IT.

Aus Sicht der IT wiederum sind die IT-Systeme einer Vielzahl von IT-Risiken ausgesetzt, einschließlich des IT-Risikos *Mensch*.

Beispiel

Ein zentrales Anwendungssystem, etwa das ERP-System, fällt am Freitag um 22 Uhr aus. Die reguläre Datensicherung und wichtige geplante Wartungsarbeiten können erst mit vierstündiger Verspätung beginnen, weil zunächst der Fehler gesucht und behoben wurde. Alle Arbeiten werden jedoch rechtzeitig bis Montag zu Beginn der ersten Schicht um 4:30 Uhr behoben, die Fachabteilungen bemerken nichts.

In der IT sollte im Anschluss an die Arbeiten jedoch die Suche nach der Ursache beginnen, weil sich ein solcher Ausfall in keinem Fall während der regulären Betriebszeiten wiederholen darf.

Vielfach werden in solchen Situationen Managementebenen außerhalb der IT erst dann informiert, wenn erkennbar ist, dass die Ursache jederzeit erneut eintreten und zu Betriebsunterbrechungen führen kann.

Definition

IT-Risikopotenzial

Der Begriff **IT-Risikopotenzial** beschreibt die Höhe eines IT-Risikos. Bei IT-Risiken kann zwischen direktem und indirektem IT-Risikopotenzial unterschieden werden ([Seibold 2006], S. 13f.). Das **direkte IT-Risikopotenzial** wird aus den Schäden direkt in der IT (**originäre IT-Risiken**) ermittelt. Das **indirekte IT-Risikopotenzial** folgt aus den Schäden in den betroffenen Geschäftsprozessen auf Anwenderseite (**Anwender-IT-Risiken**).

Während bei Anwender-IT-Risiken fast immer eine gute Zuordnung zu den Geschäftsprozessen möglich ist, lassen sich Auswirkungen von Störungen der IT-Infrastruktur nicht immer oder nur mit hohem Aufwand einem bestimmten Geschäftsprozess zuordnen. Zwar gibt es Methoden und Werkzeuge zur Darstellung von Ursache-Wirkungs-Beziehungen (vgl. Kap. 6). Je komplexer die IT-Infrastrukturen jedoch sind, desto häufiger müssen für Zuordnungen zwischen Geschäftsprozessen und einzelnen Infrastrukturelementen mehr oder weniger strittige und damit **risikobehaftete Annahmen** getroffen werden.

Bei Eintritt eines IT-Risikos können grundsätzlich ein oder mehrere **Schutzziele** verletzt werden. Die wesentlichen vier Schutzziele sind:

1. Vertraulichkeit (Confidentiality)
   Die Vertraulichkeit ist verletzt, wenn ein unberechtigter Zugang zu den Daten in einem Informationssystem jederzeit oder auch nur für wenige Augenblicke möglich ist *oder* wenn er bereits erfolgte. Der verletzte Schutz kann Unsicherheit auslösen und Schäden zur

Folge haben, die auch Dritte betreffen. Typische Beispiele sind das Ausspähen von Nutzerdaten, das Eindringen in Datenbestände oder das Mitverfolgen der Kommunikation. Vertraulichkeit kann beispielsweise durch Verschlüsselung hergestellt werden.

2. **Integrität (Integrity)**
Bereits wenn unsachgemäße Modifikationen an einem Informationssystem vorgenommen werden könnten, gilt die Integrität der Daten als verletzt, bis das eindeutige Gegenteil bewiesen ist. Auch in diesem Fall können die entstandenen Schäden Dritte betreffen. Beispielsweise können unbemerkt Anwendungen verändert oder Daten verfälscht werden. Im Rahmen der Prüfung des Jahresabschlusses ist der Hinweis auf eine Verletzung der Integrität abschlussrelevanter Finanzinformationen ein *wesentliches* Risiko. Die Integrität kann beispielsweise durch ein Identitätsmanagement, Zugangs- und Berechtigungssystem, fachliche wie technische Abstimmungen der Datenbestände oder ein geordnetes Change-Management-Verfahren von Anwendungen sichergestellt werden.

Eng verbunden mit der Integrität ist die **Echtheit (Authenticity)**. Die Echtheit bestätigt, dass Daten nicht unerwünscht verändert wurden. Echtheit kann beispielsweise durch Prüfsummen sichergestellt werden. Sie wird mitunter auch als getrenntes Schutzziel ausgewiesen.

3. **Verfügbarkeit (Availability)**
Sind Funktionen eines Informationssystems beeinträchtigt oder gänzlich inaktiv, ist die Verfügbarkeit verletzt. Betroffen können auch Dritte sein, z. B. Kunden. Verfügbarkeit kann beispielsweise durch Redundanz von Hard- und Software oder im Falle von Daten durch Datenspiegelungen sichergestellt werden.

4. **Zurechenbarkeit (Accountability)**
Nehmen Unberechtigte die Identität Dritter an *oder* könnten sie dies jederzeit tun, um in deren Namen zu handeln, ist die Zurechenbarkeit verletzt. Beispielsweise wird auf diesem Weg die im elektronischen Geschäftsverkehr zwingend notwendige elektronische Verbindlichkeit aufgehoben, etwa durch gefälschte Online-Banking-Identitäten oder durch die Nutzung gefälschter Kreditkartendaten. Die Zurechenbarkeit kann beispielsweise durch Signaturen gewährleistet werden.

Alle Schutzziele können durch vorsätzlich falsch oder fahrlässig handelnde Personen oder andere IT-Risikofaktoren verletzt werden. Motivation und Zielsetzung von Personen spielen erst bei einer tiefer gehenden Analyse eine Rolle, nicht aber für die Verletzung des Schutzziels selbst.

Oftmals wird auch die **IT-Sicherheit (IT Security)** als weiteres wesentliches Schutzziel angeführt. Die vier oben genannten Schutzziele beschreiben jedoch alle wesentlichen Aspekte der IT-Sicherheit.

2.2.1 Systematisierung von IT-Risiken

Zur besseren Handhabbarkeit von IT-Risiken kann eine Systematisierung nach unterschiedlichen Aspekten Vorzüge gegenüber einer rein alphabetischen Auflistung haben. So kann sie etwa eine möglichst optimale Behandlung und eine managementorientierte Berichterstattung erleichtern.

Der **IT-Risikowürfel** (**Risc Cube**, vgl. Abb. 2–2) stellt eine universell einsetzbare, auf das Unternehmen anpassbare Möglichkeit zur Systematisierung von IT-Risiken dar ([Seibold 2006], S. 138f., [Cuske et al. 2007]).

Die Darstellung in drei Dimensionen ist vorteilhaft, weil auch für wenig geübte Betrachter sofort erkennbar ist, was für Ursachen (grauer Bereich auf der Würfelvorderseite) für IT-Risiken vorliegen und wie die Auswirkungen (rechte Würfelseite) von IT-Risiken in den jeweiligen Aufgabengebieten und Managementebenen (Würfeloberseite) bewertet werden können.

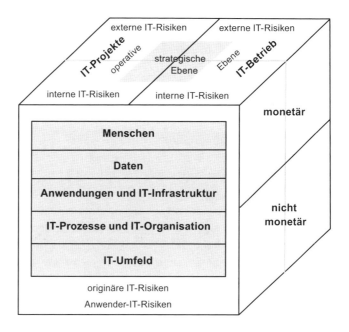

Abb. 2–2
IT-Risikowürfel
(modifiziert nach
[Seibold 2006], S. 139)

So lassen sich IT-Risiken in die beiden Themenbereiche **IT-Betrieb** (vgl. Kap. 7) und **IT-Projekte** (vgl. Kap. 8) einordnen, wobei jeweils die **strategische** Ebene (Konzepte, Planungen) und die **operative** Ebene (Umsetzung) eingeschlossen sind. Eine Sonderstellung nehmen Katastrophen und Notfälle ein, die beide Bereiche gleichermaßen betreffen. Eine vergleichbare Sonderstellung über die gesamte Würfeloberseite hinweg nehmen auch **inhärente IT-Risiken** ein.

Originäre IT-Risiken betreffen schwerpunktmäßig Anwendungen, die IT-Infrastruktur, IT-Prozesse, die IT-Organisation und Konfigurationsdaten. Anwender-IT-Risiken berühren schwerpunktmäßig die Menschen, Geschäftsprozesse, fachliche Daten und das IT-Umfeld.

Die **interne Sicht** konzentriert sich auf IT-Risiken, die ihren Ursprung im Unternehmen haben, die **externe Sicht** bezieht das Unternehmensumfeld mit ein. Die Auswirkungen vieler IT-Risiken lassen sich **monetär** oder **nicht monetär** bewerten.

Beispiel

Zu den monetär bewertbaren Auswirkungen von IT-Risiken zählen
- Schadensersatzforderungen von Kunden und Geschäftspartnern nach Störungen oder einem Totalausfall der IT oder aufgrund mangelhafter Qualität der Produkte und Leistungen als Folge von Entwicklungsfehlern,
- Kosten des Ausfalls einer E-Commerce-Plattform (durchschnittlicher Umsatz über die Plattform anhand Anzahl und Umfang von Bestellungen),
- Pönale (Strafzahlung) aufgrund der Nichtverfügbarkeit von IT-Dienstleistungen gemäß Service Level Agreement sowie
- Kosten für die Wiederbeschaffung und Wiederherstellung.

Zu den wegen unübersichtlicher Ursache-Wirkungs-Beziehungen **nicht monetär** bewertbaren Auswirkungen von IT-Risiken zählen
- Imageschäden,
- verlorene Kundenbindungen/-beziehungen sowie
- die Folgen fachlich inkompetenter IT-Beratung (sofern nicht durch Vertragsstrafen monetär bewertet).

Einige Auswirkungen von IT-Risiken lassen sich nur **mit größerer Unsicherheit** monetär bewerten.

Beispiel

Auswirkungen aus einem fehlerhaften IT-Projektverlauf auf eine dringend benötigte Anwendung und ihren Einsatz im Unternehmen lassen sich nur unvollständig bewerten.

Viele Fertigungsunternehmen sind nicht in der Lage, den Gesamtschaden bei einem Ausfall zentraler ERP- und PPS-Systeme und einem daraus resultierenden Produktionsstillstand *exakt* zu ermitteln. Ursache sind fehlende Grunddaten, komplexe oder undokumentierte Prozesse, die Vielzahl von betroffenen Personen, zu detaillierte Kosten- und Verrechnungsstrukturen und veraltete Verzeichnisse genutzter Maschinen und deren Steuerungen.

Auf die im IT-Risikowürfel dargestellte Systematik wird nachfolgend Bezug genommen. Sie beschreibt jedoch lediglich eine von mehreren Möglichkeiten.

Selbstverständlich sind alternative Systematisierungen denkbar und sinnvoll, wie auch im Unternehmensalltag sichtbar wird. So enthalten [ISO 2005] und die BSI-IT-Grundschutz-Kataloge [BSI-GS 2011] eine Systematik. Das MIT hat eine eigene Systematik entwickelt, die weitgehend der Systematik auf der Vorderseite des IT-Risikowürfels entspricht [Westerman 2006]. COBIT enthält ebenfalls eine eigene Systematik [ISACA 2012a], und es kann auf die im IDW-Prüfungsstandard 330 [IDW 2002] entworfene »Risikolandschaft« zurückgegriffen werden.

Grundsätzlich ist ein Unternehmen bei der **Systematisierung** seiner IT-Risiken **frei** (vgl. Tab. 2–3). Eine **einmal gewählte Systematik** sollte jedoch **beibehalten** werden.

Handlungsempfehlung

Tab. 2–3
Erstellung einer Systematik für IT-Risiken

Erstellung einer Systematik für IT-Risiken	
1.	**Treffen der notwendigen Grundsatzentscheidungen** Eine bestimmte Systematik für IT-Risiken ist mit Blick auf alternative Strukturierungsmöglichkeiten nicht »richtig« oder »falsch«. Die Systematisierung orientiert sich grundsätzlich am Wunsch nach ▪ einer möglichst optimalen Behandlung, ▪ einer später reibungslos ablaufenden Erstellung notwendiger IT-Risikokataloge und -berichte (vgl. Kap. 5 und 6), ▪ einer später notwendigen Integration der Daten in andere Berichte, etwa in die Berichte über Risiken im Gesamtunternehmen.
2.	**Sammeln der Möglichkeiten zur Systematisierung** Zur Systematisierung können herangezogen werden: ▪ Kernprozesse des Unternehmens ▪ Anwendungen, die diese Kernprozesse unterstützen (um nach Auswirkungen zu klassifizieren) ▪ der (geplante) Einsatz von Standards und Best Practices, die eine Systematik vorgeben oder vorschlagen ▪ Vorgaben aus Zertifizierungen ▪ eine bereits existierende Risikosystematik in anderen Bereichen (etwa der IT-Sicherheit) ▪ ergänzend: Beachtung von Gewohnheiten und Vorlieben der Beteiligten **Zielsetzung**: Den Zusammenhang zwischen IT-Risiken und ihren Auswirkungen auf Prozesse der Wertschöpfung sichtbar machen.

→

3.	**Klärung** In der Regel wird eine Festlegung im Rahmen eines Workshops vorgenommen. An diesem Workshop sollten teilnehmen: • alle unmittelbar mit IT-Risiken befassten Personen aus allen Bereichen der IT, auch dann, wenn es bereits eine Festlegung und Abgrenzung von Verantwortlichkeiten geben sollte • Vertreter der Managementebene (in der IT und im Gesamtunternehmen) • Vertreter der IT-Revision, des (IT-)Controllings oder einer anderen, mit Unternehmensrisiken zentral befassten Organisationseinheit (Enterprise Risk Management) • Vertreter aus Fachabteilungen, die besonders von der IT abhängig sind
4.	**Dokumentation** Die im Konsens gefundene Systematik wird dokumentiert. Auf dieser Basis können dann Vorlagen für die Darstellung von IT-Risiken erstellt werden (vgl. Abschnitt 2.2.2 und Kap. 6).

Klassifikation von IT-Risiken

Es hat sich bewährt, IT-Risiken *zusätzlich* durch die Bildung von **IT-Risikoklassen** entsprechend ihrer **Eintrittswahrscheinlichkeiten** und ihren **Auswirkungen** zu ordnen und damit untereinander durch ihre **Kritikalität** zu *priorisieren*. Einige Modelle (bspw. COBIT 5 und M_o_R) machen Vorschläge für eine Klassifikation. Soweit möglich werden IT-Risiken dabei anhand absoluter Werte in Klassen eingeteilt. Zur Bildung von IT-Risikoklassen hat sich die **Untergliederung** der Eintrittswahrscheinlichkeiten und Schäden in **drei bis sieben Bereiche** bewährt. Vielfach wird auf eine 5×5-Matrix zurückgegriffen. Es ist sinnvoll, weiterführende Informationen über die Auswirkungen auf die Geschäftstätigkeit zu ergänzen.

In der Regel werden Klassen auf Basis dieser Vorbilder unternehmensindividuell definiert ([Oecking & Kampffmeyer 2011], S. 190, [Schmidt 2011], S. 565, [Geiersbach 2011], S. 359). Die Abbildung 2–3 zeigt eine mögliche IT-Risikoklassifikation aus der Praxis mit fünf Klassen und verschiedenen Varianten der Benennung.

Abb. 2–3
Beispiel einer fünfstufigen IT-Risikoklassifikation in unterschiedlicher Darstellungsform

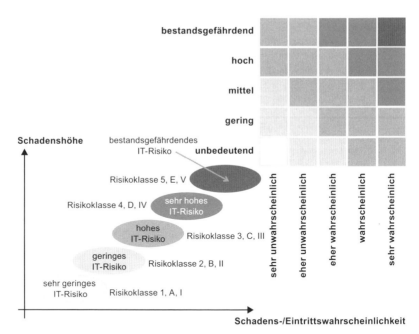

Die Klassifikation erfolgt **immer** hinsichtlich der **Auswirkungen auf die Geschäftstätigkeit (Business Impact)**. Dazu werden die betroffenen Anwendungen und Geschäftsprozesse näher betrachtet. Je größer die Reichweite des IT-Risikos, desto gravierender wird die Auswirkung eingestuft. **Existenz-** oder **bestandsgefährdende IT-Risiken** werden stets in einer **eigenen Klasse** ausgewiesen.

Die Reichweite ergibt sich aus der Kritikalität der betroffenen Geschäftsprozesse sowie aus der Anzahl betroffener Personen und deren Rolle innerhalb der Wertschöpfungskette.

Beispiel Die Reichweite eines IT-Risikos ist groß, wenn das zentrale ERP-System in einer 24×7-Produktion ausfällt (Rolle in der Wertschöpfungskette). Die Reichweite ist aber auch groß, wenn der Router versagt, der alle Landesgesellschaften an die Zentrale anbindet und zudem den Kundenzugang zu E-Commerce-Anwendungen sicherstellt (Anzahl betroffener Personen).

Zu viele IT-Risikoklassen (mehr als sieben) erschweren die Übersicht und suggerieren eine Genauigkeit, die es nicht gibt und die für eine Darstellung in der Praxis nicht notwendig ist.

Zu wenige IT-Risikoklassen (weniger als drei) erschweren eine differenzierte Behandlung der IT-Risiken, weil dann ein IT-Risiko eventuell mit unnötig hohem Aufwand behandelt wird.

Eine alternative Klassifikation folgt den Empfehlungen des BSI (4-stufige Klassifikation, www.bsi-bund.de) oder des Branchenverbandes BITKOM (3-stufige Klassifikation, vgl. Tab. 2–4, [Bitkom 2006]):

Risiko-einstufung	Beschreibung des IT-Risikos
1	Unbedeutende IT-Risiken, die kaum Auswirkungen auf die IT und die Geschäftsprozesse des Unternehmens haben
2	Mittlere IT-Risiken, die sich spürbar störend auf den IT-Betrieb und damit auf die unterstützten Geschäftsprozesse auswirken und die den Cash-Flow bzw. das Jahresergebnis negativ beeinflussen
3	Bedeutende IT-Risiken, die deutliche Störungen des IT-Betriebs und der unterstützten Geschäftsprozesse zur Folge haben und den Cash-Flow bzw. das Jahresergebnis stark negativ beeinflussen

Tab. 2–4
Beispiel einer 3-stufigen IT-Risikoklassifikation
[Bitkom 2006]

Bei der Orientierung an Vorlagen zur Klassifikation sollte beachtet werden, dass absolute Beträge wenig aussagekräftig sein können. Sie hängen von Überlegungen des Erstellers ab und sind auf das eigene Unternehmen (finanzielle Leistungsfähigkeit, Risikopolitik) unter Umständen nicht direkt übertragbar.

Zur leichteren Orientierung können deshalb beispielsweise in einem ersten Schritt Relationen gebildet werden, beispielsweise zum Eigenkapital oder zum durchschnittlichen Gewinn der letzten 10 Jahre. Die gewonnenen Erkenntnisse fließen in die Festlegung absoluter Werte ein.

- **Klasse 1:**
  »0 bis 25.000 Euro«, keine Auswirkungen auf die Geschäftstätigkeit, Verzögerungen im IT-Betriebsablauf oder bei der Erreichung von Projektzielen. Überstunden oder Aufwände durch Support-Kosten.
- **Klasse 2:**
  »26.000 bis 100.000 Euro«, geringe Auswirkungen auf die Geschäftstätigkeit, Kunden bemerken die Auswirkungen. Verzögerungen können interne oder externe Service Level Agreements verletzen und Strafzahlungen zur Folge haben.
- **Klasse 3:**
  »101.000 bis 250.000 Euro«, große Auswirkungen auf die Geschäftstätigkeit. Interne und kundenseitige Anwendungen stehen über mehrere Stunden hinweg nicht zur Verfügung. Erhebliche Aufwände zur Behebung notwendig. Hohe Kosten der Wiederherstellung durch externe Spezialisten. Alle Service Level Agreements sind verletzt.
- **Klasse 4:**
  »251.000 bis 500.000 Euro«, sehr große Auswirkungen auf die Geschäftstätigkeit. Die Öffentlichkeit erfährt vom eingetretenen IT-

Beispiel

Risiko. Alle Service Level Agreements sind verletzt. Alle geschäftskritischen Anwendungen sind zwischen 24 und 48 Stunden nicht verfügbar. Sehr hohe Kosten der Wiederherstellung, das Unternehmen ist auf externe Partner (Ausweichrechenzentrum, Spezialisten) zwingend angewiesen.

- Klasse 5:
»ab 500.000«, bestandsgefährdende Auswirkungen auf die Geschäftstätigkeit. Datenkonsistenz nicht sichergestellt, Wiederherstellungszeit für geschäftskritische Anwendungen über 48 Stunden. Fortbestand des Unternehmens ist nicht sichergestellt.

Oft entsteht der Wunsch, für eine übersichtliche Berichterstattung IT-Risiken gemäß der vereinbarten Systematik in der Klassifikation darzustellen. Dies ist möglich, indem systematisch zusammengehörende IT-Risiken (etwa IT-Risiken, die auf eine Anwendung oder ein IT-Infrastrukturelement wirken oder von einer bestimmten Personengruppe ausgehen) in der Klassifikation über gleiche Farben oder Formen repräsentiert werden. Vorteil dieses Vorgehens ist, dass auf einzelne Risiko-Bezeichnungen verzichtet werden kann.

Beispiel

Abb. 2–4
IT-Risikomatrix

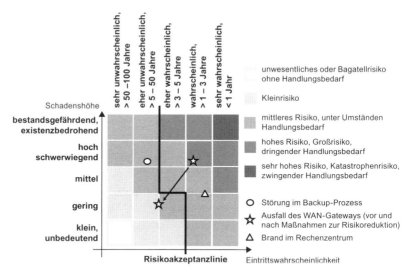

- **IT-Projektrisiken** (Symbol ✧)
- IT-Risiken der Netzwerk**infrastruktur** (Symbol ✶)
- IT-Risiken durch **Menschen** (Mitarbeiter) in den Fachabteilungen (Symbol ♦)
- IT-Risiko **Daten** (Symbol ○)

2.2.2 Die Darstellung von IT-Risiken in der Praxis

IT-Risiken müssen zur leichten Handhabbarkeit verständlich, an einem Ort und einheitlich dargestellt und beschrieben werden. Hierzu können Vorlagen genutzt werden (IT-Risikoschablone, vgl. Tab. 2–5). Je größer ein Unternehmen ist, desto differenzierter sind die Anforderungen an die Darstellung auf unterschiedlichen Ebenen. Auf operativer Ebene wird ein hoher Detailgrad benötigt, der mit den Hierarchiestufen immer weiter in den Hintergrund tritt. Auf strategischer Ebene mündet diese Darstellung in eine Zahl oder ein farbiges Symbol.

In der Beschreibung werden die **Ursachen** (Bedrohungen und Verwundbarkeiten) und die **Auswirkungen** (Schadensfälle mit Schadenshöhe) angegeben. Zur Behandlung der IT-Risiken im Rahmen des IT-Risikomanagement-Prozesses sind alle existierenden und geplanten **Maßnahmen** dargestellt. Schließlich muss auch die operative Verantwortung für das jeweilige IT-Risiko erkennbar sein.

IT-Risiko Nummer oder eindeutige Kennzeichnung, Name, kurze Beschreibung
Ursache(n) des IT-Risikos: knappe Darstellung aller identifizierten Bedrohungen und Verwundbarkeiten Betroffene Elemente des Informationssystems (IT-Ressourcen)
Eintrittswahrscheinlichkeit, ggf. Wahrscheinlichkeitsverteilung, ggf. Angabe von Zeiträumen und Zeitpunkten (zur Ermittlung genutzte Methode einschließlich Anwendungsbedingungen)
Auswirkungen des IT-Risikos: ausführliche Darstellung des Schadens mit Schadenshöhe   Ursache-Wirkungs-Kette (Wenn-Dann-Beziehung) (zur Ermittlung genutzte Methode einschließlich Anwendungsbedingungen)
Verantwortlichkeiten (vgl. Kapitel 4)
Zugeordnete Kontrollen (vgl. Kapitel 10) sowie weitere geplante und bereits eingeleitete Maßnahmen

Tab. 2–5
Prinzipielle Darstellung eines IT-Risikos (in Anlehnung an [Gluch 1994])

Der Detailgrad der Darstellung orientiert sich an den Entscheidungen, die auf den jeweiligen Ebenen getroffen werden müssen.

Ausführliche Darstellung eines IT-Risikos für den Gruppenleiter Netzwerkadministration (Tab. 2–6):

Beispiel

Tab. 2–6
Ausführliche Darstellung eines IT-Risikos in Textform

Nummer: IN27-01   (Systematik: Risiko der IT-Infrastruktur – Netzwerk – zentrale Netzwerkdienste)   (ergänzende Informationen: Ablageort, Status der Dokumentation, verbundene Dokumente, Gültigkeitszeitraum/Aktualisierungsfrequenz, Versionsinformationen, Ersteller)

Klassifikation: hoch
 Name: Ausfall Directory Services (LDAP)
 Kurze Beschreibung: Verwendeter Dienst wird zur Anmeldung der Benutzer benötigt.
 Reichweite: Gesamtunternehmen. Achtung: Auch Vorstand ist bei Ausfall unmittelbar betroffen!
 Backup: »RZ 5«, Betreiber, Kontaktinformation. Verweis auf Notfallpläne und Schaltinstruktionen
 Detailinformationen:
   • Verwendete HW: Hersteller, Firmware-Version, Hinweis auf Eintrag in IT-Asset-Register
   • Verwendete SW: Hersteller, Version, letztes Update, Hinweis auf verwendetes CERT, das Sicherheitsprobleme meldet, weitere Hinweise auf Quellen zur Ermittlung von Sicherheitslücken (Verwundbarkeiten)

Ursache: Angriff von außen (DDoS, Ausnutzung von Exploits, Brute-Force-Attacken), HW-Störungen (Stromversorgung, Anschlüsse, Logik), SW-Störungen
Eintrittswahrscheinlichkeit: MTBF laut Hersteller für HW 1,2 Mio. Stunden, für SW 0,8 Mio. Stunden, Eintrittswahrscheinlichkeit: 0,0073 %/Jahr (HW) und 0,011 %/Jahr (SW)
Auswirkungen: Keine Anmeldung am Betriebssystem, am Netzwerk und an allen Anwendungssystemen mehr möglich. Keine Zustellung von E-Mails.   **Geschätzter Schaden:** 150.000 Euro/Stunde
Verantwortlichkeiten: Gruppe Netzadministration. MoD, Tel. 2121, mod@foo.org (bei Bedarf kann zwischen »Ersteller« und »Verantwortlicher« unterschieden werden)
Kontrollen: Systemprotokolle, Temperatur- und Spannungsüberwachung, Überwachung des Netzwerkverkehrs auf Anomalien   Redundante Strukturen. Für Geräte und Software existiert ein SLA (SL-729-880).

Beispiel   Zusammenfassende Darstellung des IT-Risikos für die Vorstandsebene. In dieser Darstellung können die fett gedruckten Begriffe bspw. einer Spalte in einer Excel-Tabelle entsprechen. Die IT-Risiken werden dann zeilenweise eingetragen (Tab. 2–7).

Tab. 2–7
Kurzdarstellung eines IT-Risikos in Textform

Nummer: IN27-01
Klassifikation: hoch (rot)
Beschreibung: Anmeldung der Benutzer unternehmensweit unmöglich
Reichweite: Gesamtunternehmen, alle Standorte
Backup: vorhanden
Kosten: 150.000 Euro/Stunde
Kontrollen: vorhanden

Existiert im Unternehmen bereits eine Vorlage für die Dokumentation, Systematisierung und Klassifikation von IT-Risiken, erleichtert dies die Übernahme von Informationen in das unternehmensweite Risikoberichtswesen. Eine solche Vorlage sollte daher bevorzugt genutzt werden. Sind Abweichungen von der Vorgabe aufgrund von Besonderheiten aus der Geschäftstätigkeit notwendig, ist es sinnvoll, sie zu begründen und zu dokumentieren.

> **Wann treten solche Abweichungen auf?** *Praxishinweis*
> Nicht immer können einheitliche Vorlagen zur Systematisierung und Klassifikation eingesetzt werden.
> Dies betrifft große Unternehmen mit verbundenen Gesellschaften, die eine eigene IT betreiben und noch nicht alle Prozesse konsolidiert haben oder vollkommen unterschiedliche Geschäftsfelder abdecken. Sie sind auf unterschiedliche Risikoberichte angewiesen.
> Betroffen sind auch global tätige Outsourcing-Unternehmen, die ein an die unterschiedlichen Kundenwünsche und Rechtssysteme angepasstes landes- oder regionenspezifisches Risikoberichtswesen benötigen.

Sofern noch keine eigene Organisationseinheit für das Risikomanagement existiert, sind Vertreter aus den zentralen Querschnittsbereichen (Controlling, Revision) bei der Suche nach solchen Vorlagen gute Ansprechpartner. Oftmals stammt die Vorlage direkt aus diesen Querschnittsbereichen.

2.2.3 Ursache-Wirkungs-Beziehungen in der IT

Kleinste Ursachen können große Wirkungen haben. Zur Beurteilung und Behandlung von IT-Risiken ist daher das Verständnis von Ursache-Wirkungs-Beziehungen in einem Informationssystem notwendig. Eine Ursache-Wirkungs-Beziehung beschreibt, wie und warum ein IT-Risiko entsteht und eintritt. Sie begründet aber auch, wie und warum IT- und Geschäftsrisiken miteinander verbunden sind und welche Auswirkungen der Risikoeintritt hat. Nur wenn Ursachen, Auswirkungen und ihre Zusammenhänge detailliert verstanden sind, können IT-Risiken korrekt identifiziert, bewertet und effektiv behandelt werden.

> Eine einzige falsch definierte Konfigurationsvariable in einer zentralen *Beispiel*
> Datenbank kann zu Betriebsunterbrechungen führen und dabei mehrere global verteilte Standorte und viele tausend Benutzer betreffen.

Ursachen sind zwar meist voneinander unabhängig, ihre Auswirkungen sind es aber oft nicht.

Beispiel Verzögerungen in einem IT-Projekt für die Einrichtung eines Backupservers und ein Fehler an einem Glasfaserkabel einer WAN-Leitung zum Server sind unabhängig voneinander. Wenn jedoch in dieser Situation auf den unvollständig eingerichteten Backupserver zugegriffen werden muss, weil eine Störung am Glasfaserkabel zum Server eingetreten ist, kann die Betriebsunterbrechung nicht verhindert werden.

In anderen Fällen sind Wirkungen wiederum Ursachen für neue Auswirkungen.

Beispiel Eine hohe Netzbelastung durch einen DDoS-Angriff aus dem Internet führt zu Störungen in bis dahin fehlerfrei arbeitenden Anwendungen. Obwohl sie selbst nicht direkt vom Angriff betroffen sind, stehen sie nicht zur Verfügung. Da ihr andere Netzwerkkomponenten aufgrund der Störung nicht innerhalb einer bestimmten Zeit antworten, versucht sie durch zyklische Anfragen eine Verbindung herzustellen, was beim Benutzer den Eindruck einer »eingefrorenen« Benutzeroberfläche erzeugt.

Abbildung 2–5 zeigt Ursache-Wirkungs-Beziehungen in der IT anhand der IT-Risikosystematisierung aus dem Risikowürfel (vgl. Abb. 2–2).

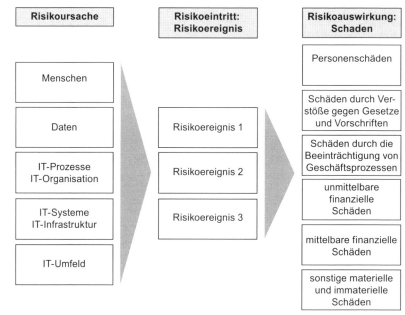

Abb. 2–5
Ursache-Wirkungs-Beziehungen in der IT (modifiziert nach [Seibold 2006], S. 9)

Bei der systematischen Erfassung und Analyse der Ursache-Wirkungs-Beziehungen unterstützt beispielsweise eine einfache Kreuztabelle (vgl. Tab. 2–8). In den Zeilen werden Ursachen aufgetragen, in den Spalten Auswirkungen. Vorteil dieser Vorgehensweise ist, dass die so entstehende Matrix einfacher analysiert werden kann als eine lineare Liste.

Auswirkung / Ursache	Compliance-Verstöße	Beeinträchtigung von Geschäftsprozessen	Finanzielle Schäden	Mittelbare finanzielle Schäden
Mensch: Fehleingaben durch Unaufmerksamkeit	Falschmeldungen an Behörden	Fehlerhafte Auftragsbearbeitung	Entgangener Skonto, Forderungsverfall	Reputationsverlust
Daten: Falsches Datenformat	Fehlerhafte Statistiken	Abbruch der Verarbeitung	Schadensersatzforderungen	Reputationsverlust
Anwendungen: Fehlerhafte Programmlogik **IT-Infrastruktur**: Falsche Routing-Tabellen in zentralem Router	Verletzung von Servicezeiten	Betriebsunterbrechung	Ausfallkosten je Stunde	Reputationsverlust, öffentliche Blamage
IT-Prozesse: Fehlerhafter Batch-Ablauf	Verletzung von Servicezeiten	Abbruch der Verarbeitung	Entgangener Gewinn, Leerkosten	Reputationsverlust
IT-Organisation: Zu viele Berechtigungen	Verstoß gegen interne Richtlinien oder das Strafrecht	Verzögerungen durch Sonderprüfungen	Vermögensschaden durch Vorsatz	Reputationsverlust
IT-Umfeld: Ungeschulte externe Partner	Verstöße gegen IT-Sicherheitsrichtlinien	Fehlerhafter Bestellprozess	Schadensersatzforderungen	Zeitverlust, Zwang zur Wiederholung von Aktivitäten, Einsatz von zusätzlichen Mitarbeitern

Beispiel

Tab. 2–8
Kreuztabelle zur Analyse der Ursache-Wirkungs-Beziehungen (vereinfacht)

Alternativ zu dieser Kreuztabelle existieren **zahlreiche weitere Darstellungsmöglichkeiten** für Ursache-Wirkungs-Beziehungen. Neben dem IT-Risiko-Satz als einfachem gerichteten Graphen (vgl. Abb. 2–6) lassen sich auch Fishbone-Diagramme und andere Dokumente einsetzen (vgl. Kap. 6).

Abb. 2–6
Der IT-Risiko-Satz (nach [Ahrendts & Marton 2008], S. 130)

> **Praxishinweis**
>
> **Es ist vergleichsweise einfach, Ursache-Wirkungs-Beziehungen qualitativ zu erfassen. Müssen die Beziehungen zwischen Ursachen und Wirkungen auch quantifiziert werden?**
> Auch wenn sich Abhängigkeitsbeziehungen zwischen Ursachen und Auswirkungen quantifizieren lassen, ist das in der Praxis aufgrund hoher Unsicherheiten bei Schätzungen und aufgrund des meist hohen Aufwandes **selten** sinnvoll.
> Oft ist es für die Beurteilung eines IT-Risikos sowie einer geeigneten Behandlung vollkommen ausreichend, wenn die **zugrunde liegende Ursache-Wirkungs-Beziehung verstanden** ist.

Sind Ursache-Wirkungs-Beziehungen identifiziert und dokumentiert, wird von **Risikotransparenz** gesprochen ([Seibold 2006], S. 47ff.). Risikotransparenz ist eine grundlegende Voraussetzung für gutes IT-Risikomanagement.

Leider lässt sich Risikotransparenz in einigen Fällen erst ex-post herstellen, wenn also das IT-Risiko eingetreten ist und die Ursachen für den Eintritt umfassend untersucht wurden. Und selbst dann kann es einer Gruppe von IT-Experten unmöglich sein, *alle* Ursache-Wirkungs-Beziehungen und die daraus entstehenden IT-Risiken richtig zu identifizieren [Disterer & Witteck 2012].

2.2.4 IT und der Faktor Zeit

Der Faktor »Zeit« beschreibt,
- **wann genau** (Zeitpunkt),
- **wie lange** (Zeitdauer) und
- **mit welcher wechselnden Intensität oder Charakterisik im Zeitablauf** (funktionaler Zusammenhang zwischen Schadenshöhe oder -auswirkung und Zeit)

das IT-Risiko eintritt und wie sich der Schadensverlauf (vgl. Abb. 2–7) entwickelt.

Schadenshöhe (in €, $)

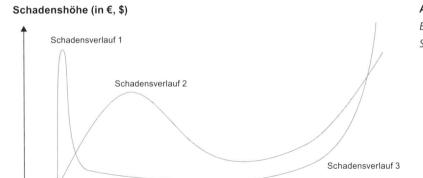

Abb. 2-7
Eintrittszeitpunkt und Schadensverlauf

Ferner ist wichtig, zu wissen,

- wann technisch oder organisatorisch mit der Behebung der Risikoursache bzw. des Schadens begonnen werden kann oder muss (Zeitpunkt),
- ob durch externe Anordnungen oder andere Einschränkungen die Schadensbehebung im weiteren Verlauf verzögert werden könnte und
- wie lange die Behebung der Ursache bzw. die Beseitigung des Schadens dauert (Zeitdauer).

Beispiel

Zeitpunkt des Eintritts des IT-Risikos	IT-Risiko	Dauer der Auswirkungen des eingetretenen IT-Risikos	Kann-Zeitpunkt für den Beginn der Schadensbehebung	Muss-Zeitpunkt für den Beginn der Schadensbehebung	Verzögerungen	Dauer der Schadensbehebung
17:05:30	Erdbeben	00:01:34	17:25 Uhr (Ersatz-Infrastruktur steht bereit)	19:00 Uhr (wegen Abhängigkeiten in Jobkette)	21:03 Uhr Feuerwehr versperrt aus Sicherheitsgründen den Zugang zum Gelände	04:45
12:15:45	Angriff auf Webserver	00:22:05	12:37:50 (Angriff ist entdeckt)	12:37:50 (sofort nach Angriff)	13:30 Uhr Wichtige technische Unterlagen müssen mit Kurierdienst beschafft werden.	01:10

Tab. 2-9
Beispielhafte Zusammenhänge zwischen IT-Risiko und Zeit

Es kann Anwendungen geben, bei denen Ausfälle von wenigen Millisekunden zu bestimmten Zeiten besonders große Schäden in Geschäftsprozessen zur Folge haben. Andere Anwendungen hingegen können mehrere Tage nicht verfügbar sein, ohne dass es zu nennenswerten

Schäden kommt. Anwendungen werden daher hinsichtlich ihrer Bedeutung in Geschäftsprozessen wie IT-Risiken klassifiziert (bspw. Prio-1-, Prio-2- und Prio-3-Anwendungen).

Tritt der Schaden zu einem »ungünstigen« Zeitpunkt ein, kann die Beseitigung länger dauern als zu einem »günstigen« Zeitpunkt, oder es können zeitabhängig erhebliche Zusatzkosten entstehen. Beispiele sind Schäden, die nachts oder an Wochenenden und Feiertagen mit kurzer Frist behoben werden müssen.

Oftmals entsteht ein Schaden auch verzögert. Tritt das IT-Risiko außerhalb der regulären Betriebszeiten ein, wird es erst problematisch, wenn die Behandlung des IT-Risikos mit Beginn der regulären Betriebszeit nicht abgeschlossen ist. Wäre das IT-Risiko in solchen Fällen drei oder vier Stunden früher eingetreten, hätte die Fachabteilung nichts bemerkt.

Eine genauere Beschäftigung mit dem Faktor Zeit kann zudem hilfreich sein, weil sich so – ausgehend von den gewonnenen Erkenntnissen zum Zeitbezug von Auswirkungen – Pläne zur Risikobehandlung verbessern lassen. Zudem kann sich die Motivation erhöhen, präventive Maßnahmen umzusetzen.

Der Zusammenhang zwischen der Dauer des Schadensereignisses und dem Eintrittszeitpunkt lässt sich für jede Anwendung über **Schadensklassen** in (Kreuz-)Tabellen festhalten. Auch hier sind drei bis fünf Klassen sinnvoll (vgl. Abb. 2–8 und Tab. 2–10).

Beispiel

Abb. 2–8
Zuordnung von Schadensklassen zu Uhrzeiten

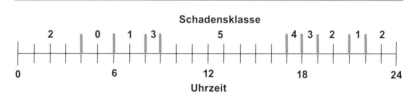

Tab. 2–10
Tabellarische Zuordnung von Schadensklassen zu Uhrzeiten

Anwendung ERP	Dauer des Ausfalls (in Stunden)				
Eintrittszeitpunkt	0 .. 1	1 .. 4	4 .. 8	8 .. 24	> 24
04:00 Uhr	0	1	5	5	5
06:30 Uhr	1	5	5	5	5
09:00 Uhr	5	5	5	5	5
17:00 Uhr	4	3	3	5	5
20:30 Uhr	2	2	2	5	5
22:30 Uhr	2	2	2	5	5

0..5: Schadensklassen (abhängig vom möglichen (monetären oder nicht monetären) Gesamtschaden (modifiziert nach [Klett et al. 2011], S. 60ff.)

Es sind unterschiedliche Kategorisierungen für die Dauer des Ausfalls denkbar, etwa wie im Beispiel nach Stunden oder aber *0 bis 1 Tag, 1 bis 3 Tage, mehr als drei Tage* oder *kleiner zwei Tage* und *größer zwei Tage*. Ebenso kann der Eintrittszeitpunkt durch Orientierung an den Prozessen im Unternehmen klassifiziert werden (»Wann endet der Dialogbetrieb?«, »Bis wann müssen Sicherungen abgeschlossen sein?«, »Welche Batchprozesse laufen von wann bis wann?«). Jedes Unternehmen ist frei in der Wahl einer für die Verhältnisse passenden Klassifikation. Das Vorgehen zur Festlegung entspricht prinzipiell dem bei Festlegung einer geeigneten IT-Risikoklassifikation (vgl. Handlungsempfehlung Tab. 2–3).

Eine dritte Bedeutung erhält der Faktor Zeit bei Betrachtung des Lebenszyklus von Anwendungen und IT-Infrastrukturelementen, denn IT-Risiken entstehen bereits bei ihrem Entwurf und ihrer Entwicklung im Rahmen von IT-Projekten (vgl. Kap. 8).

2.2.5 Bedrohungen in der IT

Gefahr (**Hazard, Danger**) und Bedrohung (**Threat**) sind zentrale Begriffe im IT-Risikomanagement ([Kersten et al. 2011], S. 51, [Schmidt 2011]).

> **Definition**
>
> **Gefahr**
> Die Gefahr wird als eine abstrakte Beschreibung von negativen, nicht oder nur schwer kalkulierbaren Sachverhalten definiert, die Schäden zur Folge haben.
>
> **Bedrohung**
> Eine Bedrohung ist eine reale Gefahr und weist damit einen präzisen zeitlichen, örtlichen, persönlichen, institutionellen oder materiellen Bezug auf. Bedrohungen werden systematisiert und in Bedrohungskatalogen zusammengefasst.

Bedrohungen lassen sich systematisieren nach

- **höherer Gewalt**
  Bedrohungen, die durch den Menschen oder das Unternehmen nicht beeinflusst werden können. Hierzu zählen beispielsweise Naturgewalten oder Kriege und andere Großereignisse im Unternehmensumfeld.

- **vorsätzlichen Handlungen**
  Unter vorsätzlichen Handlungen werden alle grob fahrlässigen Handlungen und alle kriminellen Aktivitäten zusammengefasst.

Solche Vorfälle werden meist öffentlich, wenn Kundendaten oder andere sensible Informationen missbraucht oder kompromittiert werden. Ein bekanntes Beispiel ist der Diebstahl von Kundendaten eines Spielekonsolen-Herstellers im Jahr 2011. Versäumnisse des Unternehmens wurden im Frühjahr 2013 in England mit einer hohen Geldstrafe geahndet.

- **technischem Versagen**
Technisches Versagen ist durch Materialermüdung, Alterung oder temporär unzulässige Betriebszustände verursacht.
Beispielsweise kann die Alterung des Netzteils in der Firewall zur Nichtverfügbarkeit des Geräts führen.

Jede Bedrohung besitzt eine eigene **Kritikalität**. Sie leitet sich aus den Wirkungen auf die Betriebskontinuität ab und wird **analog zur Klassifikation der IT-Risiken** angegeben. Ob die Bedrohung für das Unternehmen relevant ist, hängt – analog zur IT-Risikoakzeptanz (vgl. Abschnitt 2.3.3) – davon ab, welche Bedeutung das bedrohte Element des Informationssystems für die Geschäftstätigkeit besitzt und welche Kritikalität die Bedrohung besitzt.

2.2.6 Verwundbarkeiten in der IT

Bedrohungen sind zwar ursächlich für negative Auswirkungen auf das Unternehmen und damit für IT-Risiken. Erst durch die Existenz von Verwundbarkeiten ist ein Unternehmen aber einem IT-Risiko ausgesetzt. Neben der Bedrohung ist die Verwundbarkeit daher ein weiterer, sehr zentrale Begriff im IT-Risikomanagement.

Definition

Verwundbarkeit (Vulnerability, Schwachstelle, Weakness, Angriffspunkt)
Die Verwundbarkeit stellt einen Zustand der Unvollkommenheit dar. Sie beschreibt die Verbindung zwischen einem IT-Risiko und dazu gehörenden Bedrohungen. Die Verbindung besteht in der Gültigkeit von Bedingungen für das Eintreten eines IT-Risikos.
Eine Verwundbarkeit ermöglicht es einer Bedrohung, auf das Unternehmen, seine IT-Infrastruktur, Anwendungen und letztlich Geschäftsprozesse **tatsächlich** einzuwirken. Sie ist eine für den Eintritt eines IT-Risikos ursächlich gefährliche **Eigenschaft des Informationssystems** [Schmidt 2011].
Um Verwundbarkeiten gegen Bedrohungen abzuschirmen, werden **Maßnahmen** in Form von Kontrollen (Controls) ergriffen (vgl. Abb. 2–9).

Das BSI spricht in diesem Zusammenhang von Gefährdungen. Eine Gefährdung ist eine Bedrohung, die über eine Verwundbarkeit konkret auf die IT einwirkt ([BSI-GS 2011], S. 42).

Während früher eine Vielzahl von Forschungseinrichtungen systematisch nach Verwundbarkeiten in Anwendungen und der IT-Infrastruktur gesucht und das Wissen darüber unentgeltlich verbreitet hat, hat sich mittlerweile der *Verkauf* von Wissen über neue Verwundbarkeiten etabliert. Neben IT-Infrastrukturelementen, Betriebssystemen und Anwendungen sind davon vermehrt auch industrielle Steuerungssysteme und ähnliche kritische Infrastrukturen (etwa in der Energiewirtschaft oder der Telekommunikationsbranche) betroffen. Unternehmen dürfen daher nicht mehr darauf vertrauen, als Erste über neue Verwundbarkeiten in ihren IT-Systemen informiert zu werden.

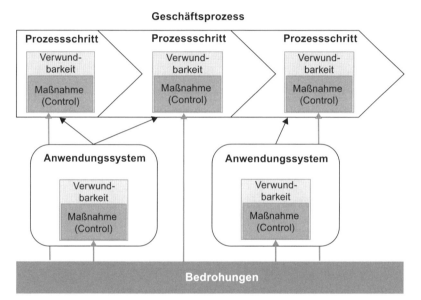

Abb. 2–9
Bedrohungen, Verwundbarkeiten und IT-Risiken (modifiziert nach [Prokein 2008], S. 2)

Analog zu Gefahren und Bedrohungen können auch Verwundbarkeiten klassifiziert werden. Unterschieden werden können:

- **technische Verwundbarkeiten**
  Sie beziehen sich auf Anwendungen, die IT-Infrastruktur und die technischen Komponenten des IT-Umfelds (Gebäude, Sicherungssysteme). Beispielsweise kann eine Anwendung fehlerhaft programmiert sein, Hardware kann schlecht konstruiert sein, die Klimaanlage des Serverraums oder die Stromversorgung für die Server können unterdimensioniert sein, Redundanz kann fehlen, auch kann die Wand in einem Serverraum zum Nachbarraum lediglich bis zur abgehängten, nicht bis zur tragenden Decke hochgezogen sein. Verwundbarkeiten können aber auch dadurch entstehen, dass eine Datenbank nur eine einzige, von allen genutzte nicht personalisierte Zugriffstechnik auf Tabellen kennt.

- **personelle Verwundbarkeiten**
  Sie beziehen sich auf alle Personen, die in irgendeinem Bezug zur IT stehen, und entstehen durch Unachtsamkeit oder fahrlässiges Handeln. Die verantwortlichen IT-Mitarbeiter sind meist nicht ausreichend sensibilisiert oder qualifiziert, etwa für die Bedrohungen durch Social Engineering. Unkenntnis begünstigte beispielsweise den Diebstahl eines Dienstleister-Notebooks mit den gesamten Einwohnermeldedaten einer Gemeinde im April 2013. Im konkreten Fall verzichteten die Mitarbeiter darauf, die Festplatte des Notebooks zu verschlüsseln.
  Auch das Übersehen von technischen Unzulänglichkeiten, sich ankündigenden technischen Störungen, Konstruktionsfehlern und das Nichterkennen von Programmierfehlern gehören dazu.

- **organisatorische Verwundbarkeiten**
  Sie beziehen sich auf alle aufbau- und ablauforganisatorischen Regelungen. Der Administrator-Zugang beispielsweise ist nicht über ein Passwort abgesichert, damit alle Mitarbeiter im Notfall vollen Zugriff auf den Server haben. Ein Geschäftsprozess enthält keine Funktionstrennung nach dem Vier-Augen-Prinzip. Eine Archivdatei mit streng vertraulichen Daten wird zwar einem Prozess folgend, jedoch unverschlüsselt über das Internet übertragen.

> **Definition**
>
> **Angriff**
> Liegt eine Verwundbarkeit vor, muss jederzeit mit einem **Angriff** auf das **Angriffsziel** über diese Verwundbarkeit, den **Angriffspunkt**, gerechnet werden. In der Regel entsteht dabei ein Schaden. Als **Auslöser** (die Ursache) für Angriffe gelten Menschen.
> Als **Angriffsweg** bzw. **Angriffspfad** bezeichnet man den logischen Pfad zu einem Angriffspunkt ([Schmidt 2011], S. 553).

Beispiel Mögliche Angriffswege, Angriffspunkte und Angriffsziele sind:

- der Weg vom Internet über die äußere Firewall (Angriffspunkt), die demilitarisierte Zone (DMZ), die innere Firewall, den Intranet-Router bis zum ERP-System (Angriffsziel) im Intranet
- der direkte Weg über die Administrationskonsole (Angriffspunkt) in einem Rechenzentrum zum zentralen Data Warehouse (Angriffsziel)
- der Weg über einen Exploit (Angriffspunkt) im Quellcode des Betriebssystems und von dort in ein E-Mail-Programm (Angriffsziel)
- unkundige oder ahnungslose Personen (Angriffspunkt) einschließlich der eigenen oder fremden Mitarbeiter, die sich im Unternehmen aufhalten und Angreifern den Zugang zu kritischen Betriebsbereichen, etwa einem Rechenzentrum (Angriffsziel), ermöglichen

Der Angriffspfad ist nicht immer offensichtlich. Manche Angriffspfade entstehen erst, wenn mehrere Bedingungen *gleichzeitig* zutreffen. Ein Beispiel ist eine unbeaufsichtigte Administratorkonsole bei gleichzeitig nicht verschlossener Tür des Kontrollraums.

Da Angriffspfade unterschiedlich komplex sein können, ist es unterschiedlich wahrscheinlich, dass ein Angriffspfad erkannt und genutzt wird. In vielen Fällen ist zudem der Aufwand zu hoch oder es dauert zu lange, das Ziel zu erreichen.

Maßnahmen zur Beherrschung der Verwundbarkeit im Rahmen der Behandlung von IT-Risiken können die Angriffswege nach aktuellem Stand der Technik oder Best Practices (bspw. Richtlinien, Sanktionen bei Nichteinhaltung, konsequente Qualifikationen und Awareness-Trainings) verlängern, blockieren oder abschirmen, jedoch *nicht vollständig* aufheben – denn die Maßnahmen selbst können nicht oder nur bedingt wirksam sein.

Ein Angriffspfad gilt erst dann als beseitigt, wenn **alle Verwundbarkeiten entlang des Pfades endgültig nicht mehr existieren**. Trotz aller ergriffenen Maßnahmen verbleibt **mindestens ein Angriffspfad**. Würde kein einziger Angriffspfad existieren, läge vollkommene Sicherheit vor.

Praxishinweis

Die Überlegungen zu Bedrohungen und Verwundbarkeiten sind relativ abstrakt. Warum sind sie dennoch hilfreich?

Erfahrungen zeigen, dass die Beschäftigung mit Bedrohungen und Verwundbarkeiten bei der Ableitung von Ursache-Wirkungs-Beziehungen und der Identifikation von IT-Risiken helfen können.

Vorteil: Sie zwingen zu sorgfältigem logischem Denken und reduzieren die Wahrscheinlichkeit, aufgrund falsch verstandener Zusammenhänge in die falschen Maßnahmen zur Risikobehandlung zu investieren.

2.3 IT-Risikobewusstsein, IT-Risikokultur, IT-Risikoneigung und IT-Risikopolitik

2.3.1 Das IT-Risikobewusstsein

Trotz hoher Durchdringung des Alltags mit IT kann nicht davon ausgegangen werden, dass sich die Mitarbeiter angemessen mit der IT auseinandersetzen. Vielfach ist ihnen nicht bewusst, dass das eigene Verhalten gravierende Folgen für das Unternehmen und den eigenen Arbeitsplatz haben kann. Ohne sachliche Darstellung möglicher IT-Risiken, ihrer Wahrscheinlichkeiten und Schäden werden Überlegungen oft als unnötige Angst vor vermeintlich irrelevanten Szenarien gedeutet und ignoriert. Den Mitarbeitern sollte jedoch bewusst sein, warum und wie IT-Risiken entstehen können und dass und wie sie behandelt werden.

Definition

IT-Risikobewusstsein (IT Risk Awareness)

Das IT-Risikobewusstsein beschreibt die Fähigkeit, sich mit IT-Risiken auseinanderzusetzen und über die Folgen des Umgangs mit IT zu reflektieren. Für das IT-Risikobewusstsein ist ein angemessen detailliertes Verständnis technischer und organisatorischer Zusammenhänge hilfreich. Es erleichtert zudem die Übernahme von Verantwortung für IT-Risiken.

Das IT-Risikobewusstsein ist beispielsweise dann besonders ausgeprägt, wenn der Wunsch nach aktiver Mitwirkung im IT-Risikomanagement-Prozess (vgl. Kap. 5) entsteht oder wenn das erworbene Wissen über IT-Risiken mit Dritten geteilt wird.

Da es immer IT-Risiken gibt, kann das Ausbleiben von Meldungen über neue IT-Risiken auf eine mangelnde Sensibilisierung hinweisen.

Handlungsempfehlung

*Tab. 2–11
Aufbau und Erhalt des IT-Risikobewusstseins*

Vorgehensweise zum Aufbau und Erhalt eines IT-Risikobewusstseins

1. **Herstellen des Management-Commitments**
Die Vorbildfunktion des Managements ist besonders wichtig, weil die Mitarbeiter genau beobachten, wie die Unternehmensleitung mit IT-Risiken umgeht.
Sofern das Commitment des Managements nicht bereits vorhanden ist, eignen sich kurze Präsentationen, vorgestellt in einem Workshop mit den Führungsebenen.
Wichtig:
    Grundzüge eines »Marketingkonzepts« präsentieren (Darstellung möglicher Kommunikationsformen und -wege, Angabe von Aufwänden, Realisierungszeiten)
    »Marketingbudget« für interne Maßnahmen genehmigen lassen
    Unterstützung von Marketing- und Intranetexperten einholen

2. **Erstellung eines Marketing-Konzepts für das Themengebiet »IT-Risiko«** Mitarbeiter in der IT-Abteilung und in den Fachabteilungen des Unternehmens nutzen IT unterschiedlich und haben deshalb ein unterschiedliches IT-Risikobewusstsein. Darauf wird das »Marketing« abgestimmt, selbst wenn Mitarbeiter mit den gleichen Geräten, Technologien und Anwendungen arbeiten. Dies berührt insbesondere den Umgang mit mobilen Endgeräten (Smartphones) oder Social-Media-Anwendungen.

3. **Erstellen von »Marketing-Materialien«**
    Flyer, Broschüren (zur Auslage an zentralen Stellen)
    Plakate (zum Aushang an zentralen Stellen)
    Webseiten im Intra-/Extranet, mit RSS-Funktion
    Mailing-Aktionen zu besonderen Anlässen (bspw. Datenschutztag im Januar) oder regelmäßige (monatliche/quartalsweise) Newsletter mit aktuellen Fakten zu IT-Risiken und dem Umgang mit ihnen, etwa Mitteilungen von CERTs, Hinweise des BSI, Präsentationen von Konferenzen, Meldungen großer IT-Zeitschriften, Hinweise zum Umgang mit bestimmten Betriebssystemen oder Programmen

→

3.	▪ Entwicklung von Computer-Based-Trainings und anderen Applikationen, bspw. Spielen (siehe nachfolgendes Beispiel) ▪ halbjährliche oder jährliche Workshops und Schulungen mit – qualifizierter – Teilnahmebestätigung ▪ Hotline für Risikomeldungen und Beratungseinrichtung bei Fragen
4.	**Einbezug aller Fachabteilungen und organisatorischen Ebenen** Das wichtigste Ziel ist eine aktive Unterstützung des IT-Risikomanagement-Prozesses durch alle Mitarbeiter. **Vorschlag:** Verknüpfung des Themas »IT-Risiko« mit den Maßnahmen im IT-Kontext. Beispiel: Budgetkürzungen in der IT, Abbau von IT-Mitarbeitern, Absenkung der Servicequalität gegenüber den Fachabteilungen und Outsourcing. Werden solche Maßnahmen durchgeführt, müssen die damit verbundenen IT-Risiken **sichtbar** dargestellt und berücksichtigt werden, weil sonst eine Diskrepanz zwischen gefordertem IT-Risikobewusstsein und tatsächlich beobachtbarem Verhalten im Umgang mit IT-Risiken entsteht.
5.	**Institutionalisierung** Einmalige Aktivitäten sind **in keinem Fall** ausreichend. Alle Maßnahmen müssen regelmäßig gepflegt werden (Aktualisierungen, neue Schulungsangebote). **Vorsicht:** Eine zu hohe Informationsfrequenz ist ebenso kontraproduktiv (Spam-Charakter) wie eine zu geringe (seltene Pflichtübung). **Vorschlag:** Eine Einbindung in ein Incentive-Programm oder andere Motivatoren könnten unterstützend wirken.

Eine Quiz-App für Smartphones als Marketing-Instrument zur Erhöhung der IT-Risiko-Awareness *Beispiel*

Das Ziel der Entwicklung war es, eine mobile Lernanwendung für die Mitarbeiter des Unternehmens bereitzustellen, in der Inhalte zu IT-Risiken in spielerischer Form gelernt oder wiederholt werden können. Die Nutzung kann an Incentives gekoppelt werden, um den Anreiz zu erhöhen.

Die App ist auf allen gängigen Smartphone-Plattformen verfügbar und basiert auf dem Spielprinzip eines Quiz. Sie verlangt von den Spielenden Antworten zu 10 Fragen mit steigendem Schwierigkeitsgrad aus einem zu Spielbeginn frei wählbaren Themenbereich des IT-Risikomanagements. Im Spielverlauf stehen ein »Publikums-« und ein 50:50-Joker zur Verfügung. Neben dem Quiz kann der Spielende ein Glossar nutzen, mit dessen Hilfe das eigene Wissen rund um IT-Risiken auch spielunabhängig aufgefrischt oder erweitert werden kann.

Visualisiert wird das Quiz mittels Karten, deren Vorderseite aus der Frage und vier Antwortmöglichkeiten besteht. Auf der Rückseite befinden sich nach Auswahl einer Antwort die Auswertung, die richtige Lösung und die ausführliche Erklärung der Antwort (vgl Abb. 2–10).

Um Inhalte der App pflegen zu können, wurde parallel ein Autorentool entwickelt. Dieses Tool ermöglicht es auf einfache, intuitive Weise, neue Spiele und Fragen anzulegen und Kategorien in einem Spiel sowie bestehende Fragen zu bearbeiten. Das Autorentool ist als Webanwendung implementiert und stellt damit nur minimale Anforderungen an die Softwareausstattung der Benutzer.

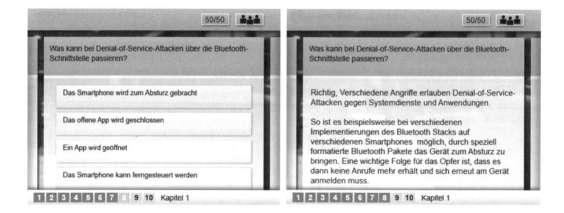

Abb. 2-10
Screenshots der Quiz-App (Fragen und – richtige – Antwort mit Erläuterung)

Technische Umsetzung: Die App ist Eclipse-basiert und nutzt eine SQLite-Datenbank zur Speicherung der Inhalte sowie einen Update-Mechanismus, um auf Inhaltsänderungen reagieren zu können. Ein weiterer Update-Mechanismus kommuniziert mit einem Apache-Server, um Inhalte zwischen den Smartphones und dem Autorentool aktuell zu halten. Die Inhalte werden im XML-Format übertragen, woraufhin sie von einer Komponente in Java-Objekte geparst und in der lokalen Datenbank des Smartphones gespeichert werden.

2.3.2 Die IT-Risikokultur

Wie in anderen Fachdisziplinen (bspw. beim Umgang mit den Mitarbeitern oder Kunden) herrscht auch beim Umgang mit IT-Risiken eine bestimmte Kultur. Sie kann sich ohne steuernden Prozess spontan oder nach einer gewissen Zeit herausbilden oder wird explizit erarbeitet und konsequent umgesetzt.

Definition

IT-Risikokultur
Die IT-Risikokultur beschreibt den Umgang mit IT-Risiken auf Basis
- eines **gemeinsamen Verständnisses für Werte** des Unternehmens (**ethisches Verhalten**, bspw. formuliert in COSO),
- einer **IT-Risikokommunikation**,
- eines geeigneten **Managementstils**.

Da sich diese Aspekte im Laufe der Zeit verändern (können), ist auch die IT-Risikokultur Veränderungen unterworfen.
Die IT-Risikokultur beeinflusst die Entwicklung von IT-Risikostrategien. Sie nimmt Einfluss darauf,
- **wie** IT-Risiken behandelt und gemeldet werden,
- **wer** IT-Risiken oder Zweifel im Zusammenhang mit der Form ihrer Identifikation, Analyse, Bewertung und Behandlung melden kann und
- **was** passiert, wenn IT-Risiken gemeldet werden.

Im Vordergrund einer effektiven **IT-Risikokommunikation** ([Disterer & Witteck 2012], S. 17) stehen Möglichkeiten, IT-Risiken offen oder über anonyme Kanäle (vgl. Abschnitt 5.8) an die zuständigen Organisationseinheiten (vgl. Kap. 4) melden zu können.

Die Möglichkeit zur Meldung muss prinzipiell für *alle* Beteiligten im Unternehmen über *alle* Hierarchiestufen hinweg gewährleistet sein. Werden bestimmte Personengruppen im Voraus ausdrücklich oder implizit ausgeschlossen, wird die Gelegenheit zu konstruktiver Mitarbeit vergeben. Im Extremfall führt der Ausschluss zu Demotivation und destruktivem Verhalten und damit zu neuen IT-Risiken. Auf der anderen Seite bedeutet die Öffnung für alle Mitarbeiter auch das Akzeptieren des Umstandes, dass mangels ausreichender Kenntnis Sachverhalte als IT-Risiken »gemeldet« werden, die nach kurzer Prüfung vollkommen irrelevant sind. Um dieses Dilemma zu lösen, unterscheiden viele Unternehmen klar zwischen Incident-Management zur Meldung von Störungen und IT-Risikomanagement. Unklare Meldungen werden dann an das IT-Risikomanagement weitergeleitet.

Und schließlich ist der »richtige« **Managementstil** prägender Bestandteil einer guten IT-Risikokultur. In einem Unternehmen beeinflussen unterschiedliche Managementstile eine positiv oder negativ orientierte IT-Risikokultur.

Erfahrungen zeigen einen unterschiedlichen Umgang mit der IT-Risikokultur ([Pironti 2012], [Disterer & Wittek 2012]). In einigen Fällen ist es auch heute noch üblich, den Aufbau einer IT-Risikokultur durch Verbreiten von Angst, Unsicherheit und Zweifel zu verhindern. Meldungen über vermeintliche IT-Risiken werden ignoriert, ins Lächerliche gezogen oder sanktioniert.

In der Mehrzahl der Fälle jedoch herrscht eine **konstruktive IT-Risikokultur**. IT-Risiken können darin offen, wertneutral und sanktionsfrei angesprochen werden. Vielfach fordert das Unternehmen sogar dazu auf, den Beinahe-Eintritt eines IT-Risikos mitzuteilen (»near misses«), um die Wiederholungsgefahr kritischer Situationen senken zu können. Es existieren allen Mitarbeitern bekannte und bewährte Wege hierfür. Tritt das IT-Risiko tatsächlich ein, werden keine Schuldzuweisungen ausgesprochen. Unternehmen, die über eine solche IT-Risikokultur verfügen, haben die Erfahrung gemacht, dass alle Beteiligten ihr Verständnis für bestimmte IT-Risiken und damit ihr **IT-Risikobewusstsein** deutlich verbessert haben.

Wenn Meldungen hingegen nicht systematisch verfolgt werden, entsteht schnell Unzufriedenheit. Zwar bedeutet das nicht, dass eingehende Meldungen bewusst ignoriert werden. Es fehlen aber meist die Mitarbeiter, das Budget, die Zeit oder sonstige Ressourcen, um alle IT-

Risikomeldungen fundiert zu analysieren oder geeignete Maßnahmen abzuleiten. Dies kann beim Meldenden den Eindruck hinterlassen, das Unternehmen nehme sein Anliegen nicht ernst genug – insbesondere, wenn das mehrfach hintereinander in ähnlicher Form geschieht.

Oft schränken organisatorische Zwänge oder Ressourcenknappheit die rasche Bearbeitung eingehender Meldungen über IT-Risiken ein. Um unter diesen Umständen dennoch eine konstruktive IT-Risikokultur zu erreichen, kann zunächst die Kommunikation zurück zum Meldenden verbessert werden. Dazu sind meist nur wenige Aktivitäten und ein geringes Budget notwendig. Beispielsweise ist eine Standard-E-Mail, die über den Status der Bearbeitung einer eingegangenen IT-Risikomeldung informiert und um individuelle Informationen ergänzt werden kann, ein einfaches und wirksames Werkzeug. Mittel- bis langfristig kann dann überlegt werden, wie das IT-Risikomanagement personell und mit Software für das IT-Risikomanagement so verstärkt werden kann, dass Meldungen rascher bearbeitet werden können und die Motivation, erkannte IT-Risiken umgehend zu melden, konstant hoch bleibt oder gar ansteigt. Zudem kann überlegt werden, eine Art Service Level Agreement (SLA) für die IT-Risikokommunikation mit allen Fachabteilungen zu vereinbaren. In einem solchen SLA könnte festgelegt sein, in welcher Form und Frist eine Antwort an den Meldenden versandt wird.

2.3.3 Die IT-Risikoneigung und IT-Risikoakzeptanz

Definition

IT-Risikoneigung (IT-Risikoeinstellung, IT Risk Appetite)
Die IT-Risikoneigung eines Unternehmens beschreibt die aus seiner Sicht »richtige« Haltung, die es gegenüber erkannten und vermuteten aktuellen und künftigen IT-Risiken einnimmt. Sie folgt einer grundsätzlichen Ausrichtung, die von **IT- und Risiko-Fachwissen**, **Erfahrungen** im Umgang mit IT-Risiken sowie der **Kontrollorientierung** geprägt ist ([Fiege 2006], S. 99, [Seibold 2006], S. 49).

Zwar »besitzt« ein Unternehmen eine bestimmte IT-Risikoneigung. Sie ist jedoch nicht abstrakt definiert, sondern als Summe der Einstellungen aller handelnden Personen zu verstehen. Sie wird über **Handlungsleitlinien** als Konsens aller Beteiligten beschrieben. Handlungsleitlinien sind grundsätzlich allgemein formuliert und enthalten keine konkreten Handlungsanweisungen.

Darüber hinaus besitzt jeder Beteiligte eine *individuelle* Einstellung gegenüber IT-Risiken.

Die **Kontrollorientierung** ist dabei ein Maß für die IT-Risikoneigung. Sie gibt an, wie umfassend absichernde Maßnahmen in Anspruch genommen werden. Dies gilt vor allem dann, wenn sich das IT-Risiko erhöht. Man unterscheidet **drei wesentliche Ausprägungen der Risikoneigung**, die auf einem Kontinuum liegen:

- Risikoabneigung:
  IT-Risiken wird konservativ begegnet; das Vermeiden von IT-Risiken dominiert. Kosten für absichernde Maßnahmen können auch über betriebswirtschaftlich sinnvolle Grenzen hinaus reichen. Das Unternehmen ist **risikoavers**.
- Risikoneutralität:
  IT-Risiken wird möglichst objektiv und unvoreingenommen begegnet. Das bewusste Einlassen auf IT-Risiken und das Vermeiden sind ausgewogen. Absichernde Maßnahmen werden in betriebswirtschaftlich sinnvollem Umfang eingesetzt. Das Unternehmen gilt als **risikoneutral**.
- Risikofreude:
  IT-Risiken wird offensiv begegnet. Auch größere IT-Risiken, wie sie etwa durch neueste Technologien oder eine zu knapp bemessene Personalausstattung entstehen können, werden bewusst eingegangen, weil die Orientierung an den Möglichkeiten deutlich größer ist. Es werden nur wenige absichernde Maßnahmen in Anspruch genommen. Risikofreude kann deshalb bis zur Verletzung von Vorgaben reichen und als Fahrlässigkeit ausgelegt werden. Das Unternehmen ist **risikoaffin**.

Beispiel

Für jede Ausprägung der IT-Risikoneigung lassen sich entsprechend Handlungsleitlinien formulieren:
- Risikoabneigung:
  Es sind alle möglichen Maßnahmen zu treffen, um die Einhaltung von Service Level Agreements sicherzustellen. Hierfür benötigtes weiteres Budget oder zusätzliche Mitarbeiter können umgehend genehmigt werden. Notwendige Beschlüsse werden innerhalb von zwei Arbeitstagen gefasst und kommuniziert.
- Risikoneutralität:
  Eine Absicherung der Infrastruktur zur Anbindung des Unternehmens an das Internet hat nach Best Practices zu erfolgen. Aktuelle Studien über die tatsächliche Bedrohungslage sind zu berücksichtigen. Kosten-Nutzen-Verhältnisse aller Maßnahmen müssen begründet werden. Definierte Prozesse sind einzuhalten.
- Risikofreude:
  Zur Erschließung neuer Kundengruppen werden neueste Technologien genutzt. Tests und Kompatibilitätsprüfungen mit der bestehenden IT-Infrastruktur sowie Freigabe- und Entscheidungsprozesse werden aus-

gesetzt oder vereinfacht, um die Kunden mittels neuer Technologie schnell ansprechen zu können. Es wird dabei bewusst in Kauf genommen, dass bei einigen Kunden Fehler auftreten und diese erst später behoben werden.

Zahlreiche Faktoren können die IT-Risikoneigung beeinflussen und im Laufe der Zeit verändern. Änderungen in der Geschäftspolitik und der Unternehmensstrategie, neue Technologien, weitere Meinungen sowie neue Erkenntnisse und Erfahrungen und ein Wechsel im Management können etwa zu Änderungen der IT-Risikoneigung führen.

Auch eine Änderung im oberen Management kann sich auf die IT-Risikoneigung auswirken. Je größer die Verantwortung ist, die mit einer bestimmten Position im Unternehmen verbunden ist, desto stärker ist dieser Effekt.

Oft veranlassen die neuen Stelleninhaber eine Anpassung der Handlungsleitlinien. Die Kommunikation dieser neuen Handlungsleitlinien und die Anpassung des Unternehmens daran müssen nun möglichst rasch erfolgen, da das Eingehen weiterer IT-Risiken sofort unter den neuen Prämissen erfolgt.

Eng mit der IT-Risikoneigung verbunden ist der Begriff der **IT-Risikoakzeptanz** ([Seibold 2006], S. 33), [ISO 2005].

Definition

IT-Risikoakzeptanz (IT-Risikotoleranz) und IT-Risikotragfähigkeit
Die IT-Risikoakzeptanz gibt in Abhängigkeit von der IT-Risikoneigung und der IT-Risikotragfähigkeit an, bis zu welcher Höhe ein IT-Risiko akzeptiert werden kann.
  Die IT-Risikotragfähigkeit wiederum ergibt sich aus den finanziellen Möglichkeiten unter Berücksichtigung der Interessen der Eigentümer eines Unternehmens.

Entsprechend akzeptiert ein risikoaffines Unternehmen deutlich höhere IT-Risiken als ein risikoaverses Unternehmen.

Wird die Höhe des Schadens in einem Diagramm auf der Y-Achse und die Eintrittswahrscheinlichkeit für das korrespondierende IT-Risiko auf der X-Achse aufgetragen, so kann eine unternehmensindividuelle Risikoakzeptanz-Linie eingetragen werden (R1, R2, R3 oder R4, vgl. Abb. 2–11). Sie legt fest, welche IT-Risiken keine oder nur eine geringe Beobachtung erfordern, weil sie aus Sicht des Unternehmens mit zu geringer Wahrscheinlichkeit eintreten und/oder geringe Schäden zur Folge haben, und welche IT-Risiken in keinem Fall akzeptiert werden dürfen. Eine flache Steigung (R1) zeigt an, dass das Unternehmen weitgehend unabhängig von der Eintrittswahrscheinlichkeit ausschließlich mit Blick auf den Schaden handelt. Steil verlaufende

2.3 IT-Risikobewusstsein, IT-Risikokultur, IT-Risikoneigung und IT-Risikopolitik

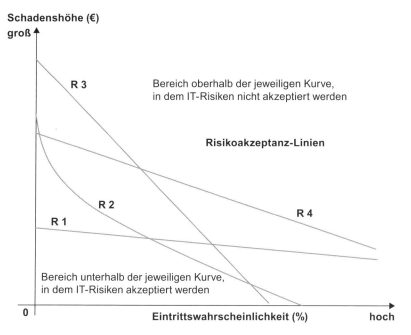

Abb. 2–11
IT-Risikoakzeptanz-Kurven in Abhängigkeit von der IT-Risikoneigung

Linien (R 3) zeigen eine hohe Sensibilität an. Schadenshöhe und Eintrittswahrscheinlichkeit werden genau beobachtet. Ist der Verlauf asymptotisch (R 2), stehen bestimmte Bereiche der Eintrittswahrscheinlichkeit oder der Schadenshöhe unter besonderer Beobachtung. Je weiter eine Linie nach oben verschoben ist (R 4 im Vergleich zu R 1), desto risikoaffiner ist das Unternehmen.

Die IT-Risikoakzeptanz sollte genau dokumentiert werden. Denn eine dokumentierte IT-Risikoakzeptanz übernimmt zwei Funktionen:

- **Orientierung für Obergrenzen:**
  Hier werden Beträge und Wahrscheinlichkeiten konkret benannt (Beispiel: Punkte auf der Linie: bis 10 Prozent und 200.000 Euro, 11 bis 20 Prozent und 100.000 Euro).

- **Entlastungsfunktion für Entscheidungsträger** bei *individuell abweichender* Haltung:
  Das Management muss sich in strittigen Fällen auf Vorgaben berufen können. Insbesondere Grundsatzentscheidungen und die Weiterentwicklung von Strategien lassen sich nur so gemeinschaftlich tragen.
  Grenzen der Entlastung bestehen allerdings dort, wo Entscheidungen aus Gewissensgründen nicht mitgetragen werden können (bspw. aus Kostengründen wird der Kauf einer weniger leistungsfähigen Löschanlage im Rechenzentrum oder die Auslagerung von

Rechenleistung in schlecht gesicherte ausländische Rechenzentren beschlossen).

Mit der Diskussion um die IT-Risikoakzeptanz ist die Festlegung eines **IT-Risikokorridors** (vgl. Abb. 2–12) verbunden.

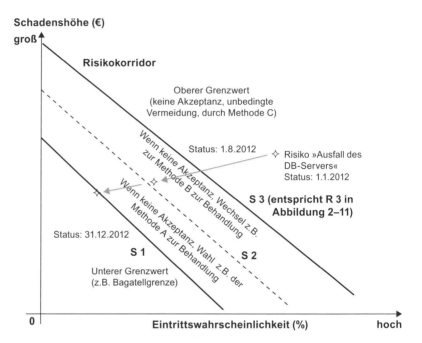

Abb. 2–12
IT-Risikokorridor mit Schwellenwerten

Ein IT-Risikokorridor wird aus einem oberen (S 3) und einem unteren Schwellenwert (S 1) gebildet. Innerhalb des IT-Risikokorridors können auch weitere Schwellenwerte (S 2) zur Differenzierung festgelegt werden, wenn ab einem bestimmten Grenzwert andere Maßnahmen ergriffen werden sollen.

IT-Risikokorridore sind aus zweierlei Sicht für ein gutes IT-Risikomanagement wichtig:

- Sie erfordern eine systematische Auseinandersetzung mit der Eintrittswahrscheinlichkeit und der Schadenshöhe.
- Sie dienen dazu, in einer größeren Zahl von Einzelrisiken die Übersicht zu behalten und alle IT-Risiken, die oberhalb des Grenzwertes liegen, hervorzuheben.

Aufgrund sich ständig ändernder Rahmenbedingungen **müssen alle Schwellenwerte laufend überprüft** und angepasst werden. Die IT-Risikoakzeptanz-Linie und Schwellenwerte können auch in die **IT-Risikomatrix** (Kap. 6) eingetragen werden.

Behandlungsmaßnahmen könnten zu einer starken Absenkung des IT-Risikos bis unter den unteren Schwellenwert führen. Würden IT-Risiken jedoch innerhalb des IT-Risikokorridors so behandelt, dass sie **dauerhaft** *deutlich unter den unteren* Schwellenwert sinken, würde dies einen **zu großen prozessualen oder personellen Aufwand** und **zu hohe Kosten** für die Risikoreduktion bedeuten.

Ein **kurzfristig** stärkeres und langfristig geringes **Unterschreiten** des unteren Schwellenwertes ist jedoch **normal** und **nicht zu beanstanden**. Es ist relativ schwierig, den unteren Schwellenwert exakt zu treffen. Denn viele Maßnahmen beeinflussen die Eintrittswahrscheinlichkeiten und Schadenshöhen ebenso wie Kosten sprungfix.

Nach Veröffentlichungen spektakulärer Sicherheitsvorfälle kann es passieren, dass das obere Management aus Unkenntnis der technischen Zusammenhänge und der Kritikalität des tatsächlichen IT-Risikos dazu drängt, Maßnahmen zu ergreifen, die zu einer deutlichen Unterschreitung der unteren Grenze führen. Meist will es in diesen Fällen die besonders gefürchteten Imageschäden für das Unternehmen ausschließen. Oft werden dafür Finanzmittel, Zeit und Mitarbeiter kurzfristig von anderen Projekten abgezogen, um *vermeintlich wesentliche* IT-Risiken zu verringern. *Tatsächlich wesentliche* IT-Risiken können dann für die Dauer eines solchen Ad-hoc-Projekts ohne Behandlung verbleiben. Im schlimmsten Fall tritt das wesentliche IT-Risiko währenddessen ein.

Beispiel

Ein gutes IT-Risikobewusstsein im *gesamten* Unternehmen und eine gute IT-Risikokultur verhindern solche Effekte.

Im positiven Sinn sind mit IT-Risiken aber auch Chancen für den weiteren Erfolg des Unternehmens verbunden, beispielsweise im E-Commerce, in der Medien- oder Telekommunikationsbranche oder bei Finanzdienstleistungsunternehmen. In diesen Branchen treten aufgrund der Geschäftsmodelle bestimmte IT-Risiken erstmals oder deutlicher auf als in anderen Unternehmen – beispielsweise, wenn neueste Technologien eingesetzt werden. Verzögert dies jedoch Entscheidungen zu Lasten des Geschäftsmodells, werden Chancen vergeben. Viele Modelle, wie etwa COBIT 5 [ISACA 2012a], fordern daher eine **gemeinsame** Betrachtung durch ein organisatorisch geeignet gestaltetes Risiko- und Chancenmanagement.

Wichtig ist deshalb, zu wissen, wie weit die Unternehmensleitung bereit ist, IT-Risiken für Chancen bewusst zu akzeptieren ([Eller et al. 2010], S. 29f., [Brünger 2010], S. 56). Es gilt immer auch, zu prüfen, welche Chancen sich aus der **gezielten Akzeptanz** von IT-Risiken ergeben könnten.

Beispiel — Der Einsatz eines bestimmten Programmiersprachen-Plug-ins für einen Browser oder einer Skriptsprache kann in einem Unternehmen viele neue Möglichkeiten eröffnen, etwa den Aufbau performanter Thin-Clients, obwohl mit ihrem Einsatz bestimmte IT-Risiken akzeptiert werden müssen.

2.3.4 Die IT-Risikopolitik

Aufbauend auf dem IT-Risikobewusstsein, der IT-Risikokultur und der IT-Risikoneigung bzw. -akzeptanz eines Unternehmens entsteht die **IT-Risikopolitik**.

Definition

IT-Risikopolitik

Die IT-Risikopolitik spiegelt das Verhalten in konkreten Risikosituationen wider und legt fest, wie im Rahmen von risikoreichen Entscheidungen im IT-Kontext unter Berücksichtigung der Auswirkungen auf die Geschäftstätigkeit vorgegangen wird.

Um den Umgang mit IT-Risiken sicherzustellen, folgt die IT-Risikopolitik einer Grundorientierung und ermöglicht in diesen Grenzen ein situatives Agieren. Hierzu

- hält sie durch institutionalisierte Kommunikation (bspw. Gremiensitzungen, Workshops) zu **regelmäßiger Diskussion** über IT-Risiken und die IT-Risikolage an.
- räumt sie **klar dokumentierte Ermessensspielräume** bei Entscheidungen auf den jeweiligen Hierarchieebenen ein.
- zeigt sie **Alternativen** bei der **Auswahl von Methoden, Werkzeugen** und **Dokumenten** (vgl. Kap. 6) auf.
- stellt sie **einfach strukturierte** und **anwendbare Methoden, Werkzeuge** und **Dokumente** bereit (bspw. Vorlagen oder IT-Risikomanagement-Software).

Es ist nicht unbedingt notwendig, die IT-Risikopolitik schriftlich zu dokumentieren. Da jedoch gute Dokumentation und Kommunikation die Wirksamkeit begünstigen, ist es sinnvoll, alle Elemente der IT-Risikopolitik in der IT-Risikorichtlinie zusammenfassend zu beschreiben.

2.3.5 IT-Risikorichtlinie

Um das IT-Risikomanagement für den Unternehmensalltag handhabbar zu machen, wird eine **IT-Risikorichtlinie** (**IT-Risikoleitlinie, IT-Risikohandbuch, IT Risk Policy**) erstellt ([Disterer & Wittek 2012], S. 14, 16, [Seibold 2006], S. 135, [Pironti 2012]).

2.3 IT-Risikobewusstsein, IT-Risikokultur, IT-Risikoneigung und IT-Risikopolitik

> **Definition**
>
> **IT-Risikorichtlinie (IT-Risikohandbuch)**
> Die IT-Risikorichtlinie ist ein strukturiert aufgebautes Dokument. Sie beantwortet Grundsatzfragen. Dazu
> - ist sie konsistent zur IT-Strategie.
> - enthält sie alle Aspekte der IT-Risikopolitik.
> - beschreibt sie die strategische, strukturelle und prozessuale Ausrichtung des IT-Risikomanagements.

Für die Akzeptanz im Unternehmen ist es wichtig, dass die IT-Risikorichtlinie so wenig wie möglich in die Belange der Geschäftstätigkeit eingreift, trotzdem aber wirksam ist. Dies wird möglich, indem sie **Leitlinien für die operative Umsetzung** vorgibt. Für eine nachhaltige Wirkung sollte sie zudem leicht verständlich formuliert sein. Ihre Kommunikation erfolgt sowohl direkt, beispielsweise über Awareness-Schulungen, als auch indirekt über Broschüren, Flyer, Rundschreiben und parallel oder alternativ über eine elektronische Version im Intranet.

Eine IT-Risikorichtlinie wird von weiteren Richtlinien, beispielsweise zum Datenschutz und zur IT-Sicherheit, beeinflusst und nimmt selbst wiederum Einfluss auf diese und andere Richtlinien, etwa auf Entwicklungsrichtlinien. Sie ist strukturiert in eine:

- **Einführung**
  Diese Einführung enthält Hinweise zur Zielsetzung der Richtlinie, die Darstellung ihres Aufbaus sowie Hinweise zu Reichweite, zeitlicher, inhaltlicher und räumlicher Gültigkeit. Der letzte Aspekt ist wichtig, wenn Outtasking, Outsourcing oder Cloud Services in Anspruch genommen werden.
  Ferner werden der Ablageort, der Ersteller, (sofern abweichend) der Verantwortliche, alle verbundenen Dokumente (Verweis auf weitere Richtlinien und konkrete Ausführungsbestimmungen sowie auf Dokumente des Enterprise Risk Management) und Versionsinformationen angegeben.

- **Darstellung aller wichtigen Grundlagen und Definitionen**
  Eine solche Darstellung enthält (eventuell anhand eingängiger Beispiele) eine prägnante Definition unternehmensinterner Begrifflichkeiten, verwendeter Systematiken und Klassifikationen und – sofern vorhanden – Bezüge zum Enterprise Risk Management. Ferner enthält dieser Abschnitt eine Beschreibung der Ziele des IT-Risikomanagements (vgl. Kap. 3) und seiner Notwendigkeit sowohl auf strategischer als auch operativer Ebene.

- **Darstellung des IT-Risikomanagement-Prozesses**
  Dieser Abschnitt erläutert die Schritte des IT-Risikomanagement-Prozesses (vgl. Kap. 5) anhand von Beispielen und konkreten Vorgaben (bspw. Grenzwerten, Toleranzbereichen, Methoden, Werkzeugen und Dokumenten). Er umfasst auch alle IT-Risikostrategien. Berücksichtigt sind zudem Schnittstellen zu anderen Prozessen (etwa im IT-Service-Management oder in der Entwicklung).

- **Darstellung der IT-Risikomanagement-Organisation**
  In diesem Abschnitt wird die Aufbauorganisation mit ihren Elementen (Rollen, Gremien, Rechte, Pflichten, Entscheidungswege) erläutert (vgl. Kap. 4).

- **Darstellung des IT-Risikoberichtswesens**
  In diesem Abschnitt wird die Struktur des IT-Risikoberichtswesens dargestellt. Der Abschnitt enthält einen Verweis auf die Dokumentation der aktuellen IT-Risikolage und der jeweiligen Maßnahmen.

- **Erläuterung zur IT-Risikokultur und -kommunikation**
  Aus Transparenzgründen wird der Rahmen für die unternehmensweite Risikokultur und -kommunikation anhand der Organisationsstrukturen aus obigem Abschnitt möglichst anschaulich vorgestellt. Exakt dokumentierte Eskalationswege, relevante Ansprechpartner und Gremien (ggf. mit Tagungsfrequenz und Intranetseiten) sind hier ebenso enthalten wie Rufnummern und E-Mail-Adressen zur Meldung von IT-Risiken.

Tabelle 2–12 zeigt auszugsweise ein Beispiel einer IT-Risikorichtlinie aus einem Konzern.

Beispiel
Tab. 2–12
Auszug aus einer IT-Risikorichtlinie

Inhaltsverzeichnis
1 **Einleitung mit Vertraulichkeits- und Sperrvermerken**
   1.1 Zweck der Richtlinie
   1.2 Geltungsbereich
   1.3 Inkrafttreten und Gültigkeit
2 **Grundlagen**
   2.1 Gesetzliche und hausinterne Anforderungen
   2.2 IT-Risikobewusstsein
   2.3 Ziele des IT-Risikomanagements
3 **Definitionen und Vereinbarungen**
   3.1 Glossar der IT-Risikofachbegriffe
   3.2 Vorlagen für das IT-Risikomanagement
4 **IT-Risikopolitik**
   4.1 Akzeptanzgrenzen
   4.2 Umgang mit Ermessen
   4.3 Zulässige Methoden und Werkzeuge
   4.4 Gremien
   4.5 Regelungen im Konfliktfall

→

5 IT-Risikostrategien
6 Organisation des IT-Risikomanagements
  6.1 Rechte und Pflichten der Aufgabenträger
  6.2 Organigramm
7 IT-Risikomanagement-Prozess
  7.1 IT-Risikoidentifikation
  7.2 IT-Risikoanalyse
  7.3 IT-Risikobericht
8 Informationsquellen
9 Schlussbemerkungen

Abschnitt 1.2 – Geltungsbereich
Diese Richtlinie gilt für alle Mitarbeiterinnen und Mitarbeiter an allen Standorten. Eingeschlossen sind befristet Beschäftigte und Mitarbeiterinnen und Mitarbeiter im Rahmen der Arbeitnehmerüberlassung.
  Diese Richtlinie gilt auch für wichtige Geschäftspartner. Festlegungen des Empfängerkreises und des Umfangs der bereitzustellenden Information erfolgen durch den Vorstand (VV). Eine Freigabe ist für alle Berichte erforderlich.
...

Abschnitt 1.3 – Inkrafttreten und Gültigkeit
Alle Regelungen dieser Richtlinie treten ab dem 1.1.2009 in Kraft und sind für alle Mitarbeiter an allen Standorten verbindlich. ...
...

Abschnitt 2.1 – Gesetzliche und hausinterne Anforderungen
Das Eigenkapital ist durch Thesaurierung entsprechend der Gewinnerwartung im Sinne einer Risikodeckungsmasse jährlich um mindestens 3,5% zu erhöhen.
  Alle drei Monate werden auf Veranlassung von VV/ERM alle IT-Risiken neu erfasst, analysiert und der Status von Behandlungsmaßnahmen überprüft. Ziele und Leitlinien werden von VV/ERM alle 12 Monate überprüft und bei Bedarf angepasst.
...

Abschnitt 2.3 – Ziele des IT-Risikomanagements
Das IT-Risikomanagement ist eine Teildisziplin des Enterprise Risk Management (VV/RM). Als solches verfolgt es die gleichen Ziele einer nachhaltigen Risikovermeidung und proaktiven Risikosteuerung. ...
...

Abschnitt 3.1 – Glossar der IT-Risikofachbegriffe
...
IT-Projektrisiken: Vor Projektbeginn ist eine Analyse und Planung geeigneter Maßnahmen verpflichtend durchzuführen und im Projektantrag zu dokumentieren.
...

Abschnitt 4.1 – Akzeptanzgrenzen
IT-Risiken mit einer Schadensfolge von mehr als 200.000 Euro und Jahr erfordern grundsätzlich sofortige, individuelle Sicherungsmaßnahmen, müssen dokumentiert und VV/ERM im Dreimonatszyklus berichtet werden. Liste 4.1. enthält eine Übersicht über die Staffelung der Akzeptanzgrenzen entsprechend Schadensfolge und Häufigkeit des Ereignisses.
  Grundsätzlich dürfen die bewerteten Risiken 10% vom Umsatz in Summe nicht übersteigen.
...

→

> **Abschnitt 6.1 – Rechte und Pflichten der Aufgabenträger**
> Alle Mitarbeiter sind sowohl für die Vorbeugung als auch für die Verringerung von IT-Risiken verantwortlich. Sie bewahren über die von ihnen selbst erhobenen Informationen sowie über alle von Dritten bereitgestellten Informationen im Kontext des Risikomanagements Stillschweigen...
>
> ...
>
> **Abschnitt 6.2 – IT-Risikoanalyse**
> Alle erhobenen IT-Risiken müssen entsprechend der vorgegebenen Akzeptanzgrenzen in Euro bewertet und klassifiziert werden. Ist keine direkte Bewertung möglich, wird in Abstimmung mit dem Vorstandsreferat VV/RM eine Schätzung vorgenommen.

Praxishinweis

Das Unternehmen arbeitet mit vielen Partnern zusammen. Muss die IT-Risikorichtlinie diesen Partnern ausgehändigt werden?

Es ist sinnvoll, Geschäftspartnern die **für die Zusammenarbeit notwendigen Teile** der IT-Risikorichtlinie vor Beginn zu übergeben und die Kenntnisnahme vertraglich zu dokumentieren.

Darüber hinaus sollen Verträge die Forderung enthalten, dass der Geschäftspartner die Vorgaben der IT-Risikorichtlinie in seinem Verantwortungsbereich umsetzt und die Wirksamkeit seiner Maßnahmen (insbesondere des IKS, vgl. Kap. 10) durch einen unabhängigen Dritten überprüfen lässt. Bei Verträgen zur Auftragsdatenverarbeitung (Outsourcing, Outtasking, Cloud Computing) ist das der übliche Standard.

Die IT-Risikorichtlinie kann von einem darauf spezialisierten Teil des Unternehmens erstellt werden, beispielsweise von der IT-Abteilung, der IT-Revision oder dem IT-Risikomanagement selbst. Wenn die IT-Risikorichtlinie erstellt ist, wird sie, um gültig zu sein, **durch das oberste Management freigegeben**. Damit wird die Bedeutung des systematischen und strukturierten Umgangs mit IT-Risiken unterstrichen.

3 IT-Risikomanagement

> Dieses Kapitel erläutert den Begriff *IT-Risikomanagement*. Im Einzelnen werden die folgenden Fragen geklärt:
> - Was ist Risikomanagement, was ist Enterprise Risk Management?
> - Was ist IT-Risikomanagement?
> - Warum ist der Integrationsgedanke im Risikomanagement wichtig?
> - Welche Anforderungen werden an das IT-Risikomanagement gestellt?
> - Welche generischen IT-Risikostrategien kennt das IT-Risikomanagement?
> - Welche Vorgaben sind relevant für das IT-Risikomanagement?

Ziel dieses Kapitels

3.1 Begriff und Ausprägungen des Risikomanagements

3.1.1 Risikomanagement

Oft existiert im Unternehmen bereits ein Notfall- und Krisenmanagement oder ein Continuity-Management, was die Einrichtung einer weiteren Managementdisziplin auf den ersten Blick vielleicht unnötig erscheinen lässt. Zwar ist Risikomanagement immer auch ein Management von Krisen, Notfällen und das Vermeiden von Betriebsunterbrechungen, eine Risikobetrachtung daher in diesen Disziplinen notwendig. Ein gutes Krisen-, Notfall- und Continuity-Management hat jedoch einen anderen Fokus als das Risikomanagement.

> **Risikomanagement**
> Risikomanagement ist eine reaktive *und* proaktive **Managementaufgabe**. Es folgt einem Prozess, um Risiken in einem bestimmten Bereich des Unternehmens zu identifizieren, zu analysieren, zu bewerten, zu behandeln und zu überwachen.

Definition

Sein Ziel ist, bestimmte Risiken (etwa Marktrisiken, Kreditrisiken, Finanzrisiken, Fertigungsrisiken, Logistikrisiken) transparent zu machen, das Risikobewusstsein zu verbessern, die Ziele des jeweiligen Bereichs im Unternehmen zu unterstützen und die Eigenverantwortung zu stärken.

Als **Begründungen** für die Einrichtung eines Risikomanagements gelten darüber hinaus:

- gesetzliche oder aufsichtsrechtliche Verpflichtungen (vgl. Abschnitt 3.3)
- die Vermeidung oder Verringerung aktueller *und* künftiger Geschäftsrisiken
- die Vermeidung von Risiken aus Ineffizienzen in Geschäftsprozessen
- die Forderung von Banken nach Einrichtung eines Risikomanagements im Zuge der Kreditgewährung
- die Vermeidung von Betrug und menschlichen Fehlern

3.1.2 Enterprise Risk Management

Zur effektiven und effizienten Steuerung des Gesamtunternehmens wäre ein ausschließlich bereichs- oder themenbezogenes Denken hinderlich. Der Gedanke des Risikomanagements wird deshalb in Form des Enterprise Risk Management auf das Gesamtunternehmen übertragen.

Definition

Enterprise Risk Management (ERM, unternehmensweites Risikomanagement, integriertes Risikomanagement)

Enterprise Risk Management verfolgt über alle Geschäftsbereiche, Standorte und verbundenen Gesellschaften eines Unternehmens hinweg einen ganzheitlichen Ansatz. Es gibt dazu im Sinne des Integrationsgedankens die IT-Risikorichtlinie, Methoden, Werkzeuge und Dokumente vor. Gleichzeitig übernimmt es für alle wesentlichen Risiken des Gesamtunternehmens eine **analysierende**, **bewertende** und **überwachende Funktion**. Daneben **koordiniert** und **berät** es die betroffenen Bereiche des Unternehmens. Es identifiziert und behandelt selbst keine Risiken.

Das Enterprise Risk Management ist hierarchisch aufgebaut und zentral organisiert (vgl. Abb. 3–1). Das interne Kontrollsystem (vgl. Kap. 10) ist ein wichtiger Bestandteil. Die mit dem Enterprise Risk Management verbundene Verantwortung liegt **immer** in der **Leitungsebene** eines Unternehmens und ist in letzter Konsequenz **nicht delegierbar**.

Im Gegensatz dazu konzentrieren sich die Teildisziplinen des Risikomanagements jeweils auf einen bestimmten fachlichen Bereich des Unternehmens und liefern ihre Ergebnisse dem Enterprise Risk Management zu.

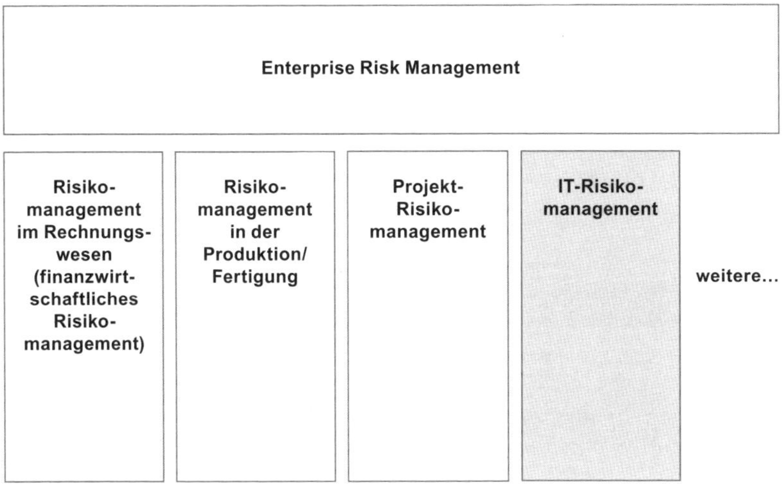

```
┌─────────────────────────────────────────────────────────┐
│              Enterprise Risk Management                 │
└─────────────────────────────────────────────────────────┘
┌───────────┬───────────┬───────────┬───────────┐
│  Risiko-  │  Risiko-  │  Projekt- │ IT-Risiko-│
│management │management │  Risiko-  │management │
│im Rechnungs-│ in der  │management │           │
│  wesen    │Produktion/│           │           │
│(finanzwirt-│ Fertigung│           │ weitere...│
│schaftliches│          │           │           │
│  Risiko-  │           │           │           │
│management)│           │           │           │
└───────────┴───────────┴───────────┴───────────┘
```

Abb. 3–1
Enterprise Risk Management und bereichsbezogenes Risikomanagement

Dadurch ist im Enterprise Risk Management eine Konzentration auf wesentliche Risiken möglich, gleichzeitig werden unerwünschte Seiteneffekte (bspw. Doppelarbeiten, Inkonsistenzen) minimiert.

Die Einschränkung auf *wesentliche Risiken* wird mit zunehmender Unternehmensgröße wichtiger, weil die Menge an Detailinformationen eine zentrale Steuerung unmöglich machen würde.

3.2 Das IT-Risikomanagement

Das **IT-Risikomanagement** ist als eigenständige Funktion in vielen Unternehmen seit etwa 10–15 Jahren etabliert und damit im Vergleich zur IT insgesamt eine junge Managementdisziplin ([ITGI 2011], [Schermann 2011], S. 101ff., [Eller et al. 2010]).

IT-Risikomanagement   *Definition*

IT-Risikomanagement (vgl. Abb. 3–2) ist Bestandteil des Enterprise Risk Management. Sein Ziel ist es, durch Kenntnis von Ursache-Wirkungs-Beziehungen IT-Risiken frühzeitig zu erkennen, angemessen auf sie zu reagieren und so zum Schutz des Unternehmens beizutragen. Daneben soll es

- die Mitarbeiter und betroffene Partner für IT-Risiken sensibilisieren,
- Transparenz über die IT-Risikolage herstellen,
- die Wirtschaftlichkeit aller Maßnahmen sicherstellen,
- bei Beherrschung komplexer Krisensituationen in der IT unterstützen,
- die Entwicklung von IT-Risiken vorhersagen und
- die Einrichtung und laufende Verbesserung interner Kontrollen in der IT unterstützen.

→

Abb. 3–2
IT-Risikomanagement-Modell

Dazu ist das IT-Risikomanagement in zwei Ebenen unterteilt:
- Die **strategische Ebene** (*strategic risk management*) regelt über die Festlegung langfristiger Ziele die Rahmenbedingungen für die Durchführung des IT-Risikomanagements.
- Die **operative Ebene** (*operational risk management*) enthält den zyklisch zu durchlaufenden IT-Risikomanagement-Prozess (vgl. Kap. 5) sowie geeignete Methoden, Werkzeuge und Dokumente.

3.2.1 Anforderungen an das IT-Risikomanagement

Die zentralen Anforderungen an das IT-Risikomanagement sind:

- seine **Angemessenheit (Eignung)**
- seine **Wirksamkeit (Funktionsfähigkeit)**

Dazu deckt das IT-Risikomanagement folgende Aspekte ab:

- **Vollständigkeit**
  IT-Risikomanagement ist **vollständig,** wenn es alle notwendigen Elemente, beispielsweise im Vergleich zu ISO 31000 [ISO 2009a], enthält. Solche Elemente sind die Aufbauorganisation des IT-Risikomanagements, der IT-Risikomanagement-Prozess, die IT-Risikopolitik, die IT-Risikorichtlinie und die Prüfung des IT-Risikomanagements (vgl. Kap. 11).

- **Eignung**
  IT-Risikomanagement ist **geeignet,** wenn seine Elemente so konzipiert sind, dass sie die erforderlichen Funktionen erfüllen können. Ein Element ist also dann geeignet, wenn es nach entsprechender Umsetzung einen genau umschriebenen Beitrag für den Umgang mit IT-Risiken leisten kann.

- **Konsistenz**
  IT-Risikomanagement ist **konsistent,** wenn sich die einzelnen Elemente des IT-Risikomanagements nicht überschneiden, widersprechen oder gegenseitig aufheben.

- **Umsetzbarkeit**
  IT-Risikomanagement ist **umsetzbar,** wenn durch Bereitstellung und planvollen Einsatz der erforderlichen Ressourcen eine *sachgerechte* Implementierung des IT-Risikomanagements erfolgt ist und die Ziele des IT-Risikomanagements erfüllt werden können.

Die Abdeckung dieser Aspekte erfordert die Erfüllung weiterer Anforderungen:

- **Integrationsfähigkeit**
  Die Fähigkeit zur Integration ist **Voraussetzung** für das **IT-Risikomanagement.** IT-Risikomanagement ist **kein Fremdkörper** und stellt **keine redundante Struktur** dar. Eine isolierte Behandlung von IT-Risiken wäre aufgrund bereichsübergreifender Ursache-Wirkungs-Beziehungen nicht ausreichend.
  Die Integration erstreckt sich auf alle Ziele und Elemente des IT-Risikomanagements. Sie lässt sich unterscheiden in die **vertikale Integration** in das Enterprise Risk Management und in die **horizontale Integration** (vgl. Abb. 3–3) in:

1. Bereiche, Abteilungen oder Funktionen *innerhalb* der IT-Organisation, die ähnliche Aufgaben übernehmen,
2. die Fachabteilungen des Gesamtunternehmens sowie
3. das Unternehmensumfeld (wichtige Partner)

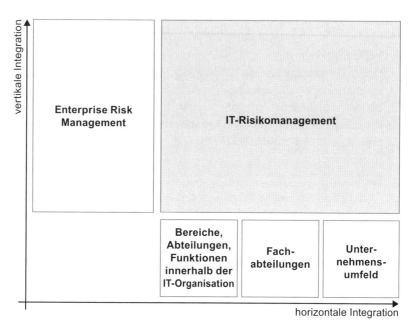

Abb. 3–3 Dimensionen der Integration

Eine präzise **Abgrenzung** und **gegenseitige Anerkennung** der Grenzen, Rechte und Pflichten sowie eine konstruktive Zusammenarbeit ist sinnvoll zwischen:

- dem **Informationssicherheitsmanagement** (IT-Sicherheitsmanagement, IT Security Management)
- dem **Änderungsmanagement** (Change Management)
- dem **Kontinuitätsmanagement** (Continuity Management)
- dem **Krisen- und Katastrophenmanagement** (Disaster Management)
- dem **Notfallmanagement** (Emergency Response Management, einschließlich weiterer Managementdisziplinen wie dem **Recovery Management**)
- dem **IT-Service-Management** mit Störfallmanagement (insbesondere **Incident & Problem Management**)
- dem IT-Qualitätsmanagement
- dem IT-Projektmanagement
- dem IT-Controlling
- der IT-Revision
- dem IT-Compliance-Management

Die Integration erstreckt sich über drei Stufen:

- **Integrationsstufe 1**:
  optisch und inhaltlich aufeinander abgestimmtes Berichtswesen, das einheitliche Vorlagen, aufeinander abgestimmte Einheiten und Maßstäbe sowie einheitliche Berichtswege nutzt (konsolidiertes Berichtswesen)
- **Integrationsstufe 2**:
  Auch Entscheidungswege, Risikomanagement-Prozesse, Methoden und Werkzeuge werden einheitlich genutzt.
- **Integrationsstufe 3**:
  Schließlich werden auch alle Organisationsstrukturen und Rollenbeschreibungen vereinheitlicht.

Die vertikale Integration erfolgt vergleichsweise unkompliziert, weil das IT-Risikomanagement für das Enterprise Risk Management ein spezielles Risikomanagement darstellt. Im Idealfall findet die Teilung von Verantwortung, Zusammenarbeit und Abstimmung in folgenden Punkten statt ([Disterer & Wittek 2012], S. 14):

- **Konzeption und Entwicklung** des IT-Risikomanagements. Festlegung von Zielsetzung, Reichweite, Methodik
- **Implementierung, Etablierung und Pflege** des IT-Risikomanagements; Verankerung in der unternehmensweiten Risikokultur
- **Identifikation, Analyse, Bewertung und Behandlung** von IT-Risiken nach einheitlichen Prozessvorgaben, Kennzahlen und Methoden
- **Initiierung und Durchführung** von Maßnahmen zur Schaffung eines IT-Risikobewusstseins
- **Erstellung und Pflege** von einheitlichen Vorlagen und Dokumenten, die später in den Gesamtrisikobericht integriert werden
- **Methodische Konzeption und Weiterentwicklung** des IT-Risiko-Controllings im Sinne eines Frühwarnsystems als Teil der Unternehmenssteuerung

Die größere Herausforderung besteht in der horizontalen Integration. Nur in wenigen Fällen kann ohne Berücksichtigung bereits etablierter Strukturen ein neues IT-Risikomanagement eingeführt werden. Deutlich häufiger ist der Fall, dass es in den einzelnen Bereichen der IT bereits Personen gibt, die sich mit IT-Risiken befassen. Insbesondere die IT-Sicherheit pflegt traditionell einen risikoorientierten Umgang mit Bedrohungen. Für eine erfolgreiche Zusammenarbeit ist es deshalb erforderlich, dass der Wille zur Integration oder wenigstens Harmonisierung besteht und eine Angleichung entsprechender Integrationsstufen (schrittweise) erfolgt.

Integrationsbemühungen können durch unsachgemäß oder zu komplex gestaltete Prozesse erschwert werden. Dies zeigt sich bspw. in unangemessen komplexen Berichts- und Entscheidungswegen, zu langen Freigabeprozessen für Budgets, verschleppten Entscheidungen und starken Verzögerungen bei der Meldung von IT-Risiken. Im schlimmsten Fall tritt das IT-Risiko ein, ehe eine Lösung für seine Behandlung gefunden wurde. Auch können Methoden, Werkzeuge und Dokumente zu generisch und damit nicht auf den spezifischen Anwendungsbereich zugeschnitten sein. Fehlinterpretationen und Akzeptanzprobleme wären häufige Folgen. Schließlich können nicht ausgeräumte, unterschiedliche Denk- und Sichtweisen im Enterprise Risk Management einerseits und im IT-Risikomanagement andererseits zu Missverständnissen und Reibungsverlusten oder zu »politischen« Entscheidungen führen.

- Anpassungsfähigkeit

  Die Fähigkeit des IT-Risikomanagements zur Anpassung an geänderte Verhältnisse kann durch folgende Maßnahmen sichergestellt oder verbessert werden:

  - organisatorische Änderungen, etwa die Überarbeitung von Richtlinien, Prozessen und Strukturen, aber auch die Einbindung weiterer Bereiche des Unternehmens,
  - Einstellung zusätzlicher Mitarbeiter, wenn Anzahl, Umfang und Komplexität der Aufgaben die anfänglichen Schätzungen deutlich übersteigen,
  - technische Änderungen, etwa eine neue oder geänderte Softwareunterstützung für das IT-Risikomanagement, sowie
  - Umwidmung von Aufgaben einzelner Mitarbeiter, denen dadurch mehr Zeit für die Arbeit im IT-Risikomanagement zur Verfügung steht.

- Wirtschaftlichkeit

  Kosten für den Betrieb des IT-Risikomanagements müssen in einem wirtschaftlich vertretbaren Verhältnis zu den reduzierten IT-Risiken stehen. Allen Beteiligten sollte bewusst sein, dass die **Kosten** für **Aufbau, Betrieb** und **laufende Weiterentwicklung** des IT-Risikomanagements nicht unerheblich sein können. Sie müssen deshalb als **eigene Position im IT-Budget** eingeplant und mit den im Unternehmen verwendeten Methoden und Werkzeugen betriebswirtschaftlich beurteilt werden.

3.2.2 IT-Risikostrategien

Die Wahl der richtigen IT-Risikostrategie für ein IT-Risiko ist wesentlicher Baustein eines wirksamen IT-Risikomanagements [Disterer & Wittek 2012].

> **Definition**
>
> **IT-Risikostrategie**
> Eine *generische* IT-Risikostrategie beschreibt allgemein formulierte Vorgaben für die Steuerung von IT-Risiken. Diese Vorgaben folgen dem Grundsatz
> - der **Vermeidung** (Vorbeugung, Prävention),
> - der **Verringerung** (Reduktion, Begrenzung, Abschwächung, »Mitigation«),
> - der **Vorsorge**,
> - des **Transfers** (Übertragung) und
> - der **Akzeptanz**
>
> eines IT-Risikos.
> Nach Einigung auf eine unternehmensspezifische Risikopolitik legt die *Summe* aller aus diesen generischen Strategien abgeleiteten *konkreten* IT-Risikostrategien die Bedingungen für die Behandlung der IT-Risiken fest.

Die Anwendung *einer einzigen* IT-Risikostrategie für *alle* IT-Risiken ist demnach nicht sinnvoll und oft auch nicht möglich. Grund dafür sind die Unterschiede zwischen IT-Risiken und unterschiedliche Kosten für ihre Behandlung sowie technische oder fachliche Einschränkungen.

IT-Risikostrategien und ihre Entwicklung folgen einem ganzheitlichen Ansatz, der bei Bedarf die gesamte Wertschöpfungskette und die Art der Geschäftstätigkeit berücksichtigt und alle Partner einbezieht (weitere, ausführliche Beispiele hierzu enthalten Kap. 8 und 9). IT-Risikostrategien müssen deshalb:

- für alle Anspruchsgruppen verständlich formuliert sein,
- im Unternehmen kommuniziert werden und
- durch klare Vorgaben leicht handhabbar sein.

> **Praxishinweis**
>
> IT-Risiken zu **ignorieren** ist die **schlechteste aller IT-Risikostrategien**. Eine solche Strategie sollte **niemals** angewandt werden!

Vermeiden

Ziel aller vermeidenden Maßnahmen ist es, mithilfe von geeigneten Methoden und Werkzeugen (vgl. Kap. 6) mögliche Ursachen *oder* Auswirkungen von IT-Risiken zu identifizieren und sie künftig erst gar nicht entstehen zu lassen. Das erfordert eine besonders systematische

Beschäftigung mit Ursachen und Wirkungen und Eintrittswahrscheinlichkeiten von IT-Risiken.

Beispiel
- Abkopplung von kritischen IT-Systemen vom Unternehmensnetzwerk (Herstellen einer Air Gap)
- Kontinuierliche Verbesserungsprogramme und der Einsatz von Reifegradmodellen sowie Qualitätsverbesserungsmodellen (wie CMMI)

Verringern

Da eine Vermeidung von IT-Risiken eher selten möglich ist, müssen Eintrittswahrscheinlichkeit und Schadenshöhe bestmöglich verringert werden (**Risk Mitigation**).

Beispiel
- Aufbau redundanter IT-Systeme
- Konsequente Anwendung des Change- und Konfigurationsmanagements
- Richtlinien für die Anwendungsentwicklung
- Durchdachtes und erprobtes Katastrophen- und Notfallmanagement
- Strikte Vorgaben für starke Passwörter, deren Einhaltung maschinell geprüft wird

Transferieren

Die Übertragung von IT-Risiken mit sehr hoher Schadenswirkung (*oberhalb* des Value at Risk, vgl. Kap. 6; Stress- und Katastrophenschäden) auf Dritte, in der Regel Versicherungen, wird als Transfer bezeichnet. Im Rahmen des Outsourcings/Outtaskings können IT-Risiken auch an IT-Dienstleister übertragen werden.

Bei einer Übertragung erfolgt *keine* Verringerung oder Vermeidung des IT-Risikos. Es besteht nach wie vor in gleicher Höhe und mit den gleichen Auswirkungen fort. Sollte es eintreten, reduziert eine erfolgreiche Übertragung von IT-Risiken lediglich die *finanziellen* Auswirkungen. Werden IT-Risiken an andere Partner als an Versicherungen übertragen, können weitere nicht monetäre Auswirkungen, beispielsweise Nichtverfügbarkeiten oder hoher technischer Aufwand durch die Behebung von Störungen, etwa an Arbeitsplatz-PCs, im *eigenen* Unternehmen *reduziert* werden.

> **Praxishinweis**
>
> **Was geschieht mit der Verantwortung für das übertragene IT-Risiko?**
> Eine Übertragung von IT-Risiken auf Dritte entbindet **niemals** von der Verantwortung für diese Risiken durch die Unternehmensleitung einschließlich der sich daraus ergebenden Haftung. Eine *genaue Kenntnis* der IT-Risiken, die übertragen werden, ist daher auch weiterhin *zwingend* notwendig.

Die auf den ersten Blick attraktive Lösung, IT-Risiken auf Versicherungen zu übertragen, ist in der Praxis deutlich eingeschränkt ([Prokein 2008], S. 92ff., [Koch 2005]). Zwar haben sich einige Versicherungen auf IT-Risiken spezialisiert und bieten entsprechende Tarife an, beispielsweise für gespeicherte Daten (nach MB/GB, nach Klassifikation oder nach Art und Aufwand, wie die Daten geschützt werden). Allerdings ist oft intransparent, wie sich der Wert der Daten und die daraus abgeleitete Prämie ergeben. Lediglich in Cloud-Lösungen ist diese Frage daher derzeit besonders interessant. Zudem fordern viele Versicherungen von den IT-Risiken, die sie übernehmen sollen, bestimmte charakteristische Eigenschaften:

- Eindeutigkeit
  Alle Angaben zum IT-Risiko müssen nachprüfbar sein. Bei technischen Ausfallrisiken ist das über Testreihen, Benchmarks und historische Datensammlungen relativ gut darstellbar. Bei vielen anderen IT-Risiken, insbesondere bei IT-Risiken, die von Menschen verursacht werden, ist dies jedoch problematisch. Denn unter die Eindeutigkeit fällt auch die Forderung nach Identifikation des Verursachers sowie eindeutigen Beweisen. Beides ist selten erfüllbar, weil entweder Daten fehlen, nicht eindeutig zurechenbar oder manipulationssicher genug sind oder weil Experten nicht klären können, welche Ursache-Wirkungs-Beziehung zum Eintritt eines bestimmten IT-Risikos geführt hat.

- Zufälligkeit
  Weiß das Unternehmen von IT-Risiken, sind diese oft nicht mehr versicherbar. Beispielsweise kann sich eine Versicherung darauf berufen, dass bei einer Migration von Anwendungen bestimmte IT-Risiken für das Unternehmen vorhersehbar sind und von ihm im Rahmen des Migrationsprojektes direkt beeinflusst werden können. Solche IT-Risiken könnten dann nicht mehr übertragen werden.

- Schätzbarkeit
  Zur Entwicklung eines Versicherungstarifs und zur Berechnung der Prämie schätzt der Versicherer für jedes IT-Risiko die durchschnittliche Schadenshäufigkeit und -höhe. Auch hier greift er auf historische Daten zurück. Doch gerade zu typischen IT-Risiken liegen

wenig *verlässliche* Daten vor, weil Unternehmen IT-Risiken selten veröffentlichen und Versicherungen gegen IT-Risiken noch immer vergleichsweise jung sind.

- **Bezifferbarkeit der Schadensobergrenze**
  Zur Definition von Deckungsobergrenzen müssten Versicherer den größtmöglichen Schaden kennen, was im Einzelfall zu einem Beschnitt der *tatsächlichen* Schadenssumme führen kann.
- **Unabhängigkeit**
  IT-Risiken müssen voneinander unabhängig sein. Positiv korrelierte IT-Risiken werden von Versicherungen nicht übernommen, da sie schnell kumulieren können und der Gesamtschaden höher ausfallen kann als der maximale Schaden aus einem einzelnen IT-Risiko. Auch gilt oft, dass mehrere Versicherungsnehmer gleichzeitig einen Verlust erleiden. Aus diesem Grund ist es nicht möglich, die IT-Risiken aus dem Einsatz gängiger Standardsoftware oder aus der Internetnutzung im Allgemeinen zu versichern.

Weil die Rückversicherung von vielen IT-Risiken wegen schlechter Datenlage schwierig oder nur zu unattraktiven Konditionen möglich ist, schränkt dies die Attraktivität weiter ein. Viele Versicherungen machen sich derzeit aus diesem Grund Gedanken, woher sie die Datengrundlage für Tarifrechnungen beschaffen können.

In den Tarifen werden zudem hohe Anforderungen an die Pflichten der Versicherungsnehmer gestellt. Beispielsweise werden Zertifizierungen oder die Installation komplexer technischer Systeme zur Absicherung der IT-Infrastruktur gefordert. Oft werden auch IT-Prüfungen durchgeführt, ehe Deckungszusagen gegeben werden. In vielen Fällen bezieht sich der Versicherungstarif direkt auf eine Anwendung. Wer also eine bestimmte Anwendung nutzt, bezahlt unter Umständen eine im Vergleich zu einem Konkurrenzprodukt abweichende Prämie. Unternehmen, die Versicherungen abschließen möchten, müssen ihre IT-Risiken detailliert offenlegen, was einerseits aufgrund der Sensibilität der Informationen oft als kritisch empfunden wird, andererseits aber auch – auf beiden Seiten – hohe (Transaktions-)Kosten verursacht.

Vorsorge

Eine Sonderform des Akzeptierens ist die **Risikovorsorge**. Sie beschreibt die *eigene finanzielle* Vorsorge gegen den Eintritt bestimmter IT-Risiken ([Prokein 2008], S. 90). Die Vorsorge geschieht aus Sicht des Rechnungswesens auf zwei Arten:

- durch Bildung von Rückstellungen für den Fall eines Risikoeintritts, sofern die Schadenshöhe in einem mittleren Bereich liegt (Risikodeckungsmasse 1. Klasse)
- Risiken mit relativ geringer Schadenshöhe lassen sich bei Eintritt ohne Rückstellungen mit Mitteln ausgleichen, die aufgrund ihres Umfangs problemlos, dann aber meist unter Verletzung anderer Ziele des Unternehmens beschafft werden können. Solche Mittel werden beispielsweise aus dem Budget für geplante IT-Projekte oder dem allgemeinen IT-Budget entnommen. Das ist vertretbar, weil die Inanspruchnahme dieser Mittel eher die Ausnahme als die Regel darstellt (Risikodeckungsmasse 2. Klasse).

Vorsorge umfasst Schadenshöhen, die den Erwartungswert übersteigen, aber noch *unterhalb* des Value at Risk (VaR) liegen (zur VaR-Methode vgl. Kap. 6). Erwartete Schäden sind in der Regel in den (auch intern in Rechnung gestellten) Kosten einer IT-Dienstleistung enthalten.

Beispiel

- Finanzielle Vorsorgemaßnahmen gegen Schadensersatz- und Prozessrisiken aus Verlust von Kundendaten aufgrund technischer Probleme
- Finanzielle Vorsorgemaßnahmen gegen Schäden, die durch Betrug im Online-Banking oder bei krimineller Nutzung von Zahlungsverkehrskarten entstehen.

Grundsätzlich ist Risikovorsorge hilfreich, wenn es keine oder nur ungünstig zugeschnittene Versicherungstarife für IT-Risiken gibt. Vorsorge kann auch attraktiv sein, wenn das Unternehmen die Auffassung vertritt, dass IT-Risiken aus eigenen finanziellen Mitteln abgesichert werden können. Meist wird dies mit besonderer Zuverlässigkeit der eingesetzten Technologien begründet oder damit, dass die Mitarbeiter gut qualifiziert sind. Der gleiche Betrag wäre nach dieser Auffassung in Prämien bei ungewisser Gegenleistung ungünstiger angelegt.

Akzeptieren

Die Akzeptanz eines IT-Risikos ist eine **bewusste Entscheidung der Unternehmensleitung**. Aus Praktikabilitätsgründen kann sie die Verantwortung für die Entscheidung auf die mittleren Führungsebenen, gegebenenfalls an einzelne Standorte delegieren.

Beispiel
- Für ein effizientes Arbeiten wird einer bestimmten Gruppe von Benutzern das normalerweise gesperrte DVD-Laufwerk freigegeben.
- Eine sehr teure Software wird nicht aktualisiert, obwohl einige kleinere Sicherheitslücken bekannt sind, die geschlossen werden könnten.
- Auf die Installation eines elektronisch überwachten Sicherheitszauns um ein kleines Rechenzentrum innerhalb des Werksgeländes wird verzichtet.
- Im LAN einer kleinen ausländischen Zweigstelle des Unternehmens wird die Möglichkeit der Nutzung eigener Geräte toleriert, weil technische Lösungen zur Sperrung zu aufwendig wären.

3.3 Vorgaben für das IT-Risikomanagement

Der **Wandel** von einer **reaktiven hin zu** einer **proaktiven Führung** des Unternehmens findet zunehmend auch in vielen Vorgaben ihren Niederschlag. Unabhängig von ihrem Ursprung fordern sie den planmäßigen Umgang mit negativen Entwicklungen und damit die Implementierung eines Risikomanagement-Prozesses mit Frühwarnfunktion. Das **Risikomanagement** wird **zentraler Bestandteil einer wertorientierten Führung des Unternehmens** [Dutta & Sista 2012]. Die Vorgaben berühren damit auch das IT-Risikomanagement einschließlich des Internen Kontrollsystems.

Neben Gesetzen, aufsichtsrechtlichen Regelungen, internationalen und nationalen Normen und Standards sowie Best Practices sind höchstrichterliche Urteile deutscher und europäischer Gerichte relevant. Zunehmend verbraucher- und anwenderfreundliche Urteile zeigen, dass Risikomanagement in IT-Projekten, aber auch im IT-Betrieb wichtig ist, um sich vor Prozessrisiken aus typischen IT-Risiken zu schützen. Solche IT-Risiken sind etwa eine unzureichende Programmierung, nicht sorgfältig genug erfolgte Tests, eine zu knappe oder unverständliche Programmdokumentation oder die fehlerbehaftete Verarbeitung von Kundendaten.

Beispiel
- Urteil zu Softwarefehlern (Aktenzeichen: BGH I ZR 141/97, BGH VIII ZR 79/04)
- Urteil zu mangelhafter Programmdokumentation (LG Stuttgart 8 O 274/99, LG Bonn 10 O 387/01, OLG Saarbrücken 1 U 21/84)
- Urteil zum Umgang mit sensiblen Kundendaten (OLG Karlsruhe 6 U 38/11, OLG Düsseldorf I-6 U 241/11)

Aber auch einzelne Unternehmen können indirekt Einfluss ausüben. So hat Standard & Poor's Anfang 2012 ein Enterprise Risk Management für das Rating von Krediten verpflichtend gemacht, indem es ein Modell nutzt, das methodisch auf Prinzipien aus BASEL II und Solvency II zurückgreift. Prinzipiell gilt dies zunächst nur für kreditvergebende Unternehmen. Doch auch derjenige, der einem Rating unterzogen wird, ist unmittelbar betroffen.

Mit Blick auf abweichende Datenschutzregelungen ist es hilfreich, die Rechtsprechung in all denjenigen Ländern zu verstehen und zu überwachen, in denen das Unternehmen Kunden oder Standorte hat bzw. aus denen es IT-Leistungen bezieht. Für Unternehmen, die IT nicht nur einsetzen, sondern auch IT-Dienstleistungen verkaufen, sind daneben Urheber-, Lizenz- und Patentrechtsfragen in den jeweiligen Ländern wesentlich.

Die Nichtbeachtung von Vorgaben kann teilweise weitreichende, auch für Außenstehende sichtbare Folgen haben:

- Aberkennung von Zulassungen oder Zertifikaten (bspw. ISO- oder PCI-DSS-Zertifizierungen)
- Schadensersatzforderungen
- Reputationsverluste
- Einschränkungen eines Testats, das die Korrektheit veröffentlichter Angaben bestätigt (bspw. im Rahmen der Jahresabschlussprüfung)
- höhere Kapitalkosten, erschwerte Finanzierungen (bspw. durch Abstufung der Bonität)
- Ausschluss der Aktien vom Handel (bspw. bei Nichterfüllung der Bedingungen des Sarbanes-Oxley Act)
- Ausschluss von Bewerbungen um öffentliche Aufträge

Für Unternehmen ist es jedoch eine Herausforderung, alle Vorgaben für den Umgang mit IT-Risiken zu überschauen, die relevanten auszuwählen und richtig umzusetzen (vgl. Tab. 3–1). Denn welche Gesetze, Standards und Regelungen wie anzuwenden sind, kann im Einzelfall Auslegungssache sein. Es ist daher sinnvoll, die Identifikation relevanter Vorgaben und die geplante Vorgehensweise durch die Rechts- oder Compliance-Abteilung oder – in KMU – durch hinzugezogene Spezialanwälte bzw. Berater so früh wie möglich begleiten zu lassen, um Irrtümer erkennen und Lücken rechtzeitig schließen zu können.

Handlungsempfehlung

Tab. 3-1
Identifikation relevanter Vorgaben für das IT-Risikomanagement

	Vorgehensweise zur Identifikation relevanter Vorgaben für das IT-Risikomanagement
1.	**Überblick: Was ist Pflicht?** Zunächst wird ermittelt, welche Vorgaben im Kontext des Unternehmens tatsächlich relevant sind und zwingend befolgt werden müssen. Folgende Fragen helfen dabei: ▪ Welche Gesetze und Verordnungen gelten allgemein für das Unternehmen? ▪ Unterliegt das Produkt-/Dienstleistungsangebot aufsichtsrechtlicher Kontrolle? ▪ Unterliegt das Produkt in bestimmten Teilen einer Standardisierung? ▪ Kann oder muss von Lieferanten die Einhaltung bestimmter Vorgaben verlangt werden, weil deren Nichteinhaltung für das eigene Unternehmen Konsequenzen haben könnte? ▪ Fordern Kunden die Einhaltung bestimmter Vorgaben?
2.	**Sinnvolle Ergänzungen: Was ist Kür?** Anschließend wird geprüft, ob sich weitere Vorgaben für die Annäherung an Best Practices aus Image- und Marketinggesichtspunkten sinnvoll einsetzen lassen. Hierbei hilft die Überlegung: ▪ Welche Best Practices setzt der Wettbewerb ein und seit wann? ▪ Folgt oder führt das eigene Unternehmen im Wettbewerb durch Anwendung einer bestimmten Vorgabe? ▪ Wie sichtbar kann die Einhaltung einer Vorgabe für den Kunden gestaltet werden? Ergibt sich ein Wettbewerbsvorteil daraus? ▪ Kann auch auf Lieferantenseite und bei weiteren Stakeholdern ein Vorteil erzielt werden?
parallel zu 1. und 2.	**Umsetzung** ▪ Gesamtaufwand ▪ tatsächlicher Nutzen ▪ spätester Zeitpunkt, zu dem eine Vorgabe erfüllt sein muss. Wichtig, wenn hierfür IT-Unterstützung beschafft oder entwickelt werden muss, etwa im Kontext von MaRisk, BASEL-II/III, PCI-DSS oder dem SigG oder bevor betroffene Produkte und Dienstleistungen angeboten werden können.

Hinsichtlich des Aufwandes für die Beantwortung dieser Fragen spielen die Größe des Unternehmens und seine Rechtsform eine wichtige Rolle, aber auch die Frage, in wie vielen Ländern es mit abweichender Gesetzgebung vertreten ist.

Vorgaben machen mit Blick auf den technologischen Fortschritt sinnvollerweise keine konkreten Angaben, *wie* Risiken ermittelt, analysiert, bewertet und behandelt werden müssen. Unternehmen haben lediglich die Pflicht, *geeignete* Methoden und Maßnahmen zu wählen und eine generisch beschriebene Vorgehensweise zu befolgen. Einige Vorgaben nennen Beispiele. Verbindliche Angaben stehen meist in Zusammenhang mit Zertifizierungen.

> **Praxishinweis**
>
> **Wie werden Vorgaben für das Unternehmen handhabbar gemacht?**
>
> Es ist sinnvoll, auf Basis der für das eigene Unternehmen bindenden oder sinnvoll einsetzbaren Vorgaben eine Richtlinie zu erstellen, die eigenständig bleiben oder in eine bestehende IT-Risikorichtlinie integriert werden kann. Das Ziel einer solchen Richtlinie ist es, die umfangreichen Regelungen für die tägliche Arbeit **auf die wesentlichen Elemente zu reduzieren** und in eine **leicht verständliche Form zu bringen**. Zudem können auf diesem Weg **Anpassungen** einschließlich eines eigenen Vokabulars für bestimmte Zusammenhänge kommuniziert werden.
>
> Eine solche Richtlinie enthält:
> - eine Übersicht über alle relevanten Gesetze, Normen, Standards und Best Practices mit Versions- und Quellenhinweisen
> - Angaben zur Gültigkeitsdauer der jeweiligen Vorgabe und zum Zeitpunkt des Inkrafttretens
> - Ansprechpartner, die die Vorgabe kennen (bspw. Juristen oder zertifizierte Mitarbeiter)
> - Geltungsbereiche für die jeweiligen Vorgaben (betroffene IT-Prozesse, IT-Abteilungsbereiche, Anwendungen und IT-Infrastruktur-Elemente, Fachabteilungen, Geschäftsprozesse, ggf. Produkte/Dienstleistungen)
> - der für das Verständnis hilfreiche Wortlaut der jeweiligen Vorgabe (Auszüge)
> - Erläuterungen zum Wortlaut und konkrete Hinweise zum Einsatz bzw. zu den Auswirkungen
> - ein Glossar der Fachbegriffe und unternehmensspezifischen Anpassungen
> - ggf. Verweis auf weiterführende Richtlinien oder Anweisungen (Standard Operating Procedure, SOP) zur konkreten Umsetzung der Vorgabe

Nachfolgend sind einzelne Vorgaben von besonderem Interesse ausführlicher dargestellt. Auf eine tiefergehende Analyse einzelner Vorgaben ([Rath & Sponholz 2009], [Klotz & Dorn 2008], [Reinhard et al. 2007]) wird mit Blick auf Umfang und Zielsetzung dieses Buches verzichtet. Eine zusammenfassende Darstellung aller Vorgaben (vgl. Tab. A–1 im Anhang) ist nach Verbindlichkeit strukturiert.

Sarbanes-Oxley Act (SOX)

Die **SOX-Compliance** fordert korrekte und verlässliche Finanzdaten. Korrekte und vollständige Daten sind nur dann verfügbar, wenn im Rahmen ihrer Erstellung, Verarbeitung und Darstellung in der IT keine Möglichkeit zu Manipulation besteht bzw. Fehler umgehend erkannt und behoben werden, wenn die Sicherheit und Verfügbarkeit der IT gewährleistet ist und wenn ihre Nutzung bestimmten Regeln (auf Basis geeigneter Standards) unterliegt. Das wiederum erfordert für die IT ein angemessenes und nachweislich wirksames Kontrollsystem, dessen

SOX-Compliance

Ausgestaltung in SOX genau spezifiziert ist. Die Herstellung der SOX-Compliance gilt als komplex, aufwendig und teuer.

Basel II/III, Solvency II und MaRisk

Kausalkette zwischen IT-Risiken und BASEL II/III, Solvency II, MaRisk

Basel-II/III, Solvency II und MaRisk sind Regelungen für Banken und Versicherungen. Andere Unternehmen sind davon zunächst nicht betroffen. Dennoch haben sie indirekt Auswirkungen auf das IT-Risikomanagement.

Der Gesetzgeber zwingt Institute zu einem umfassenden Management *eigener* Risiken und zur Einrichtung eines leistungsfähigen Internen Kontrollsystems. Er fordert im Fall von Banken zudem die Hinterlegung von Eigenkapital abhängig von den eingegangenen Risiken. Neben den **operationellen Risiken** aus eigenen Prozessen fallen darunter auch Risiken aus der Kreditvergabe. Kann ein Antragsteller ein leistungsfähiges Risikomanagementsystem und ein darin integriertes IT-Risikomanagement nachweisen, stellt eine Kreditvergabe ein geringeres Risiko dar. Entsprechend muss weniger Eigenkapital hinterlegt werden, die Kapitalkosten für das antragstellende Unternehmen können sinken. Eine ähnliche Argumentation gilt bei Versicherungen für Prämien oder zu erfüllende Bedingungen.

Committee of Sponsoring Organizations of the Treadway Commission (COSO)

COSO ERM

Das als **COSO II** (**COSO ERM**) bezeichnete Modell gilt heute als international anerkannter Standard für ein Enterprise Risk Management (ERM).

COSO ERM fokussiert auf die negativen Auswirkungen von Risiken und definiert Risikomanagement als einen Prozess, der sowohl von der Unternehmensleitung als auch vom Management und allen übrigen Personen im Unternehmen mitgetragen wird. Der Prozess sichert ab, dass sowohl auf strategischer als auch auf operativer Ebene für alle Entscheidungen und Aktivitäten alle wesentlichen Risiken identifiziert werden. Zudem stellt er eine Vereinbarkeit von eingegangenen Risiken und Unternehmenszielen fest. Teile von COSO ERM können als Vorlage zur Implementierung eines IT-Risikomanagements herangezogen werden. Zur Veranschaulichung wird das COSO-ERM-Framework oft als Würfel dargestellt (vgl. Abb. 3–4). Die x-Achse des Würfels beschreibt die strategischen und operativen Ziele des Unternehmens und die beiden Ziele des internen Kontrollumfeldes. Die y-Achse des Würfels beschreibt die einzelnen Phasen des Risikomanagement-Prozesses. Die z-Achse erlaubt die differenzierte Einbindung von Unternehmenseinheiten.

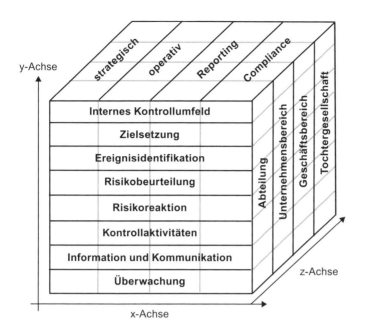

Abb. 3–4
Der COSO-Würfel (nach [COSO 2004a])

ISO 31000 und ISO Guide 73

Die ISO-Normen zum Risikomanagement umfassen drei Teile:

- ISO 31000:2009 – Risk Management: Principles and Guidelines [ISO 2009a]
- IEC 31010:2009 – Risk Management: Risk Assessment Techniques [ISO 2009b]
- ISO Guide 73:2009 – Risk Management: Vocabulary [ISO 2009c]

Norm für das Enterprise Risk Management

Diese Norm ist hilfreich, weil mit ihr *erstmals* auf internationaler Ebene das Thema Risikomanagement in einem integrierten Gesamtkonzept dargestellt wird. Sie ist gut im Rahmen der Gestaltung und Prüfung des IT-Risikomanagements einsetzbar [Weis 2012]. Die Norm eignet sich jedoch aufgrund ihrer allgemeinen Ausrichtung *nicht* für eine Zertifizierung des Risikomanagements.

Soll die Norm im IT-Risikomanagement genutzt werden, müssen ergänzende Standards, etwa ISO/IEC 27005, oder Best Practices herangezogen werden, etwa NIST SP 800-30 oder COBIT 5. Die Norm folgt bei der Ausgestaltung des Risikomanagements elf Prinzipien:

1. Risikomanagement ist **niemals Selbstzweck**. Es soll helfen, die im Unternehmen vorhandenen Werte zu schützen und zu vermehren.
2. Risikomanagement darf **niemals isoliert** betrieben werden.

3. Bei **allen Entscheidungen auf allen Hierarchieebenen** des Unternehmens müssen **Risiken berücksichtigt** werden.
4. Risiken werden sich **niemals exakt bestimmen** lassen. Der Umgang mit **Unsicherheit und Ungewissheit** darf keine hemmenden Einflüsse haben.
5. Risikomanagement muss für **nachvollziehbare Ergebnisse** systematisch betrieben werden. Oft ist eine **schnelle Reaktion** zur Erkennung und Behandlung von Risiken existenziell.
6. Nur wenn qualitativ einwandfreie Informationen zur Verfügung stehen, kann gutes Risikomanagement betrieben werden. Die **Datenqualität** ist daher laufend zu verbessern.
7. Jedes Unternehmen hat andere Anforderungen an ein Risikomanagement, eine **Anpassung** ist notwendig.
8. Am Risikomanagement sind Menschen beteiligt. Es müssen alle »**weichen« Faktoren**, wie die Unternehmens- und Risikokultur, der kulturelle Hintergrund der Mitarbeiter und Sozialkompetenzen beachtet werden.
9. Das Risikomanagement ist für alle Beteiligten **transparent und verständlich**.
10. Das Risikomanagement muss **dynamisch** auf Veränderungen reagieren können. Da nicht in allen Fällen sofort alle Ursachen oder die besten Lösungen gefunden werden, ist Risikomanagement **iterativ**.
11. Risikomanagement lernt durch Erfahrungen. Es ist wichtig, an der **ständigen Verbesserung** des Risikomanagement-Prozesses selbst sowie an allen eingesetzten Methoden, Werkzeugen und Dokumenten zu arbeiten.

Praxishinweis

COSO und ISO 31000 existieren parallel. Was ist »besser«?

Beide Standards sind gleichermaßen angesehen. Es ist umstritten, welcher der beiden Standards bevorzugt eingesetzt werden sollte. Für beide gibt es plausible Gründe. COSO ERM gilt oft als zu »sperrig« und mächtig, in der konkreten Umsetzung als zu komplex und zu teuer. ISO 31000 hingegen gilt als zu »pauschal«. Erfahrungen zeigen, dass zumindest in Deutschland ein Enterprise Risk Management schwerpunktmäßig auf Basis von ISO 31000 implementiert wird. Daran orientiert sich demzufolge auch das IT-Risikomanagement. Von COSO werden einzelne Aspekte im Sinne einer Best Practice übernommen, etwa beim Aufbau interner Kontrollen oder bei der Prüfungsplanung, -durchführung und -berichterstattung der IT-Revision.

COBIT 5

Das international bekannteste Modell im Bereich IT-Governance, IT-Risk und IT-Compliance (IT-GRC) ist das von der ISACA entwickelte COBIT [ISACA 2012a].

Integriertes Managementmodell

> **COBIT ist umfassend. Wo finden sich weiterführende Informationen?**
> Zu den Grundlagen von COBIT und seiner Anwendung sind neben den Dokumenten auf der ISACA-Website zahlreiche Bücher erhältlich. Begleitend können auf YouTube das offizielle Video der ISACA sowie zahlreiche weitere, gut strukturierte Lehrvideos (Suchbegriff »cobit«) genutzt werden.

Praxishinweis

Die im April 2012 veröffentlichte Version 5 von COBIT beschreibt unter Beachtung von Risiko- und Compliance-Aspekten einen systematischen, ganzheitlichen und wertorientierten Ansatz zur Unterstützung einer IT-Governance. Dies schließt sowohl die Gestaltung der IT als auch ihren Betrieb ein. Die neue Version integriert dazu die bislang eigenständigen Frameworks *Risk IT* und *Val IT*.

Daneben wurde das Modell an vielen weiteren Stellen wesentlich überarbeitet und umfassend ergänzt. Insbesondere wurden bestehende Normen und (Quasi-)Standards wie ISO/IEC 38500 [ISO 2008a], ISO/IEC 15504 (Teil 1 [ISO 2004a]), CMMI, ITIL, PRINCE2 oder TOGAF deutlich stärker berücksichtigt. Ein wichtiges Ziel der Entwicklung von COBIT 5 war, mit diesem Modell einen »Dach-Standard« herzustellen. Damit ist ein Nachteil bislang existierender Versionen aufgehoben, was zur größeren Akzeptanz und Verbreitung beitragen kann. Bestehende Lücken in der unternehmensinternen Standardisierung können durch Bezüge zwischen Standards und den einzelnen COBIT-Prozessen nun leichter geschlossen werden. Gleichzeitig sind die Möglichkeiten für eine unternehmensindividuelle Anpassung deutlich verbessert, wodurch die als wichtig erkannten Lücken in der Governance eines Unternehmens leichter als in der Vorgängerversion geschlossen werden können.

In der aktuellen Version unterscheidet COBIT (wie Risk IT das bereits tat) erstmals eine **Governance-** und eine **Management-Ebene**. Die Governance-Ebene umfasst fünf Prozesse. Die Management-Ebene umfasst 32 Prozesse.

Auf der Governance-Ebene wird die Erreichung der Unternehmensziele über eine laufende **Evaluierung** (Evaluate), eine ständige **Überwachung** (Monitor) und eine strukturierte **Vorgabe** (Direct) sichergestellt (EDM-Prozesse).

Die Management-Ebene betont unter Berücksichtigung der Vorgaben aus der Governance-Ebene die **Planung** (Align, Plan, Organise, APO), die **Entwicklung** (Build, Acquire, Implement, BAI), den **Betrieb** (Deliver, Service and Support, DSS) und die **operative Überwachung** (Monitor, Evaluate and Assess, MEA) der IT, auch unter Einbezug des IT-Projektmanagements.

Neu in COBIT 5 ist die Übernahme und Modifikation der in Val IT und Risk IT bereits bekannten Prinzipien, sodass COBIT nun **fünf Prinzipien** folgt:

1. Erfüllung der Anforderungen der Anspruchsgruppen (Meeting Stakeholder Needs)
2. Abdeckung des gesamten Unternehmens (Covering the Enterprise End-to-End)
3. Anwendung eines einheitlichen, integrierten Rahmenwerks (Applying a Single Integrated Framework)
4. Ermöglichung eines ganzheitlichen Ansatzes (Enabling a Holistic Approach)
5. Unterscheiden von Governance und Management (Separating Governance from Management)

Neu ist zudem die explizite Nennung von *Enablern* im Sinne von aktivierenden, erfolgsbestimmenden Elementen in einem Unternehmen oder im Sinne von klassischen Produktionsfaktoren. Als *Enabler* gelten:

- Prinzipien, Richtlinien, Rahmenwerke
- Prozesse
- Organisationsstrukturen
- Kultur, Ethik und Verhalten
- Informationen
- Services, Infrastruktur und Anwendungen
- Mitarbeiter, Fähigkeiten und Kompetenzen

Jeder *Enabler* ist in eine Lebenszyklusbetrachtung eingebunden und verfügt über folgende Attribute:

- einen Verantwortlichen
- Ziele
- »Good Practices«, im Sinne bewährter Elemente zur Umsetzung
- Metriken, um feststellen zu können, ob er tatsächlich wirksam ist

Als Kontrollmodell unterstützt COBIT 5 die Implementierung und den Betrieb des IT-Risikomanagements und des Internen Kontrollsystems. Zu wichtigen Stakeholdern des IT-Risikomanagements gehören beispielsweise der Leiter des IT-Risikomanagements und ein Risikokomitee auf Unternehmensebene oder der Datenschutzverantwortliche.

Good Practices sind beispielsweise die Definition einer IT-Risikopolitik, die Umsetzung ihrer Elemente, die Erstellung einer IT-Risikorichtlinie, die Einrichtung einer IT-Risikomanagement-Organisation, der IT-Risikomanagement-Prozess mit seinen Elementen sowie die Einrichtung eines Internen Kontrollsystems.

COBIT 4.1, die Vorgängerversion, definiert IT-Risikomanagement im Prozess PO9 (Assess and Manage IT Risks). IT-Risikomanagement beschreibt dabei die Notwendigkeit, alle für das Unternehmen und seine Ziele nachteiligen Einflüsse, die durch *ungeplante* Ereignisse verursacht werden, zu identifizieren, zu analysieren, zu bewerten und zu steuern. In Version 5 nimmt das IT-Risikomanagement eine deutlich umfassendere Position ein. Acht der 17 Organisationsziele haben einen deutlichen Bezug zur **Risikooptimierung** als eines der drei wesentlichen Bedürfnisse *aller* Stakeholder, die erfüllt werden müssen. Auch die 17 IT-Ziele haben in unterschiedlicher Ausprägung einen Bezug zum Enterprise Risk Management. Werden sie verfehlt, drohen unterschiedlichste Risiken für das Unternehmen. Zum einen können bei ihrer Verfehlung Risiken ausgehend von der IT für die Geschäftstätigkeit entstehen, zum anderen aber auch Risiken für die IT, die sich mit Verzögerung wiederum als Risiken für die Geschäftstätigkeit äußern werden.

Zwischen den Organisations- und IT-Zielen bestehen daher vielfältige Abhängigkeiten. Sie zeigen zweierlei gut: Zum einen betonen sie die Notwendigkeit eines IT-Risikomanagements, das sich ausgehend von den typischen Risiken aus der IT und für die IT insbesondere auf die Auswirkungen auf die Geschäftstätigkeit und die Betriebskontinuität konzentriert. Zum anderen machen sie die Integration eines IT-Risikomanagements in ein Enterprise Risk Management deutlich. IT-Risikomanagement wird schließlich integraler Bestandteil des IT-Managements selbst. In COBIT 4.1 konnte noch der Eindruck entstehen, dass es sich hierbei eher um eine »Sonderdisziplin« außerhalb des IT-Managements handelt. In COBIT 5 wird jedoch betont, das IT-Risikomanagement eine Aufgabe *aller* IT-Verantwortlichen ist. Viele COBIT-Prozesse beschreiben (auch) Maßnahmen für einen möglichen Umgang mit bestimmten IT- und Geschäftsrisiken. Damit unterstreicht COBIT seinen ganzheitlichen Anspruch, der weit über die Betrachtung der IT hinausgeht, um die mittelbaren und unmittelbaren Auswirkungen von IT-Risiken auf das Unternehmen optimal steuern zu können.

Im Prozessmodell ist diesem Gedanken folgend nun auf Governance-Ebene der Prozess **EDM03 (Sicherstellen der Risikooptimierung – Ensure Risk Optimisation)** schwerpunktmäßig für das IT-Risikomanagement verantwortlich. Auf der Management-Ebene übernimmt dies der Prozess **APO12 (Managen von Risiken – Manage Risk)**.

- EDM03 (**Sicherstellen der Risikooptimierung**) enthält drei Governance-Praktiken: die Evaluierung, Steuerung und Überwachung des IT-Risikomanagements (vgl. in Kap. 5, S. 112). Der Prozess bezieht sich unter anderem auf die verwandten Standards COSO ERM, ISO 31000 und ISO/IEC 38500. Sein Ziel ist es, die IT-Risikoneigung (IT Risk Appetite) und -akzeptanz (IT Risk Tolerance) genau kennen, klar formulieren und kommunizieren zu können. Darüber hinaus soll das aus der IT resultierende Risiko für den Wert des Unternehmens identifiziert und behandelt werden. Insbesondere soll der Prozess sicherstellen, dass das IT-Risiko die IT-Risikoneigung und -akzeptanz des Unternehmens zu keiner Zeit übersteigt und dass das Potenzial für Verstöße gegen Regelungen und Gesetze minimiert wird. Der Prozess enthält eine Matrix zur Zuordnung der Verantwortlichkeiten zu den Teilprozessen sowie eine Sammlung von Kennzahlen (Metriken) jeweils für IT- und Prozessziele, die sinngemäß aus den Vorgängermodellen COBIT 4.1, Val IT und Risk IT übernommen und weiterentwickelt wurden. Hier nun beziehen sich die Kennzahlen auf die Prozesspraktiken, nicht mehr auf einzelne Aktivitäten, was die die Handhabung erleichtert.
- APO 12 (**Managen des Risikos**) folgt der gleichen Systematik. Das Ziel des Prozesses ist die fortlaufende Identifikation, Überprüfung und Reduktion von IT-Risiken innerhalb der vom Management festgelegen Toleranzgrenzen. Ferner soll das IT-Risikomanagement in das Enterprise Risk Management integriert sein und sich an Kosten-Nutzen-Gesichtspunkten orientieren. Der Prozess enthält analog zum IT-Risikomanagement-Prozess sechs Management-Praktiken, die wiederum Inputs und Outputs (von und für andere COBIT-Prozesse) sowie Aktivitäten enthalten. APO12 folgt den Standards ISO/IEC 27001, 27005 und ISO 31000. Auch er enthält eine Matrix zur Zuordnung der Verantwortlichkeiten auf die Teilprozesse, Prozesspraktiken, Inputs, Outputs und Aktivitäten sowie eine Sammlung von Kennzahlen jeweils für IT- und Prozessziele.

Im Rahmen der Einführung von COBIT wird ein Lebenszyklus-Modell empfohlen. Dort wird das Thema IT-Risikomanagement an verschiedenen Stellen adressiert. Zunächst ist es wichtig, Lenkungsgremien einzurichten, die die Einführung im Sinne einer Aufsicht *und* Steuerung begleiten. Sie stellen sicher, dass die Einführung und alle Aktivitäten mit dem Enterprise Risk Management verträglich sind. In dem sieben Phasen umfassenden Modell werden IT-Risiken in Phase 2, der Festlegung des Implementierungsumfangs (Defining Problems and

Opportunities), thematisiert. Über IT-Risikoszenarien sollen Bereiche identifiziert werden, in denen eine Implementierung besonders lohnend ist.

Derzeit (September 2013) in Entwicklung ist der Leitfaden *COBIT 5 for Risk*, der das COBIT-5-Framework als Hilfsmittel für die Implementierung ergänzt.

Wie jedes Best-Practice-Modell hat COBIT den großen Vorteil einer Orientierungshilfe bei der Konzeption und Umsetzung des durch das Modell repräsentierten Ansatzes, in diesem Fall des IT-GRC-Managements. Denn aus Effektivitäts- und Effizienzgründen ist es sinnvoller, auf Best Practices zurückgreifen, als ein solches Modell selbst zu entwickeln. Viele Unternehmen orientieren sich deshalb an den Vorschlägen, nutzen sie als Grundlage für die unternehmensspezifische Umsetzung und wählen gezielt diejenigen inhaltlich passenden Elemente aus, die mit vertretbarem Aufwand implementiert werden können.

Was auf der einen Seite die Stärke des Modells darstellt, kann auf der anderen Seite auch als Schwäche verstanden werden. Oftmals gilt ein Modell dieser Größe und Komplexität als zu schwerfällig und zu anspruchsvoll in der Anpassung bzw. Einführung. Auch kann Kritik an Zuschnitt und Vollständigkeit der Modellelemente oder der dahinter stehenden Managementphilosophie geübt werden (Ähnliches gilt für COSO ERM). Noch bestehen deshalb im Management vielfach Bedenken hinsichtlich des Nutzens eines solchen Modells.

Vor dem Hintergrund zahlreicher Neuerungen in COBIT 5 sollte das kein Hinderungsgrund sein, sich mit dem Modell (erneut) auseinanderzusetzen. Notwendige Anpassungen an das eigene Unternehmen sind nun leichter möglich. Und eine schnelle Implementierung nach Lehrbuch funktioniert ohnehin grundsätzlich bei keinem Modell.

Management of Risk (M_o_R)

In der Version 3 des M_o_R-Frameworks aus dem Jahr 2010 [OGC 2010] sind zahlreiche Änderungen enthalten, die sich im Wesentlichen an ISO 31000 und ITIL orientieren, um eine Harmonisierung der Begriffe und Vorgehensweisen und damit die leichte Anwendbarkeit sicherzustellen.

> *Praxishinweis*
> **Eine Kombination von ITIL und M_o_R erscheint sinnvoll. Wo gibt es weiterführende Informationen?**
> Neben den kostenpflichtigen Originalquellen existieren zu den Grundlagen von M_o_R und seiner Anwendung auf YouTube zahlreiche gut strukturierte Lehrvideos (Suchbegriffe »M_o_R« und »ITIL risk analysis«).

M_o_R umfasst den gesamten IT-Risikomanagement-Prozess als Teil eines Enterprise Risk Management. Entsprechend können die einzelnen Elemente direkt auf das IT-Risikomanagement übertragen werden. Das Framework folgt vier wesentlichen Konzepten:

- den **M_o_R-Prinzipien** (M_o_R Principles):
  Sie sind für die Entwicklung eines guten IT-Risikomanagements im täglichen Betrieb von besonderer Bedeutung. Für alle Prinzipien gilt, dass sie den unternehmensweiten Governance-Prinzipien folgen und eine Untermenge der internen Kontrollen darstellen. M_o_R kennt acht Prinzipien für gutes IT-Risikomanagement:
  - Übereinstimmung mit den Unternehmenszielen
  - Anpassung an den Unternehmenskontext
  - Einbezug aller Stakeholder
  - Leitlinien zur Umsetzungsunterstützung
  - Beratung und Unterstützung für den Entscheidungsprozess
  - Förderung kontinuierlicher Verbesserung
  - Herstellen einer offenen und konstruktiven Risikokultur
  - Erzielen messbarer Wertbeiträge

- dem **M_o_R-Denkansatz** (M_o_R Approach):
  Alle Prinzipien müssen an die Verhältnisse im Unternehmen angepasst werden. Zur Definition und Abstimmung der Prinzipien sind
  - eine IT-Risikomanagement-Richtlinie (Risk Management Policy),
  - klare Vorstellungen über den IT-Risikomanagement-Prozess (Risk Management Process Guide) und
  - eine gute Strategie und Planung (Risk Management Strategy)

  notwendig. Dabei unterstützen:
  - das IT-Risikoregister (Risk Register)
  - das Vorfallsregister (Issue Register bzw. Issue Log)
  - der Plan zur Verbesserung der IT-Risikolage (Risk Improvement Plan)
  - der Plan zur IT-Risikokommunikation (Risk Communication Plan)
  - der Plan zur IT-Risikobehandlung (Risk Response Plan)
  - eine Dokumentation der Fortschritte (Risk Progress Report)

- den **M_o_R-Prozessen** (M_o_R Processes):
  Es existieren sechs Teilschritte sowie die quer dazu laufende Kommunikation und ein getrennt ablaufendes Review im Sinne einer ständigen Verbesserung. Die Prozessschritte sind:
  - Identify the Context
  - Identify the Risks

- Assess: Estimate & Evaluate
- Plan
- Implement

Auch dieses Framework nutzt Inputs, Outputs und eine Menge definierter Aktivitäten zur Beschreibung der Zusammenhänge sowie das Konzept von Rollen und zugehörigen Verantwortlichkeiten. Es soll einen messbaren Wertbeitrag leisten. Es betrachtet den Themenkomplex *IT-Risiko* daher aus einer strategischen, einer projekt- und einer programmbezogenen Perspektive sowie einer Betriebsperspektive.

- der **M_o_R-Anwendung** und dem **M_o_R-Review** (Embedding and Reviewing M_o_R):
Um das Framework mit seinen Bestandteilen erfolgreich im Unternehmen verankern zu können, ist sichergestellt, dass die Implementierung konsistent verläuft und eine kontinuierliche Überprüfung bzw. eine kontinuierliche Verbesserung sichergestellt ist.

IT-Risiken sollen als Ursache (Risk Cause), Ereignis (Risk Event) und Wirkung (Risk Effect) dargestellt werden. Insbesondere zu ITIL bestehen umfassende Querbezüge, da ITIL selbst kein dediziertes IT-Risikomanagement enthält, das IT-Risikomanagement jedoch für die IT-Serviceerbringung und das IT-Service-Management von besonderer Bedeutung ist.

OCTAVE (Operational Critical Threat Asset and Vulnerability Evaluation)

Mithilfe des OCTAVE-Ansatzes können Risiken in einem Informationssystem identifiziert, analysiert und bewertet werden. Die von den Betroffenen gesteuerte IT-Risikoanalyse ermöglicht die Ermittlung individueller Sicherheitsbedürfnisse und -lücken und liefert die strategische Beurteilung der IT-Risikolage sowie eine Planungsgrundlage für weitere Maßnahmen zur Erhöhung der Informationssicherheit. Die ursprünglich vom Software Engineering Institute (SEI) der Carnegie Mellon University in Zusammenarbeit mit dem CERT/CC entwickelte Methode wurde durch das DFN-CERT überarbeitet. Diese Überarbeitung berücksichtigte ISO/IEC-Normen und die BSI-IT-Grundschutz-Kataloge mit der dort genutzten Terminologie. Das DFN-CERT achtete im Rahmen seiner Überarbeitung auch darauf, dass eine ISO/IEC-27001-Zertifizierung erleichtert wird, indem Erkenntnisse aus dem OCTAVE-Prozess im Rahmen der Zertifizierung direkt verwendet und nicht nochmals neu systematisiert oder erhoben werden müssen.

IT-Risikomanagement aus Sicht der IT-Sicherheit

> **Praxishinweis**
>
> **Wo können weiterführende Informationen zu OCTAVE und seiner Anwendung bezogen werden?**
> Zur Anwendung von OCTAVE stellt das DFN-CERT einen Leitfaden zur Umsetzung von Maßnahmen, ein Softwarewerkzeug sowie Checklisten und Arbeitsblätter zur Verfügung (*www.dfn-cert.de/leistungen/octave.html*).

Aus Sicht des IT-Risikomanagements stellt der Prozess 7, Risikoanalyse (Conduct Risk Analysis), den zentralen Prozess im OCTAVE-Modell dar. Hier wird ermittelt, wie sich ein Verlust der Vertraulichkeit, eine Unterbrechung der Verfügbarkeit und sonstige Veränderungen kritischer IT-Ressourcen durch Bedrohungen auswirken würden. Dazu werden Auswirkungen identifiziert und qualitative Evaluationskriterien für ihre Prüfung festgelegt. Anschließend beginnt die Prüfung der Auswirkungen von Bedrohungen auf die kritischen IT-Ressourcen anhand der festgelegten Evaluationskriterien. Im darauffolgenden Schritt wird aufbauend auf den gewonnenen Erkenntnissen eine Strategie zum Schutz der IT-Ressourcen entwickelt (Develop Protection Strategy). Die Aktivitäten in diesem Schritt umfassen insbesondere die Planung konkreter Maßnahmen und ein Review.

OCTAVE ist primär auf große Unternehmen zugeschnitten, kann als OCTAVE-S jedoch auch für kleine Unternehmen interessant sein. OCTAVE-Allegro stellt eine weitere gestraffte Variante dar, die sich auf die Informationswerte konzentriert. OCTAVE-S und OCTAVE-Allegro werden vom DFN-CERT jedoch nicht explizit unterstützt. Beide Methoden sind nur beim CERT des SEI verfügbar.

CMMI

IT-Risikomanagement als Mittel zur Verbesserung der Qualität

Das vom SEI entwickelte *Capability Maturity Model Integration für Entwicklung* (CMMI-DEV) unterstützt das Ziel einer ganzheitlichen und dauerhaften Verbesserung der Arbeitsprozesse und Abläufe innerhalb eines Unternehmens. CMMI ist, wie beispielsweise die Familie der ISO-9000er-Normen, ein prozessorientiertes Qualitätsmanagementmodell. Es kann daher auch für die Umsetzung der ISO/IEC 15504 sowie ISO 9001 [ISO 2008d], ISO/IEC 12207 [ISO 2008b] und ISO/IEC 21827 [ISO 2008c] herangezogen werden.

Innerhalb des CMMI-Modells dienen Prozessgebiete, spezifische Ziele und spezifische Praktiken sowie generische Ziele und generische Praktiken dazu, das Unternehmen und seine Prozesse ständig zu verbessern. Positiv ist, dass keine Festlegung auf bestimmte Methodiken und Werkzeuge getroffen wird, sondern dass eine unternehmensindividuelle Anpassung des Modells möglich und in der Regel auch notwendig ist.

Das IT-Risikomanagement wird in CMMI-DEV bereits auf der Reifegradebene 2 in den Prozessgebieten der Projektplanung (PP) und der Projektsteuerung (PMC) für jedes einzelne IT-Projekt gefordert. Das Augenmerk liegt dabei auf der Identifikation und Überwachung spezifischer IT-Projektrisiken. Der reaktive Umgang mit IT-Projektrisiken bildet dabei den Schwerpunkt. Auf Reifegradebene 3 wird darauf aufbauend mit dem Prozessgebiet *Risikomanagement* (RSKM) ein über IT-Projekte hinausgehendes, integriertes IT-Risikomanagement gefordert. Außerdem wird gefordert, dass für alle wichtigen IT-Risikoarten wirksame Pläne zur Behandlung definiert sind. Das Unternehmen ist dann bei Eintritt des IT-Risikos in der Lage, direkt mit der Behandlung zu beginnen. Das Ziel ist die Herstellung einer echten IT-Risikoorientierung über gelebte Managementgrundsätze unter Nutzung geeigneter Methoden und Werkzeuge statt einer reinen Fokussierung auf formale Prüfungen von Checklisten. Im CMMI-Prozessgebiet *Risikomanagement* werden drei spezifische Ziele formuliert, die sinngemäß die fachlichen Anforderungen an ein CMMI-konformes IT-Risikomanagement formulieren. Zu diesen Zielen gehören jeweils spezifische Ziele und Praktiken:

- Bereite das IT-Risikomanagement vor
  (SG 1 Prepare Risk Management):
  - Identifikation und Dokumentation der Ursachen von IT-Risiken und der IT-Risikokategorien
    (SP 1.1 Determine Risk Sources and Categories)
  - Definition von Attributen zu allen IT-Risiken
    (SP 1.2 Define Risk Parameters)
  - Definition und laufende Pflege der IT-Risikostrategie
    (SP 1.3 Establish a Risk Management Strategy)
- Identifiziere und analysiere IT-Risiken
  (SG 2 Identify and Analyze Risks):
  - Identifikation der IT-Risiken
    (SP 2.1 Identify Risks)
  - Analyse, Kategorisierung und Priorisierung der IT-Risiken
    (SP 2.2 Evaluate, Categorize, and Prioritize Risks)
- Schwäche IT-Risiken ab
  (SG 3 Mitigate Risks):
  - Entwicklung von Plänen zur Minimierung von IT-Risiken unter Rückgriff auf geeignete IT-Risikostrategien
    (SP 3.1 Develop Risk Mitigation Plans)
  - Behandlung und möglichst umfassende Verringerung, Umsetzung der Maßnahmen durch konsequente periodische Überwachung der IT-Risikolage
    (SP 3.2 Implement Risk Mitigation Plans)

Die Anwendung der generischen Ziele und generischen Praktiken (insbesondere von Reifegrad 2 und Reifegrad 3) auf das Prozessgebiet *Risikomanagement* hilft dann dem Management, die fachlichen Inhalte des Prozessgebietes im Unternehmen einzuführen sowie nachweisbar und dauerhaft umzusetzen.

Prüfungen und Audits

Der neutrale (interne und externe) Blick auf das IT-Risikomanagement

Es ist sinnvoll und unter bestimmten Bedingungen notwendig, das IT-Risikomanagement und das interne Kontrollsystem (IKS) regelmäßig durch unabhängige Dritte prüfen zu lassen (vgl. Kap. 10). Entsprechend haben die für Prüfungen verantwortlichen Organisationen verschiedene Richtlinien entwickelt, die den Aspekt »IT-Risiko« in unterschiedlicher Detailtiefe berücksichtigen (vgl. Tab. 3–2).

3.3 Vorgaben für das IT-Risikomanagement

Standard	Fokus
IDW Prüfungsstandards (www.idw.de)	Das Institut der Wirtschaftsprüfer (IDW) e.V. hat in zahlreichen Prüfungsstandards die hohe Bedeutung von und den richtigen Umgang mit Risiken thematisiert. In seinem Prüfungsstandard PS 340 beispielsweise wird die Prüfung von Risikofrüherkennungssystemen nach §317 Abs. 4 HGB geregelt (vgl. WPg 16/1999, S. 658 ff., FN-IDW 8/1999, S. 350 ff. vom 11.09.2000). Weitere wichtige Standards mit Bezug zur IT sind IDW PS 330 (Abschlussprüfung bei Einsatz von Informationstechnologie) und IDW RS FAIT 1 bis 3.
ISACA IT Audit and Assurance Standards (www.isaca.org)	Die ISACA regelt beispielsweise im Standard »S11 – Use of Risk Assessment in Audit Planning« die Rolle und Notwendigkeit einer Risikoeinschätzung und -prüfung im Rahmen von IT-Prüfungen, die *nicht* den IDW-Standards folgen müssen.
DIIR Revisionsstandards (www.diir.de)	Das Deutsche Institut für Interne Revision (DIIR) hat in seinem Standard Nummer 2 explizit die Prüfung eines bestehenden Risikomanagements in Unternehmen geregelt. Der *Praktische Ratschlag 2200-2* ergänzt den Revisionsstandard, insbesondere im Kontext von Prüfungen eines Internen Kontrollsystems.
IPPF (www.theiia.org)	Das *Internal Professional Practices Framework* des Institute of Internal Auditors (IIA) stellt ein Regelwerk für interne Revisoren zur Prüfungsunterstützung bereit. Dieses Regelwerk befasst sich in mehreren Abschnitten mit dem Risikomanagement im Rahmen von (IT-)Prüfungen. Im Abschnitt 2120 wird in fünf Teilen näher spezifiziert, welche Pflichten die interne Prüfung im Kontext des Risikomanagements hat. Der dritte und letzte Teil des *Guide to the Assessment of IT Risk* (GAIT), der als einer von mehreren Practices Guides das Framework ergänzt, enthält detaillierte Regelungen zur Untersuchung von IT-Risiken.
PCAOB (pcaobus.org)	Das Public Company Accounting Oversight Board ist eine vom US-Kongress eingesetzte Aufsichtsbehörde, die Prüfungen überwacht. Sie thematisiert Risiken in ihren Auditing Standards No. 8 bis 15, IT-Risiken speziell in Standard 12 (Identifying and Assessing Risks of Material Misstatement). Die Standards gelten für alle Unternehmen, die auch die SOX-Compliance sicherstellen müssen. Zudem übernehmen sie im internationalen Kontext oft eine impulsgebende Funktion.

Tab. 3–2
Richtlinien und Standards für Prüfungen des IT-Risikomanagements und des Internen Kontrollsystems (IKS)

4 Aufbauorganisation des IT-Risikomanagements

> Dieses Kapitel stellt Möglichkeiten für die Gestaltung der Aufbauorganisation des IT-Risikomanagements vor. Im Einzelnen werden die folgenden Fragen geklärt:
> - Welche aufbauorganisatorischen Gestaltungsvarianten gibt es, und für welche Unternehmen sind sie geeignet?
> - Welche Rollen mit welchen Aufgaben sind zu besetzen?
> - Welche Gremien gibt es? Wann sind welche Gremien sinnvoll?
> - Welche externen Gruppen sind zu berücksichtigen?
> - Was sind wichtige Aspekte bei der Frage nach der »richtigen« Qualifikation?

Ziel dieses Kapitels

4.1 Organisationsstrukturen im IT-Risikomanagement

Eine eigene Aufbauorganisation für das IT-Risikomanagement erleichtert insbesondere in größeren Unternehmen den – arbeitsteiligen – Umgang mit den einzelnen Schritten des IT-Risikomanagement-Prozesses. Entsprechend wird die Aufbauorganisation für das IT-Risikomanagement durch mehrere Gestaltungselemente beschrieben (vgl. Tab. 4–1 sowie Abschnitt 4.2).

Tab. 4–1 Gestaltungselemente der Aufbauorganisation für das IT-Risikomanagement

Gestaltungselement	Beschreibung
Aufbauorganisatorische Strukturelemente	
IT-Risikomanagement-Abteilung • Abteilungsleitung • weitere Unterteilung in Gruppen/Teams möglich	Bevorzugt für große/globale Unternehmen. Übernimmt eine Zentralisierungs- und Koordinationsfunktion, setzt Standards, entwickelt Vorgaben und Vorlagen • vollständig zentrale Organisation • zentrale und dezentrale Bestandteile
IT-Risikomanagement-Gruppe/Team • Teamleitung • Teammitglieder	Für alle mittleren und großen Unternehmen. Kann dezentral oder zentral organisiert sein. Übernimmt • alle Aufgaben • ausgewählte Aufgaben (Zentralisierungs- und Koordinationsfunktion)
Stabsstellen/Referate für IT-Risikomanagement (in der Regel einige wenige Personen oder eine Einzelperson)	Für alle Unternehmen, je nach Ausgestaltung auch für KMU. Übernimmt • alle Aufgaben • ausgewählte Aufgaben (Koordinationsfunktion)

Für das IT-Risikomanagement wichtige *weitere* Funktionen und aufbauorganisatorische Strukturelemente sind:

- das **Enterprise Risk Management**
  Es übernimmt in mittleren und großen Unternehmen die Identifikation, Analyse, Bewertung und das Controlling aller wesentlichen Risiken im gesamten Unternehmen. In großen Unternehmen bildet es oft eine eigene Organisationseinheit.

- die **IT-Governance**
  Sie bestimmt in größeren Unternehmen bei der strategischen Entwicklung der IT mit.

- die **IT-Compliance/IT-Rechtsabteilung**
  Sie bildet in mittleren und großen Unternehmen eine spezielle Einheit zur Überwachung von Vorgaben für die IT. In kleineren Unternehmen ist sie meist Teil der Rechtsabteilung.

- die **IT-Sicherheit**
  Oft durch eine Einzelperson oder Gruppe innerhalb der IT vertreten. In großen Unternehmen vielfach als eine eigene Abteilung organisiert.

- die **Revision/IT-Revision**
  Sie übernimmt in mittleren und großen Unternehmen als selbstständige Audit-Einheit Prüfungsfunktionen. Hierzu ist sie der Unternehmensleitung direkt unterstellt.

- das **Controlling**
  Es übernimmt das gesamte Finanzcontrolling. Vielfach ist dort auch das Enterprise Risk Management organisatorisch zugeordnet.

Auf dieser Basis lassen sich folgende, in Tabelle 4–2 dargestellte Möglichkeiten abgrenzen, das IT-Risikomanagement im Unternehmen zu verankern.

IT-Risikomanagement ist …	Unternehmen hat …	
	… keine Beteiligungen/ verbundene Gesellschaften	… mehrere Beteiligungen/verbundene Gesellschaften (Konzern)
… eine Teilaufgabe innerhalb des Enterprise Risk Management.	●	–
… eine autonome Stabsstelle innerhalb des Enterprise Risk Management.	–	●
… eine eigenständige Abteilung mit Strukturen (Stäbe oder Teams) für bestimmte Themenbereiche oder IT-Risiken.	–	●
… eine Teilaufgabe innerhalb themennaher Bereiche (Controlling, Revision, IT-Sicherheit).	●	–
… eine autonome Stabsstelle innerhalb themennaher Bereiche des Unternehmens (Controlling, Risiko-Controlling, Revision, Sicherheit).	●	–
… eine Teilaufgabe innerhalb der IT: bei einer unternehmensweiten IT-Abteilung / bei mehreren IT-Abteilungen oder einer verteilten IT im Unternehmen	● / –	– / ●
… eine autonome Stabsstelle innerhalb der IT.	–	●
… eine Stabsstelle bei der Unternehmensleitung.	●	●
… eine Teilaufgabe operativer Fach- und Geschäftsbereiche (z.B. Fertigung).	–	●

Tab. 4–2
Mögliche Varianten einer Aufbauorganisation für das IT-Risikomanagement

Die »richtige« Gestaltung der Aufbauorganisation für das IT-Risikomanagement ist nicht immer einfach zu beantworten (vgl. Tab. 4–3, Abb. 4–1 und 4–2).

Befürworter einer *ausschließlich* zentralen Struktur argumentieren, dass sich in ihr alle Informationen an einem Punkt zusammenfassen lassen. Dies verhindert die mehrfache Analyse oder Behandlung von IT-Risiken und sich widersprechende IT-Risikoberichte. Für kleine und mittlere Unternehmen ist eine solche Struktur sinnvoll.

Für ein Unternehmen mit einer komplexen Struktur aus Beteiligungen und verbundenen Gesellschaften, die zudem meist global verteilt sind, ist ein solches Vorgehen jedoch nur dann geeignet, wenn sich **zusätzlich** *überwiegend dezentrale* Strukturen mit der Identifikation und einer *ersten* Analyse und Bewertung von IT-Risiken befassen. In einer solchen Struktur werden alle *nicht wesentlichen* IT-Risiken sorgfältig dezentral beobachtet und mit geeigneten Maßnahmen behandelt. Sie werden jedoch *nur im Ausnahmefall* in das übergeordnete IT-Risikoberichtswesen einbezogen. Erst wenn das IT-Risiko auf bestandskritische Anwendungen sowie zentrale Anwendungen und gemeinschaftlich genutzte Elemente der IT-Infrastruktur wirkt oder wirken könnte oder wenn eine bislang nicht bestandskritische Anwendung bestandskritisch wird, *müssen* die betreffenden IT-Risiken sofort weitergemeldet und als *neue wesentliche* IT-Risiken in das übergeordnete IT-Risikoberichtswesen einbezogen werden. So fließen ausschließlich relevante Informationen an einer zentralen Stelle zusammen. Die zentrale Instanz wäre sonst mit der Menge der zu berücksichtigenden Informationen überlastet. Auch kann so der Gefahr begegnet werden, dass sich mangelnde Kenntnisse dezentraler (regionaler) Verhältnisse nachteilig auf die Identifikation, Analyse, Bewertung und Behandlung von IT-Risiken auswirken.

Über klare Berichts- und Eskalationswege und eine Teilung von Rechten und Pflichten werden die Arbeiten koordiniert. Zur Verbesserung der Kommunikation und Zusammenarbeit treffen sich die IT-Risikomanager in regelmäßigen Abständen persönlich.

Als Nachteil einer Kombination aus zentralen und dezentralen Elementen gilt, dass eine vollständige Standardisierung der IT-Risikomanagement-Prozesse und des IT-Risikoberichtswesens selten gelingt. Es bleiben – meist historisch oder unternehmenskulturell bedingt – bestimmte »Sonderwege« und »Ausnahmen« bestehen. Auch kann die Gefahr bestehen, dass IT-Risiken aus unterschiedlichen Blickwinkeln identifiziert und analysiert werden und so ein einheitlicher Blick trotzdem erschwert ist. Erst aufwendige Anpassungen beseitigen diesen Nachteil.

4.1 Organisationsstrukturen im IT-Risikomanagement

Vorgehensweise zur Wahl der »richtigen« aufbauorganisatorischen Struktur des IT-Risikomanagements	Handlungsempfehlung
1. **Einrichtung der Projektgruppe »IT-Risikomanagement«** Einbindung (entsprechend der Gegebenheiten) von: - CIO, Leitung der IT-Abteilung, ggf. Unternehmensleitung (CEO) - CISO - Vertreter des Enterprise Risk Management - Revision (methodisch beratend, prüfend) - Rechtsabteilung/Spezialanwalt - ggf. Controlling/Finanzen - ggf. Organisation/Organisationsentwicklung - ggf. externe Experten	*Tab. 4–3* *Gestaltung der Aufbauorganisation für das IT-Risikomanagement*
2. **Bestimmung der »Größe« des Unternehmens** Klärung der Fragen: - Verteilung auf mehrere (globale) Standorte? - Struktur des Unternehmens (Gesellschaften, Töchter etc.) - Größe der Belegschaft, Größe und Struktur der IT-Abteilung? - Abhängigkeit von der IT (ggf. bereichs-/standortspezifisch)? - Umfang der ausgelagerten IT-Dienstleistungen? (Werden IT-Dienstleistungen durch Partner erbracht, sind organisatorische Vorkehrungen zu treffen, die eine Beschäftigung mit dem Management der IT-Risiken aus solchen Partnerschaften sowie eine Aufsichtsfunktion *unter Risikogesichtspunkten* sicherstellen.) - ggf. rechtsform- und branchenspezifische Besonderheiten (z.B. Kreditinstitute)? **Empfehlung**: Je größer und verteilter ein Unternehmen ist und je stärker es von der IT abhängt, desto ausgeprägter sollte das IT-Risikomanagement aufgrund der Menge und Komplexität der Aufgaben organisiert sein.	

3. **Bestimmung des »Reifegrades« des Unternehmens**
Die Ermittlung des »Reifegrades« sollte systematisch und vor allem anhand einer standardisierten Methode, etwa aus COBIT oder CMMI, erfolgen, um eine belastbare Einschätzung als Grundlage zu erhalten.
Klärung der Fragen:
- Existiert ein Enterprise Risk Management?
- Existieren Vorarbeiten (z.B. Control Self Assessments) und Zertifizierungen (CMMI, ISO 9000 usw.)? Welche Ergebnisse haben sie erzielt?
- Sind Standards und Best Practices implementiert (ISO 31000, COSO, COBIT, ITIL, PMBOK usw.)?
Je höher der Reifegrad eines Unternehmens ist, desto systematischer plant und koordiniert es seine internen Prozesse und desto stärker wird auch das IT-Risikomanagement betont.
    Für ein Unternehmen mit geringerem Reifegrad ist es zunächst wichtig, ohne umfangreiche Aufbauorganisation ein grundlegendes IT-Risikobewusstsein zu entwickeln und die im Sinne einer Bestandsgefährdung wesentlichen IT-Risiken zu identifizieren und zu behandeln.
    Ein Unternehmen mit höherem Reifegrad wird sich um die optimale Einbindung seines IT-Risikomanagement-Prozesses in *alle* Bereiche des Unternehmens bemühen, um so frühzeitig und so integriert wie möglich IT-Risiken zu erkennen, zu analysieren und zu behandeln. IT-Risikomanagement ist in solchen Unternehmen in *jedem* Prozess mit IT-Bezug selbstverständlich.	

→

4. **Zusammenstellung eines groben Aufgabengerüsts im IT-Risikomanagement**
   - Art der Tätigkeiten?
   - benötigte Qualifikation?
   - Volumen?
   - zeitliche und räumliche Verteilung?

   Das Ziel ist die Ermittlung des Gesamtaufwandes und damit die Festsetzung des Personalbedarfs.

   Empfehlung:
   Auch wenn allgemeingültige Aussagen zur benötigten Personalkapazität schwierig sind, gilt es als sinnvoll, wenn sich **etwa ein bis zwei Promille der Gesamtbelegschaft** mehr **als 50 Prozent ihrer Arbeitszeit** oder **ausschließlich mit IT-Risikomanagement** befassen. Insgesamt sollte etwa **1 bis 2 Prozent der Gesamtbelegschaft** mit IT-Risiken befasst sein, wenn auch nur zu einen kleinen Teil der Arbeitszeit, beispielsweise als IT-Risikoeigentümer.

   Bei Belegschaften kleiner 1000 Personen übernimmt **eine** Person schwerpunktmäßig oder ausschließlich diese Aufgabe. In sehr kleinen Organisationen (kleiner 50 Personen) kann diese Aufgabe von einer Person in Kooperation mit einem meist ohnehin vorhandenen IT-Dienstleister übernommen werden. Nach einer initialen Risikoidentifikation, Analyse und Bewertung, für die (unabhängig von der Größe der Organisation stets) außerplanmäßig Aufwand anzusetzen ist, sind in einer solchen Umgebung etwa 5 bis 10 Tage Gesamtaufwand im Jahr für das IT-Risikomanagement sinnvoll.

5. **Entwicklung von Organisationsmodellen**

   Darstellung von organisatorischen Alternativen.

   Klärung der Fragen:
   - vorgesehene Hierarchieebenen, Kommunikationswege und Entscheidungsgremien (orientiert an der Unternehmenspolitik)?
   - notwendige und durchsetzbare Strukturänderungen, Limitationen?
   - bereits im Risikomanagement tätiges Personal, dessen Auslastung?
   - bereits in verwandten Bereichen des *IT*-Risikomanagements tätiges Personal (z. B. IT-Sicherheit, Continuity Management, Desaster Recovery Management), dessen Auslastung?
   - dafür voraussichtlich benötigtes Personal, dessen Qualifikation und Kosten?
   - Budget für organisatorische Änderungen?
   - Erfahrungen/Meinungen des Betriebsrats?

   Empfehlung:
   Klärung der Frage, ob anonyme Kommunikationswege zur Meldung von Bedrohungen, Verwundbarkeiten und IT-Risiken eingerichtet werden sollen und wer Empfänger ist (Revision, Controlling, Rechtsabteilung, Enterprise Risk Management, Strukturelemente im IT-Risikomanagement oder Unternehmensleitung).

6. **Diskussion der Modelle, Auswahl, Umsetzungsentscheidung**

   Entscheidungskriterien:
   - Grad der Unabhängigkeit des IT-Risikomanagements von der IT und ggf. anderen Funktionsbereichen (wie Revision, Controlling)
   - notwendige Strukturänderungen und damit verbundene Entscheidungsprozesse (Zeitfaktor, mögliche »Workarounds«, rechtliche Einschränkungen)
   - Aufwand für Umsetzung (Zeit und Kosten)

   Ziel:
   Genehmigung des Projektantrags, Umsetzungsplanung und -beginn

4.1 Organisationsstrukturen im IT-Risikomanagement

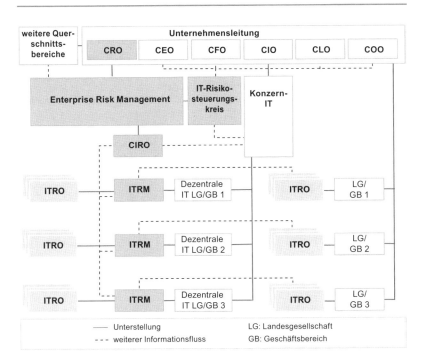

Beispiel

Abb. 4–1
Struktur des
IT-Risikomanagements
in einem global verteilten
Unternehmen
(> 100.000 Mitarbeiter)

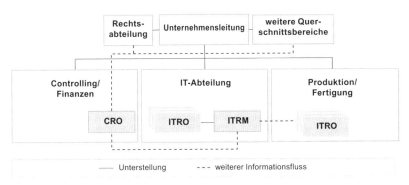

Abb. 4–2
Struktur des
IT-Risikomanagements
eines kleinen
Unternehmens
(< 5000 Mitarbeiter)

Die Organisation des IT-Risikomanagements sollte mit den *gleichen* Werkzeugen und in der *gleichen* Form wie die bereits existierenden Organisationsstrukturen dokumentiert und in die IT-Risikorichtlinie aufgenommen werden. Insbesondere müssen die **Aufgaben- und Verantwortungsbereiche** klar **definiert und abgegrenzt** sein. Dies stellt einerseits ein effektives und effizientes Arbeiten sicher und vermeidet andererseits Missverständnisse und fehlende Zuständigkeiten, wenn ein Risiko eintritt. Besonders wichtig ist dies in Notfällen und bei Katastrophen. Sofern für solche Situationen ein Notfallhandbuch existiert, ist ein Verweis im Notfallhandbuch auf die IT-Risikorichtlinie oder die konsistente Übernahme der jeweils gültigen Regelung in das Notfallhandbuch wichtig.

4.2 Rollen im IT-Risikomanagement

Die Ausgestaltung (Anzahl, Namensgebung, Rechte und Pflichten) von typischen Rollen im IT-Risikomanagement (vgl. Tab. 4–4) ist abhängig von:

- der Größe des Unternehmens, ggf. der Anzahl verteilter Standorte
- der IT-Risikopolitik
- der Ausgestaltung der IT-Risikomanagement-Organisation
- der Integration des IT-Risikomanagements in das Gesamtunternehmen
- dem Stellenbesetzungsplan
- ggf. der Anzahl einschlägig qualifizierter Personen (dies darf jedoch nicht zu Kopfmonopolen oder Engpässen bei personellem Wechsel führen)
- dem Budget

Tab. 4–4
Rollen mit Bezug zum IT-Risikomanagement

Rollen des IT-Risikomanagements innerhalb der Struktur	
Leiter des Enterprise Risk Management (Konzern-Risikomanager, Chief Risk Officer, CRO) (Leitungsfunktion)	Oberste Verantwortungsebene für Risiken, i.d.R. Unternehmensleitung
Referent im Risikomanagement Teamleiter im Risikomanagement	Führungskraft im Risikomanagement, sofern eine entsprechende Hierarchie existiert
Risikomanagement-Experte	Expertenfunktion im Risikomanagement, die entweder dem CRO oder den entsprechenden Hierarchieebenen unterstellt ist. Operative Ebene des Risikomanagements. Inhaltliche Differenzierungen/Schwerpunkte sind möglich.
Leiter des IT-Risikomanagements (Chief Information Risk Officer, CIRO) (Leitungsfunktion)	Oberste Verantwortungsebene für IT-Risiken, i.d.R. Unternehmensleitung oder Teil der Risikomanagement-Führungsebene
Referent im IT-Risikomanagement	Experte im IT-Risikomanagement, die dem CIRO als »Assistenzfunktion« unterstellt ist
IT-Risikomanager (IT-Risikoverantwortlicher, IT Risk Manager, IT Risk Officer)	Koordinationsfunktion im IT-Risikomanagement. Sie kann mit der Referentenrolle im IT-Risikomanagement zusammenfallen.
IT-Risikoeigentümer (IT-Risiko-Träger, IT Risk Owner)	Operativer Verantwortungsträger eines bestimmten IT-Risikos
Fachexperten (Subject Matter Experts, SME)	Experten mit umfassendem Spezialwissen und Erfahrungen zu einzelnen IT-Risiken

→

Für das IT-Risikomanagement wichtige Rollen außerhalb der Struktur	
Chief Executive Officer (CEO)	Unternehmensleitung, abhängig von der Rechtsform Vorstand oder Geschäftsführung
Chief Information Officer (CIO)	Oberste Verantwortungsebene für die IT, i. d. R. Unternehmensleitung oder Gesamtleitung der IT in nachgeordneter Führungsebene
Chief Information Security Officer (CISO)	Oberste Verantwortungsebene für die IT-Sicherheit, i. d. R. Unternehmensleitung oder Teil der IT-Leitungsebene
IT-Risiko-Controller	Verantwortungsebene für das Controlling von IT-Risiken, ggf. Empfänger anonymer Risikomeldungen. i. d. R. eine Rolle innerhalb des Enterprise Risk Management oder des Controllings, sofern die Rolle nicht Teil der IT-Risikomanagement-Organisation ist.
Revisionsleitung, Chief IT Auditor	Oberste Verantwortungsebene für interne Prüfungen, ggf. Empfänger anonymer Risikomeldungen. i. d. R. Leitungsebene der internen Prüfungsbereiche, darunter IT-Revision
IT Continuity Manager IT Disaster Recovery Manager	Verantwortungsträger für die Kontinuität des IT-Betriebs, auch in Notfällen
IT Security Manager	Verantwortungsträger für bestimmte Aspekte der IT-Sicherheit

> *Praxishinweis*
>
> **Ist es ausreichend, eine Rolle einmalig zu definieren?**
> Nein, denn zum einen entwickelt sich das Unternehmen weiter, zum anderen lassen sich durch Aufarbeitung nicht erkannter oder schlecht behandelter IT-Risiken Schwächen in den Rollenbeschreibungen erkennen. Der fachliche Zuschnitt von Rollen im IT-Risikomanagement (und damit auch das Qualifikationsprofil) sollte deshalb **jährlich** vor dem Hintergrund gesammelter Erfahrungen überprüft werden.

Ist festgelegt, welche Rollen eingerichtet werden sollen, müssen sie dokumentiert und über unternehmensweit genutzte Medien, beispielsweise das Intranet, veröffentlicht werden (vgl. Tab. 4–5).

Die Hinterlegung einer Rolle in einer Stellenbeschreibung ist oftmals *nicht* ausreichend, insbesondere, wenn Stellenbeschreibungen nur der Personalabteilung zugänglich sind. Zudem können in einer Stelle mehrere Rollen (auch ohne Bezug zum IT-Risikomanagement) vereint sein, was eine präzise Trennung erschwert.

Beispiel
Tab. 4–5
Darstellung einer Rolle im IT-Risikomanagement in Textform

Name der Rolle, ggf. Kurzbezeichnung
Org. Einordnung: Disziplinarische Unterstellung
Pflichten: »Der Inhaber/die Inhaberin der Rolle muss …« (ggf. regional, zeitlich, inhaltlich eingeschränkt)   • Aufgaben   • Verantwortungsbereiche/Zuständigkeiten
Rechte: »Der Inhaber/die Inhaberin der Rolle ist befugt …« (ggf. regional, zeitlich, inhaltlich eingeschränkt – Pflicht zur Aufgabentrennung, Wahrung der Unabhängigkeit)   • Entscheidungsbefugnisse (ggf. Höchstgrenzen für Budgets, Schäden, Wahrscheinlichkeiten, Kritikalitäten)   • disziplinarische Befugnisse/Weisungsbefugnisse gegenüber Dritten   • Zugang zu Anwendungen, Daten, Räumen/Anlagen
Qualifikations-/Kompetenzprofil   • Ausbildungsniveau/Abschluss   • Zertifizierungen, spezielle Qualifikationen für das Risikomanagement   • Erfahrungen (in Jahren/Monaten)
Stellvertreterregelungen und **Delegationsbefugnisse**
Sperrklauseln und **sonstige Bedingungen**   (bspw. besondere Verschwiegenheitspflichten)
Versionsinformationen, **Ablageort**,   ggf. verbundene Dokumente, Gültigkeit ab (bis) Verfasser/Verantwortlicher

Leiter des Enterprise Risk Management

Der Leiter des Enterprise Risk Management trägt als oberster Risikomanager die Gesamtverantwortung für das Risikomanagement. Demzufolge gehen die Aufgaben dieser Rolle weit über die IT hinaus. Ihm berichten alle nachgeordneten Rollen.

Der Leiter des Enterprise Risk Management sollte ein Mitglied der Unternehmensleitung sein. Eine solche Positionierung ist ein deutliches Zeichen dafür, dass der Umgang mit Risiken als Aufgabe der Unternehmensleitung begriffen wird. Wenn mit dieser Rolle keine Position in der Unternehmensleitung verbunden ist, vertritt sie das Enterprise Risk Management gegenüber der Unternehmensleitung. In kleinen Unternehmen übernimmt diese Rolle stets ein Mitglied der Unternehmensleitung oder der Leiter des Controllings.

Der Leiter des Enterprise Risk Management übernimmt folgende Aufgabenbereiche:

- **Gestaltung**
  - **Entwicklung von Vorgaben** für die Ausrichtung, Gestaltung und den Aufbau des Enterprise Risk Management. Hierzu gehört bspw. die Entwicklung generischer Risikostrategien, des ERM-Prozesses, der Risikorichtlinien und der Formate für die Berichterstattung.
  - **Sicherstellung der Funktionsfähigkeit des ERM,** indem interne (auch als IT Risk Self Assessment) oder externe Überprüfungen beauftragt und deren Ergebnisse sorgfältig analysiert werden, um entsprechende Maßnahmen einzuleiten
  - **Anpassung des Enterprise Risk Management** an eine sich verändernde Risikostrategie oder an neue Ziele des Risikomanagements, an ein sich veränderndes Umfeld des Unternehmens oder an Änderungen in den Zielen und Visionen des Unternehmens insgesamt
  - **Bereitstellung notwendiger Ressourcen,** damit Aufgaben angemessen und nachhaltig ausgeführt werden können
  - **Klärung von kritischen Besetzungsfragen.** Insbesondere stellt der Leiter des Enterprise Risk Management sicher, dass benannte Personen ohne Einschränkungen ihre Aufgaben wahrnehmen können.
- **Kommunikation und Berichterstattung:**
  - **Freigabe des Risikoberichts**
  - **Information der Mitglieder der Unternehmensleitung** sowie der Kontroll-, Aufsichts- und Eigentümergremien, beispielsweise des Aufsichtsrats, durch Vorstellung des Risikoberichts und durch Ad-hoc-Informationen zur Risikolage
  - **Managementunterstützung** des Enterprise Risk Management. Der Leiter des Enterprise Risk Management prägt zusammen mit den Mitgliedern der Unternehmensleitung die Risikokultur über den »Tone at the Top« (die eindeutige, aktive und positive Kommunikation der Bedeutung des Risikomanagements).
  - **Leitung von Gremien** (vgl. Abschnitt 4.3) entsprechend der Ausgestaltung des Enterprise Risk Management. Teilnahme an besonders wichtigen Sitzungen auch auf operativer Ebene, damit Entscheidungen schnell und unter Berücksichtigung von Risikogesichtspunkten getroffen werden können.
  - **Schaffung von Awareness** für die Bedeutung des Enterprise Risk Management in der gesamten Belegschaft, insbesondere unter den Führungskräften

- Etablieren eines intensiven und systematischen horizontalen und vertikalen **Austauschs** zwischen allen am Risikomanagement beteiligten Personen
- **Ansprechpartner** für die Mitarbeiter innerhalb der IT-Risikomanagement-Organisation bei Konfliktsituationen und wesentlichen Entscheidungen

Leiter des IT-Risikomanagements

Die Rolle des Leiters des IT-Risikomanagements wird in der Literatur selten erwähnt, größere Unternehmen setzen jedoch Rollen mit einem solchen Profil bereits seit mehreren Jahren erfolgreich ein.

Die Aufgaben des Leiters des IT-Risikomanagements folgen aus denen des Leiters des Enterprise Risk Management mit entsprechendem IT-Bezug. Darüber hinaus entwickelt er eine IT-Risikomanagement-Planung mit rollierender ein- und dreijähriger Gültigkeit. Diese Pläne legen einerseits Maßnahmen für das IT-Risikomanagement selbst fest, andererseits auch Maßnahmen zum Umgang mit den identifizierten IT-Risiken, bezogen auf Anwendungen, die IT-Infrastruktur, IT-Prozesse, das Personal und die IT-unterstützten Geschäftsprozesse.

Beispiel Der Jahresplan enthält:
- Mitwirkung bei der Optimierung der Absicherung aller Mobilgeräte durch die IT-Sicherheit
- Vergabe noch nicht zugewiesener Rollen des IT-Risikomanagements
- Aufbau einer neuen Lösung für das Identity/Access-Management auf Basis einer Smartcard-Infrastruktur

Der Dreijahresplan enthält:
- verbesserte Prozesse zur Früherkennung von IT-Risiken
- unternehmensweite Einführung eines Werkzeugs zur Erfassung und Weitergabe von identifizierten IT-Risiken
- Strukturänderungen im zentralen Rechenzentrum zur Vermeidung von IT-Risiken aus Nichtverfügbarkeit

Der Grundgedanke dabei ist, jährliche Ziele festzulegen und trotzdem die sich ständig verändernden Bedingungen und Bedürfnisse vorausschauend zu berücksichtigen.

Die Befugnisse des Leiters des IT-Risikomanagements erstrecken sich auf alle Bereiche der zentralen IT-Abteilung, idealerweise auch auf die IT in anderen Landesgesellschaften und Geschäftsbereichen (beispielhaft die Stellenanzeige in Tab. 4–6).

Seine (fachlichen und methodischen) Vorgaben erhält er vom Leiter des Enterprise Risk Management. Oft berichtet er auch an den

Chief Information Officer. Insbesondere informiert er ihn über wichtige IT-Risiken und wesentliche Änderungen in der IT-Risikolage. Konkrete Aufgaben werden zunächst meist mit dem Chief Information Officer abgestimmt, der für die gesamte IT verantwortlich ist und damit das Entstehen und die Behandlung von IT-Risiken beeinflusst.

In kleinen Unternehmen ist diese Rolle nicht besetzt bzw. wird durch den IT-Risikomanager oder den Leiter der IT-Abteilung ausgefüllt. Übernimmt der Leiter der IT die Rolle, kann ein Interessenskonflikt bei der Bewertung von IT-Risiken entstehen.

Stellenanzeige »Leiter IT-Risikomanagement« (Konzern)

Beispiel

Ihre Aufgaben	Ihre Qualifikation
• Koordination und Weiterentwicklung des IT-Risikomanagements • Ansprechpartner für IT-Risiken im Konzern • Analyse und Bewertung von IT-Risikopotenzialen und Erarbeitung von IT-Risikoszenarien • Erarbeitung von Lösungen zur Verminderung von IT-Risiken • Durchführung von IT-Risikoinventuren • Durchführung von IT-Risikoworkshops in allen Unternehmenseinheiten • Erstellung der regelmäßigen IT-Risikoberichte für das Enterprise Risk Management (zur Weiterleitung an Vorstand und Aufsichtsrat) • Unterstützung der Fachbereiche im In- und Ausland bei der Implementierung von IT-Risikomanagement-Methoden • Schulung und Sensibilisierung der Mitarbeiter in allen IT-Risikofragestellungen	• Erfolgreich abgeschlossenes Studium der Fachrichtungen Wirtschaftsingenieurwesen oder Wirtschaftsinformatik • Einige Jahre Berufserfahrung in einem börsennotierten Unternehmen • Mehrjährige Berufserfahrung im IT-Risikomanagement oder IT-Risiko-Controlling • Gute Methoden- und Werkzeugkenntnisse im Risikomanagement • Fähigkeit zu selbstständigem und strukturierten Arbeiten • Diplomatisches Geschick, Kommunikationsstärke und gutes analytisches Denken

Tab. 4–6 Stellenanzeige für eine/n Leiter/in IT-Risikomanagement

IT-Risikomanager

Der IT-Risikomanager ist dem Leiter des IT-Risikomanagements unterstellt.

In großen Unternehmen kann es einen **zentralen IT-Risikomanager** sowie für jeden Unternehmensteil oder jede zugehörige Gesellschaft **dezentrale (oder lokale) IT-Risikomanager** geben. IT-Risikomanager sind für alle IT-Risiken in diesem spezifischen Fach- oder Geschäftsbereich oder an einem speziellen Standort verantwortlich, übernehmen die Anpassung von zentralen Vorgaben an die lokalen Verhältnisse und können entweder in der Risikomanagement-Organisation oder der (lokalen) IT angesiedelt sein. Die IT-Risikoeigentümer berichten an ihn. Die Rollendefinition kann neben ausführenden und entscheidenden Elementen (IT-Risikomanagement-Prozess) auch gestaltende Elemente (Konzeption/Modifikation des IT-Risikomanagement-Prozesses) enthalten (beispielhaft die Stellenanzeige in Tab. 4–7).

Gibt es mehrere IT-Risikomanager, übernimmt oftmals ein IT-Risikomanager eine koordinierende Funktion (Risc Coordinator, Risc Management Process Coordinator). Er vermittelt bei strittigen Fragen im Kontext der Bewertung eines IT-Risikos und bei offenen Punkten zwischen der IT und den Fachabteilungen. Seine Koordinationsfunktion unterstützt auch die reibungslose Durchführung des IT-Risikomanagement-Prozesses.

Beispiel

Stellenanzeige »IT-Risikomanager«

Tab. 4–7
Stellenanzeige für eine/n IT-Risikomanager/in

Ihre Aufgaben	Ihre Qualifikation
Administration der IT-Risikomanagement-Tätigkeiten in Verbindung mit den IT-Risiken in Ihrem Zuständigkeitsbereich (Anwendungssysteme...) Ausgestaltung des IT-Risikomanagement-Prozesses in Ihrem Zuständigkeitsbereich Mitarbeit in Gremien zur Weiterentwicklung des IT-Risikomanagements Mitarbeit in Gremien zur Weiterentwicklung der IT-Risikorichtlinie	Erfolgreich abgeschlossene Ausbildung zum Fachinformatiker oder vergleichbare Ausbildung Erste Erfahrungen im Umgang mit IT-Risiken Analytisches und konzeptionelles Denkvermögen Selbststständige, verantwortungsbewusste und sorgfältige Arbeitsweise Hohes Maß an Eigeninitiative und Engagement Teamfähigkeit, Kontakt- und Kommunikationsfreude

IT-Risikoeigentümer

Die IT-Risikoeigentümer sind für alle Auswirkungen und damit auch für die Behandlung und Überwachung eines oder mehrerer IT-Risiken unmittelbar verantwortlich. Sie sind diejenigen, deren Arbeitskontext unmittelbar von IT-Risiken betroffen ist. IT-Risikoeigentümer sind in der IT und in den Fachabteilungen, in der Linie und in Projekten tätig. Sie berichten an den IT-Risikomanager.

Bei komplexen IT-Risiken entsteht die Verantwortung für ein IT-Risiko (IT-Risikoeigentümerschaft, IT Risk Ownership) durch Zugehörigkeit zu dem Bereich, in dem das IT-Risiko die *stärksten* Auswirkungen hat. Sonst müssten mehrere IT-Risikoeigentümer definiert werden, was im Sinne einer effizienten Behandlung der IT-Risiken nicht vorteilhaft wäre. Der IT-Risikoeigentümer ist in einer solchen Situation Ansprechpartner für alle Betroffenen und alle, die an speziellen Gegenmaßnahmen arbeiten.

IT-Risikoeigentümer können die Verantwortung für ein IT-Risiko jedoch auch deshalb übernehmen, weil sie durch ihre Fachkenntnis besonders gut geeignet sind, das IT-Risiko hinsichtlich Ursachen, Auswirkungen und geeigneter Maßnahmen zu beurteilen. IT-Risikoeigentümer und diejenigen, die das IT-Risiko identifiziert haben, müssen nicht dieselben Personen sein. Sie übernehmen diese Rolle oft als *zusätzliche* Aufgabe. Üblicherweise endet die Verantwortung, wenn das IT-Risiko nicht mehr besteht oder sich die getroffenen Maßnahmen bewährt haben.

Entscheidungsbefugnisse für den IT-Risikoeigentümer sollen genau festgelegt sein, damit ein IT-Risikoeigentümer Maßnahmen schnell ergreifen kann, ohne dies im Einzelfall mit dem IT-Risikomanager abstimmen zu müssen und so wertvolle Zeit zu verlieren. Zu den Entscheidungsbefugnissen gehört auch, dass der IT-Risikoeigentümer festlegt, ob und wann ein IT-Risiko in das zentrale IT-Risikoberichtswesen einbezogen, also weitergemeldet wird.

Als Teil eines *IT Risk Self Assessment* (vgl. Kap. 11) oder ähnlicher Analysen unterstützen IT-Risikoeigentümer die Prüfung von Behandlungsmaßnahmen auf Wirksamkeit.

Auch in kleinen Unternehmen gibt es mehrere IT-Risikoeigentümer. In der Regel sind dies alle Projektleiter, die Mitarbeiter in der IT-Abteilung und – sofern es keine eigene IT-Abteilung gibt – Mitarbeiter in den betroffenen Fachabteilungen, denen die Betreuung von Anwendungen übertragen wurde.

Beispiel

- Der im IT-Betrieb für die Datensicherungen Verantwortliche wird zum Eigentümer des IT-Risikos »Fehlerhaftes Backup«.
- Der Administrator einer Datenbank wird zum Eigentümer der IT-Risiken »Tabellen-Inkonsistenzen« und »unzureichender Tablespace«.

Fachexperten

Experten für ein bestimmtes Fachgebiet übernehmen eine besondere Rolle im IT-Risikomanagement. Sie haben eine besonders hohe Qualifikation in einem bestimmten Teilbereich der IT. Die besonderen Kenntnisse und Erfahrungen bringen sie in einzelnen Phasen des IT-Risikomanagement-Prozesses ein. Typische Beispiele sind die Mitwirkung bei der Identifikation, Analyse und Bewertung seltener IT-Risiken oder bei der Diskussionen komplexer technischer Maßnahmen zur IT-Risikobehandlung.

Beispiel   Ein Fachexperte weist im Rahmen des IT Risk Assessment darauf hin, dass es im Quellcode eines in C++ entwickelten »Signal Handlers« einer CRM-Anwendung (Version 2.1) zu einer Race Condition kommen kann.

Die Aufgabe des Fachexperten ist es, solche seltenen IT-Risiken und ihre Auswirkungen anschaulich darzustellen.

Beispiel   Der Fachexperte schätzt diese Verwundbarkeit als sehr kritisch ein. Die Eintrittswahrscheinlichkeit bewertet er mit »mittel«. Er erläutert, dass eine Race Condition in einem »Signal Handler« dazu führen kann, dass Daten inkonsistent werden oder sich ein Angreifer an der Anwendung ohne Berechtigungen autorisieren kann. Die Folge wären inkonsistente Kundendaten bzw. Datendiebstahl. Der Fachexperte schlägt vor, die neueste Version (3.1) der CRM-Anwendung zu beschaffen, in der dieser Fehler behoben wurde.

4.3 Gremien für das IT-Risikomanagement

Gremien im IT-Risikomanagement dienen dazu, in strukturierter Art und Weise und mit den dafür geeigneten Personen Entscheidungen zu treffen, etwa für den Umgang mit den unternehmensweit identifizierten IT-Risiken. Ihre Einrichtung und individuelle Namensgebung ist von der Größe des Unternehmens, der IT-Abteilung und der IT-Risikomanagement-Organisation abhängig und auch davon, wie die Entscheidungsfindung in anderen Themen der IT erfolgt (vgl. Tab. 4–8). Insbesondere sollte festgelegt werden, welche anderen Bereiche der IT-Abteilung und ggf. welche Vertreter des oberen Managements oder einzelner Fachabteilungen daran teilnehmen und wie sie in die Entscheidungsfindung eingebunden werden.

Oft werden Gremien auch themenbezogen eingerichtet, etwa wenn Outsourcing-Risiken oder besondere IT-Sicherheitsrisiken aus der Internetanbindung diskutiert werden sollen.

Beispiel   In einem globalen Unternchmen treffen sich alle IT-Risikomanager zweimal im Jahr mit dem Leiter des IT-Risikomanagements. Das Ziel eines solchen Treffens ist eine Diskussion der IT-Risikolage aus ganzheitlicher Sicht und die Erörterung möglicher neuer Maßnahmen. Zudem können aktuelle Themen (neue Vorgaben für das IT-Risikomanagement, spezielle Bedrohungen und Verwundbarkeiten) ausführlich diskutiert werden. Und schließlich bleiben die Mitglieder in persönlichem Kontakt. Aus Gründen der Identifikation mit dem Gesamtunternehmen wechselt der Tagungsort deshalb auch abhängig von den jeweiligen Dienstorten der IT-Risikomanager.

Neben homogenen Gremien existieren im Sinne des Integrationsgedankens auch interdisziplinäre Gremien aus Fachexperten und Vertretern der Fach- und Geschäftsbereiche. Sie werden oft eingerichtet, um

- Eintrittswahrscheinlichkeiten und Schadenshöhen für bestimmte IT-Risiken zu schätzen,
- Entscheidungen über den Umgang mit IT-Risiken zu treffen,
- den Erfahrungsaustausch zwischen den Gruppen zu fördern,
- das IT-Risikobewusstsein zu fördern,
- Reviews und *IT Risk Self Assessments* vorzubereiten und
- größere Projekte im Kontext des IT-Risikomanagements durchzuführen.

Die nachfolgend vorgestellten Gremien stellen eine Möglichkeit dar, Aufgaben abzugrenzen. Jedes Unternehmen pflegt eigene Bezeichnungen. Wichtig sind daher klare Regelungen für Rechte und Pflichten.

IT-Risikosteuerungskreis (IT-Risikolenkungskreis, IT Risk Oversight Board)

Der IT-Risikosteuerungskreis gilt in vielen Unternehmen als unverzichtbares organisatorisches Element. Seine Aufgabe ist es, unter Beachtung der Vorgaben aus der Unternehmensleitung für das IT-Risikomanagement Umsetzungshilfen zu entwickeln, zu kommunizieren und zu kontrollieren. So kann sichergestellt werden, dass alle Aktivitäten den Erwartungen der Fachabteilung einerseits und den Notwendigkeiten aus technischer Sicht andererseits entsprechen und weder technische noch fachliche Überlegungen die Entscheidungen dominieren.

Der IT-Risikosteuerungskreis beleuchtet grundsätzlich keine operativen Aspekte, sondern Fragen der IT-Risikopolitik, insbesondere Fragen der IT-Risikoneigung und -akzeptanz, sowie der Struktur des IT-Risikomanagement-Prozesses. Ein solcher Kreis ist dementsprechend mit dem Leiter des IT-Risikomanagements, mit ausgewählten IT-Risikomanagern und mit Vertretern fachlicher Stakeholder (beispielsweise Experten aus den Fachabteilungen) besetzt. Dies verhindert, dass sich bestimmte, rein technische oder rein fachliche Ansichten durchsetzen [Pironti 2012]. Oft sind der Leiter des Enterprise Risk Management und ein weiteres Mitglied der Unternehmensleitung vertreten, ebenso Führungskräfte aus Controlling, der Finanzabteilung sowie der Revision.

IT-Risikobehandlungsrat (IT Risk Acceptance Committee)

Kann die Verantwortung für die »richtige« Behandlung eines IT-Risikos nicht von einer einzelnen Person übernommen werden, ist ein Gremium sinnvoll, das diese Aufgabe übernimmt. Es entscheidet unter

Berücksichtigung der im IT-Risikosteuerungskreis definierten IT-Risikoneigung und -akzeptanz, welche IT-Risiken wie bewertet und behandelt werden müssen oder unverändert akzeptiert werden können. Hier werden auch konkrete IT-Risikostrategien und die Verteilung der Verantwortung für einzelne IT-Risiken auf die verschiedenen Bereiche des Unternehmens diskutiert.

In diesem Gremium müssen deshalb der Leiter des IT-Risikomanagements und alle IT-Risikomanager Mitglieder sein.

IT-Risikomanagement-Ausschuss (IT Risk Committee)

Im Gegensatz zum IT-Risikobehandlungsrat bereitet der IT-Risikomanagement-Ausschuss Entscheidungen lediglich fachlich vor. Es wird auch genutzt, um formale Reviews und Assessments (beispielsweise quartalsweise) durchzuführen. Assessments und Reviews können sich dabei auf ausgewählte Bereiche oder aber auf das Gesamtunternehmen beziehen.

In ihm sind Fachexperten, IT-Risikoeigentümer und IT-Risikomanager Mitglieder.

Risikomanagement-Office (Corporate Risk Office, Corporate Risk Management Office)

In großen Unternehmen kann die Bildung eines Risikomanagement-Office erwogen werden. Es wird vom Leiter des Enterprise Risk Management geführt. Ein solches Risikomanagement-Office unterstützt die IT-Risikomanager und die IT-Risikoeigentümer bei operativen Tätigkeiten, etwa bei der Erstellung der IT-Risikoberichte.

> **Praxishinweis**
>
> **Es liegen noch keine Erfahrungen mit dem IT-Risikomanagement vor. Wie können in einer solchen Situation Gremien eingerichtet werden?**
>
> Es ist durchaus üblich, mit der Einrichtung eines Gremiums zu warten, bis ausreichend Erfahrungen gesammelt wurden, um entscheiden zu können, ob sich die Einrichtung aus inhaltlicher Sicht und mit Blick auf entstehende Aufwände lohnt.
>
> **Ausnahme:** Eine Einrichtung kann von Beginn an sinnvoll sein, wenn hoher Abstimmungsbedarf erwartet wird, etwa weil es viele IT-Risikomanager gibt oder das Unternehmen stark verteilt ist.

4.3 Gremien für das IT-Risikomanagement

Identifikation geeigneter Gremien für das IT-Risikomanagement im Unternehmen	Handlungsempfehlung
1. **Klärung des Anlasses der Diskussion über die Einrichtung von Gremien** • Subjektiv als zu viel empfundene Aufgaben, Überlastung • Objektiv messbare Mehrarbeit (tatsächliche Überstunden), hohe individuelle Aufwände (anteilig hohe PT der Regelarbeitszeit in der Zeiterfassung gebucht auf das IT-Risikomanagement) • Beeinträchtigung anderer Aufgaben, wenn das IT-Risikomanagement als Teilaufgabe übernommen wird • Schlechte Qualität bei der Identifikation, Analyse, Bewertung oder Behandlung von IT-Risiken • Subjektiv als hoch empfundene Kosten für Maßnahmen und Werkzeuge für das IT-Risikomanagement • Unsicherheit, mangelnde Erfahrung, mangelnde Qualifikation	*Tab. 4-8* *Gremien im* *IT-Risikomanagement*
2. **Zusammenstellung der Rahmenbedingungen** *Ermittlung des Personals im IT-Risikomanagement* • Umfang: Vollzeit/hauptamtlich oder als Teil der Gesamtaufgaben (in % der Arbeitszeit)? *Charakteristika des Unternehmens* • Anzahl und Entfernung der Standorte, fachliche Schwerpunkte an den Standorten • Umfang des dezentralen IT-Risikomanagements (Anzahl dezentral Beschäftigter im IT-Risikomanagement) • Beeinflussung des dezentralen IT-Risikomanagements durch fachliche Ausrichtung (bspw. besondere Kunden, besondere Rechtssysteme, besondere Vorgaben)	
3. **Ermittlung der Charakteristika des IT-Risikomanagements** • Grund für eine besondere Ausrichtung des IT-Risikomanagements • Grund für typische IT-Risiken, ggf. an spezifischen Standorten • Anzahl identifizierter IT-Risiken (je Standort) • Umfang und Aufwand des IT-Berichtswesens	
4. **Erstellung eines Profils für das oder die benötigten Gremien** • Teilnehmerkreis • Zielsetzung und Aufgaben • Tagungsfrequenz (ggf. Ort) • Budget • Integration in Planungen (Aufwände in PT) • ggf. Dauer der Einrichtung (temporäre Gremien)	
5. **Diskussion mit der Unternehmensleitung, Genehmigung, Einrichtung** • Beitrag zum IT-Risikobewusstsein: »Marketing« für das neue Gremium; Vorstellung von Ziel und Zusammensetzung • Pflicht zur Dokumentation der Treffen, Festlegung eines Verteilers für die Protokolle und sonstige Dokumente (Ergebnisorientierung) **Empfehlung**: Wird die Einrichtung eines Gremiums erwogen, wenn mangelnde Erfahrungen in der Identifikation, Analyse, Bewertung oder Behandlung von IT-Risiken große Unsicherheit bei den Betroffenen zur Folge hat, kann ein Gremium ein Sicherheitsgefühl durch Teilen der Verantwortung schaffen. Ein solches Gremium sollte jedoch vorläufig eingerichtet und später *bei Bedarf* institutionalisiert werden.	

4.4 Externe Gruppen mit Bezug zum IT-Risikomanagement

Als externe Gruppen (Tab. 4–9) mit Bezug zum IT-Risikomanagement gelten alle,

- die Kontrollaufgaben wahrnehmen oder ein Informationsinteresse haben,
- die verbindliche Vorgaben erlassen können,
- die Prüfungen durchführen sollen oder müssen und
- die als Partner in die Geschäftstätigkeit eingebunden sind.

Tab. 4–9 Übersicht über externe Gruppen mit Bedeutung für das IT-Risikomanagement

Externe Gruppe	Bedeutung für das IT-Risikomanagement
Aufsichtsorgane, insbesondere der Aufsichtsrat und die Gesellschafter- oder Eigentümerversammlung	Kontrollieren das IT-Risikomanagement indirekt, machen globale Vorgaben für das Enterprise Risk Management.
Finanzanalysten und Ratingagenturen, Wirtschaftsauskunfteien sowie Gläubiger/Banken	Müssen mit ausreichend detaillierten, wahrheitsgemäßen Informationen zur IT-Risikolage und damit auch zu IT-Risiken versorgt werden, wenn das Unternehmen eine Kapitalgesellschaft ist und/oder sich Fremdkapital beschaffen möchte (Bonitätseinschätzung).
(Fach-)Presse, die Medien insgesamt sowie die Öffentlichkeit (einschließlich der Kunden)	Haben ein (eingeschränktes) Recht auf Informationen zu bestimmten IT-Risiken (meist im Kontext von Datenschutzregelungen).
Wirtschaftsprüfer	Können wertvolle Hinweise bei Identifikation, Analyse und Bewertung von IT-Risiken geben, prüfen das IT-Risikomanagement und das interne Kontrollsystem.
Gesetzgeber und Aufsichtsbehörden sowie sonstige Behörden und Branchenverbände	Erstellen bindende Vorgaben für das Risikomanagement mit Auswirkungen auf die IT.
IT- und Security-Auditoren	Prüfen Teile des IT-Risikomanagements und des Internen Kontrollsystems.
Geschäftspartner, einschließlich externer Dienstleister	Verfügen über Spezialkenntnisse im IT-Risikomanagement, liefern wertvolle Hinweise bei Identifikation und Behandlung von IT-Risiken, sind jedoch auch Quelle für eine Vielzahl teilweise großer IT-Risiken (bspw. durch Hineintragen fehlerhafter Software, Hardware oder unzulässige Nutzung unternehmenseigener IT-Ressourcen).

4.5 Qualifikationsaspekte

Heute ist niemand mehr in der Lage, *alle* Details der IT-Infrastruktur vollständig zu verstehen. Für Spezialfragen wird eine Vielzahl von Fachexperten hinzugezogen. Wesentliche Ziele einer »richtigen« Qualifikation für das IT-Risikomanagement sind daher:

- die Vermittlung eines **umfassenden technischen** (Informatik, Wirtschaftsinformatik), **organisatorischen** (Betriebswirtschaftslehre, insbesondere Organisationslehre) **und rechtlichen Grundwissens**. Dieses Grundwissen erlaubt eine Plausibilisierung in Diskussionen und erleichtert die Auswahl benötigter Fachexperten.
- die Vermittlung von **Methoden- und Werkzeugwissen des IT-Risikomanagements**. Es erlaubt die Prüfung alternativer Ansätze und trägt damit zur Verbesserung des Gesamtergebnisses bei.
- die Vermittlung **»weicher« Faktoren (Sozialkompetenz)**

Unternehmen verfolgen dieses Ziel auf unterschiedliche Weise. Meist wird entsprechend der etablierten Prozesse ein Qualifikationsplan erstellt (vgl. Tab. 4–10). Vielfach werden solche Pläne in Zielvereinbarungen oder Personalentwicklungspläne, etwa zur Vorbereitung auf Führungspositionen, aufgenommen.

Vorgehensweise zur Erstellung und Anwendung eines Qualifikationsplans für das IT-Risikomanagement	
1.	**Voraussetzungen**
	Der Personalbedarf und die Qualifikationsprofile für das IT-Risikomanagement (Soll) sind bekannt (aus dem Projekt »Einrichtung eines IT-Risikomanagements« oder aus dem laufenden Betrieb des IT-Risikomanagements).
2.	**Erhebung des Status quo**
	Ermittlung und Dokumentation von fachlichen Defiziten durch Befragung der jeweiligen Führungskräfte
	Vorsicht: Die zentrale Sammlung von Qualifikationsprofilen und anderen Daten zu Kenntnissen und Erfahrungen einzelner Personen (z.B. Skill-Datenbank) ist **mitbestimmungspflichtig**. Oft darf nur die Einschätzung über den prinzipiellen Qualifikationsbedarf zentral erfasst werden.
3.	**Analyse der bestehenden Profile bzw. Defizite/Bedarfe**
	- Grundwissen
	- allgemeine Methoden/Werkzeuge (bspw. ISO 31000, ISO 2700x, COBIT, ITIL, M_o_R)
	- konkrete IT-Risikomanagement-Software (vgl. Kap. 12)
	- »weiche« Faktoren (bspw. Gesprächsführung, Konfliktschlichtung)

→

Handlungsempfehlung

Tab. 4–10
Qualifikationspläne im IT-Risikomanagement

4.	**Entwicklung des Qualifikationsplans (Horizont: 1 bis 3 Jahre)** **Modular, strukturiert nach Themenbereichen/Niveau für Zielgruppenoptimierung:** • Weiterbildung in Erkennung und Vermeidung von IT-Risiken, schwerpunktmäßig für die Mitarbeiter der Fachabteilungen, die den Auswirkungen der IT-Risiken unmittelbar ausgesetzt sind • Weiterbildung in Methoden des IT-Risikomanagements, schwerpunktmäßig für Rollen im IT-Risikomanagement • Weiterbildung in speziellen IT-Fachgebieten für Fachexperten, die im gesamten IT-Risikomanagement-Prozess mitwirken und aus der IT-Abteilung oder bestimmten Fachabteilungen stammen **Angebote:** • als reines Weiterbildungsangebot nach Ermessen der Fachabteilungen • als Teil von Personalmaßnahmen • als Pflicht im Rahmen von laufenden Zertifizierungen des Gesamtunternehmens (bspw. ISO-2700x-Zertifizierungen) • als jederzeit zugängliches freiwillig wahrnehmbares Angebot **Formen:** • Kooperationen mit Hochschulen, die einschlägige Studienprogramme anbieten (bspw. openC3S, SGS, EuFH) • offizielle Zertifizierungen (bspw. Certified in Risk and Information Systems Control, CRISC, der ISACA) • Schulungen und Workshops • CBT und andere E-Learning-Formen (vgl. Praxisbeispiel Quiz-App zum IT-Risikomanagement in Kap. 2)
5.	**Veröffentlichung des Plans** **Empfehlung**: Festlegung konkreter Termine und Schulungsform (Inhouse oder extern) je nach voraussichtlicher Teilnehmerzahl oder anderen personalpolitischen Grundsätzen
6.	**Erfolgskontrolle** • über bestandene (Zertifizierungs-)Prüfungen • über Auswirkungen auf die tägliche Arbeit **Empfehlung**: Auch dieser Schritt sollte frühzeitig mit dem Betriebsrat abgestimmt werden.

Weiterbildungsangebote können zahlreiche Themen umfassen, etwa

- Stellenwert, Möglichkeiten und Grenzen des IT-Risikomanagements, Integration in das Enterprise Risk Management
- Normen, Standards und Best Practices für das IT-Risikomanagement
- methodische Grundlagen für den Aufbau des IT-Risikomanagements
- aufbauorganisatorische Aspekte des IT-Risikomanagements, interne und externe Stakeholder und deren Rechte und Pflichten

- Übersicht über in der Praxis häufige IT-Risiken und deren Eigenschaften, Schritte zu ihrer Identifikation (einschließlich Ermittlung von Bedrohungen und Verwundbarkeiten, Darstellung von Ursache-Wirkungs-Beziehungen), Analyse und Bewertung von IT-Risiken
- Möglichkeiten zur Behandlung von IT-Risiken, Umgang mit Restrisiken
- Elemente und Betrieb eines Internen Kontrollsystems
- Methoden und Werkzeuge für den IT-Risikomanagement-Prozess, Software für das IT-Risikomanagement
- IT-Risiko-Controlling
- Grundlagen der Überprüfung des IT-Risikomanagements

Eine besondere Form der Qualifikation stellt das speziell für den Nachweis von IT-Risikomanagement-Wissen entwickelte CRISC-Examen der ISACA (*www.isaca.org/CRISC*) dar. Es ist Bestandteil der gleichnamigen Zertifizierung und umfasst aktuell Fragen zu fünf Themenbereichen (sog. Domains):

1. Risikoidentifikation, Analyse und Bewertung (Risk Identification, Assessment and Evaluation)
2. Risikobehandlung (Risk Response)
3. Risikoüberwachung und -Controlling (Risk Monitoring)
4. Konzeption und Implementierung von Kontrollen für Informationssysteme (Information Systems Control Design and Implementation)
5. Überwachung und Controlling sowie Weiterentwicklung der Kontrollen (IS Control Monitoring and Maintenance)

Zertifizierungen können sehr hilfreich sein, weil sie ein bestimmtes Wissen und eine bestimmte Erfahrung dokumentieren.

Viele Unternehmen sehen Zertifikate jedoch nicht nur vor dem Hintergrund entstehender Kosten lediglich als sinnvolle Ergänzung zu anderen Qualifikationsmaßnahmen. Denn ein solches Zertifikat macht in der Regel keine Aussage über die tatsächlichen Kompetenzen, zudem wird zwar breites, aber eher allgemeines Grundlagenwissen geprüft. Dringend benötigtes Spezialwissen kann in solchen Programmen selten erworben werden. Im ungünstigen Fall vermittelt ein Zertifikat den irreführenden Eindruck allumfassenden Wissens.

5 Der IT-Risikomanagement-Prozess

Ziel dieses Kapitels

Dieses Kapitel beschreibt die Schritte des IT-Risikomanagement-Prozesses. Im Einzelnen werden die folgenden Fragen geklärt:
- Wie ist der IT-Risikomanagement-Prozess in das Gesamtunternehmen integriert?
- Welche Schritte umfasst er?
- Welche Methoden und Werkzeuge können in welchem Schritt genutzt werden?
- Welche Dokumente finden Verwendung?
- Welche Rollen sind für einen Schritt verantwortlich oder daran beteiligt?
- Wo muss auf Funktionstrennung (Segregation of Duty) zwischen Rollen und auf das Prinzip der Unabhängigkeit geachtet werden?

5.1 Grundstruktur und organisatorische Verankerung

Um alle Aspekte im Rahmen des IT-Risikomanagements leichter überblicken und steuern zu können, werden die dazu notwendigen Aktivitäten in einem IT-Risikomanagement-Prozess strukturiert.

Definition

Der IT-Risikomanagement-Prozess

Der IT-Risikomanagement-Prozess (vgl. Abb. 5–1) ist ein zyklischer Prozess zur Identifikation, Analyse, Bewertung und Behandlung von IT-Risiken. Er besteht aus **fünf Teilschritten** und **zwei** parallel laufenden **Begleitprozessen**:
- Die **Definition des Kontexts** schafft die Rahmenbedingungen für alle nachfolgenden Schritte.
- Die **Identifikation** von IT-Risiken bezeichnet das **Aufspüren** von IT-Risiken und ihrer Ursachen und Auswirkungen.
- Die **Analyse** umfasst die **qualitative oder quantitative Betrachtung** der identifizierten IT-Risiken.
- Die **Bewertung** ordnet die IT-Risiken in ihrer **Bedeutung für das Unternehmen**.

Die **Behandlung** setzt Maßnahmen zur Beherrschung der IT-Risiken um.
- Der IT-Risikomanagement-Prozess umfasst zudem begleitend
- das **IT-Risiko-Controlling** sowie
- die **Kommunikation, Beratung** und das **IT-Risikoberichtswesen**.

Abb. 5-1
Der IT-Risiko-management-Prozess mit Teilprozessen

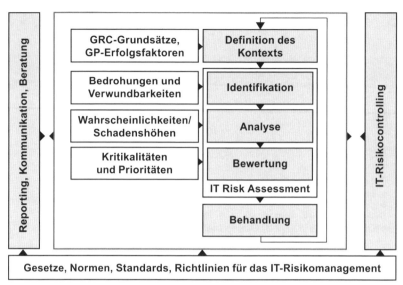

Bei Überlegungen zur Implementierung eines IT-Risikomanagement-Prozesses in Unternehmen übernehmen **internationale Standards und Best Practices** wie ISO 31000, ISO/IEC 27005, COBIT 5 oder COSO eine **Vorbildfunktion** und erleichtern Entscheidungen. Individuelle Anforderungen können schneller eingeschätzt, notwendige Anpassungen einfacher vorgenommen werden und die Akzeptanz der erzielten Ergebnisse ist höher. Der nachfolgend näher beschriebene IT-Risikomanagement-Prozess orientiert sich deshalb an ihnen. Zur Orientierung sind wichtige Bezüge angegeben:

- Definition des Kontexts
  - ISO 31000:   Abschnitt 5.3
  - ISO/IEC 27005: Kapitel 7
  - COBIT 5:   EDM 03.01 und 03.02
  - COSO: Kapitel 2 und 3
- Identifikation
  - ISO 31000:   Abschnitt 5.4.2
  - ISO/IEC 27005: Abschnitt 8.2
  - COBIT 5:   APO 12.01
  - COSO: Kapitel 4
- Analyse
  - ISO 31000:   Abschnitt 5.4.3
  - ISO/IEC 27005: Abschnitt 8.3
  - COBIT 5:   APO 12.02, APO 02.02, APO 10.04, DSS 04.02, DSS 05.01
  - COSO: Kapitel 5

- Bewertung
  - ISO 31000:   Abschnitt 5.4.4
  - ISO/IEC 27005: Abschnitt 8.4
  - COBIT 5:   APO 12.02, APO 02.02, APO 10.04, DSS 04.02, DSS 05.01
  - COSO: Kapitel 5
- Behandlung
  - ISO 31000:   Abschnitte 5.5.2 und 5.5.3
  - ISO 27000:   Kapitel 9 und 11
  - COBIT 5:   APO 12.05, APO 12.06, APO 10.04
  - COSO: Kapitel 6
- Kommunikation, Reporting, Beratung
  - ISO 31000:   Abschnitte 5.2 und 5.7
  - ISO/IEC 27005: Kapitel 11
  - COBIT 5:   APO 012.03, APO 012.04, DSS 02.07
  - COSO: Kapitel 8
- IT-Risiko-Controlling
  - ISO 31000:   Abschnitt 5.6
  - ISO/IEC 27005: Kapitel 12
  - COBIT 5:   EDM 03.03
  - COSO: Kapitel 7 und 9

Innerhalb des Prozesses werden zahlreiche Informationen zwischen den Schritten ausgetauscht (vgl. Abb. 5–2).

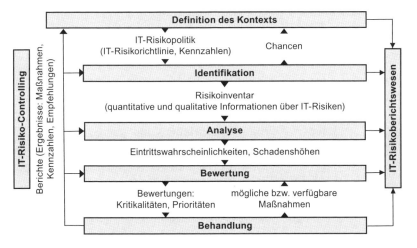

Abb. 5–2
Informationsfluss im IT-Risikomanagement-Prozess

Der Prozess kann durch spezielle IT-Risikomanagement-Software oder einfache Werkzeuge, etwa eine Tabellenkalkulation, unterstützt werden. Verantwortlich für die Durchführung ist der IT-Risikomanager.

Wenn zu wenige Informationen vorliegen oder keine (eindeutigen) Ergebnisse erzielt wurden, können einzelne Schritte innerhalb des Prozesses jederzeit wiederholt werden. Der gesamte Prozess wird zyklisch wiederholt.

Ein Zyklus beginnt spätestens im **Jahresrhythmus**. Oft sind eine **halbjährliche oder quartalsbezogene Wiederholung** auch einzelner Teilschritte, insbesondere der Identifikation, Analyse und Bewertung, sinnvoll. In besonderen Fällen (etwa auf Kundenwunsch bei Outsourcing-Unternehmen oder bei besonders geschäftskritischen Internetanwendungen) kann sogar eine monatliche Neuidentifikation und Bewertung von IT-Risiken notwendig sein.

Eine **anlassbezogene, außerplanmäßige Durchführung** muss jederzeit möglich sein.

Beispiel

- Die IT-Risikomanager eines global tätigen IT-Dienstleisters führen quartalsweise eine Identifikation, Analyse und Bewertung ihrer IT-Risiken durch und diskutieren die Ergebnisse. Bei Bedarf wird über die Implementierung neuer oder eine Änderung bestehender Maßnahmen entschieden.
- Ein mittelständisches Fertigungsunternehmen überprüft einmal jährlich im Sommer mithilfe eines externen Spezialisten seine IT-Risiken und die Wahl der Maßnahmen.
- Der IT-Projektleiter eines strategisch wichtigen Business-Intelligence-Projekts in einem mittelgroßen Unternehmen führt, angestoßen vom Enterprise Risk Management, alle sechs Monate eine Neubewertung seiner IT-Projektrisiken und getroffener Maßnahmen durch.

Zur **Dauer eines Zyklus** sind pauschale Aussagen schwierig. Sowohl das IT Risk Assessment als auch die Behandlung von Maßnahmen hängen von der Komplexität der IT und anderen Rahmenbedingungen ab, wie etwa der Größe eines Unternehmens und dem Grad seiner Verteiltheit oder der Struktur der IT selbst. Fragen wie das Ausmaß von Zentralisierung oder Dezentralisierung in der IT und im IT-Risikomanagement spielen ebenso eine Rolle wie der Umfang von Outsourcing- oder Outtasking-Maßnahmen. Entsprechend können einzelne Schritte wenige Tage oder aber einige Monate Zeit in Anspruch nehmen.

- In einem Konzern nimmt ein *erstes* IT Risk Assessment drei Monate in Anspruch. Die Identifikation und Analyse von *Veränderungen* der IT-Risikolage wird in den sich anschließenden Zyklen innerhalb von zwei bis vier Wochen durchgeführt.
- Notwendige Änderungen in der Sicherheitsinfrastruktur eines globalen Fertigungsunternehmens nach Bekanntwerden einer Sicherheitslücke in einer Verschlüsselungssoftware erfordern ein IT-Projekt mit einer Gesamtlaufzeit von über einem Quartal.
- Ein Kleinunternehmen führt ein vereinfachtes IT Risk Assessment innerhalb von drei Arbeitstagen durch und setzt notwendige Maßnahmen innerhalb der zwei folgenden Wochen um.

Beispiel

Was kann getan werden, wenn das IT Risk Assessment oder die Umsetzung komplexer Maßnahmen zu lange dauern?
Da IT-Risiken bereits *während* eines längeren IT Risk Assessment und einer noch nicht abgeschlossenen Umsetzung von Maßnahmen eintreten können, stellen lange Laufzeiten ein Risiko dar. In solchen Fällen müssen **kompensierende Maßnahmen** ergriffen werden. Solche Maßnahmen können beispielsweise **Organisationsanweisungen** oder ein **vorläufiges Verbot** bzw. eine **temporärer Sperrung** bestimmter Geräte und Anwendungen sein. Voraussetzung hierfür ist ein **gutes IT-Risikobewusstsein**.

Praxishinweis

Da das IT-Risikomanagement vertikal und horizontal in das Unternehmen integriert ist (vgl. Abb. 3–3), gilt dies auch für den IT-Risikomanagement-Prozess.

Führen Unternehmen bereits IT Risk Assessments an anderer Stelle durch, oft etwa im Kontext eines IT-Security- und Notfallmanagements, kann es sinnvoll sein, bestimmte Schritte des IT-Risikomanagement-Prozesses nicht erzwungen auf neu geschaffene Organisationsstrukturen zu übertragen. Vielmehr soll sich das IT-Risikomanagement in solchen Fällen sinnvoll integrieren (vgl. Abb. 5–3), indem es

- Vorgaben erlässt,
- eine interdisziplinäre, zusammenführende Analyse und Bewertung durchführt,
- die gesamte Überwachung übernimmt,
- berät und koordiniert.

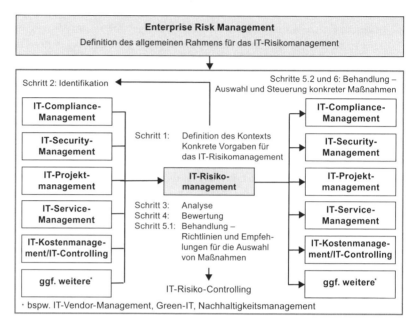

Abb. 5–3 Integration der Schritte des IT-Risikomanagement-Prozesses in bestehende Organisationsstrukturen

Das IT-Risikomanagement überlässt den bereits existierenden Organisationsstrukturen, in denen das notwendige Know-how und teilweise langjährige Erfahrung vorliegen, weiterhin die Identifikation von IT-Risiken sowie ihre Behandlung. Einzig die im Gesamtkontext wichtige **einheitliche Vorgehensweise** (bspw. Bewertungsmaßstäbe, Darstellungsform) und **Bewertung** wird nun **an zentraler Stelle** im IT-Risikomanagement festgelegt. Das stellt einen ganzheitlichen Blick auf die IT-Risikolage des Unternehmens sicher und bewahrt davor, möglicherweise auftretende kompensierende Effekte oder disziplinübergreifende Ursache-Wirkungs-Beziehungen zu übersehen. Es übernimmt gleichzeitig eine **Entlastungsfunktion** für das Enterprise Risk Management. Zudem kann es die IT-Risikokultur verbessern, weil nicht der Eindruck entsteht, mit der Einrichtung einer neuen Organisationsstruktur für das IT-Risikomanagement wird etwas »Doppeltes« und damit »Unnötiges« geschaffen und Bewährtes »weggenommen« (Angst vor Kompetenz- und Bedeutungsverlust).

Hinweise und Bedingungen für die erfolgreiche Ausführung des IT-Risikomanagement-Prozesses	Handlungsempfehlung
1. Die Reihenfolge der Schritte ist nicht veränderbar. Es können auch keine Schritte übersprungen werden. **Empfehlung**: Wenn der Prozess als zu komplex empfunden wird, können zur Vereinfachung Schritte gedanklich zusammengefasst werden (bspw. die Schritte 2 bis 4 zu einem **IT Risk Assessment**).	**Tab. 5–1** Erfolgsfaktoren für die Ausführung des IT-Risikomanagement-Prozesses
2. Die einzelnen Prozessschritte und die darin enthaltenen Aufgaben müssen klar definiert sein: ▪ Die Verantwortlichkeiten für die einzelnen Prozessschritte und Aufgaben müssen festgelegt und den Betroffenen bekannt sein. ▪ Die Aufgaben müssen dokumentiert und von allen Beteiligten verstanden sein.	
3. Es sollte ausreichend Zeit zur Verfügung stehen, um die Aufgaben sorgfältig durchführen zu können. **Empfehlungen**: ▪ Der Aufwand (Zeit, ggf. Budget) für die einzelnen Prozessschritte wird ermittelt und genehmigt. ▪ Zeiten (Zeiträume und wichtige gemeinsame Termine und alle Meilensteine) werden klar definiert und kommuniziert. ▪ Eine (empfehlenswerte) Moderation achtet darauf, dass neue Erkenntnisse über die Zusammenhänge und nicht die Zuweisung von Schuld im Vordergrund stehen. Gerade wenn ein IT-Risiko eingetreten und nachweislich ein Schaden entstanden ist, erfordert die Aufarbeitung eine disziplinierte Herangehensweise.	
4. Zur Informationsverteilung, für die Diskussion aktueller Themen, für Rückfragen und für den Konfliktfall müssen funktionsfähige Strukturen eingerichtet sein. **Vorschlag**: Wöchentliche oder vierzehntägige »IT-Risikorunde« (Dauer: 30 Minuten; Teilnehmer: der IT-Risikomanager und die ihm zugeordneten IT-Risikoeigentümer)	

5.2 Zuordnung von Verantwortung im IT-Risikomanagement-Prozess

Zur Darstellung der Verantwortlichkeiten im IT-Risikomanagement-Prozess wird das **RACI-Chart** bzw. die **RACI-Matrix** eingesetzt (vgl. Tab. 5–2). In Standards und Best Practices, etwa COBIT, wird hiervon ausführlich Gebrauch gemacht.

Auf der Ebene des RACI-Charts werden den Aufgaben Rollen zugewiesen. Die Bindung einer Aufgabe an konkrete Personen würde zu Unübersichtlichkeit und häufigen Änderungen im Chart führen. Die Zuordnung zwischen Rollen und Personen erfolgt daher außerhalb des RACI-Charts. Dabei ist sicherzustellen, dass es für jede Aktivität immer nur *eine verantwortliche* Person und einen Stellvertreter geben darf.

Die pauschale Zuweisung von Verantwortung für IT-Risiken an Teams, Gruppen, Abteilungen oder Bereiche sollte vermieden werden.

Tritt ein IT-Risiko ein, ist sonst strittig, wer genau die Verantwortung für die Durchführung bestimmter Maßnahmen trägt. Die Klärung der Stellvertreterfrage erfolgt vielmehr durch Benennen einer Person oder durch Bildung einer Personenkette. Damit IT-Risiken bei ihrem Eintritt nicht unbehandelt bleiben, sollte **mindestens ein** Stellvertreter benannt sein.

- **R** (Responsible)
  zeigt an, wer die Durchführungsverantwortung besitzt.
- **A** (Accountable)
  gibt an, wer eine Maßnahme genehmigt und in der Regel auch die Kostenverantwortung dafür übernimmt. Das kann, muss aber nicht die gleiche Person sein, die auch die Durchführungsverantwortung besitzt. Oft ist die Person, die genehmigt, hierarchisch höherrangig als die Person, die umsetzt.
- **C** (Consulted)
  gibt an, wer fachlich beratend beteiligt ist.
- **I** (Informed)
  gibt an, wer Informationen zur Maßnahme erhalten darf.

In einigen Fällen kann es zur Differenzierung hilfreich sein, das ursprüngliche RACI-Chart um weitere Merkmale zu ergänzen:

- **S** (Supportive)
  kann in Erweiterung von Consulted genutzt werden, um festzulegen, wer eine unterstützende Rolle übernimmt und weitere (spezielle) Ressourcen (Mitarbeiter, Technik, Geld) zur Verfügung stellt.
- **V** (Verifying)
  wird verwendet, um Prüfungsberechtigungen an Personen zu vergeben. Sie untersuchen, ob eine Maßnahme bestimmten Kriterien (bspw. Kosten, Angemessenheit, Wirksamkeit) entspricht. Aus Gründen der Unabhängigkeit impliziert *Verifying* ein Verbot der aktiven Teilnahme an Prozessschritten.

Das RACI-Chart ist zwar relativ aufwendig zu erstellen. Es erleichtert aber die Übersicht über vergebene Rechte und einzufordernde Pflichten. Zudem lassen sich Häufungen von Rechten und damit Verletzungen des Funktionstrennungsprinzips leichter erkennen.

In der Literatur und im Internet angebotene RACI-Charts können dabei helfen, die bereits im Unternehmen vorgesehenen Aufgaben für das IT-Risikomanagement und die definierten Rollen auf Vollständigkeit zu überprüfen. Bei Bedarf kann das Chart beliebig detailliert werden.

5.2 Zuordnung von Verantwortung im IT-Risikomanagement-Prozess

RACI-Chart

(ergänzt um die Aspekte C und V, für ausgewählte Rollen in einem großen Dienstleistungsunternehmen)

Beispiel

Tab. 5–2
RACI-Chart für das IT-Risikomanagement

Rolle	Definition des Kontexts	Identifikation	Analyse	Bewertung	Behandlung	Reporting (IT-Risikoberichtswesen)	Kommunikation und Beratung	IT-Risiko-Controlling	Schaffung von IT-Risikobewusstsein	Qualifikation	Kontinuierliche methodische Weiterentwicklung
Unternehmensleitung (CEO)	R	A	–	–	A, S	I	S	–	S	S	S
Chief Risk Officer (CRO)	C, S	–	–	C	I	I	I	–	S	–	C, S
Controller	–	C	C	C	–	C	–	C	–	–	C
IT-Risiko-Controller	–	C	–	C	C	R	C	R	–	–	–
IT-Revisor	V	V	V	V	V	V	V	V	–	V	V
IT Security Manager	–	R	C	C	R, A	I	–	–	–	I	C
IT Continuity Manager	–	R	C	C	R, A	I	–	I	I	I	C
Vertreter aus der Fachabteilung	–	R	–	C	R, A	I	I	I	I	A, I	–
Chief Information Risk Officer (CIRO)	C, S	R	I	I	R, A	I	I	I	R	A, I	R
IT-Risikomanager	–	I	I	I	A, I	I	R	I	I	A, R	C, S
IT-Risikoeigentümer	–	R	R	R	R	I	I	I	I	I	C
Subject Matter Experts	C	C	C	C	C	C	C	C	I, C	C	C

R – durchführungsverantwortlich (Responsible), A – genehmigend/kostenverantwortlich (Accountable), S – unterstützend (Supportive), C – fachlich beratend (Consulted), I – informations- und auskunftsberechtigt (Informed), V – prüfungsberechtigt (Verifying).

Sind in einer Zelle zwei Buchstaben aufgeführt, so handelt es sich um Alternativen. Die Mehrfachnennung von R bei der Identifikation und Behandlung von IT-Risiken hat ihre Ursache in der Verschiedenartigkeit der IT-Risiken (unterschiedliche Verantwortungsbereiche, vgl. Abb. 5–3).

Oft übernimmt der Leiter des IT-Risikomanagements oder der IT-Risikomanager auch das IT-Risiko-Controlling. Gerade in kleinen Unternehmen übernehmen IT-Risikomanager deshalb oft die Rolle des IT-Risiko-Controllers.

Eine **Aufgabentrennung** zwischen **IT-Risikomanager** und **IT-Risiko-Controller** ist jedoch empfehlenswert, um das Grundprinzip »Aufgabentrennung zwischen Steuerung und Überwachung« nicht zu verletzen. In der Regel übernimmt das Controlling deshalb auch das IT-Risiko-Controlling, um diesen Konflikt zu vermeiden.

Für die Übertragung des IT-Risiko-Controllings an die IT-Revision gibt es schlüssige Pro- und Contra-Argumente. Juristische Vorgaben schränken *nicht* ein. Jedes Unternehmen prüft daher – auch vor dem Hintergrund freier Ressourcen – individuell, welche Entscheidung es trifft. Die meisten Unternehmen trennen das IT-Risikomanagement allerdings vollständig von der IT-Revision. Die IT-Revision übernimmt ausschließlich überwachende und prüfende Funktionen. Bedingt durch weitere gesetzliche Änderungen wird zudem künftig eine deutlich stärkere Zusammenarbeit der IT-Revision mit den Aufsichtsorganen notwendig. Dies unterstreicht die Forderung nach Unabhängigkeit.

5.3 Schritt 1: Definition des Kontexts

In diesem Schritt werden die Rahmenbedingungen für das IT-Risikomanagement festgelegt. Hierzu gehören ([Königs 2013], S. 46ff., [Fiege 2006], S. 99f.):

- Bereitstellung aller **Vorgaben und Empfehlungen** aus dem Enterprise Risk Management
- Sammlung von **Informationen** über die IT und das IT-Umfeld
- Information über **Methoden und Werkzeuge** für das IT-Risikomanagement
- Festlegung von **Rollen** und die Zuweisung von **Personen**
- Festlegung der **IT-Risikopolitik**

Vorgaben und Empfehlungen aus dem Enterprise Risk Management

Hierzu gehören aufbereitete Informationen über unternehmensinterne wie -externe Rahmenbedingungen. Dies sind:

- Vorgaben zur Risikopolitik (IT-Risikokultur, -neigung und -akzeptanz)
- Erwartungen der Unternehmensleitung an das IT-Risikomanagement ausgehend von politischen und gesellschaftlichen Strömun-

gen, etwa hinsichtlich Fragen des Energieverbrauchs oder des Umgangs mit Daten unabhängig von Gesetzen (Ethik und Moral)

Beispiel

Ein IT-Dienstleister mit zahlreichen Rechenzentren steht ebenso unter besonderer öffentlicher Beobachtung wie ein Konzern mit besonders hohem Marktanteil, der im Rahmen der Erbringung seiner Dienstleistungen sensible Kundendaten in außergewöhnlich großem Umfang verarbeitet.

- die Natur und ihre Einflüsse, etwa Jahrestemperaturkurven, typische Wettersituationen oder Erdbebenhäufigkeiten
- die Wirtschaft, insbesondere das wahrgenommene Wirtschaftssystem, das heute verstärkt von globalen Einflüssen geprägt ist und nicht unbedingt einer klassischen »Lehre« folgt
- die für die Unternehmen wichtigen, teilweise nicht beeinflussbaren Termine im aktuellen Geschäftsjahr und gegebenenfalls den Folgejahren

Beispiel

Der »Jahrtausendwechsel« von 1999 auf 2000, die Euro-Einführung, wichtige Messen, Produkteinführungstermine der Konkurrenz

- Normen, Werte, Anliegen und Interessen im Unternehmen, insbesondere die Unternehmenskultur, vielfach geprägt durch Führungspersönlichkeiten

Beispiel

Personalpolitik (»Hire and Fire« vs. »Soziale Verantwortung«), »gelebte« Führungsgrundsätze (Wertschätzung, Formen der bereichsübergreifenden Zusammenarbeit vs. Ressortdenken, Diskussions- und Konfliktkultur)

- die zur Verfügung stehenden Ressourcen, insbesondere das zur Verfügung stehende Kapital (Budgetgrenzen), Zeit im Sinne freier Kapazitäten und das Know-how der Mitarbeiter
- die aufbauorganisatorischen Strukturen und zugeordnete Verantwortlichkeiten

Beispiel

Länge von Entscheidungswegen, strukturelle Konfliktpotenziale durch matrixähnliche Strukturen

Ferner stellt das Enterprise Risk Management Informationen zu
- **Bewertungsmaßstäben, Skalierungen, Klasseneinteilungen,**
- verwendeten Symbolen, Darstellungsformen,
- Berichtsvorgaben (Umfang, Detaillierungsgrad, Standardformulierungen) sowie

- **Vorlagen** in Office-Anwendungen und IT-Risikomanagementsoftware für die Erfassung und Dokumentation von IT-Risiken sowie das IT-Risikoberichtswesen (Beispiele in den folgenden Abschnitten) zur Verfügung.

> **Praxishinweis**
>
> **Wie wird eine Bereitstellung von Vorlagen organisiert?**
> Die Pflicht zur Nutzung der jeweils aktuellen Versionen wird über die IT-Risikorichtlinie oder eine davon abhängige Detailrichtlinie geregelt.
> Üblicherweise werden Vorlagen und andere wichtige Dokumente über Verzeichnisse auf zentralen Laufwerken oder Intranetseiten bereitgestellt. Auch Webformulare sind möglich.
> Eine Verteilung per E-Mail und eine lokale Speicherung sind nicht empfehlenswert, da dann weniger gut sichergestellt ist, dass die jeweils aktuelle Version verwendet wird.

Informationen über die IT und das IT-Umfeld

Grundlage für das IT-Risikomanagement sind zudem präzise Kenntnisse aller Bereiche des Unternehmens und der darin ablaufenden Geschäftsprozesse. Bestimmte Unternehmensbereiche oder Beteiligungen können besondere Anforderungen stellen.

> **Beispiel**
>
> - Ein großer Mischkonzern kauft ein Unternehmen aus der Pharmabranche. Dort gelten sog. »GxP«-Regelungen (Richtlinien für »gute Arbeitspraxis«), Anwendungen müssen validiert werden. Das IT-Risikomanagement folgt in diesen Bereichen besonders strengen Regeln.
> - Ein Automobilhersteller betreibt eine Bank. Das IT-Risikomanagement berücksichtigt in diesem Unternehmensteil zusätzliche Aspekte aus aufsichtsrechtlichen Vorgaben.
> - Ein US-Konzern ist auch in Deutschland auf dem Endkundenmarkt tätig. Sein IT-Risikomanagement berücksichtigt die besonderen Datenschutzbestimmungen nach dem Bundesdatenschutzgesetz und die sich daraus ergebenden Anforderungen an die Speicherung und Verarbeitung personenbezogener Daten.

Eine weitere wichtige Grundlage ist die Kenntnis der eingesetzten Technologien und ihrer ständigen Weiterentwicklung vor dem Hintergrund neuer Risiken für die bestehende IT, aber auch in Hinblick auf Chancen für die Geschäftstätigkeit.

Methoden und Werkzeuge für das IT-Risikomanagement

Das Enterprise Risk Management stellt eine Übersicht über die verfügbaren Methoden und Werkzeuge zur Verfügung. Die Aufgabe des IT-Risikomanagements ist es:

- die Übersicht den IT-Risikomanagern und IT-Risikoeigentümern bereitzustellen sowie
- notwendige Anpassungen (ggf. auch bereichsspezifisch) zu diskutieren und umzusetzen.

Rollen und die Zuweisung an Personen

Die Festlegung wird unter den Personalverantwortlichen diskutiert und über ein RACI-Chart dokumentiert.

IT-Risikopolitik

Mit diesen Informationen kann nun die IT-Risikopolitik, insbesondere die IT-Risikoneigung festgelegt werden.

Schritte zur Ermittlung der IT-Risikoneigung	Handlungsempfehlung
Vorarbeiten	
1. **Erfassung** ▪ aller Vorgaben aus dem Enterprise Risk Management ▪ aller Informationen über die IT und das IT-Umfeld	*Tab. 5–3* *Ermittlung der* *IT-Risikoneigung*
2. **Beschreibung** aller Gefährdungen, Unterbrechungen, sonstige Störungen und Nichtverfügbarkeiten von zentralen Geschäftsprozessen, Mitarbeitern, Aktivitäten, Informationen *aus fachlicher Sicht* **Empfehlung**: Die Aufgaben zur Beschreibung müssen durch das ERM zentral verteilt werden, da Bereiche weder mehrfach untersucht werden sollen noch übersehen werden dürfen.	
3. **Bewertung** *aus fachlicher Sicht* (Feststellung der **Kritikalität** über eine Analyse der Auswirkungen auf die Geschäftstätigkeit (**Business Impact Analysis**) ▪ **Wie oft** darf **wann wie lange wo welche** Störung auftreten (Verhältnis zwischen der Häufigkeit eines Ereignisses und seiner Schadenshöhe)?	
Die Ermittlung der IT-Risikoneigung geschieht:	
1. ▪ über vorbereitende Arbeiten im Controlling (Kosten, Auswirkungen auf die Bilanz) und in den Fachabteilungen (prozessbezogene Informationen wie Zeiten, Kosten, »weiche Faktoren« wie Beschwerden, Wettbewerbsnachteile) ▪ ggf. durch Hinzuziehen von externen Partnern, Behörden und wichtigen Kunden	
2. ▪ in Workshops (ggf. themen-/bereichsbezogen) zur Diskussion der Informationen ▪ ggf. durch Iterationen und Konsolidierung	
3. ▪ durch Festsetzung *konkreter Grenz- und Toleranzwerte* (IT-Risikoakzeptanz) entsprechend der IT-Risikotragfähigkeit durch die *Unternehmensleitung*	

Begleitende Aktivitäten	
1.	Dokumentation
2.	Zyklus zur Neubewertung, bspw. jährliche Überprüfung der festgelegten Werte

Ergebnis dieses ersten Schrittes ist die **IT-Risikopolitik** mit ihren Bestandteilen, die in der **IT-Risikorichtlinie** dokumentiert wird. Aus den gewonnenen Erkenntnissen kann sich die Forderung ableiten, IT-Risiken für einzelne Anwendungen oder Geschäftsfelder besonders intensiv zu betrachten.

5.4 Schritt 2: Identifikation

In diesem Schritt (vgl. Abb. 5–4) werden IT-Risiken ausgehend von Bedrohungen und Verwundbarkeiten (Ursachen, Bottom-up-Ansatz) und ihren Auswirkungen (Schäden, Top-down-Ansatz) identifiziert. Diesem Schritt kommt daher eine **zentrale Bedeutung** zu. Wenn an dieser Stelle IT-Risiken übersehen werden (Erkennungsrisiko), die sich nach Abschluss des IT Risk Assessment als *wesentlich* erweisen, hat dies gravierende Auswirkungen auf das gesamte Unternehmen.

*Abb. 5–4
Schritt 2: Identifikation
(modifiziert nach
[Ahrendts & Marton 2008],
S. 113)*

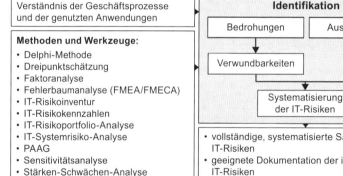

Verständnis der Geschäftsprozesse und der genutzten Anwendungen

Methoden und Werkzeuge:
- Delphi-Methode
- Dreipunktschätzung
- Faktoranalyse
- Fehlerbaumanalyse (FMEA/FMECA)
- IT-Risikoinventur
- IT-Risikokennzahlen
- IT-Risikoportfolio-Analyse
- IT-Systemrisiko-Analyse
- PAAG
- Sensitivitätsanalyse
- Stärken-Schwächen-Analyse
- Störfallablauf-und Ausfalleffektanalyse
- Stresstest
- Szenariomethoden
- Ursache-Wirkungs-Analyse
- Zuverlässigkeitsanalyse
- Verfahren der Zusammenarbeit

Dokumente:
- Checklisten
- IT-Risikokatalog
- Ursache-Wirkungs-Diagramme

Identifikation
- Bedrohungen
- Auswirkungen
- Verwundbarkeiten
- Systematisierung der IT-Risiken

- vollständige, systematisierte Sammlung aller IT-Risiken
- geeignete Dokumentation der identifizierten IT-Risiken
- Zuordnung der Verantwortung für die Ursache-Wirkungs-Analyse

Dokumente:
- Kreuztabelle IT-Risiken/Anwendungen, Daten
- IT-Risikokatalog

- interne und externe Informationen über die IT
- Listen typischer IT-Risiken
- vordefinierter Bedrohungskatalog und andere externe Informationen
- Erfahrungswissen aus IT-Betrieb und IT-Projekten
- Zuordnung der Verantwortlichkeiten für die Identifikation der IT-Risiken (RACI-Chart)
- IT-Risikorichtlinie

> **Praxishinweis**
>
> **Mit welchen Methoden und Werkzeugen kann die Identifikation durchgeführt werden?**
> Abbildung 5–4 fasst mögliche Methoden und Werkzeuge zusammen. Eine Beschreibung und Beispiele zur Anwendung enthält Kapitel 6. Das Unternehmen wählt die bevorzugten Methoden und Werkzeuge aus.

Als Ausgangspunkt für die Identifikation von IT-Risiken

1. ist ein Verständnis der zugrunde liegenden Geschäftsprozesse wichtig und
2. liegt eine Übersicht über die in den Geschäftsprozessen genutzten Anwendungen und Daten vor.

> *Beispiel*
>
> Ein **Kreditantrags- und -genehmigungsprozess** besitzt für bestimmte Kundengruppen und Kreditsummen eigene Zweige. Zudem sind Sonderfälle (Auslandskunden) und Ermessensspielräume (langjährige Kunden, geringe Über-/Unterschreitungen von Grenzwerten) dokumentiert.
> Im Geschäftsprozess sind das zentrale Buchungssystem (Kunden, Verträge), das Vermittlersystem (Abschlüsse, Kundendaten), das Provisionssystem, das System für das gesetzliche Meldewesen, ein externes Bonitätsprüfungssystem und das System eines externen Druckdienstleisters sowie das Dokumentenmanagementsystem (Archivierung) und das E-Mail-System (Kunden- und Vermittlerkorrespondenz) eingebunden. Diese Anwendungen arbeiten mit Kundenstamm- und Auftragsdaten (einschließlich Vermittlerinformationen).

Es ist hilfreich, zur Dokumentation der Geschäftsprozesse ein geeignetes Modellierungswerkzeug oder ein Werkzeug für das Enterprise Architecture Management (EAM) zu verwenden, sich bei der Ausarbeitung an Vorgaben des Unternehmens zu orientieren (verwendete Symbole, Detailtiefe) und **interdisziplinäre** Teams aus IT- und Fachabteilungen einzusetzen. Im Idealfall liegt ein Prozesshandbuch mit diesen Informationen bereits vor.

Zur Identifikation der *IT*-Risiken wird nun betrachtet, wo die Anwendungen und die darunter liegende gesamte IT-Infrastruktur verwundbar sind. Die Bedeutung des Einflusses dieser Verwundbarkeiten auf den Geschäftsprozess wird an dieser Stelle *noch nicht* berücksichtigt. Das Ergebnis ist eine Liste mit IT-Risiken.

Die Herausforderung besteht darin, die Liste möglichst vollständig und richtig zu erstellen (vgl. Tab. 5–5). Die **Identifikation von IT-Risiken** kann daher unabhängig von eingesetzten Methoden und Werkzeugen prinzipiell auf **zwei verschiedene Arten** erfolgen ([Schmidt 2011], S. 557ff.):

»verkürzte IT-Risikoidentifikation«

Die »verkürzte IT-Risikoidentifikation« zielt darauf ab, *neue* Verwundbarkeiten bei *unveränderten* Bedrohungen punktuell und schnell zu identifizieren. Sie hat damit eher Audit-Charakter. Sie eignet sich *nicht* zur initialen Identifikation, sondern wird bei eng begrenzten Anforderungen angewandt, etwa wenn ein IT-Sicherheitsniveau verbessert werden soll.

Die Erhebung erfolgt anhand der Abweichungen zwischen dem aktuellen Zustand und konkreten Anforderungen, beispielsweise anhand der Unterlagen aus dem EAM und den dort dokumentierten Beziehungen zwischen den Elementen. Der Vorteil der Methode ist ihre geringe Komplexität und Schnelligkeit. Allerdings beschränkt sich die Identifikation von IT-Risiken hier lediglich auf einzelne Aspekte und führt meist zu einer intuitiven Zuordnung der IT-Risiken.

»vollständige IT-Risikoidentifikation«

In einer solchen Identifikation der IT-Risiken werden zunächst alle IT-Ressourcen und deren Einsatzbedingungen sowie ihre Eigentümer ermittelt. Dabei sind die IT-Ressourcen nicht ausschließlich technische Elemente. Zu berücksichtigen sind *alle* Bestandteile eines Informationssystems (vgl. Abb. 1–1).

Anschließend wird eine **Bedrohungsanalyse** für alle akuten, aber auch für potenzielle Bedrohungen durchgeführt. Eine solche Bedrohungsanalyse orientiert sich an Bedrohungskatalogen und aktuellen Informationen. Solche Bedrohungskataloge sind beispielsweise enthalten in:

- IT-Sicherheitshandbüchern (Sammlung: *www.dfn-cert.de*)
- COBIT und anderen Best-Practice-Ansätzen

Im Anschluss wird eine **Verwundbarkeitsanalyse** durchgeführt, um die relevanten Bedrohungen zu ermitteln. Aus diesen Informationen lassen sich in einem weiteren Schritt alle **Angriffspfade** ableiten.

Mit diesen Zuordnungen sind alle wichtigen Eigenschaften des IT-Risikos identifiziert.

Bei Nutzung eines Bedrohungskatalogs können Bedrohungen und Verwundbarkeiten über eine Checkliste **in einem Schritt** ermittelt werden. Das Ergebnis ist wiederum eine Liste aller IT-Risiken. In solchen Checklisten können bereits Hinweise auf mögliche Auswirkungen, Maßnahmen und zu erwartende Kosten enthalten sein. Dies sollte jedoch nicht dazu führen, dass einer Bewertung vorgegriffen und ausschließlich auf Auswirkungen geachtet wird.

Wichtig ist zudem, dass eine Bedrohung auf mehrere IT-Ressourcen *gleichzeitig* wirken kann. Ebenso können auf eine einzelne IT-Ressource *mehrere* Bedrohungen einwirken, denn meist weisen Ressourcen nicht nur eine, sondern mehrere Verwundbarkeiten auf.

> **Darf bei Wiederholungen der Identifikation von IT-Risiken zunächst auf die wesentlichen IT-Risiken fokussiert werden?**
>
> In jeder sich wiederholenden Identifikation von IT-Risiken ist es empfehlenswert, *zunächst* alle bereits bekannten *wesentlichen* IT-Risiken und deren *Veränderungen* zu betrachten. *Anschließend* werden alle Bereiche untersucht, in denen wesentliche Änderungen im Vergleich zur letzten IT-Risikoidentifikation vorgenommen wurden. Abschließend werden alle übrigen Bereiche betrachtet.
>
> **Vorsicht**: Es können neu hinzugekomme wesentliche IT-Risiken übersehen werden, wenn nicht **alle Bereiche in gleicher Weise sorgfältig betrachtet** werden.

Praxishinweis

Da eine **lückenlose Identifikation aller IT-Risiken nicht möglich** ist, muss jede IT-Risikoidentifikation in einem sinnvollen Verhältnis zum Erfassungsaufwand stehen ([Wolf 2003], S. 55). Bei der Wahl geeigneter Methoden und Werkzeuge muss also stets auf entstehende zeitliche, personelle und finanzielle Aufwände, die fachliche Komplexität und benötigte sonstige Ressourcen geachtet werden.

Die Ergebnisse dieses Schrittes sind:
- eine Übersicht (Kreuztabelle), aus der die Beziehung zwischen den IT-Risiken und den Anwendungen bzw. Daten der Geschäftsprozesse hervorgeht (vgl. Tab. 5–4)
- die Dokumentation des einzelnen IT-Risiken (Vorlage bspw. aus Abb. 2–4)

Beide Ergebnisse werden im weiteren Verlauf mehrfach benötigt und angepasst. Es wird deutlich, dass der IT-Risikokatalog umfassend werden kann. Eine Werkzeugunterstützung (Office-Anwendung oder IT-Risikomanagementsoftware) erleichtert notwendige Änderungen.

Beispiel

Kreuztabelle
»IT-Risiken und betroffene Ressourcen in Geschäftsprozessen«
(Darstellung der IT-Risiken im Geschäftsprozess Kreditantrag und -genehmigung)

Tab. 5-4 Darstellung von IT-Risiken in Geschäftsprozessen (Kreuztabelle)

IT-Risiko	Betrifft fachlich: »Geschäftsprozess Kreditantrag/-genehmigung«								
	Daten		Anwendungen						
	Kundenstammdaten	Antragsdaten	Zentrales Buchungssystem	Vermittlersystem	Provisionssystem	Gesetzliches Meldewesen	Ext. Bonitätsprüfungssystem	Drucksystem	DMS
Vermittlerbezogene Kontrollen in der Anwendung versagen	●	●	–	●	–	–	–	–	–
Fachliche Prozesskonfigurationsdaten sind fehlerhaft	●	●	●	–	–	–	–	–	–
Parameter der Systemprotokollierung ist fehlerhaft	●	●	●	–	–	–	–	–	●
Server »PROD 1« ist nicht verfügbar	–	–	●	–	–	–	–	–	–
RZ ist nicht verfügbar	●	●	●	●	●	●	–	–	●
WAN-Gateway ist gestört	–	●	–	●	–	●	–	●	–
Programmlogik der Bonitätsprüfung ist fehlerhaft	–	●	–	–	–	–	●	–	–
Backup-Prozess ist fehlerhaft	–	–	●	●	●	●	–	–	●
IT-Dienstleister ist nicht erreichbar	–	●	–	–	–	–	●	●	–
...									

Tab. 5-5 Hinweise für die IT-Risikoidentifikation — *Handlungsempfehlung*

	Handlungsempfehlungen für die IT-Risikoidentifikation
1.	**Mehrere Methoden und Werkzeuge parallel** einsetzen
2.	Die Identifikation **nicht ausschließlich einer einzelnen Person übertragen**. IT-Risiken sollen im Team der IT-Risikoeigentümer und/oder der IT-Risikomanager diskutiert werden. Insbesondere zur initialen Identifikation kann die Einbindung weiterer Kollegen aus der jeweiligen Fachabteilung hilfreich sein.
3.	Die Identifikation wenn möglich **interdisziplinär** (technisch, rechtlich, fachlich) durchführen und gezielt Informationen und Meinungen aus anderen Fachabteilungen einholen
4.	Für die Identifikation, insbesondere die erste Identifikation, **ausreichend Zeit** und **Budget** einplanen. Um die Zeit gut zu nutzen, hat es sich bewährt, einen Zeitplan zu erstellen, in dem festgelegt ist, welche Bereiche wann betrachtet werden. Budget wird benötigt, um die Mitarbeiter von anderen Aufgaben freizustellen oder externe Unterstützung anzufordern. Auch können gegebenenfalls kostenpflichtige Werkzeuge beschafft werden, die eine Identifikation von IT-Risiken besonders effektiv und effizient unterstützen.
5.	Bei der Identifikation **methodisch** vorgehen und **offen kommunizieren**. Zentrale Vorgaben müssen unbedingt beachtet werden
6.	**Vorhandene Informationen nutzen**, bspw. aus Service Level Agreements oder dem IT-Controlling. Große oder häufige Unregelmäßigkeiten, aber auch »glatte« Projektberichte können einen begründeten Verdacht liefern. Allerdings müssen nicht alle Unregelmäßigkeiten zwingend auf IT-Risiken hinweisen. Ebenso wenig bedeuten fehlerfreie Berichte und einwandfreie Kennzahlen Risikofreiheit.
7.	**Externe Informationsquellen** einbeziehen, etwa Literatur- und Internet-Recherchen, vorgefertigte Bedrohungskataloge, Informationen des DFN-CERT oder der vom BSI betriebenen CERT-Bund und Bürger-CERT. Große Unternehmen verfügen ggf. über ein eigenes CERT.
8.	**Kontrollen bewusst ignorieren**. Sonst besteht die Gefahr einer reinen Restrisikobetrachtung. Künftige IT-Risiken durch Schwächen in den aktuell genutzten Kontrollen oder durch Änderungen in den Rahmenbedingungen bleiben unbeachtet, da sie durch vermeintlich leistungsstarke Kontrollen abgesichert sind. Gerade solche Entwicklungen können für die Unternehmen jedoch – auch kurzfristig – besonders gefährlich und im schlimmsten Fall bestandsgefährdend werden.
9.	Bei großer Unsicherheit **externe Beratung zur Unterstützung** einbeziehen. Ihr sollte jedoch in keinem Fall die IT-Risikoidentifikation übertragen werden, da sonst kein Lerneffekt eintritt, die Verantwortung für IT-Risiken jedoch weiterbesteht.

Beispiel

Nutzung vorhandener Informationen zur Identifikation von IT-Risiken

Auf IT-Risiken könnten hindeuten:

- Häufigkeit von Nacharbeiten an Entwicklungsprojekten, die bei Beachtung von Standards vermeidbar gewesen wären (Anzahl oder Prozent an Gesamtarbeitsumfang, beispielsweise gemessen in PT)
- Ergebnisse beim Test von Notfallkonzepten oder bei Disaster-Recovery-Übungen (boolesche Werte im Sinne von »erfüllt«/»nicht erfüllt«

- oder konkrete Messergebnisse zu Zeiten, Aufwänden, technischen Parametern)
- die zeitliche und bereichsbezogene Verteilung der Anfragen, die von der IT insgesamt bei der Rechtsabteilung des Unternehmens gestellt werden (sog. Konsultationen, gemessen nach Anzahl, wobei bei der Zählung beachtet werden muss, dass einzelne Anfragen von anderen Anfragen abhängig sein können)
- Abweichungen von Budgets und Terminen, insbesondere nicht erklärbare und häufig wiederkehrende Differenzen, sowohl in Projekten als auch im Rahmen von Linientätigkeiten (in Prozent bzw. Geld- und Zeiteinheiten)
- Auffälligkeiten in den Auswertungen des Incident & Problem Management, die auf prozess- oder systembedingte Verwundbarkeiten in der IT für einzelne Fachabteilungen hinweisen (Anzahl oder Höhe von Grenzwertüberschreitungen, Trends, gemessen in Prozentwerten oder den entsprechenden Einheiten)
- Fluktuation in einer bestimmten Abteilung bzw. in der IT (feststellbar über die Auswertungen der zentralen HR-Abteilung des Unternehmens, gegebenenfalls auch einer HR-Abteilung speziell für die IT)
- Auswertungen über die Art und Verteilung von Schäden, die nach Angriffen von außen in den Anwendungen auftreten (monetär und nichtmonetär bewertet)
- Auffälligkeiten im Vergleich von Leistungsbeurteilungen unterschiedlicher Abteilungen oder Bereiche bei vergleichbarer Qualifikation der Mitarbeiter (besonders intensiver oder schwacher Einsatz, Fehl- und Krankheitstage, Überstunden, freiwillige Sondereinsätze zu ungewöhnlichen Zeiten)
- Wiederkehrende Auffälligkeiten in der Auswertung von Service Level Agreements bei einem bestimmten externen IT-Dienstleister (absolute oder relative Größen, Zeiten und Performance-Maßeinheiten)

Praxishinweis

Wie können die BSI-Grundschutz-Kataloge in diesem Schritt genutzt werden?

Statt Bedrohungen und Verwundbarkeiten definieren die BSI-IT-Grundschutz-Kataloge Gefährdungen, die bei ihrem Eintreten zu Schäden führen. Entsprechend enthalten sie eine umfassende Sammlung möglicher Gefährdungen, die zur besseren Übersicht in fünf Gruppen unterteilt ist.

Eine systematische Durchsicht dieser Gefährdungen und Abfrage auf Relevanz im eigenen Unternehmen unterstützt direkt bei der Identifikation von IT-Risiken.

5.5 Schritt 3: Analyse

In diesem Schritt werden die **Eintrittswahrscheinlichkeit** und die **Schadenshöhe** für ein IT-Risiko so exakt wie möglich ermittelt (vgl. Abb. 5–5, [Ahrendts & Marton 2008], S. 129).

Abb. 5–5
Schritt 3: Analyse (modifiziert nach [Ahrendts & Marton 2008], S. 129)

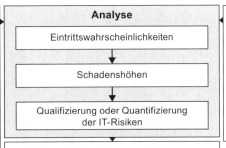

Die wichtigsten Ziele der Analyse sind, das Verständnis für die IT-Risiken zu erhöhen, die mit ihnen verbundenen Unsicherheiten durch möglichst quantitative Aussagen zu verringern und dadurch die Entscheidungssicherheit hinsichtlich möglicher Maßnahmen zur Behandlung zu verbessern ([Wack 2007], S. 118).

Die für die weiteren Überlegungen notwendigen Informationen können

- durch Schätzungen,
- mittels Beobachtung sowie
- über Methoden der Mathematik und Statistik

ermittelt werden.

> **Mit welchen Methoden und Werkzeugen kann die Analyse von IT-Risiken durchgeführt werden?**
> Abbildung 5–5 fasst mögliche Methoden und Werkzeuge zusammen. Eine Beschreibung und Beispiele zur Anwendung enthält Kapitel 6. Das Unternehmen wählt die bevorzugten Methoden und Werkzeuge aus.
>
> *Praxishinweis*

Die IT-Risikoanalyse kann als Einzelaufgabe und in interdisziplinären Teams durchgeführt werden. Wenn ein IT-Risiko von einer Einzelperson analysiert wird, kann das Ergebnis bei Bedarf anschließend im Team aus IT-Risikoeigentümern und/oder IT-Risikomanagern diskutiert werden. Oft ist es auch in diesem Schritt hilfreich, auf Fachexperten außerhalb des IT-Risikomanagements zurückzugreifen ([Ahrendts & Marton 2008], S. 132).

Beispiel Ein Webserver eines großen Online-Händlers fällt aus. Die Ermittlung der Eintrittswahrscheinlichkeit erfolgt anhand von Erfahrungswerten. Sie stammen entweder aus dem eigenen Unternehmen, wobei dann meist die Zuverlässigkeit von Servern insgesamt herangezogen wird, oder aus öffentlich zugänglichen Daten, etwa aus Studien von Branchenverbänden. Die Ermittlung der Schadenshöhe (hier der Ausfallkosten, angegeben meist je Stunde oder Tag) erfordert Experten aus der IT, dem Controlling, dem Marketing/Vertrieb und den betroffenen Fachabteilungen (Bestellannahme, Lager, Versand), um

- die Reparaturkosten (Teile, Arbeitszeit ggf. externer Fachleute, sonstige Kosten für den Wiederanlauf, bspw. Hotline-Kosten),
- die Kosten unproduktiver Zeiten bei technischen und fachlichen Mitarbeitern während des Ausfalls,
- entgangene Umsätze/Gewinne,
- Imageschäden

sowie gegebenenfalls kompensierende Einnahmen (bspw. zu zahlende Pönalen (Strafen) bei Verletzung von Service Level Agreements) möglichst genau zu bestimmen.

Die Ermittlung von Eintrittswahrscheinlichkeit und Schadenshöhe beginnt mit der formalen Beschreibung von Ursache-Wirkungs-Beziehungen im Kontext des betrachteten Ereignisses. Für die Beschreibung kann eine Vorlage (bspw. Abb. 2–5 und 2–6) genutzt werden. Sie kann jedoch auch formlos erfolgen.

Für die Ermittlung der Eintrittswahrscheinlichkeit relevant sind:
- detaillierte Informationen zu den Bedrohungen
- detaillierte Informationen zu Verwundbarkeiten

Für die Ermittlung der Schadenshöhe relevant sind:
- detaillierte Kosten- und Erlösinformationen
- detaillierte Informationen zu nicht monetären Auswirkungen

Ob zunächst die Eintrittswahrscheinlichkeit oder die Schadenshöhe bestimmt wird, ist nicht streng festgelegt, oftmals von der aktuellen Situation abhängig und meist wegen der Unabhängigkeit zwischen den Größen parallel durchführbar (vgl. Tab. 5–8). Wichtig ist, dass alle Beteiligten das gleiche Verständnis vom betrachteten IT-Risiko und dessen Kontext haben.

Qualitative Methoden werden oft für einen **ersten Überblick** und bei der **Abschätzung nicht monetärer Schäden** genutzt. **Quantitative Methoden** werden herangezogen, wenn eine qualitative Analyse zu grobe Werte liefern würde, das Ergebnis jedoch genauer vorliegen sollte, beispielsweise zur Übergabe an Wirtschaftsprüfer. Sie werden zudem bevorzugt für die Analyse *wesentlicher* IT-Risiken herangezogen ([Romeike 2011], S. 45ff.). Ihr Nachteil ist der deutlich höhere Aufwand, der fachlich gerechtfertigt sein muss (keine Analyse zum Selbstzweck). Auch kann die Methode eine Genauigkeit suggerieren, die es in der Realität nicht gibt. Oft gilt der Erkenntnisgewinn eines *exakten* Wertes gerade bei wesentlichen IT-Risiken ohnehin als vernachlässigbar. Für Entscheidungen ist es in der Mehrzahl aller Fälle deshalb ausreichend, die Wahrscheinlichkeit qualitativ (bspw. in Schritten von 10 oder sogar 25 Prozentpunkten) anzugeben, Schäden werden mit vergleichbarer Genauigkeit oft in Millionen Euro angegeben. Als weitere Nachteile quantitativer Methoden gelten notwendiges Spezialwissen und die mangelnde Verfügbarkeit aktueller, qualitativ guter und mengenmäßig ausreichender Daten.

In der Regel kann daher **auf den Einsatz anspruchsvoller quantitativer Methoden** bewusst **verzichtet** werden, ohne dass das IT-Risikomanagement deshalb »schlecht« betrieben wird.

Je nach Ausgangslage, den verfügbaren Daten und eingesetzter Methode lassen sich einzelne Kennzahlen für die weiteren Prozessschritte dokumentieren. Diese Dokumentation ist dabei kurz und prägnant. Sie berücksichtigt alle getroffenen Annahmen sowie weitere Angaben zur Qualität und Aktualität der genutzten Informationen. Bei quantitativen Methoden können zusätzlich Angaben zur Streuung (Standardabweichung, Varianz) Aufschluss über die Qualität der Daten liefern.

Die Ergebnisse werden, ebenso wie das IT-Risiko selbst, so ausführlich dargestellt, dass alle wichtigen Aspekte enthalten sind. Gleichzeitig bleibt die Darstellung so knapp, dass ein rascher Überblick möglich ist ([Ahrendts & Marton 2008], S. 132). Die Dokumentation erfolgt:

- im IT-Risikokatalog
- in der IT-Risikomatrix
- in einer Kreuztabelle (vgl. Tab. 5–6)

Beispiel

Kreuztabelle »IT-Risiken und Ursachen«
(für Kreditantrags-/genehmigungsprozess, gekürzt, vereinfacht)

Tab. 5-6
Darstellung von IT-Risiken, Ursachen, Wahrscheinlichkeiten, Schäden (Kreuztabelle)

IT-Risiko Eintrittswahrscheinlichkeit (in %) ––– Schadenshöhe (in T€)	Hat folgende Ursachen (Struktur nach Systematik)								
	Menschen			Daten	IT-System/ IT-Infrastruktur			IT-Umfeld	
	Kriminelle Motive	Finanzielle Notlage	Menschliches Versagen	Einheitenfehler	Versagen vom Netzteil	Kabelbruch	Blitzschlag	Feuer	Streik
Vermittlerbezogene Kontrollen in der Anwendung versagen	2,0	7,0	–	–	–	–	–	–	–
	25	12	–	–	–	–	–	–	–
Fachliche Prozesskonfigurationsdaten sind fehlerhaft	0,05	–	2	0,08	–	–	–	–	–
	570	–	305	100	–	–	–	–	–
Parameter der Systemprotokollierung ist fehlerhaft	0,01	–	0,4	–	–	–	–	–	–
	450	–	350	–	–	–	–	–	–
Server »PROD 1« ist nicht verfügbar	–	–	–	–	0,03	0,05	0,01	0,01	–
	–	–	–	–	200	200	400	800	–
RZ ist nicht verfügbar	–	–	–	–	–	–	0,01	0,01	–
	–	–	–	–	–	–	750	750	–
WAN-Gateway ist gestört	–	–	–	–	3	–	–	–	–
Programmlogik der Bonitätsprüfung ist fehlerhaft	0,6	–	2,5	5,0	–	–	–	–	–
	80	–	80	80	–	–	–	–	–
Backup-Prozess ist fehlerhaft	0,01	–	1,2	–	0,02	0,01	0,01	0,02	–
	950	–	950	–	950	950	950	950	–
	–	–	-	-	-	20	–	–	–
IT-Dienstleister ist nicht erreichbar	0,01	–	4,5	–	–	–	–	–	5,6
	12	–	12	–	–	–	–	–	12
...									

Die Darstellung von Schäden ist alternativ auch entlang der Wertschöpfungskette übersichtlich möglich (vgl. Tab. 5–7).

Schadenshöhe (je Stunde)	Einkauf	Produktion	Vertrieb	Service
Anwendungen im eigenen RZ				
ERP	22 T€	–	125 T€	75 T€
BI	18 T€	–	300 T€	15 T€
DMS	45 T€	–	55 T€	30 T€
Infrastruktur in der Produktion				
SCADA M1	–	50 T€	–	–
SCADA M2	–	30 T€	–	–
Outsourcing				
Partner 1 (Hosting CRM)	–	–	330 T€	15 T€
Partner 2 (Hosting WWW)	55 T€	–	60 T€	15 T€

Beispiel

Tab. 5–7

Darstellung von Schäden aus IT-Risiken entlang der Wertschöpfungskette

Zur Analyse der IT-Risiken definieren einige Normen und Standards Mindestanforderungen, die teilweise, wie bei ISO 27000, sogar verpflichtend sind. Sie besagen, dass Methoden auszuwählen sind, nach denen die Analyse der IT-Risiken *geeignet* vorgenommen wird. Es ist empfehlenswert – bei ISO 27000 sogar verpflichtend –, dass klar begründet werden kann, **warum die ausgewählten Methoden fachlich** sowie gegebenenfalls **zur Erfüllung gesetzlicher und aufsichtsrechtlicher Anforderungen geeignet** sind ([Brenner et al. 2011], S. 37).

Wie kann diese Eignung konkret begründet werden?

Als Begründungen sind unter Angabe der jeweiligen Quellen/Referenzen zulässig:
- Die Methode ist Best Practice.
- Die Methode ist »branchenüblich«.
- Der mathematische Beweis für die Angemessenheit der Methode wurde durch unabhängige Forschungen erbracht.
- Die Methode wurde von Aufsichtsbehörden vorgeschrieben oder als Option zugelassen.

Praxishinweis

Handlungsempfehlung

Tab. 5–8
Bestimmung von Eintrittswahrscheinlichkeit und Schadenshöhe

Handlungsempfehlungen für die Bestimmung von Eintrittswahrscheinlichkeit und Schadenshöhe

Betrachtet werden sollte unabhängig von der gewählten Methode und **vor** der Anwendung, ob

1. bereits **bestehende Maßnahmen und Kontrollen** berücksichtigt werden oder nicht.
   - Dokumentation der Entscheidung zur Vermeidung von Missverständnissen

2. für ein möglichst realistisches Bild alle verfügbaren Informationen in die Überlegungen eingegangen sind.
   - Abfrage möglicher Quellen (DWH, Helpdesk-System, veröffentlichte Erfahrungswerte aus ähnlichen Situationen usw.) und Ansprechpartner (darunter ggf. auch Versicherer und Branchenverbände)
   - Dokumentation möglicher **Einschränkungen** und **Annahmen**
   - Bestimmung oder Schätzung **maximaler** (Worst Case) und **minimaler** (Best Case) Eintrittswahrscheinlichkeiten und Schadenshöhen
   - Gegebenenfalls: Einbezug zusätzlicher (interner und externer) Daten
   - Gegebenenfalls: Wechsel zu einer anderen Methode

3. alle Vorgaben aus dem Enterprise Risk Management berücksichtigt sind (bspw. Auswahl von Methoden und Toleranzgrenzen).
   - Abgleich der verwendeten **Grenz- und Toleranzwerte und weiterer Vorgaben** mit der IT-Risikorichtlinie

Bei Verwendung der BSI-Grundschutz-Kataloge wird weniger mit konkreten Schadenshöhen, sondern häufiger mit Schutzbedarfskategorien (normal, hoch, sehr hoch) für die Schutzziele Vertraulichkeit, Integrität und Verfügbarkeit gearbeitet. In diesem Fall erfolgt nach der Ermittlung der Schadenshöhe eine entsprechende Einstufung.

Liegen keine Daten vor, bleibt der Sachverhalt intransparent oder lassen sich Schäden nicht monetär bewerten, bleibt nur der **Kontakt zu IT-Risikomanagement-Experten** anderer Unternehmen, in wissenschaftlichen Einrichtungen oder Beratungsunternehmen (Konferenzen, Foren, persönliche Kontakte) und das Vertrauen auf die eigene Urteilsfähigkeit. Eigene Erfahrungen sind daher unersetzlich und wichtiges Kapital. Vielfach befragen Unternehmen auch ihre Mitarbeiter und betroffene Partner nach ihrem Verhalten und ihren Meinungen und ziehen daraus Rückschlüsse (etwa zur Entwicklung der Kundenbindung im Falle eines Risikoeintritts).

Grundsätzlich gilt: **Niemand** hat ein Patentrezept. **Alle** Unternehmen müssen sich mit dieser Frage auseinandersetzen. Je länger IT-Risikomanagement betrieben wird, desto besser wird die eigene Urteilsfähigkeit. Eine möglichst **hohe Kontinuität** bei den eingesetzten Mitarbeitern, den verwendeten Methoden und Werkzeugen und der Dokumentation der Erfahrungen unterstützen dabei.

5.6 Schritt 4: Bewertung

Die zuvor ermittelte Eintrittswahrscheinlichkeit und die Schadenshöhe werden nun unter Berücksichtigung der IT-Risikoneigung und -akzeptanz anhand der unternehmensspezifischen IT-Risikoklassifikation (vgl. Abschnitt 2.2.2) abschließend hinsichtlich der **Bedeutung für die Geschäftstätigkeit** (**Kritikalität**) bewertet (vgl. Abb. 5–6). Hierfür sind die Schutzanforderungen (Schutzziel und -bedarf) der Anwendungen, Daten und der sonstigen IT-Ressourcen wichtig. **Die Aussage zur Höhe des IT-Risikos wird erst damit zur wertvollen Information** ([Ahrendts & Marton 2008], S. 133, [Seibold 2006], S. 87ff.).

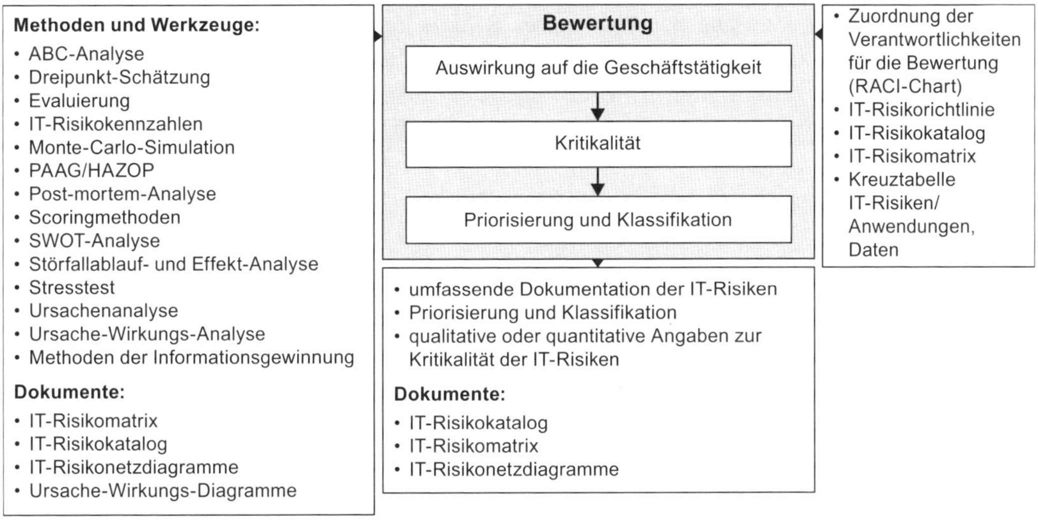

Abb. 5–6
Bewertung (modifiziert nach [Ahrendts & Marton 2008], S. 133)

Methoden und Werkzeuge:
- ABC-Analyse
- Dreipunkt-Schätzung
- Evaluierung
- IT-Risikokennzahlen
- Monte-Carlo-Simulation
- PAAG/HAZOP
- Post-mortem-Analyse
- Scoringmethoden
- SWOT-Analyse
- Störfallablauf- und Effekt-Analyse
- Stresstest
- Ursachenanalyse
- Ursache-Wirkungs-Analyse
- Methoden der Informationsgewinnung

Dokumente:
- IT-Risikomatrix
- IT-Risikokatalog
- IT-Risikonetzdiagramme
- Ursache-Wirkungs-Diagramme

Bewertung
- Auswirkung auf die Geschäftstätigkeit
- Kritikalität
- Priorisierung und Klassifikation

- umfassende Dokumentation der IT-Risiken
- Priorisierung und Klassifikation
- qualitative oder quantitative Angaben zur Kritikalität der IT-Risiken

Dokumente:
- IT-Risikokatalog
- IT-Risikomatrix
- IT-Risikonetzdiagramme

- Zuordnung der Verantwortlichkeiten für die Bewertung (RACI-Chart)
- IT-Risikorichtlinie
- IT-Risikokatalog
- IT-Risikomatrix
- Kreuztabelle IT-Risiken/ Anwendungen, Daten

Beispiel

- Der Ausfall eines Webservers in einem Unternehmen, dessen Geschäftsmodell auf Internet-Dienstleistungen basiert, hat andere Auswirkungen als in einem Unternehmen, das eine Internetpräsenz lediglich zu Werbezwecken nutzt.
- Ein Umsatzrückgang von 30 Prozent aufgrund der Nichtverfügbarkeit eines Systems kann für das eine Unternehmen bestandsgefährdend sein, für das andere hingegen nicht.

Das Ziel besteht darin, alle *ähnlichen* IT-Risiken zusammenzufassen, um eine effektive und effiziente Behandlung und Überwachung sicherzustellen. In diesem Rahmen wird endgültig darüber entschieden, welche IT-Risiken besonders oder überhaupt nicht betrachtet (und damit behandelt) werden und welche IT-Risiken in die Risikokommunikation auf Gesamtunternehmensebene eingebunden werden.

> **Praxishinweis**
>
> **Mit welchen Methoden und Werkzeugen kann die Bewertung durchgeführt werden?**
> Abbildung 5–6 fasst mögliche Methoden und Werkzeuge zusammen. Eine Beschreibung und Beispiele zur Anwendung enthält Kapitel 6. Das Unternehmen wählt die bevorzugten Methoden und Werkzeuge aus.

Bewertet werden sowohl die unmittelbaren als auch die mittelbaren Auswirkungen ([Schmidt 2011], S. 564). Es kann nämlich durchaus sein, dass bestimmte IT-Risiken ihre volle Auswirkung erst weit nach ihrem Eintritt entfalten. Oder sie haben zusätzliche indirekte Auswirkungen auf IT-ferne Bereiche, etwa auf die Kosten des Fremdkapitals, bedingt durch Regelungen nach BASEL-II/III.

Die Beurteilung des Risikos und seine Priorisierung erfolgen mit höchster Priorität hinsichtlich der Auswirkungen auf Menschenleben. In zweiter Priorität folgen alle Auswirkungen auf den Fortbestand des Unternehmens bzw. auf die Geschäftstätigkeit. Die weitere Differenzierung kann sich abhängig von der jeweiligen Unternehmensmission, -vision und -strategie unterscheiden. Mögliche Priorisierungen (sog. Schadenspriorität, [Schmidt 2011], S. 564) orientieren sich

- an den Auswirkungen auf die lang- oder kurzfristige Gewinn-, Umsatz- oder bilanzielle Unternehmenswertentwicklung,
- an der Einhaltung von Gesetzen, der Einhaltung aufsichtsrechtlicher Vorgaben und der Beachtung weiterer rechtlicher Fragen (bspw. Patent-/Urheberrechtsverletzungen),
- an den Auswirkungen auf die Reputation,
- an den Auswirkungen auf einzelne Key-Kunden oder Marktanteile,
- an Auswirkungen auf die strategische Ausrichtung und
- an vertragsbezogenen Aspekten.

Vielfach angewandt werden auch Priorisierungen nach den Kriterien *Vertraulichkeit*, *Integrität* und *Verfügbarkeit* von Geschäftsprozessen und in ihnen verarbeiteten Daten.

Das Ergebnis dieses Schrittes wird detailliert in Text-/Tabellenform bezogen auf die Geschäftsprozesse (vgl. Tab. 5–9) oder entlang der Wertschöpfungskette dargestellt. Für einen schnellen Überblick über die Kritikalität wird oft die IT-Risikomatrix eingesetzt (vgl. Abb. 6–9).

5.6 Schritt 4: Bewertung

Beispiel
Tab. 5–9
Darstellung der Kritikalität eines IT-Risikos mit Bezug auf die Geschäftsprozesse (Kreuztabelle)

Kritikalität des IT-Risikos ...	Bezogen auf: Geschäftsprozess Kreditantrag/-genehmigung								
	Daten		Anwendungen						
	Kundenstammdaten	Antragsdaten	Zentrales Buchungssystem	Vermittlersystem	Provisionssystem	Gesetzliches Meldewesen	Ext. Bonitätsprüfungssystem	Drucksystem	DMS
Vermittlerbezogene Kontrollen in der Anwendung versagen	gering	gering	–	gering	–	–	–	–	–
Fachliche Prozesskonfigurationsdaten sind fehlerhaft	mittel	mittel	mittel	–	–	–	–	–	–
Parameter der Systemprotokollierung ist fehlerhaft	gering	gering	mittel	–	–	–	–	–	sehr gering
Server »PROD 1« ist nicht verfügbar	–	–	gering	–	–	–	gering	–	–
RZ ist nicht verfügbar	hoch	hoch	hoch	hoch	hoch	hoch	–	–	hoch
WAN-Gateway ist gestört	–	hoch	–	sehr hoch	–	sehr hoch	sehr hoch	sehr hoch	–
Programmlogik der Bonitätsprüfung ist fehlerhaft	–	mittel	–	–	–	–	gering	–	–
Backup-Prozess ist fehlerhaft	–	–	sehr hoch	sehr hoch	sehr hoch	sehr hoch	sehr hoch	sehr hoch	sehr hoch
IT-Dienstleister ist nicht erreichbar	–	sehr hoch	–	–	–	–	sehr hoch	sehr hoch	–
...									

Auch in diesem Schritt haben sich Interdisziplinarität und Teamarbeit sowie die Einbindung weiterer Fachexperten außerhalb des IT-Risikomanagements bewährt.

5.7 Schritt 5: Behandlung der IT-Risiken

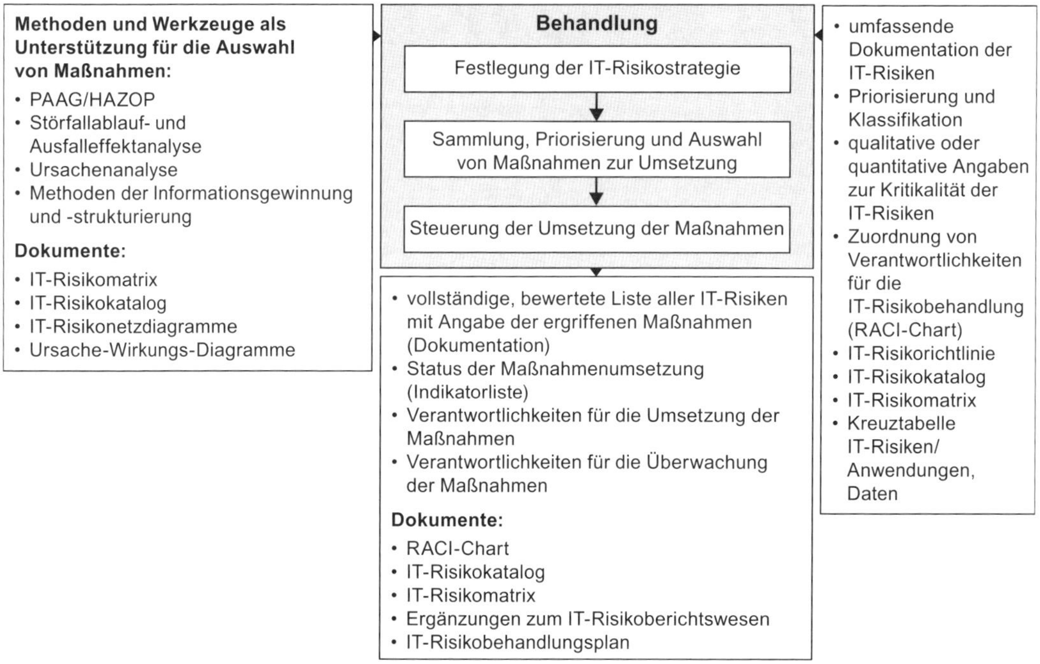

Abb. 5–7
Schritt 5: Behandlung von IT-Risiken (modifiziert nach [Ahrendts & Marton 2008], S. 136 und 140)

Ausgehend von der Bewertung der IT-Risiken lassen sich für jede Risikokategorie Maßnahmen aus einer priorisierten Sammlung in Frage kommender Maßnahmen auswählen und darauf aufbauende **Pläne zur Umsetzung** entwickeln (Abb. 5–7). Das Ziel dieses Schrittes ist die wirksame Absicherung des Unternehmens gegen IT-Risiken durch konkrete Maßnahmen.

Methoden und Werkzeuge als Unterstützung für die Auswahl von Maßnahmen:
- PAAG/HAZOP
- Störfallablauf- und Ausfalleffektanalyse
- Ursachenanalyse
- Methoden der Informationsgewinnung und -strukturierung

Dokumente:
- IT-Risikomatrix
- IT-Risikokatalog
- IT-Risikonetzdiagramme
- Ursache-Wirkungs-Diagramme

Behandlung
- Festlegung der IT-Risikostrategie
- Sammlung, Priorisierung und Auswahl von Maßnahmen zur Umsetzung
- Steuerung der Umsetzung der Maßnahmen

- vollständige, bewertete Liste aller IT-Risiken mit Angabe der ergriffenen Maßnahmen (Dokumentation)
- Status der Maßnahmenumsetzung (Indikatorliste)
- Verantwortlichkeiten für die Umsetzung der Maßnahmen
- Verantwortlichkeiten für die Überwachung der Maßnahmen

Dokumente:
- RACI-Chart
- IT-Risikokatalog
- IT-Risikomatrix
- Ergänzungen zum IT-Risikoberichtswesen
- IT-Risikobehandlungsplan

- umfassende Dokumentation der IT-Risiken
- Priorisierung und Klassifikation
- qualitative oder quantitative Angaben zur Kritikalität der IT-Risiken
- Zuordnung von Verantwortlichkeiten für die IT-Risikobehandlung (RACI-Chart)
- IT-Risikorichtlinie
- IT-Risikokatalog
- IT-Risikomatrix
- Kreuztabelle IT-Risiken/ Anwendungen, Daten

Praxishinweis

Mit welchen Methoden und Werkzeugen kann die Auswahl von Maßnahmen zur Behandlung durchgeführt werden?

Abbildung 5–7 fasst mögliche Methoden und Werkzeuge für die *Auswahl* geeigneter Maßnahmen und die Steuerung ihrer Umsetzung zusammen. Eine Beschreibung und Beispiele zur Anwendung enthält Kapitel 6. Das Unternehmen wählt die bevorzugten Methoden und Werkzeuge aus.

Behandlungsstrategien

Zur Behandlung von IT-Risiken stehen die generischen IT-Risikostrategien *Vermeiden*, *Verringern*, *Transferieren*, *Vorsorgen* und *Akzeptieren* aus Abschnitt 3.2.2 zur Verfügung. Eine generische IT-Risikostrategie wird nun konkretisiert, indem Maßnahmen, die diese Strategie unterstützen, auf das IT-Risiko angewandt werden. Aus der Vielzahl möglicher Maßnahmen zur Behandlung der sehr unterschiedlichen IT-Risiken lassen sich einige besonders wichtige Maßnahmen herausgreifen, die in jedem Unternehmen in geeigneter Form und in geeignetem Umfang implementiert sein sollten (vgl. Kap. 8 und 9):

- Schaffung von IT-Risikobewusstsein (Awareness)
- Ständige Weiterbildung
- Protokollierungen und regelmäßige Durchsicht der Protokolle
- Definition von Rollen (mit Pflichten) und Berechtigungen
- Sicherstellung der Zurechenbarkeit (Identifikation)
- Regelung von Zugang und Zugriff
- Aufgabentrennung
- Vier-Augen-Prinzip

Dem Grundsatz nach orientiert sich die Auswahl geeigneter IT-Risikostrategien zunächst an der **Kritikalität**. Im zweiten Schritt begünstigen **Kosten- und Zeitaspekte** oder **technische, organisatorische und rechtliche Rahmenbedingungen** bestimmte IT-Risikostrategien und Maßnahmen oder schließen sie als unangemessen aus.

> **Müssen alle Maßnahmen durch die Unternehmensleitung genehmigt werden?**
>
> Die Unternehmensleitung sollte zumindest **dem Grundsatz nach** alle eingesetzten Strategien und Maßnahmen zur Behandlung kennen und billigen.
>
> Sie sollte zudem detailliert über alle Maßnahmen im Zusammenhang mit der Behandlung **wesentlicher** IT-Risiken informiert sein. Sie macht in diesen Fällen von ihrem Entscheidungs- und Weisungsrecht unmittelbar Gebrauch.
>
> Für alle weiteren Maßnahmen stellt sie im Rahmen der regulären Prozesse Budgets bereit und kann jederzeit Informationen über den Stand der Umsetzung einfordern.

Praxishinweis

Ergebnis des Prozessschrittes ist eine laufend aktualisierte Dokumentation über die gewählten Strategien und Maßnahmen sowie deren Status bezogen auf die jeweilgen IT-Risiken. Diese Dokumentation kann

- direkt beim jeweiligen **IT-Risiko** geführt werden (vgl. Abb. 2–4),
- in den **IT-Risikobericht** eingehen (Beispiel im folgenden Abschnitt 5.8)
- in einem separaten **IT-Risikobehandlungsplan** (vgl. Tab. 5–10) geführt werden.

Beispiel

IT-Risikobehandlungsplan (Excel-Tabelle)

Gültigkeitszeitraum (3 oder 6 Monate)
IT-Risikomanager (Vorgabenerstellung und Überwachung)

Nr. des IT-Risikos	IT-Risiko	Kritikalität	Nr. der zugeordneten Maßnahme	Maßnahme	Prio	Beginn	Status	Budget (T€)	Verantwortlich (Umsetzung)	Bemerkungen
R01	Vermittlerbezogene Kontrollen in der Anwendung versagen	gering	M01	Zusätzliche Protokollierung	1	1.3.	grün	0,5	M. R.	Bereits aktiv
			M02	Workflow: zusätzliche manuelle Gegenprüfung	1	1.1.	grün	0,0	V. K.	Bereits aktiv
			M03	Fehlerbehebung in bestehender Prüfung	2	1.6.	gelb	17	C. S.	Antwort des Herstellers abwarten
R02	Fachliche Prozesskonfigurationsdaten sind fehlerhaft	mittel	M01	Freigabeverfahren für Änderungen	1	1.9.	gelb	0,45	C. S.	Abstimmung mit FA läuft
			–	–	–	–	–	–	–	
			–	–	–	–	–	–	–	
R03	Nichtverfügbarkeit RZ	hoch	?	?	?	offen	rot	offen	offen	Projekt TOP für nächste VV-Sitzung
R04	Backup-Prozess ist fehlerhaft	sehr hoch	M01	Redundantes Backupsystem	3	offen	rot	25	M. R.	Budget nicht freigegeben
			M02	Protokollierung und SMS-Alarm	1	1.2.	grün	2	M. R.	Bereits aktiv
			M03	Wechsel Hersteller Laufwerk	2	offen	rot	4	M. R.	Ausschreibung verzögert
R05	IT-Dienstleister ist nicht erreichbar	sehr hoch	M01	Erstellung SLA	1	1.3.	grün	1,5	C. S.	Vorläufige Maßnahme bis Neuausschreibung
			M02	Neuausschreibung	2	offen	rot	–	C. S.	Kostenneutrale Umstellung
			–	–	–	–	–	–	–	

Tab. 5–10
Excel-Vorlage für den IT-Risikobehandlungsplan

Wichtig ist, dass *unabhängig* von der gewählten Dokumentationsform entweder über Office-Anwendungen oder innerhalb einer IT-Risikomanagement-Software *jederzeit* eine *aktuelle* Übersicht über *alle* Maßnahmen *und* ihren Umsetzungsstand erstellt werden kann. Hilfreich ist zudem, wenn der IT-Risikobehandlungsplan nach Tabelle 5–10 um eine kurze Begründung für die Wahl der Maßnahme sowie notwendige Hinweise auf Einschränkungen ergänzt wird, die durch diese Maßnahme entstehen (könnten).

5.8 Reporting, Kommunikation und Beratung

Die Aktivitäten in diesem Schritt begleiten alle vorausgehenden Schritte und umfassen:

- das **Reporting** (Erstellung des IT-Risikoberichtswesens)
- die **Kommunikation mit allen Stakeholdern**
- die **Beratung** im Rahmen der laufenden Verbesserung des IT-Risikomanagements

Reporting: Erstellung des IT-Risikoberichtswesens

Das IT-Risikoberichtswesen fasst die bislang erhobenen Daten in strukturierter Form zusammen und bereitet sie zielgruppenspezifisch auf ([Seibold 2006], S. 214ff.). Wichtige Zielgruppen von IT-Risikoberichten und Teilen daraus sind:

- alle IT-Risikoeigentümer
- die IT-Bereiche selbst, in denen das IT-Risiko liegt, und deren Verantwortliche
- weitere interne Anspruchsgruppen, die von den IT-Risiken mittelbar betroffen sind
- die Unternehmensleitung und ausgewählte Führungsebenen
- die Aufsichtsgremien
- weitere Dritte mit (aufsichts-)rechtlichem oder vertraglichem Anspruch auf bestimmte Informationen, beispielsweise Regulierungs- oder Aufsichtsbehörden, Eigen- und Fremdkapitalgeber, Wirtschaftsprüfer sowie bestimmte Geschäftspartner auf Lieferantenseite und ausgewählte Kunden
- externe Dritte ohne Anspruch auf bestimmte Informationen (alle übrigen Lieferanten und Kunden, die Öffentlichkeit)

Für die Darstellung ist keine Struktur oder Form vorgegeben. Der IT-Risikobericht kann als Fließtext (Word, vgl. Tab. 5–11) oder in Tabellenform (Excel, vgl. Tab. 5–12) unternehmensindividuell gestaltet werden. Das Ziel des IT-Risikoberichts ist es,

- über die aktuelle IT-Risikolage zu informieren,
- die Grundlage künftiger Entscheidungen für oder gegen Maßnahmen zu verbessern,

- eine Weitergabe von Erfahrungen bei der Einarbeitung neuer Mitarbeiter zu unterstützen und
- eine Beweismöglichkeit im Rahmen zyklischer Prüfungen des Risikomanagements zu schaffen.

Der IT-Risikobericht ist ergebnisorientiert, knapp und präzise formuliert und unterstützt das Verständnis durch grafische Darstellungen (vgl. Abb. 5–8).

Beispiel
- Die Aufteilung der IT-Risiken auf IT-Risikoklassen wird in Prozent als Kuchen-/Kreis- oder Balkendiagramm angegeben.
- Die Art und Anzahl von Angriffen auf die IT-Infrastruktur innerhalb eines bestimmten Zeitraums werden als farbige Balken- oder Liniendiagramme dargestellt.
- Die Kostenentwicklung der Maßnahmen wird als Kurve im Zeitablauf dargestellt, die Verwendung der Mittel auf die einzelnen IT-Risikoarten als Kuchendiagramm.

Der IT-Risikobericht enthält Informationen zu
- allen Rahmenbedingungen und Annahmen sowie zur Reichweite und Gültigkeit (vergleichbar mit der in ISO/IEC 27001 geforderten »Erklärung zur Anwendbarkeit« oder »Eignung«, dem *Statement of Applicability*),
- den IT-Risikoszenarien (sofern von Szenariomethoden Gebrauch gemacht wurde) oder alternativ den Ergebnissen von Ursache-Wirkungs-Analysen,
- den IT-Risiken,
- den Maßnahmen zur Behandlung der IT-Risiken und den Stand ihrer Umsetzung sowie
- den bereits eingetretenen Schadensfällen (sofern relevant).

Zudem kann der Bericht als Hilfestellung für den Bearbeiter Hinweise enthalten, welche Teile in welchen Zyklen zu aktualisieren sind.

Struktur eines IT-Risikoberichts (Langfassung, Dokument)

Inhaltsverzeichnis
1. Einleitung
1.1. Management Summary
1.2. Verteiler (Klassifikation, Vertraulichkeitsstufe)
1.3. Verwendete Standards und Best Practices (z.B. COBIT)
2. Gesamtüberblick
2.1. Tabellarische Übersicht
2.2. Grafische Übersicht
3. Einzelrisiken
3.1. Übersicht nach Kritikalität
3.2. Übersicht nach IT-Risikomanager
4. Maßnahmen
4.1. Tabellarische Übersicht
4.2. Teilbewertungen der IT-Risikomanager
5. Gesamtbewertung

Beispiel

Tab. 5–11
IT-Risikobericht
(Langfassung)

Struktur eines IT-Risikoberichts (Übersicht, Tabelle)

IT-Risikobericht (lfd. Nummer, Berichtszeitraum)			
1. Ziele und Leitlinien des IT-Risikomanagements			
2. Wesentliche Entwicklungen der IT-Risikolage innerhalb des Berichtszeitraums			
3. *Wesentliche* IT-Risiken			
		Parameter	
		Initial	Aktuell
Anwendungen	Kurze Beschreibung	P (%), S (€)	P (%), S (€)
	Maßnahmen	Beschreibung	Beschreibung
	Status	Ampel	Ampel
Infrastruktur	Kurze Beschreibung	P (%), S (€)	P (%), S (€)
	Maßnahmen	Beschreibung	Beschreibung
	Status	Ampel	Ampel
…	Kurze Beschreibung	P (%), S (€)	P (%), S (€)
	Maßnahmen	Beschreibung	Beschreibung
	Status	Ampel	Ampel

4. Weitere IT-Risiken (zusammenfassend, nach Unternehmensbereichen)
     Kurze Beschreibung
     Maßnahmen
     Status			

5. Ausblick Gesamtbeurteilung durch den IT-Risikomanager oder den Leiter des IT-Risikomanagements			

Tab. 5–12
IT-Risikobericht
(Kurzfassung)

Beispiel Grafische Darstellung von IT-Risiken im Zeitablauf (Anzahl der IT-Risiken in den Kategorien »grün« (dunkelgrau), »gelb« (hellgrau) und »rot« (schwarz)).

Abb. 5-8
Risikotrend (Dank an Wilfried Evers, Kassel)

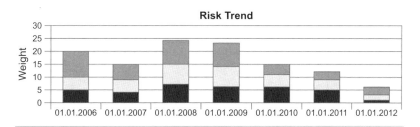

Die zyklische Ermittlung der IT-Risikolage oder aktuelle Entwicklungen geben die **Frequenz der Berichterstattung** vor. In der Regel werden der Bericht und einzelne Teile daraus im Quartals-, Halbjahres- und Jahresrhythmus aktualisiert.

Um Revisionssicherheit herstellen und um die Berichte als wichtige Informationsquelle für Prüfungen des IT-Risikomanagements verwenden zu können, dürfen die Berichte **nachträglich nicht verändert** werden. Zwingend notwendige **Fehlerkorrekturen müssen über eine Versionierung nachvollziehbar historisiert** werden.

Oft wird deshalb eine Software zur Verwaltung der IT-Risikoberichte und der gesamten Dokumentation im IT-Risikomanagement-Prozess verwendet. Neben Lösungen für das Dokumentenmanagement (DMS) werden Lösungen für das Wissensmanagement und Web-2.0-Technologien (etwa Wikis oder Portale) eingesetzt.

Da die Ergebnisse des IT-Risikomanagement-Prozesses sensibel sind, unterliegen IT-Risikoberichte der höchsten Vertraulichkeitsstufe. Eine Weitergabe des vollständigen IT-Risikoberichts an Dritte außerhalb des Unternehmens ist *grundsätzlich nicht* oder nur nach *ausdrücklicher schriftlicher* Genehmigung durch die Unternehmensleitung zulässig. Solche Ausnahmegenehmigungen werden etwa für Wirtschaftsprüfungsgesellschaften erteilt, die den Jahresabschluss des Unternehmens prüfen. Eine Veröffentlichung des Berichts ist *in jedem Fall* untersagt.

Um die Vielzahl von Zielgruppen möglichst effektiv und effizient mit Informationen zu versorgen, werden entsprechend verkürzte, anonymisierte, aggregierte und personalisierte **Standard-IT-Risikoberichte zentral** durch das IT-Risikomanagement oder das Enterprise Risk Management erstellt. Eine besondere Form des Standard-IT-Risikoberichts stellt der **IT-Risikolagebericht** dar. Der IT-Risikolagebericht beschreibt im Eigeninteresse und aufgrund gesetzlicher Vorgaben verbal und zusammenfassend alle wesentlichen IT-Risiken.

Neben diesen Standardberichten können *auf Anforderung* jederzeit **Ad-hoc-IT-Risikoberichte** erstellt werden. Unterschieden wird in:

- **Initialberichte**, wenn das IT-Risikomanagement oder bestimmte Gremien neu eingerichtet wurden, wenn Positionen im IT-Risikomanagement oder innerhalb der übrigen Zielgruppen neu besetzt oder wenn neue, wesentliche IT-Risiken identifiziert worden sind.
- **Transparenzberichte**, wenn über bestimmte IT-Risiken unmittelbar Klarheit bestehen muss, teilweise aufgrund (aufsichts-)rechtlicher Bestimmungen. Darunter fallen Ergebnisse von Sonderuntersuchungen, etwa Ergebnisse aus einem »Aufsichtsratsschwerpunkt«.
- **Entscheidungsberichte** zur Entscheidungsfindung. Darunter können auch Gutachten fallen, die von Dritten, meist Externen, auf Anforderung erstellt worden sind.
- **ereignis-/aktionsorientierte Berichte**, wenn sich IT-Risiken in eine Richtung entwickeln, wenn mit IT-Risiken assoziierte Ereignisse zu erwarten sind oder wenn Maßnahmen und Trends überwacht werden sollen. Dazu zählen Berichte über neuartige Bedrohungen, die so wesentlich sind, dass über sie anders oder schneller berichtet werden muss, als dies im regulären Berichtszyklus möglich wäre.
- **inhalts-/themenbezogene Schwerpunktberichte**, die entweder für bestimmte Zielgruppen oder zu bestimmten Anlässen erstellt werden, etwa für Prüfungen oder um einen Überblick über eine bestimmte IT-Risikokategorie zu erhalten. Häufig werden Berichte über IT-Risiken für Netzwerke und Server oder Berichte über das Risiko »Mensch« in der IT erstellt.

Welche Berichte an welche Zielgruppen in welchem Rhythmus verteilt werden, ist im **IT-Risiko-Reporting-Plan** (vgl. Tab. 5–13 und 5–14), hinterlegt ([Seibold 2006], S. 218). Er enthält:

- Angaben zur Art des Berichts (alle IT-Risiko-Standardberichte, IT-Risikolagebericht. Zur Information: alle Ad-hoc-Berichte der Vergangenheit)
- eine laufende Nummer oder eine andere eindeutige Identifikation des Berichts
- die Angabe zur Klassifikation der Vertraulichkeit
- den Inhalt des Berichts (Inhaltsverzeichnis und Schlagworte)
- die Autoren und ggf. davon abweichende (weitere) Ansprechpartner
- die Zielgruppen (Empfänger) und deren Zugriffsberechtigungen

Beispiel

Tab. 5-13
IT-Risiko-Reporting-Plan

Struktur eines IT-Risiko-Reporting-Plans (Dokument)

Inhaltsverzeichnis
1. Gültigkeit, Vertraulichkeitsstufe, Versionsinformationen und Erstellungsdatum
2. Tabellarischer Gesamtüberblick
3. Übersicht Einzelberichte (nach Nummer oder alphabetisch sortiert)
4. Übersicht Zielgruppen
4.1. alphabetisch
4.2. nach Zugriffsberechtigung
5. ggf. Hinweise zur Berichtserstellung und -verteilung
5.1. Ansprechpartner
5.2. Verwendete Prozesse und Werkzeuge, Einschränkungen

Übersicht aus einem IT-Risiko-Reporting-Plan (Tabelle)

Tab. 5-14
Beispiel eines IT-Risiko-Reporting-Plans

IT-Risikoberichtswesen (Übersicht) – Stand 1.3.2013
Verantwortlich
Gültig ab – Gültig bis

			Empfängergruppen					
BNr	Name	VS	ITRO	ITRM	IT-Ltg	FA	UL	KG	WP
01	Übersicht Einzelrisiken	5	●	●	–	–	–	–	–
02	Übersicht wesentliche Risiken	5	–	–	●	●	●	●	●
03	Übersicht Detailrisiken Serverfarm	4	–	●	●	–	–	–	–
04	Gesamtrisikoeinschätzung (Kurzfassung)	1	●	●	●	●	●	●	●

BNr: Berichtsnummer, VS: Vertraulichkeitsstufe (1: öffentlich ... 5: streng geheim)
Empfängergruppen: ITRO: IT-Risikoeigentümer, ITRM: IT-Risikomanager,
IT-Ltg: IT-Leitung, FA: Fachabteilung, UL: Unternehmensleitung,
KG: Kontrollgremium, WP: Wirtschaftsprüfer

Damit vom IT-Risikobericht selbst ein möglichst geringes Risiko durch Verlust der Vertraulichkeit ausgeht, sollte der Zugriff mit Unterstützung geeigneter Technologien (etwa Verschlüsselung, Identity- und Access-Management, Protokollierung) geregelt, überwacht und regelmäßig überprüft werden.

Eine wirksame Maßnahme besteht beispielsweise in der Bereitstellung des Berichts im Intranet bei gleichzeitiger Sperrung von Druck- und Download-Funktionen.

Kommunikation und Beratung

Dieser Schritt nutzt das IT-Risikoberichtswesen als Grundlage für die Kommunikation sowohl in Richtung der jeweils betroffenen Fachabteilung als auch gegenüber der Unternehmensleitung.

Kommunikation und Beratung klärt, *weshalb* bestimmte Aspekte und Elemente im IT-Risikomanagement-Prozess *wie* betrachtet werden und *welche* Ziele das IT-Risikomanagement verfolgt. Zudem wird festgelegt und kommuniziert, *wessen* IT-Risiken *warum* näher betrachtet werden und *für wen* das Ergebnis des IT-Risikomanagement-Prozesses wichtig ist. Wichtig ist, dass dem gesamten Unternehmen bekannt ist, wo Informationen über IT-Risiken und das IT-Risikomanagement gefunden werden können und wer für welche Fragen als Ansprechpartner zur Verfügung steht. Dies gilt aufgrund der damit verbundenen Sensibilität in besonderem Maß für alternative Kommunikationswege (vgl. auch Tab. 5–15).

Gute Kommunikation und Beratung dient damit zur Abstimmung aller Beteiligten im IT-Risikomanagement-Prozess. Sie erhöht die Qualität in Entscheidungen und sorgt für Motivation und Zugehörigkeitsgefühl. Sie verhindert auch, dass wichtige Bereiche nicht betrachtet oder unwichtige Bereiche zu intensiv untersucht werden. Gleichzeitig erreicht sie, dass möglichst viele gute Rückmeldungen für die laufende Verbesserung des IT-Risikomanagement-Prozesses bei den Verantwortlichen für das IT-Risikomanagement eingehen.

Aspekte zur Ausgestaltung alternativer Kommunikationswege (Whistle-Blower-Hotline, anonyme Meldewege) für das IT-Risikomanagement	*Handlungsempfehlung*
1. **Ist der Kommunikationsweg so gestaltet, dass die Mitarbeiter ihn unkompliziert und vor allem unauffällig nutzen können?** Unvermittelt den Raum betretende Kollegen dürfen nicht erkennen, dass der alternative Kommunikationsweg genutzt wird, beispielsweise weil er auf dem Bildschirm durch sein Layout, Farben oder andere Merkmale eindeutig erkennbar ist.	*Tab. 5–15* *Gestaltung alternativer Kommunikationswege*
2. **Ist sichergestellt, dass keinerlei Informationen über den Meldenden erfasst, gespeichert und verarbeitet werden?** Viele Anwendungssysteme erfassen den Benutzernamen oder andere identifizierende Informationen, die Rückschlüsse auf den Absender ermöglichen. Ein alternativer Kommunikationsweg berücksichtigt dies und stellt entweder technische Lösungen bereit oder arbeitet ohne technische Unterstützung.	
3. **Ist sichergestellt, dass die Mitarbeiter dem alternativen Kommunikationsweg vertrauen und keine persönlichen Nachteile befürchten?** Eine Möglichkeit ist, den alternativen Kommunikationsweg durch eine unternehmensexterne Instanz zu verwalten, beispielsweise eine Rechtsanwaltskanzlei oder Wirtschaftsprüfer. In diesem Kontext wird auch geklärt, wer notwendige Untersuchungen durchführen darf oder muss.	

→

4.	**Ist vereinbart, wie gemeldete Hinweise priorisiert und weiterbearbeitet werden, wenn sie als ausreichend bedeutsam und kritisch eingestuft worden sind?** Bei Nutzung des alternativen Kommunikationsweges hat dies eine besonders hohe Bedeutung, weil die Meldenden ein vergleichsweise hohes Risiko eingehen. Daher sind auch Fragen nach einer sinnvollen Reaktionszeit und Rückwärtskommunikation sehr wichtig.
5.	**Ist festgelegt, wie die Dokumentation der Hinweise und ihrer Nachverfolgung erfolgt?** Unabhängig von der gewählten Möglichkeit wird die Herkunft des Hinweises immer unkenntlich gemacht.
6.	**Ist sichergestellt, dass das Unternehmen über die technischen, sicherheitsrelevanten und gegebenenfalls auch personellen Ressourcen verfügt, um den alternativen Kommunikationsweg zu verwalten?** Im Unternehmen ist ein Ansprechpartner notwendig. Dabei wird technisch und organisatorisch sichergestellt, dass dieser Ansprechpartner keine Informationen über den Meldenden erhält.
7.	**Ist es sinnvoll, separate Berichte für den alternativen Kommunikationsweg zu erstellen, und wenn ja, in welcher Frequenz soll wie über welche Inhalte berichtet werden?** Im Normalfall werden die Erkenntnisse und Ergebnisse sowie alle erforderlichen Maßnahmen in die regulären IT-Risikoberichte integriert. In bestimmten Fällen kann es jedoch aus rechtlichen oder sachlichen Gründen geboten sein, Inhalte zusätzlich oder alternativ in geeigneter Form zu berichten.

5.9 IT-Risiko-Controlling

Es liegt nahe, Aktivitäten und Ergebnisse des IT-Risikomanagements einem Controlling zu unterziehen, um Verbesserungspotenziale zu erschließen und einer drohenden Fehlentwicklung entgegenwirken zu können. Ein eingerichtetes IT-Risiko-Controlling – selbst in einfacher Form (vgl. Tab. 5–16) – ist daher sinnvoller Bestandteil des IT-Risikomanagement-Prozesses.

Definition

IT-Risiko-Controlling

Das IT-Risiko-Controlling folgt dem im deutschen Sprachgebrauch etablierten Controlling-Gedanken im Sinne einer Lotsen- oder Navigationsfunktion. Die notwendige Kontrollaufgabe ist an die Beratung der Ergebnisse gekoppelt, das IT-Risiko-Controlling bereitet Entscheidungen vor.

In diesem Sinne sind die Überwachung (Monitoring) und die Überprüfung (Review) Teilaufgaben des IT-Risiko-Controllings. Dies ersetzt eine Überwachung durch die IT-Revision jedoch *nicht*.

Aspekte für die Einrichtung eines einfachen IT-Risiko-Controllings	
1.	Existieren alle aktuell dokumentierten IT-Risiken tatsächlich noch? ▪ Übersicht mit *nicht mehr relevanten* IT-Risiken
2.	Sind getroffene Maßnahmen zur Behandlung dieser IT-Risiken noch relevant? ▪ Übersicht mit *nicht mehr relevanten* Maßnahmen
3.	Sind alle übrigen Maßnahmen zur Behandlung von IT-Risiken wirksam? ▪ Übersicht mit *nicht mehr wirksamen* Maßnahmen (Kritikalität farblich: rot/gelb/grün)
4.	Sind alle Aufgaben im IT-Risikomanagement zugewiesen (sind alle Rollen besetzt)? Gibt es eine Verletzung der Funktionstrennung? ▪ Liste aller nicht besetzten Rollen ▪ Liste mit Verletzungen der Funktionstrennung (Kritikalität farblich: rot/gelb/grün)
5.	Gibt es Gründe für eine veränderte Bewertung von IT-Risiken? ▪ Liste aller betroffenen IT-Risiken und Angabe von Gründen (bspw. Änderungen in IT- oder Geschäftsprozessen oder Anwendungen) ▪ Dokumentation der Änderungen (alte/neue Bewertungen im Vergleich, bspw. farblich: rot/gelb/grün)
6.	Sind Überwachungs- und Kontrollzyklen noch angemessen? ▪ Liste aller Zyklen mit ihrer Angemessenheit (bspw. farblich: rot/gelb/grün)
7.	Sind neue IT-Risiken eingetreten, für die es noch keine Maßnahmen gibt? ▪ Liste aller neuen IT-Risiken zur weiteren Analyse und Bewertung ▪ Übersicht der Kommunikationskanäle, über die neue IT-Risiken gemeldet wurden ▪ Übersicht der ausschließlich vom IT-Risiko-Controlling oder der IT-Revision identifizierte IT-Risiken
8.	Wird das IT-Risikoberichtswesen pünktlich, korrekt und für alle Zielgruppen erstellt? ▪ Liste mit fehlerhaften, verspäteten oder nicht erstellten Berichten
9.	Welche Kosten sind im Rahmen des IT-Risikomanagements angefallen, und wie haben sie sich verteilt? ▪ Übersicht über Kostenarten und -stellen
10.	Welche Schäden sind durch IT-Risiken eingetreten, und welchen IT-Risiken können sie zugeordnet werden? ▪ Übersicht über Schäden und zugeordnete IT-Risiken ▪ Zusammenfassende Bewertung der Auswirkungen auf das Gesamtunternehmen, die IT und die einzelnen Fachabteilungen

Tab. 5–16
Einrichtung eines IT-Risiko-Controllings

Das Ziel dieses Teilprozesses (vgl. Abb. 5–9), der die übrigen Schritte des IT-Risikomanagement-Prozesses begleitet, ist es,

- zu überwachen, ob die aktuelle IT-Risikolage vollständig und richtig erfasst wurde,
- die Verantwortlichen über Abweichungen von der gewünschten IT-Risikolage zu informieren und
- die Verantwortlichen darin zu beraten, wie eine Übereinstimmung hergestellt oder beibehalten werden kann.

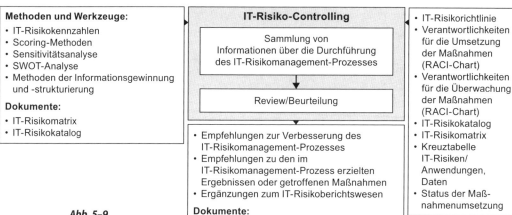

Abb. 5–9
IT-Risiko-Controlling
(modifiziert nach
[Ahrendts & Marton 2008],
S. 142)

Das IT-Risiko-Controlling sammelt zur Erfüllung seiner Aufgaben Informationen, insbesondere über den Ablauf der einzelnen Schritte, über alle Veränderungen im Prozess sowie über den Erfolg von Maßnahmen.

Praxishinweis

Mit welchen Methoden und Werkzeugen kann das IT-Risiko-Controlling durchgeführt werden?

Abbildung 5–9 fasst mögliche Methoden und Werkzeuge zusammen. Eine Beschreibung und Beispiele zur Anwendung enthält Kapitel 6. Das Unternehmen wählt die bevorzugten Methoden und Werkzeuge aus.

Zu den wesentlichen Aufgaben des IT-Risiko-Controllings zählen ([Fiege 2006], S. 81):

- Bereitstellung betriebswirtschaftlicher und technischer Strukturen zur Definition und Messung von IT-Risikokennzahlen
- Festlegung der Überwachungs- und Überprüfungsfrequenz, Definition außerplanmäßiger Anlässe
- Einforderung von Kennzahlen aus anderen Quellen zu festen Zeitpunkten und auf Anforderung
- Überwachung der Wirksamkeit von Maßnahmen zur Behandlung von IT-Risiken. Dazu lassen sich auch Maßnahmen analog zu IT-Risiken und Schäden hinsichtlich ihrer Wirksamkeit bewerten und klassifizieren. Ein Beispiel für eine solche Klassifikation unterteilt die Wirksamkeit in 0,1-Prozent-Schritten von *keiner* bzw. *minimaler/unvollkommener Risikominderung* bis zu *vollkommene Risikominderung* ([Wack 2007], S. 98).
- Der Fortschritt bei der Umsetzung von Maßnahmen zur Behandlung und die Verbesserung von Kontrollen lassen sich durch die »Wanderung« des jeweiligen IT-Risikos in der IT-Risikomatrix auch grafisch (vgl. Abb. 6–9) gut dokumentieren. Dies ist für Managementpräsentationen ideal.
- Beratung bei Auswahl und Anpassung von Maßnahmen zur Behandlung von IT-Risiken
- Übernahme einer Früherkennungsfunktion auf Basis geeigneter IT-Risikokennzahlen
- Unterstützung bei der Erstellung von Prognosen und Bewertung von Trends zur Entscheidungsvorbereitung
- Entwicklung des IT-Risikomanagement-Prozesses und der in ihm genutzten Methoden
- Mitwirkung beim Aufbau der Methoden- und Fachkompetenz des IT-Risikomanagement-Personals
- Kontrolle der Richtigkeit und fachliche Beurteilung von Wirtschaftlichkeitsberechnungen
- Mitwirkung an Entscheidungen über die Wahl der geeigneten generischen IT-Risikostrategien
- Übernahme von Verantwortung für das IT-Risikoberichtswesen oder einzelner Teile

6 Methoden und Werkzeuge für das IT-Risikomanagement

Dieses Kapitel stellt Methoden, Werkzeuge und Dokumente für das IT-Risikomanagement vor. Im Einzelnen werden die folgenden Fragen geklärt:

- Welche Methoden, Werkzeuge und Dokumente werden häufig genutzt?
- In welcher Phase des IT-Risikomanagement-Prozesses können sie eingesetzt werden?
- Wie werden sie eingesetzt?
- Wie können die »richtigen« Methoden und Werkzeuge ausgewählt werden?
- Wie kann die »richtige« Softwareunterstützung für das IT-Risikomanagement gefunden werden?

Ziel dieses Kapitels

Die Systematisierung der Methoden, Werkzeuge und Dokumente erfolgt alphabetisch und neben der Zuordnung zu den Schritten des IT-Risikomanagement-Prozesses auf Basis von zwei weiteren Kriterien (vgl. Tab. 6–1, [Königs 2013], S. 58):

- Sind die Methode, das Werkzeug und das Dokument ursachenorientiert oder wirkungsorientiert?
- Erlauben sie eine quantitative oder eine qualitative Betrachtung?

	Quantitativ	Qualitativ
Ursachen-orientiert	Dreipunktschätzung Ereignisbaumanalyse Evaluierung FMEA IT-Risikoinventur Monte-Carlo-Simulation PAAG/HAZOP Sensitivitätsanalyse Störfallanalyse	ABC-Analyse Checkliste, Fragenkatalog Delphi-Methode/Expertenbefragung Post-mortem-Analyse SWOT-Analyse Szenariomethoden Ursachenanalyse (Root Cause Analysis) Methoden der Informationsgewinnung und -strukturierung

Tab. 6–1
Übersicht über die Methoden, Werkzeuge und Dokumente

→

Wirkungs-orientiert	Dreipunktschätzung Fehlerbaumanalyse IT-Risikokennzahlen IT-Risikolandkarte IT-Risikokatalog Menschliche Zuverlässigkeits-analyse PAAG/HAZOP Scoring-Methoden Ursache-Wirkungs-Analyse/Business Impact Analysis	ABC-Analyse Checklisten IT-Risikokennzahlen IT-Risikonetzdiagramme IT-Risikoberichte Stresstest Ursache-Wirkungs-Diagramme Methoden der Informations-gewinnung und -strukturierung

Bei der Zusammenstellung steht die Anwendbarkeit im Vordergrund. Alle Methoden und Werkzeuge (Tab. 6–2) sowie Dokumente (Tab. 6–11) werden deshalb um ein Beispiel und Hinweise zur Anwendung ergänzt.

6.1 Methoden und Werkzeuge

Das IT-Risikomanagement kann auf eine Vielzahl von Methoden und Werkzeugen zurückgreifen. Die meisten von ihnen stammen aus dem Enterprise Risk Management und verwandten betriebswirtschaftlichen oder technischen Disziplinen. Das Ziel bei ihrem Einsatz ist es stets, Informationen über IT-Risiken möglichst praktikabel, vollständig und genau zu erfassen und für die weiteren Überlegungen aufzubereiten.

Tab. 6–2
Übersicht über Methoden im IT-Risikomanagement

Methoden im IT-Risikomanagement-Prozess	Definition des Kontexts	Identifikation	Analyse	Bewertung	Behandlung	Reporting, Kommunikation und Beratung	IT-Risiko-Controlling
ABC-Analyse	○	○	○	●	○	○	○
Delphi-Methode	◗	●	◗	◗	◗	◗	◗
Dreipunktschätzung (PERT)	○	◗	●	●	○	○	◗
Evaluierung	○	●	●	●	○	○	◗
Fehler-/Ereignisbaumanalyse	○	●	●	◗	○	○	◗
FMEA/FMECA	○	●	●	○	○	○	◗
IT-Risikoinventur	○	●	◗	○	○	○	◗
IT-Risikokennzahlen	◗	●	●	●	●	●	●
Menschliche Zuverlässigkeitsanalyse (HRA)	○	●	●	◗	○	○	○

→

Methoden im IT-Risikomanagement-Prozess	Definition des Kontexts	Identifikation	Analyse	Bewertung	Behandlung	Reporting, Kommunikation und Beratung	IT-Risiko-Controlling
Monte-Carlo-Simulation	○	○	●	●	○	○	○
PAAG/HAZOP	○	●	●	●	●	○	○
Post-mortem-Analyse	○	◐	●	●	◐	○	○
Scoring-Methoden	○	○	●	●	○	○	●
Sensitivitätsanalyse	○	●	●	●	◐	○	●
Stärken-Schwächen-Analyse (SWOT-Analyse)	◐	●	●	●	◐	○	●
Störfallablauf- und Ausfalleffekt-Analyse	◐	●	●	●	●	○	○
Stresstest	○	●	●	●	○	○	○
Szenariomethoden	○	●	●	◐	◐	◐	○
Ursachenanalyse	○	●	●	●	●	◐	◐
Ursache-Wirkungs-Analysen/Business Impact Analysis	○	●	●	●	◐	◐	○
Methoden der Informationsgewinnung und -strukturierung	●	●	●	●	●	●	●

○ nicht einsetzbar, ◐ bedingt einsetzbar, ● einsetzbar

ABC-Analyse

Die ABC-Analyse ordnet Betrachtungsgegenstände hinsichtlich ihrer Bedeutung für das Unternehmen in drei Klassen (A, B und C) ein. Die Klassengrenzen sind entsprechend der Anforderungen wählbar. Im IT-Risikomanagement wird die ABC-Analyse zur Klassifikation von IT-Risiken (Beispiel: Felder einer IT-Risikomatrix) sowie zur Priorisierung von Maßnahmen mit Blick auf meist knappe (finanzielle) Ressourcen eingesetzt.

Delphi-Methode

Die Delphi-Methode (Delphi-Studie, Delphi-Verfahren, Delphi-Befragung, Expertenschätzung) ist eine mehrstufige, systematische, in der Regel anonyme Expertenbefragung zu IT-Risiken und deren Eintrittswahrscheinlichkeiten, zeitlichen Verläufen und Auswirkungen. Die Experten müssen neben qualitativen Angaben auch Schätzungen auf

Basis eines vorbereiteten Fragebogens vornehmen ([Prokein 2008], S. 19, [Klipper 2011], S. 118). Zur Durchführung können Web-2.0-Technologien genutzt werden. Fragebögen können beispielsweise in Portale eingestellt und so gestaltet werden, dass sie online ausgefüllt werden können. Auch kann eine Chat-Funktionalität für Befragungen genutzt werden.

Ziel der Methode im IT-Risikomanagement ist es, Ursache-Wirkungs-Beziehungen zu verstehen und relevante aktuelle und künftige Bedrohungen für das Unternehmen sowie Verwundbarkeiten zu identifizieren.

Beispiel Ein großer Konzern führt eine Delphi-Studie global über eine speziell konzipierte Intranetseite für alle IT-Bereiche durch. Auf der Intranetseite sind dazu mehrsprachige Fragebögen zum Ausfüllen, eine Chat-Funktion für ein strukturiertes Interview sowie mehrsprachige Hintergrundinformationen zur Einarbeitung hinterlegt.

Ein **Nachteil** der Methode für das IT-Risikomanagement liegt in der vergleichsweise hohen Zahl an benötigten Experten. Auch impliziert die Methode, dass ein – anonym erzielter – Gruppenkonsens die inhaltlich beste Lösung darstellt, was nicht unbedingt zutrifft. Oft ist gerade bei Fragestellungen im IT-Risikomanagement wegen der Bewertung von Ungewissheiten eine Meinungsvielfalt wichtiger. Die Methode ist zudem relativ teuer und zeitaufwendig und kann bei einer hohen Zahl an Wiederholungen zu Ermüdungseffekten führen.

Dreipunktschätzung

Die Dreipunktschätzung (PERT-Schätzung, Dreier-Schätzung) wird im IT-Risikomanagement häufig verwendet, weil über eine einfache Formel aus einer optimistischen (*opt*), pessimistischen (*pess*) und realistischen (*real*) Schätzung ein mittlerer Wert errechnet wird:

$$x = (x_{pess} + 4 \times x_{real} + x_{opt})/6$$

wobei x die Eintrittswahrscheinlichkeit oder die Schadenshöhe darstellen kann.

Beispiel Im Rahmen einer Delphi-Studie werden 10 Experten über ein intranetbasiertes Formular gebeten, Angaben zu Schäden durch den Ausfall des zentralen Datenbankservers eines E-Commerce-Unternehmens an einem Adventswochenende zu machen:

- Frage 1:
  Wie hoch schätzen Sie den Schaden im schlimmsten Fall? (Die Mehrheit der Kunden ist extrem verärgert, es entstehen Unmut in sozialen Netzwerken und virales Negativmarketing.): ... [in T€]
- Frage 2:
  Wie hoch schätzen Sie den Schaden im günstigsten Fall? (Die Mehrheit der Kunden zeigt Verständnis und wiederholt den Bestellvorgang nach einigen Stunden.): ... [in T€]
- Frage 3:
  Wie hoch schätzen Sie den Schaden im Regelfall? (Einige Kunden sind verständnisvoll und werden neue Versuche unternehmen, andere wenden sich kommentarlos ab, ein kleiner Teil streut Negativ-Meinungen im Internet.): ... [in T€]

Der *wesentliche* Vorteil der Methode ist, dass sich die Befragten nicht auf einen einzigen Wert festlegen müssen und deshalb eher bereit sind, konkrete Werte zu nennen. Sie ist für schwierige Schätzungen, aber auch für diejenigen geeignet, die wenig Erfahrung mit Schätzungen haben, und reduziert die auch in einer guten IT-Risikokultur bestehende Sorge, sich durch eine falsche Schätzung in eine schwierige Situation zu bringen ([Seibold 2006], S. 95).

Evaluierung/IT-System-Evaluation, Review

Unter der Evaluierung einer IT-Ressource wird im Kontext des IT-Risikomanagements ihre exakte Untersuchung und Bewertung hinsichtlich verschiedener risikorelevanter Eigenschaften verstanden. Die Methode gilt als relativ aufwendig [Cronholm & Goldkuhl 2003]. Auf diesem Weg können jedoch Verwundbarkeiten systematisch ermittelt werden. Die Methode unterstützt zudem bei der Risikominimierung im Rahmen von Entscheidungen.

Beispiel

Evaluierung im Rahmen der Entscheidung zwischen konkurrierenden Technologien zur Implementierung (Java versus C++, Flash versus html5)

Fehlerbaumanalyse und Ereignisbaumanalyse

Die Fehlerbaumanalyse (FTA, Fault Tree Analysis, vgl. Abb. 6–1) nach DIN 25424 [DIN 1981] sowie die Ereignisbaumanalyse (Event Tree Analysis, ETA, vgl. Abb. 6–2) nach DIN 25419 ([DIN 1985], [Königs 2013], S. 259ff., [Klipper 2011], S. 140, [Seibold 2006], S. 96ff.) werden im IT-Risikomanagement häufig eingesetzt, wenn Ursachen für ein IT-Risiko oder Auswirkungen gesucht werden müssen. Beide Methoden erfordern ein detailliertes Verständnis der inneren Strukturen der betrachteten IT-Ressource. Die Methoden können sowohl im technischen als auch im organisatorischen Kontext verwendet werden.

Eine Sonderform dieser Analysemethode stellen **Angriffsbäume** dar ([Prokein 2008], S. 27f.). Sie ermöglichen über eine Baumstruktur die systematische Darstellung potenzieller Angriffsziele und Angriffswege und der damit verbundenen IT-Risiken. Die Wurzel stellt dabei das Angriffsziel dar. Die Blätter enthalten die Methoden, mit denen das Angriffsziel unter Ausnutzung von Verwundbarkeiten erreicht wird. Eine umfassende Analyse des Baums liefert detaillierte Informationen zur Senkung des IT-Risikos. Gelingt es auf diesem Weg, alle möglichen Angriffsziele und -wege zu identifizieren, können alle Bedrohungen und Verwundbarkeiten ermittelt werden. Der Angriffsbaum kann grafisch ähnlich dem Fehlerbaum oder textuell als Gliederung dokumentiert werden (vgl. Tab. 6–3, Abb. 6–1 und Tab. 6–4).

Beispiel
Tab. 6–3
Gliederung eines Angriffsbaums (Textform)

1. Angriffsziel 1
1.1 Unterziel 1.1
1.1.1 Angriffsmethode/-weg 1
1.1.2 ODER Angriffsmethode/-weg 2
1.2 ODER Unterziel 1.2
1.2.1 Angriffsmethode 1 UND
1.2.2 Angriffsmethode 2
1.2.3 ODER Angriffsmethode 3
2. ODER Angriffsziel 2
2.1 Unterziel 2.1
…

Der **Hauptvorteil** aller genannten Methoden ist die theoretisch erreichbare vollständige Identifikation aller IT-Risiken und die anschauliche grafische Repräsentation von IT-Risiken, Ursachen und Auswirkungen. **Nachteilig** ist, dass zeitliche Aspekte unberücksichtigt bleiben oder künstlich modelliert werden müssen. Gleiches gilt für unterschiedliche Ausprägungen von Ereignissen, beispielsweise hinsichtlich ihrer Schwere. Zudem entstehen in komplexen Situationen rasch große Bäume, da sich die Zahl der Zweige in beiden Methoden mit jedem Schritt stark vergrößert. Insbesondere, wenn die quantitative Auswertung des Baums mithilfe von boolescher Algebra oder die Ermittlung von Teil- und Gesamtwahrscheinlichkeiten gewünscht ist, kann Software sinnvoll unterstützen.

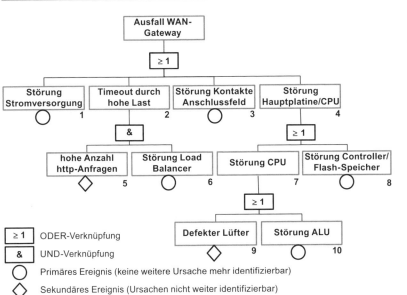

Beispiel

Abb. 6–1

Fehlerbaum (grafische Darstellung)

Ereignisse (Ursachen) sind voneinander unabhängig. Alle gleichzeitig auftretenden primären Ereignisse, die den Fehler an der Spitze des Baums auslösen, werden **Cut Set** genannt (hier bspw. 5 und 6).

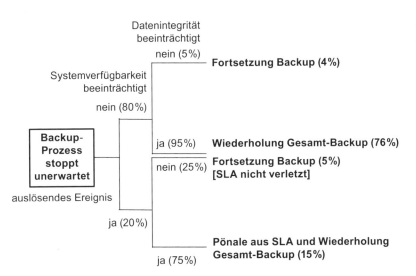

Abb. 6–2

Ereignisbaum

Gesamtwahrscheinlichkeit durch Multiplikation der Teilwahrscheinlichkeiten Summe muss 100% ergeben.

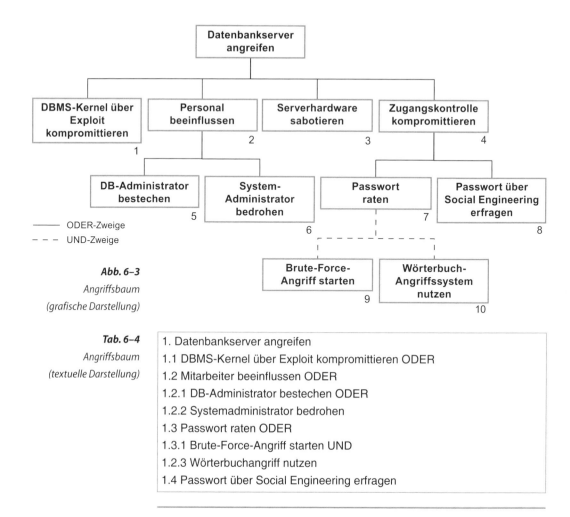

Abb. 6–3
Angriffsbaum
(grafische Darstellung)

Tab. 6–4
Angriffsbaum
(textuelle Darstellung)

1. Datenbankserver angreifen
1.1 DBMS-Kernel über Exploit kompromittieren ODER
1.2 Mitarbeiter beeinflussen ODER
1.2.1 DB-Administrator bestechen ODER
1.2.2 Systemadministrator bedrohen
1.3 Passwort raten ODER
1.3.1 Brute-Force-Angriff starten UND
1.2.3 Wörterbuchangriff nutzen
1.4 Passwort über Social Engineering erfragen

Fehlermöglichkeits- und Einflussanalyse/FMEA und FMECA

FMEA (Failure Mode and Effects Analysis, Auswirkungsanalyse) und FMECA (Failure Mode and Effects and Criticality Analysis), die zusätzlich die Kritikalität betrachtet, sind qualitative analytische Methoden, um Verwundbarkeiten und Lösungswege zur Beherrschung der IT-Risiken zu finden, **ehe sie eintreten** ([Königs 2013], S. 257f., [Lenges 2008], S. 20f., [Seibold 2006], S. 98, [Prokein 2008], S. 26). Die FMEA und FMECA sind damit **proaktiv**, im Gegensatz zur Ursachenanalyse, die bereits eingetretene IT-Risiken näher untersucht. In der IT und im IT-Risikomanagement gebräuchlich sind die **IT-System-FMEA (S-FMEA)**, die **Hardware-FMEA**, die **Software-FMEA**, die **IT-Prozess-FMEA (P-FMEA)** sowie die **IT-Produkt-FMEA (IT-Service-FMEA)**.

Tab. 6–5 Ablauf einer FMEA — *Handlungsempfehlung*

Ablauf einer FMEA	
1.	Das Analyseobjekt wird zunächst eingegrenzt und strukturiert. **Beispiel**: Zerlegung eines ERP-Systems in betriebswirtschaftliche Module
2.	Definition der Einzelfunktionalitäten **Beispiel**: Zusammenstellung aller Funktionen in diesem Modul: Stammdaten anlegen, ändern, löschen, Auftrag erfassen, ändern, Debitor buchen
3.	Je Funktion: Identifikation und Analyse **potenzieller** Fehlerorte (Entstehungsorte für IT-Risiken) strukturiert nach: • Fehlerarten (Risikoarten gemäß Systematik) • Fehlerursachen (Bedrohungen und Verwundbarkeiten) • Fehlerfolgen (Auswirkungen) Hilfsmittel: Ursache-Wirkungs-Diagramme **Beispiel**: Eingabefehler, unvollständige Daten, betriebswirtschaftliche Logik fehlerhaft implementiert, fehlerhafte Parameter, strukturiert nach • Menschen, Daten, Anwendungen/IT-Infrastruktur, IT-Organisation/IT-Prozesse, IT-Umfeld • höhere Gewalt, technisches Versagen, menschliches Versagen, Vorsatz • Verlust der Vertraulichkeit, Integrität, Verfügbarkeit
4.	Ermittlung der Risikoprioritätszahl (RPZ, vgl. S. 165) **Beispiel**: • Eingabefehler: $RPZ = 9 \times 9 \times 8 = 648$ • unvollständige Daten: $RPZ = 7 \times 6 \times 4 = 168$ • betriebswirtschaftliche Logik fehlerhaft implementiert: $RPZ = 8 \times 2 \times 3 = 48$ • fehlerhafte Parameter: $RPZ = 9 \times 3 \times 1 = 27$ **Empfehlung**: Ergänzung der RPZ um weitere, ausführlich dokumentierte erfahrungsbasierte Einschätzungen
5.	Ausarbeitung von Maßnahmen und Lösungsvorschlägen (formal oder subjektiv) entsprechend der Priorität der IT-Risiken **Beispiel**: Einrichtung von Eingabekontrollen, Abstimmungen, Prüfsummen

Die Methode beinhaltet zudem eine laufende Verfolgung vereinbarter Maßnahmen, einschließlich der Ermittlung neuer Risikoprioritätszahlen sowie eine Restrisikobetrachtung und -bewertung.

Der **Vorteil** der Methode ist eine übersichtliche und leichte Priorisierung aller Maßnahmen auf Basis der Risikoprioritätszahlen.

Nachteilig ist, dass die FMEA/FMECA häufig keine Interdependenzen zwischen einzelnen Teilen des untersuchten Objekts oder zwischen den untersuchten Objekten selbst erkennt, was dazu führen kann, dass wesentliche IT-Risiken übersehen werden. Eine besondere Form der FMEA ist die **Ausfalleffektanalyse**.

IT-Risikoinventur

Die IT-Risikoinventur wird genutzt, um IT-Risiken in einem Unternehmen systematisch zu erfassen und zu dokumentieren. Das Ergebnis einer IT-Risikoinventur ist das **IT-Risikoinventar**. Eine IT-Risikoinventur wird als interviewbasierte Analyse oder auf Basis (elektronischer) Checklisten sowie unter Zuhilfenahme von Daten aus dem IT-Systemmanagement (Fehler und Ausfälle, etwa über Helpdesk-Systeme) durchgeführt.

IT-Risikokennzahlen

Definition

IT-Risikokennzahl (IT-Risikoindikator)
Eine IT-Risikokennzahl beschreibt ein IT-Risiko einschließlich möglicher Ursachen und Auswirkungen oder die Wirkung von Maßnahmen. Sie kann die tatsächliche oder angestrebte IT-Risikolage darstellen.
Qualitative IT-Risikokennzahlen beschreiben Sachverhalte verbal und subjektiv, etwa durch Begriffe wie »hoch«, »stark« oder »angemessen«.
Quantitative IT-Risikokennzahlen beschreiben Sachverhalte über mathematische Beziehungen und nachprüfbare Messvorschriften.

Die Aktualisierung von IT-Risikokennzahlen erfolgt im Rhythmus der Berichterstattung über die IT-Risikolage oder auf Anforderung. Verhältniskennzahlen im IT-Risikomanagement weisen einen Zeitbezug (Monat, Quartal, Jahr) oder einen Bezug zu einer Gesamtmenge auf. Für das Unternehmen und den betrachteten Kontext besonders bedeutsame IT-Risikokennzahlen werden **IT-Schlüssel-Kennzahlen (Key Risk Indicator, KRI, IT-Risikotreiber)** genannt. Sie sind grundsätzlich quantifizierbar ([Johannsen 2009], S. 22, [Prokein 2008], S. 36f., [ISACA 2009a]).

Beispiel
- die Anzahl am Mailserver eingehender Spam-Mails im Verhältnis zur Gesamtzahl an E-Mails je Tag oder Monat
- Anzahl und Art der freigeschalteten Ports an einer Firewall
- die Anzahl der Zugriffe auf ein SAN je Monat oder Quartal
- die Anzahl der Angriffe auf die Netzwerkaußengrenze im Monat
- die Anzahl der Fehler in Quellcode (je tausend Zeilen)
- Temperatur- und Spannungswerte in Serverschränken in einem Rechenzentrum
- Datenschutzrelevanz: der Anteil der Anwendungen, die datenschutzrelevant sind, bezogen auf die Gesamtheit der Anwendungen
- die über einen bestimmten Router laufende Datenmenge je Stunde oder Tag
- Abweichungen vom IT-Bebauungsplan (Anzahl verschobener, verzögerter oder gestrichener IT-Projekte im Bereich der IT-Infrastruktur und der Anwendungen)

Eine besondere Kennzahl ist die Risikoprioritätszahl (RPZ, [Lenges 2008], S. 32f.). Sie entsteht durch Multiplikation der drei folgenden Faktoren:

- »subjektive Bedeutung eines IT-Risikos« (Severity, S)
- »geschätzte Auftritts- bzw. Eintrittswahrscheinlichkeit des IT-Risikos« (Occurrence, O)
- »geschätzte Erkennungs- bzw. Entdeckungswahrscheinlichkeit des IT-Risikos« (Detection, D)

$$RPZ = S \times O \times D$$

Jeder Faktor kann einen Wert zwischen 1 und 10 einnehmen, sodass die niedrigste RPZ 1 und die höchste RPZ 1000 beträgt. Je höher die RPZ ist, desto größer ist das IT-Risiko und desto schwerwiegender sind die zugrunde liegenden Ursachen. Die Werte werden mithilfe von Bewertungskatalogen festgelegt, wobei die Bewertungskataloge selbst auf Erfahrungswerten oder statistischen Informationen beruhen (vgl. Tab. 6–6). Die RPZ wird hauptsächlich im Kontext der FMEA/FMECA genutzt.

Zuordnungstabelle zur Ermittlung der RPZ

Beispiel

Tab. 6–6

Die IT-Risikoprioritätszahl

Bedeutung (Severity S)		Eintrittswahrscheinlichkeit (Occurrence O)		Entdeckungswahrscheinlichkeit (Detection D)	
Klassifikation	Punktwert	(in %)	Punktwert	(in %)	Punktwert
nicht existent	1	0..10 extrem gering	1	0..10	1
sehr marginal	2	11..20 sehr gering	2	11..20	2
marginal	3	21..30 gering	3	21..30	3
sehr gering	4	31..40 unterdurchschnittlich	4	31..40	4
gering	5	41..50 durchschnittlich	5	41..50	5
mittel	6	51..60 überdurchschnittlich	6	51..60	6
hoch	7	61..70 hoch	7	61..70	7
sehr hoch	8	71..80 sehr hoch	8	71..80	8

→

Bedeutung (Severity S)		Eintrittswahrscheinlichkeit (Occurrence O)		Entdeckungs- wahrscheinlichkeit (Detection D)	
extrem hoch	9	81..90 extrem hoch	9	81..90	9
katastrophal	10	91..100 sicher	10	91..100	10

Wenn die jeweiligen Ausgangswerte als Dimensionen betrachtet werden, lassen sich die Risikoprioritätszahlen für verschiedene IT-Risiken dreidimensional in einem **IT-Risikoprioritätszahlen-Würfel** darstellen.

Eine weitere IT-Risikokennzahl ist der **Value at Risk** (vgl. Abb. 6–4). Er ist ein Risikomaß, das den geschätzten maximalen Wertverlust aus unerwarteten Schäden beziffert. Der Wertverlust bezieht sich dabei auf eine IT-Ressource oder ein IT-Projekt bzw. auf eine Menge gleichartiger IT-Ressourcen und IT-Projekte mit einer gegebenen Wahrscheinlichkeit (dem sog. Konfidenzniveau) innerhalb eines gegebenen Zeithorizonts ([Königs 2013], S. 31ff., [Prokein 2008], S. 7, [Seibold 2006], S. 101).

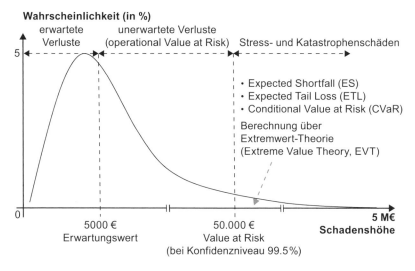

Abb. 6–4
Value at Risk und Stress-/Katastrophenschäden (modifiziert nach [Königs 2013], S. 34, [Prokein 2008], S. 8)

Beispiel Der Value at Risk eines Datenbankservers von 50.000 € bei einem Zeitraum von einem Jahr und einem Konfidenzniveau von 99,5 % bedeutet, dass unerwartete Schäden aus Nichtverfügbarkeit, Angriffen, Dateninkonsistenzen oder anderen IT-Risiken, denen der Server ausgesetzt ist, innerhalb eines Jahres mit einer Wahrscheinlichkeit von 99,5 % 50.000 € nicht überschreitet. Größere Schäden sind möglich, treten jedoch nur mit einer Wahrscheinlichkeit von 0,5 % auf.

Das Konzept des VaR kann zwar auf die IT übertragen werden, der Aufwand zur Ermittlung ist jedoch hoch. Zudem stehen die notwendigen Daten nicht immer zur Verfügung.

Zur genaueren Berechnung der Schäden *oberhalb* des Value at Risk (vgl. Abb. 6–4, Stress- und Katastrophenschäden) kann beispielsweise die **Extremwert-Theorie** (Extreme Value Theory, EVT) herangezogen werden ([Prokein 2008], S. 58ff.).

Steuerungskennzahlen werden neben ihrer eigentlichen Funktion für die Steuerung von Eingriffen in den IT-Risikomanagement-Prozess genutzt. Sind die Werte dieser Kennzahlen hoch, sind Sondermaßnahmen durch das IT-Risikomanagement erforderlich, etwa Schulungen oder die Neubesetzung von Stellen. Sind sie klein, sind die Regelaktivitäten nach dem Standardprozess ausreichend.

Beispiel

- die Anzahl IT-Risiken bezogen auf den jeweiligen IT-Abteilungsbereich
- die Schadenssumme im jeweiligen IT-Abteilungsbereich
- die Anzahl behandelter IT-Risiken im Verhältnis zur Anzahl unbehandelter IT-Risiken
- die durchschnittliche Schadenssumme je IT-Risiko
- die durchschnittliche Schadenssumme über alle IT-Risiken
- die größte Schadenssumme bzw. das größte IT-Risiko bezogen auf den jeweiligen IT-Abteilungsbereich
- datenschutzkonforme Anwendungen: der Anteil Anwendungen, die erfolgreich datenschutzgeprüft wurden bezogen auf alle datenschutzrelevanten Anwendungen
- das Risikobewusstsein (Awareness): Punktwert, gemessen über Umfragen

Menschliche Zuverlässigkeitsanalyse

Die menschliche Zuverlässigkeitsanalyse (Human Reliability Assessment, HRA) rückt den Menschen und seinen Einfluss auf die IT als bedeutsamen IT-Risikofaktor in den Vordergrund ([Klipper 2011], S. 146). Betrachtet werden im Rahmen des IT-Risikomanagements die folgenden Aspekte:

- kognitive Prozesse (Aufmerksamkeit, Erinnerung, Lernen, Planen, Kreativität)
- menschliche Zuverlässigkeit (Fehlerhäufigkeit)
- Wechselwirkungen zwischen Mensch und IT
- Entscheidungsprozesse
- Wissen und Erfahrung

Die menschliche Zuverlässigkeitsanalyse beginnt mit einer Betrachtung aller unter IT-Risikogesichtspunkten relevanten Aktivitäten in den Geschäftsprozessen und der darin benötigten IT-Unterstützung (Daten, Anwendungen). Fokussiert wird anschließend auf alle Aspekte der IT, in denen Unregelmäßigkeiten aufgetreten sind. Dabei wird geprüft, wo **menschliche Fehlerquellen** liegen und welche **manuellen Kontrollen** durchgeführt werden. Ähnlich wie bei Fehlerbaum- oder Ereignisbaumanalysen wird im Rahmen der IT-Risikoidentifikation und -analyse theoretisch oder anhand von Erfahrungswerten ermittelt, was bei den verschiedenen Aktivitäten falsch gemacht werden kann, was aus mangelnder Unterstützung resultiert und wie die Wahrscheinlichkeit für jeden einzelnen Fehler aussieht. Anschließend müssen die Auswirkungen ermittelt werden. Das Ergebnis der Analyse ist eine Dokumentation aller möglichen menschlichen Fehler sowie ihrer Wirkungen auf die IT.

Menschliche Zuverlässigkeitsanalysen ergänzen oder verifizieren die Ergebnisse anderer Analysemethoden. Hilfreich sind sie dann, wenn andere Methoden menschliches Versagen oder Vorsatz nicht ausreichend berücksichtigen.

Monte-Carlo-Simulation

Die Monte-Carlo-Simulation (stochastische Simulation) wird trotz ihrer relativ hohen methodischen und operativen Komplexität immer wieder auch im IT-Risikomanagement erfolgreich eingesetzt. Die Basis einer Monte-Carlo-Simulation bildet ein in sehr vielen Wiederholungen durchgeführtes »Zufallsexperiment« mit maschinell erzeugten zufälligen Ausgangswerten (»Zufallsvariablen«). Die sich daraus ergebende empirische Wahrscheinlichkeitsverteilung, aus der unter anderem auch der Value at Risk abgeleitet werden kann, wird anschließend analysiert.

Auf die IT übertragen ermöglicht es die Methode beispielsweise, in komplexen IT-Infrastrukturen das stochastische Verhalten zufälliger Ereignisse (etwa Ausfälle oder spezifische Störungen) auf die Geschäftstätigkeit in ihrer Gesamtwirkung zu verdeutlichen ([Brünger 2010], S. 144ff., [Prokein 2008], S. 53ff.).

Mit der Simulationsmethode lässt sich zudem die kostenoptimale Kombination derjenigen Maßnahmen ermitteln, bei deren Einsatz sich der Rückgang der Schadenshöhe messen lässt. Ein weiteres Einsatzgebiet ist eine Betrachtung *vor* der Anwendung besonders aufwendiger risikobehandelnder Maßnahmen und *danach*.

Beispiel

Ein global tätiger Outsourcing-Anbieter möchte für seine großen Rechenzentren, in denen Daten mehrerer Tausend Mandanten verarbeitet werden, die Gesamtwirkung von Störungen in der Middleware (bspw. Netzwerk, Message-Queues, Verzeichnisdienste) auf die Verfügbarkeit der von den Mandanten nachgefragten IT-Dienstleistungen bzw. die Wirksamkeit von Maßnahmen gegen solche Störungen untersuchen (vgl. Tab. 6–7).

Die Monte-Carlo-Simulation wird stets in mehreren Schritten durchgeführt.

Sie beginnt mit der Entwicklung eines Modells, das die Auswirkungen von identifizierten IT-Risiken beschreibt. Im Beispiel oben ist dies ein Modell, das die Auswirkungen von Störungen in der Infrastruktur der verteilten Rechenzentren auf die IT-Dienstleistungen beschreibt. Die Komplexität entsteht durch die Vielzahl der IT-Risiken und die Vielzahl der betrachteten Middlewarekomponenten (in der Regel einige Hundert Elemente). Zur Durchführung wird eine Kreuztabelle aus identifizierten IT-Risiken, Eintrittswahrscheinlichkeiten und Auswirkungen auf die Verfügbarkeit der zu erbringenden IT-Dienstleistungen angelegt (vgl. Tab. 6–7). Anschließend wird die Tabelle über Expertenbefragungen gefüllt.

Beispiel

Tab. 6–7

Kreuztabelle für IT-Risiken und Auswirkungen im Rahmen der Monte-Carlo-Simulation (vereinfachtes Beispiel)

IT-Risiko [P in %/AV in %]	Auswirkungen auf die Verfügbarkeit der zu erbringenden IT-Dienstleistungen					
	Mandant 1		Mandant 2		Mandant 3	
	DL A	DL B	DL C	DL A	DL A	DL D
R1: Störung Stromversorgung Gebäude H7, Ebene 3	1,5/0	1,5/0	2,5/0	0,5/0	0,01/0	1,5/0
R2: Zentraler Backup-Roboter fehlerhaft	0,005/95	1,5/0	3,5/50	0,001/0	0,1/95	0,5/85
...						
R634: Performance-Problem zentraler Crypto-Service	0,01/70	0,1/85	0,05/65	1,5/95	5/99	0,001/15

DL: IT-Dienstleistung; P: Eintrittswahrscheinlichkeit (Probability in %); AV: Verfügbarkeit (Availability in %)

Stehen alle Werte fest, werden die voneinander unabhängigen Simulationsläufe gestartet, in der Regel einige Tausend. In ihnen werden die Eintrittswahrscheinlichkeit und die Schadenshöhe für zufällige Kombinationen von IT-Risiken ermittelt. Als Zeithorizont in der Simulation wird in der Regel ein Jahr festgelegt.

Das Ergebnis *eines* Simulationslaufs ist die Eintrittswahrscheinlichkeit und die Schadenshöhe *einer* zufällig ausgewählten Kombination der zuvor identifizierten IT-Risiken auf die Verfügbarkeit innerhalb des gewählten Zeithorizonts. Das Ergebnis *aller* Simulationsläufe stellt eine empirische Wahrscheinlichkeitsverteilung für die Eintrittswahrscheinlichkeit und die Schadenshöhe n zufälliger Kombinationen aus eingetretenen IT-Risiken innerhalb des Zeithorizonts dar, wobei n der Gesamtzahl der Simulationsläufe entspricht (vgl. Abb. 6–5).

Beispiel

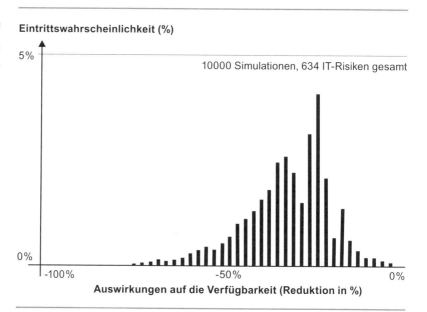

Abb. 6–5
Ergebnisse der Monte-Carlo-Simulation (vereinfachtes Beispiel)

Diese Wahrscheinlichkeitsverteilung wird nun interpretiert.

Beispiel   Der Outsourcing-Anbieter kann nun analysieren, wie groß die Gesamtwahrscheinlichkeit für eine schwere Beeinträchtigung der Verfügbarkeit seiner IT-Infrastruktur bei gleichzeitigem Eintritt vieler verschiedener IT-Risiken (etwa im Katastrophenfall) *tatsächlich* ist. Die empirische Verteilung verdeutlicht, dass selbst bei ungünstigem Zusammentreffen vieler IT-Risiken die Verfügbarkeit mit einer Wahrscheinlichkeit von etwa 4,5 % in den meisten Fällen nicht mehr als 20 bis 30 % gegenüber der erwarteten Verfügbarkeit im Normalbetrieb absinkt. Lediglich mit sehr geringer Wahrscheinlichkeit sinkt die Verfügbarkeit kritisch ab. Die eingeleiteten Maßnahmen sind also effektiv und effizient.

Im letzten Schritt erfolgt die Ableitung gegebenenfalls notwendiger (weiterer) Maßnahmen zur Behandlung einzelner IT-Risiken oder bestimmter, zu Gruppen zusammengefasster IT-Risiken (IT-Risikoportfolio).

Diese Methode eignet sich aufgrund des hohen Aufwandes und ihrer Komplexität eher zur Beurteilung sehr anspruchsvoller Situationen. Da die Simulation rechenintensiv ist, wird sie mit Softwareunterstützung durchgeführt, was einen hohen Einrichtungs- und Betreuungsaufwand zur Folge hat und spezifisches Know-how erfordert. Liegen zudem zu wenige Daten über extreme Schadensereignisse vor, besteht die Gefahr, dass IT-Risiken mit geringer Eintrittswahrscheinlichkeit und großer Schadenshöhe einen zu geringen Einfluss auf das Ergebnis haben.

PAAG-Methode, HAZOP-Studie und HACCP-Konzept

Die **PAAG-Methode** (**P**rognose, **A**uffinden der Ursache, **A**bschätzen der Auswirkungen, **G**egenmaßnahmen, [Klipper 2011], S. 124f., [Prokein 2008], S. 28f.) kann für IT-Großanlagen wie Rechenzentren, komplexe IT-Betriebsprozesse und Anwendungen oder bestandskritische IT-Großprojekte genutzt werden. Ihre Nutzung ist über den gesamten Lebenszyklus des betrachteten Objekts hinweg möglich und bietet sich an, wenn etwas verbessert werden soll, beispielsweise Geschäftsprozesse, die später IT nutzen.

Das Ziel der PAAG-Methode ist es, so viele IT-Risiken wie möglich durch eine Analyse der Abweichungen des Ist-Zustandes vom Soll-Zustand zu identifizieren und durch entsprechende Optimierungen zu vermeiden.

Eine Message-Queue in einem Rechenzentrum muss gemäß Spezifikation in der Lage sein, 10.000 Nachrichten je Sekunde zu verarbeiten. Der aktuelle Wert liegt jedoch gemäß Protokoll lediglich bei 8.569 Nachrichten. *Beispiel*

Die Frage ist in einer PAAG nicht, *ob* etwas passieren kann, sondern *was* genau dazu führt, dass etwas passiert.

Was genau ist im *konkreten* Fall die Ursache für die Nichterreichung des Ziels von 10.000 Nachrichten je Sekunde? *Beispiel*
Nicht: Welche Ursachen gibt es prinzipiell für den Rückgang der Performance dieser Message-Queue?

Meist werden für eine vollständige Erfassung aller Ursachen weitergehende Analysen (etwa eine FMEA) durchgeführt.

Experten aus verschiedenen Bereichen der IT untersuchen in einer oder mehreren Sitzungen unter Leitung eines Moderators alle Teile des betrachteten Objekts auf Abweichungen vom Sollzustand. Besonderes Augenmerk ist dabei auf die Möglichkeit einer Unterbrechung der Betriebskontinuität gelegt. Bei diesen Betrachtungen werden nicht nur technische, sondern auch organisatorische Aspekte (etwa Richtlinien) mit einbezogen, da sie selbst IT-Risiken bergen können.

Zur Durchführung der Arbeiten wird auf selbst erstellte oder standardisierte Checklisten zurückgegriffen. Interdependenzen werden über Diagramme, beispielsweise Block-, Datenfluss- oder Zustandsübergangs-Diagramme, visualisiert. Die Experten prüfen, ob die in den Checklisten enthaltenen Punkte alle Zusammenhänge vollständig abbilden und nehmen bei Bedarf Erweiterungen vor. Dabei ist Weitsichtigkeit notwendig, denn oftmals sind gerade unübliche, unwahrscheinliche oder seltene Szenarien (Extremzustände) besonders risikoreich, müssen deshalb erkannt und mit ihren Konsequenzen vollständig beschrieben werden.

Über eine Verknüpfung von *Leitworten* (beispielsweise »Mehr/zu viele«, »Weniger/zu wenig«, »Sowohl als auch«, »Teilweise«, »Umgekehrte Richtung«, »Falsch«, »Zu früh«, »Zu spät«, »Anders als«) mit wichtigen Parametern des betrachteten Objekts werden Abweichungen vom Soll systematisch ermittelt und die daraus resultierenden IT-Risiken mit ihren Ursache-Wirkungs-Beziehungen diskutiert. Die Leitworte werden hierzu an die individuellen Bedürfnisse angepasst.

Beispiel *Konkrete Ursache* für zu wenige übertragene Nachrichten: *Zu wenig* Cache-Speicher in der primären Queue führt zu Verzögerungen. Der Sender A1 sendet *zu viele* Nachrichten je Sekunde. Der Prüfsummen-Check bei Datenübernahme von den Sendern in die Queue startet *zu früh* und erzwingt zeitverzögernde erneute Anfragen.

Die Dokumentation der ermittelten IT-Risiken erfolgt in Tabellen. So kann beispielsweise dargestellt werden, was passiert, wenn zu viele Benutzer gleichzeitig mit einer Anwendung arbeiten oder – im Beispiel – zu viele Nachrichten eingehen, Datenformate nicht stimmen, Datensicherungen zu spät durchgeführt werden oder Daten nicht über Schnittstellen in eine bestimmte Richtung zurückgegeben werden.

Ein **Vorteil** der PAAG-Methode ist, dass sie als vergleichsweise flexibel gilt. **Nachteilig** ist der hohe Aufwand, den die Identifikation von IT-Risiken verursacht, weshalb häufig oberflächlich und formalistisch gearbeitet wird. Vielfach sind auch die Soll-Werte zu streng gefasst. Daher werden in der Folge zu aufwendige Maßnahmen zur Behandlung der IT-Risiken ergriffen. Oft wirft ein zu detailliertes Vorgehen auch mehr Fragen auf, als die Methode mit sinnvollem Aufwand und in einem sinnvollen Zeit- und Kostenrahmen beantworten kann. Daher ist es aus Akzeptanzgründen hilfreich, sich schrittweise an eine weitere Detaillierung heranzuarbeiten. Die PAAG-Methode geht zudem von einem statischen Umfeld aus. Sobald sich das betrachtete Objekt verändert, sind die Ergebnisse der Analyse weitgehend ungültig, eine Wiederholung wird notwendig.

Eine Sonderform der PAAG-Methode ist die **HAZOP-Studie** (Hazard and Operability Study). Da in der IT häufig von »Produktion« gesprochen wird, wenn die in einem Rechenzentrum laufenden IT-Prozesse ohne Benutzerinteraktion gemeint sind, kann die Methode problemlos auf solche IT-Prozesse übertragen werden. Das **HACCP-Konzept** (Hazard Analysis and Critical Control Points, [Klipper 2011], S. 128ff.) sieht das IT-Risikomanagement als integralen Bestandteil der IT-Prozesse, was dem heutigen Verständnis eines integrierten IT-Risikomanagements vollständig entspricht. Als Erweiterung der HAZOP-Studie werden **Critical Control Points** (CCP) identifiziert, an denen Kontrollen durchzuführen sind. Diese Kontrollen werden in der Praxis mit einem IKS realisiert. Wo notwendig, werden fehlende Kontrollen ergänzt oder unwirksame Kontrollen überarbeitet.

Post-mortem-Analyse

Unter einer Post-mortem-Analyse versteht man im IT-Risikomanagement die Betrachtung von abgeschlossenen Sachverhalten ([Ahrendts & Marton 2008], S. 21). Dabei müssen diese Sachverhalte nicht immer negativ ausgegangen sein, um eine solche Analyse zu rechtfertigen, auch wenn der Begriff dies unterstellen mag. Post-mortem-Analysen können ganz allgemein dazu genutzt werden, um die *tatsächliche* Reaktion bei Risikoeintritt zu untersuchen und davon abhängige Maßnahmen als wirksam zu bestätigen oder zu verbessern. Post-mortem-Analysen werden oft auch im Zusammenhang mit Ursachenanalysen durchgeführt.

Wesentliche **Vorteile** der Post-mortem-Analyse sind die freie Gestaltung des Ablaufs (bspw. Workshop, Interview, intranetbasierte Umfrage) und die dadurch möglichen individuellen Anpassungen an das Analyseobjekt. Auch können alle Betroffenen leicht eingebunden werden. Da in den meisten Fällen bereits alle für die Analyse benötigten Informationen vorliegen, sind keine weiteren Vorbereitungen notwendig. Die Post-mortem-Analyse fördert zudem schnelles Lernen. **Nachteile** der Methode sind der hohe zeitliche Einsatz und mögliche Konflikte, wenn der Eindruck entsteht, dass Schuldige gesucht werden sollen. In einem komplexen Umfeld, beispielsweise in großen Projekten oder in global verteilten IT-Umgebungen, kann es mitunter zusätzlich technisch/organisatorisch schwierig sein, alle Betroffenen adäquat einzubinden.

Scoring-Methoden

Scoring-Methoden sind eine gute und leicht zu handhabende Möglichkeit, gegen IT-Risiken ergriffene Maßnahmen qualitativ oder quantitativ zu bewerten ([Fiege 2006], S. 182f.). Zu den wichtigsten Methoden zählen die **Nutzwertanalyse** (vgl. Tab. 6–8) und der **Entscheidungsbaum** (Decision Tree Analysis, vgl. Abb. 6–6).

Beispiel

Tab. 6–8

Nutzwertanalyse

Nutzwertanalyse zur Entscheidung
IT-Risiko: Portscan, Maßnahme: Paketfilter-Firewall

Merkmal/Eigenschaft der Firewall	Gew. (in Prozent)	Produkt A		Produkt B	
		Erf. (0..10 Punkte)	PUNKTE (ERF× GEW)	Erf. (0..10 Punkte)	PUNKTE (ERF× GEW)
Anzahl geprüfter Pakete je Sekunde	10	2	20	7	70
Protokollierungsfunktion	30	6	180	3	90
...	...	...	...	...	...
Gesamt	100	NW:	**1286**	NW:	788

Gew.: Gewichtung (Gesamtsumme ergibt 100 Prozent),
Erf.: Erfüllungsgrad (beliebige Skalierung, i.d.R. 1 – 10), NW: Nutzwert
(Die Alternative mit dem höchsten Nutzwert (grau) ist am vorteilhaftesten.)

Ein wesentlicher **Vorteil** dieser Methoden ist, dass sie unterschiedliche Maßnahmen und die zugrunde liegenden IT-Risiken durch die Zuordnung eines Bewertungsmaßstabes (beispielsweise Punkte oder Kosten) vergleichbar machen können. Die Methoden können sowohl für strategische als auch für operative Entscheidungen und über alle Bereiche der IT hinweg genutzt werden. Allerdings muss darauf geachtet werden, dass ein einheitliches Vorgehen und ein einheitlicher Maßstab zur Gewichtung und Bewertung verwendet werden.

Als schwerwiegender **Nachteil** gilt die hohe Subjektivität. Sowohl Gewichtungsfaktoren als auch Kosten oder Punkte für die Bewertung sind in der überwiegenden Mehrzahl geschätzt. Nur selten liegen objektive Daten zugrunde. Ein weiterer Nachteil ist, dass Interdependenzen zwischen Maßnahmen nicht berücksichtigt werden können.

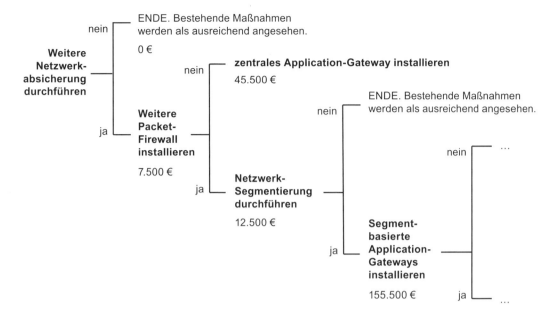

Abb. 6–6
Entscheidungsbaum

Sensitivitätsanalyse

Die Sensitivitätsanalyse (Empfindlichkeitsanalyse, »What-if«-Analyse, [Brünger 2010], S. 131, [Fiege 2006], S. 172f.) untersucht im IT-Risikomanagement, welchen Effekt Änderungen in den Ursachen eines IT-Risikos, in der Verwundbarkeit des bedrohten Objekts oder bezüglich möglicher Behandlungsmaßnahmen auf Eintrittswahrscheinlichkeit und Schadenshöhe haben.

Sie wird genutzt, wenn IT-Risiken und Wirkungen von Maßnahmen gut bekannt sind. Können die sich verändernden Faktoren über Variablen quantifiziert und können Zusammenhänge funktional beschrieben werden, lässt sich die Veränderung exakt beurteilen. Sind mathematische Zusammenhänge nicht erkennbar oder zu komplex, können Iterationsverfahren und Schätzungen genutzt werden.

Zur Ermittlung der Wirkungen wird *eine* Variable verändert, während *alle übrigen* Variablen fixiert sind. Der Effekt von Veränderungen, insbesondere das Erreichen von Schwell- oder Zielwerten, kann nun gut beobachtet und analysiert werden.

Für die Durchführung kann der Status quo der Eintrittswahrscheinlichkeit oder der Schadenshöhe auf einer Achse markiert werden (vgl. Abb. 6–7). Die Betrachtung von Größe und Richtung der Änderung (beispielsweise erzielt durch Ergänzung oder Einsparung von Maßnahmen) ermöglicht dann eine weitere Entscheidung.

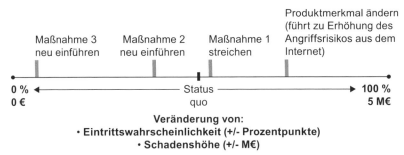

Abb. 6–7 Sensitivitätsanalyse

| | Beispiel | Eine Firewall verfügt über sechs Steckplätze für Module, die jeweils spezialisierte Prüfungen im Datenverkehr hardwarenah ausführen. Zwei Module sind bereits installiert. Das IT-Management möchte nun wissen, in welchem Umfang ein bestimmtes neues Modul die Schadenshöhe des IT-Risikos »Angriff aus dem Internet« beeinflusst und ob es zur Senkung der Eintrittswahrscheinlichkeit sinnvoll ist, mehrere neue Module zu installieren oder sogar Module stillzulegen.
In einem Rechenzentrum werden Maßnahmen zur Senkung des Brandrisikos diskutiert. Die teuren feuerfesten Stromkabel sowie überwachte Netzteile sind bereits installiert, müssen jedoch altersbedingt erneuert werden. Verbesserte Wärmeabfuhr/Klimatisierung und Kontrollgänge sowie eine verbesserte Feuerlöscheinrichtung könnten neu eingeführt werden. Das IT-Management möchte nun wissen, mit welcher Maßnahmenkombination die größte Gesamtwirkung erzielt werden kann. |
|---|---|---|

Die Methode hat den **Nachteil**, dass Zusammenhänge unter Umständen so stark vereinfacht werden müssen, dass sie in der Realität nicht zutreffen. Ein weiterer Nachteil ist, dass nur die Veränderung *eines* Einflussfaktors betrachtet werden kann. Damit *alle* Einflussfaktoren berücksichtigt werden können, wird die Sensitivitätsanalyse mit jedem Faktor *getrennt* durchgeführt. Oft gehen dabei Abhängigkeiten zwischen den Einflussfaktoren verloren. Deshalb ist die Sensitivitätsanalyse nur als unterstützende Methode geeignet.

Stärken-Schwächen-Analyse

Eine Stärken-Schwächen-Analyse (SWOT-Analyse) ist im IT-Risikomanagement sinnvoll, wenn Zusammenhänge aus einer übergeordneten Perspektive analysiert werden sollen, etwa in einem großen IT-Projekt oder für die Entwicklung einer komplexen Anwendung. Eine SWOT-Analyse kann jedoch beispielsweise auch dazu genutzt werden, die gesamte IT-Landschaft, die Netzwerkarchitektur (vgl. Tab. 6–9) oder das Modell zu beurteilen, nach dem Software entwickelt wird. In einer SWOT-Analyse werden dazu in einem ersten Schritt das Umfeld und alle wichtigen Annahmen betrachtet und dokumentiert. In einem zweiten Schritt wird das betrachtete Objekt weiter zerlegt, beispielsweise die Work Breakdown Structure (WBS) eines IT-Projekts oder der Bebauungsplan der IT-Landschaft. Auf diese Weise entsteht eine **Risk Breakdown Structure (RBS)**. Sie wird nun im dritten Schritt je Element genauer untersucht. Ein wesentlicher **Vorteil** der SWOT-Analyse ist, dass sie die Identifikation von Chancen und Bedrohungen bei Grundsatzfragen unterstützt, also beispielsweise strategische IT-Risiken ermitteln hilft.

Beispiel

Tab. 6–9
SWOT-Analyse im IT-Risikomanagement

SWOT-Analyse-Netzwerkinfrastruktur

Risk Breakdown Structure
Element 4.3.1.: Architektur DMZ

		unternehmensintern	
		Stärken (Strenghts)	**Verwundbarkeiten (Weaknessess)**
unternehmensextern	**Chancen (Opportunities)**	Gezieltes Nutzen von Stärken zur Erhöhung von Chancen: Die DMZ mit ihren spezialisierten Einrichtungen zur Absicherung ermöglicht deutlich höhere Übertragungsraten für geplante E-Commerce-Erweiterungen.	Gezielte Umwandlung von Schwächen in Stärken: Die DMZ ist »anfälliger« gegen Angriffe, erlaubt dafür aber die Installation von Honeypots zur Angriffsanalyse.
	IT-Risiken (Bedrohungen, Threats)	Einsatz vorhandener Stärken zur Behandlung von IT-Risiken: Potenziell höhere Angriffsrisiken durch neue Infrastrukturelemente werden über die Wahl unterschiedlicher Hersteller/Produkte (Strategie Vermeidung von »Monokulturen«) verringert.	Schutz vor Schwächen: Sorgfältige Konfiguration, Administration und Überwachung notwendig.

Störfallablauf- und Ausfalleffektanalyse

Die Störfallablauf- und Ausfalleffektanalyse unterstützt – im Gegensatz zur Fehlerbaumanalyse – schwerpunktmäßig bei der Identifikation aller unerwünschten Ereignisse, die eine *gemeinsame* Ursache haben. Ein typisches Beispiel im IT-Risikomanagement ist ein Stromausfall und die daraus resultierenden Auswirkungen, etwa Schäden an einem Plattensystem (RAID). Die Methode nutzt Entscheidungstabellen (vgl. Tab. 6–10), in die eingetragen wird, welche Ursachen zu welchen Auswirkungen führen.

Beispiel

Tab. 6–10 *Entscheidungstabelle für die Störfallablauf- bzw. Ausfalleffektanalyse im IT-Risikomanagement*

Server-Operating	Regel 1	Regel 2	Regel 3	Regel 4	Regel 5
Ursachen					
Stromausfall	ja	nein	nein	nein	ja
Fehlerhafte Administration	nein	ja	nein	ja	ja
Angriff auf den Server über das Netz	nein	nein	ja	ja	nein
Auswirkungen					
RAID fehlerhaft	●	–	–	–	●
Transaktionen unvollständig	●	●	–	●	●
Benachbarte Prozesse betroffen	●	●	–	●	●
Performance-Einschränkungen	–	–	●	●	–
Datenintegrität verletzt	–	–	●	●	●

Regel n: Wenn <Bedingung>, dann <Auswirkungen>

Eine Entscheidungstabelle kann bei Bedarf auch um die Darstellung der bei Eintritt eines IT-Risikos notwendigen/vorgesehenen Maßnahmen zur Behandlung der IT-Risiken ergänzt werden. In diesem Fall werden zusätzliche Zeilen ergänzt: Wenn <Auswirkung> dann <Aktion>.

Stresstest

Der Stresstest ([Brünger 2010], S. 134) ist eine Sonderform der Sensitivitätsanalyse bzw. der Szenarioanalyse. Er bewertet in Ergänzung zum Value at Risk die Wirkungen einiger weniger Ursachen auf die von einem IT-Risiko bedrohte IT-Ressource. Dabei werden jedoch ausschließlich extreme Entwicklungen eines IT-Risikos analysiert, die beispielsweise bei der VaR-Betrachtung außerhalb des Konfidenzintervalls liegen. Solche Entwicklungen lassen sich durch eine geringe Eintrittswahrscheinlichkeit, schlagartige Veränderungen und extreme, außergewöhnliche Auswirkungen kennzeichnen.

Die Betonung besonderer Situationen und hoher Verluste erlaubt eine verbesserte Sensibilisierung und Vorbereitung auf den Ernstfall und erleichtert Entscheidungen für oder gegen bestimmte Maßnahmen zur Risikobehandlung. Wegen der Betrachtung sehr unwahrscheinlicher IT-Risiken werden Stresstests nicht regulär oder zyklisch wiederkehrend und meist nur im Kontext von Katastrophenbetrachtungen und bei der Notfallplanung angewandt.

Beispiel

- Die umfassende Analyse des Verhaltens der IT-Infrastruktur in einem großen Rechenzentrum bei schweren Erdbeben.
- Die Untersuchung von mehreren *gleichzeitigen* Terroranschlägen auf die Rechenzentren eines globalen Konzerns.

Szenariomethoden

Szenariomethoden (Szenarioanalysen) liegt die Vorstellung verschiedener Ereignisse zugrunde, die entweder sofort oder in der Zukunft eintreten könnten ([Schermann 2011], S. 111f., [Fischer 2011], [Eller et al. 2010], S. 111, [Brünger 2010], S. 133).

Das Ziel eines **IT-Risikoszenarios** ist es, auf viele verschiedene Entwicklungen in der IT vorbereitet zu sein, statt *eine* denkbare künftige Entwicklung vorhersehen zu wollen. IT-Risikoszenarien unterstützen die Analyse und Bewertung von Auswirkungen eines oder mehrerer IT-Risiken auf die Ziele des Unternehmens (Schadensszenarien). Sie binden verschiedenste Einflussfaktoren aus der Unternehmensumwelt ein, um möglichst viele Alternativen und eine möglichst große Bandbreite bei den Überlegungen sicherzustellen. Für ein IT-Risikoszenario werden Ursache-Wirkungs-Beziehungen in parametrisierten Ketten dargestellt. Eine Kette enthält

- die Bedrohung,
- ein Ereignis (Verwundbarkeit wird ausgenutzt)
- alle daran beteiligten Personen,
- alle Handlungen der Beteiligten,
- alle betroffenen IT-Ressourcen,
- den Zeitpunkt, zu dem das betrachtete IT-Risiko eintritt,
- alle Auswirkungen.

Ursache-Wirkungs-Beziehung als Teil eines IT-Risikoszenarios *Beispiel*

Eine anonyme Gruppierung greift unter Ausnutzung eines Exploits in einer wichtigen Anwendung das Unternehmen an. Hierzu startet sie zunächst zur Ablenkung einen DDoS-Angriff über die DMZ, unmittelbar anschließend eine gezielte Code-Injektion über einen separaten VPN-Einwahlknoten, um Administratorrechte zu erhalten. Betroffen sind zwei Server, das Identity- und Access-Management und die Anwendung selbst. Der Angriff wird kurz nach Mitternacht gestartet, da ab 23 Uhr kein Administrationspersonal mehr anwesend ist. Die Auswirkungen sind ein inkonsistenter Kundendatenbestand sowie die Verletzung der Vertraulichkeit personenbezogener Daten.

Zu einem IT-Risikoszenario gehören mehrere solcher Ketten. Sie beschreiben den *fiktiven* Eintritt eines bestimmten, für das Unternehmen relevanten IT-Risikos und mögliche unterschiedliche Schadensverläufe, insbesondere alle Wirkungen auf die Geschäftstätigkeit.

Ein großer **Vorteil** der Methode – insbesondere im Gegensatz zur Sensitivitätsanalyse – ist die Betrachtung der *simultanen* Änderung von *vielen verschiedenen* IT-Risikofaktoren. Eine weitere Stärke von IT-Risikoszenarien liegt in der Berücksichtigung von Sonder- und Extremfällen. Eine Vielzahl von Erfahrungen zeigt, dass IT-Risikoszenarien solche kritischen Sachverhalte durch Reduktion der in der Realität deutlich komplexeren Zusammenhänge prinzipiell in einer für alle Betroffenen verständlichen und strukturierten Form darstellen können (etwa über anschauliche »Wenn-dann-Formulierungen«). Die Betroffenen können so besonders leicht für kritische Konstellationen sensibilisiert werden und sind gezwungen, sich auch mit eher seltenen IT-Risiken und ihren (teilweise gravierenden) Folgen auseinanderzusetzen. In solchen Fällen kann die Beschäftigung mit IT-Risikoszenarien die Existenz des Unternehmens sichern ([Bauer 2011], S. 177).

Damit unterstützt die Entwicklung von **Standard-IT-Risikoszenarien** bei der Schadensbegrenzung und verbessert das IT-Risikobewusstsein gerade auch bei Mitarbeitern außerhalb der IT. Das mag vielleicht auch ihre aktuell große Beliebtheit erklären.

Nachteilig ist, dass IT-Risikoszenarien entsprechend der Verhältnisse im Unternehmen rasch komplex werden und unvollständig sein können. Zudem ist der betrachtete Zeithorizont entscheidend. Je größer er ist, desto mehr Entwicklungsmöglichkeiten für Szenarien ergeben sich. Unter Umständen entstehen vollkommen neue Szenarien, beispielsweise weil ab einem bestimmten Zeitpunkt die Einführung neuer Technologien oder Geräte erwartet wird. Daraus folgen entsprechend komplexere Ursache-Wirkungs-Beziehungen, die Unsicherheit steigt, und der Vorteil der Komplexitätsreduktion schwindet. Die Entwicklung von IT-Risikoszenarien ist zudem vergleichsweise kostenintensiv. Hohe Kosten entstehen, weil es mit erheblichem Zeitaufwand verbunden ist, wenn das IT-Risikoszenario die Realität *hinreichend* genau abbilden möchte. Oft werden hierzu auch externe Berater hinzugezogen.

Die Entwicklung und Dokumentation eines IT-Risikoszenarios greift auf verschiedene Methoden und Werkzeuge in diesem Kapitel zurück. Welche Methode und welches Werkzeug eingesetzt werden, kann das Unternehmen frei festlegen. Häufig erfolgt die Entwicklung in moderierten Workshops. Beispielsweise können die FMEA, die Fehlerbaumanalyse und die Ursache-Wirkungsanalyse genutzt werden. Eine Dokumentation ist beispielsweise textuell oder grafisch über Ereignisbäume und Fishbone-Diagramme möglich.

IT-Risikoszenarien gelten als Best Practices im Risikomanagement. Weitere Unterstützung geben daher beispielsweise Umsetzungshinweise für ISO 31000, COBIT 5 oder M_o_R.

Ursachenanalyse

Die Ursachenanalyse (Root Cause Analysis, RCA, Schadensfallanalyse) betrachtet die *Ursachen* und die zugrunde liegenden, komplexen Fragestellungen für ein **aktuell eingetretenes** IT-Risiko ([Seibold 2006], S. 63f.). Sie ist damit **reaktiv**. Ihr Schwerpunkt liegt *nicht* auf der Beurteilung der Auswirkungen oder der Reaktionen bei Risikoeintritt.

Die Ursachenanalyse wird von einem Expertenteam durchgeführt, das alle Informationen sammelt, in Workshops oder Telefonkonferenzen analysiert und gemeinsam bewertet. Das Expertenteam greift dabei auf verschiedene Methoden zurück, beispielsweise auf die FMEA oder die Fehlerbaumanalyse. Seine fachliche Zusammensetzung und Qualifikation orientiert sich am jeweiligen IT-Risiko.

Das Ergebnis ist eine vollständige Dokumentation des eingetretenen IT-Risikos sowie aller Empfehlungen, die zur Vermeidung künftiger Ursachen dieser Art beitragen können. Eine wesentliche Voraussetzung ist eine systematische Erfassung und Dokumentation aller Ereignisse, ihrer Begleitumstände, der ergriffenen Maßnahmen und ihres Erfolges. Die Ergebnisse können zusammen mit den zur Behandlung gefundenen Lösungen auch als Ausgangspunkt genutzt werden, um nach *neuen* IT-Risiken zu suchen.

Die wesentlichen **Vorteile** der Ursachenanalyse sind der analytische Ansatz und die hohe Qualität der Dokumentation. Die Methode unterstützt dabei, Bedrohungen und strukturelle Verwundbarkeiten zu erkennen und Verbesserungspotenziale systematisch zu erschließen.

Nachteilig kann sich eine falsche Besetzung des Expertenteams auswirken. Ebenso können für eine seriöse Analyse zu wenige oder zu schlechte Informationen vorliegen.

Ursache-Wirkungs-Analyse

Die Ursache-Wirkungs-Analyse (Business Impact Analysis, Loss Analysis) hat das Ziel, die Beziehungen zwischen den Ursachen für ein bestimmtes IT-Risiko und allen möglichen Wirkungen für den Fall eines Risikoeintritts zu untersuchen. Dazu werden die Ursachen und Auswirkungen eines IT-Risikos in einem Ursache-Wirkungs-Diagramm erfasst.

Eine solche Erfassung und Analyse erfolgt dabei in mehreren Schritten. Im ersten Schritt werden in ein Fischgrät-Diagramm oder eine Tabelle alle sofort mit dem IT-Risiko assoziierten Ursachen eingetragen. Von diesen Ursachen ausgehend lassen sich im zweiten Schritt, beispielsweise unter Rückgriff auf Kreativitätstechniken wie Brainstorming oder die Methode 6-3-5, weitere Detaillierungen vornehmen, um sicherzustellen, dass alle *wesentlichen* Ursachen berücksichtigt wurden. Da bei der Zusammenstellung von Ursachen zunächst nicht unterschieden wird, ob eine Ursache wahrscheinlicher oder weniger wahrscheinlich ist, müssen die gesammelten Ursachen hierzu mit einer Wahrscheinlichkeit bewertet und priorisiert werden. Der dritte Schritt ermittelt die Zusammenhänge zu den Auswirkungen.

Abschließend wird die Zusammenstellung auf Vollständigkeit überprüft. Die grafische Visualisierung ist dabei hilfreich. Zudem wird über statistische Methoden oder auf Basis von Expertenwissen und Erfahrungswerten geprüft, ob die ermittelten Ursachen und daraus abgeleitete Beziehungen zu Auswirkungen plausibel oder nachweislich richtig sind und ob die Priorisierung korrekt erfolgt ist. Schließlich wird in Abhängigkeit von der IT-Risikoneigung, zur Verbesserung der Übersichtlichkeit und weil später aus Ressourcen- und Zeitgründen nicht alle Ursachen behandelt werden können, eine Grenze für die weitere Berücksichtigung der Ursachen festgelegt.

Der **Vorteil** der Methode ist, dass Zusammenhänge und Ergebnisse einfach, übersichtlich und leicht verständlich erarbeitet und dokumentiert werden können.

Nachteilig ist, dass Ursache-Wirkungs-Analysen für komplexe Problemstellungen in der Regel umfangreich und unübersichtlich werden. Zudem können zeitliche Abhängigkeiten nicht oder nur indirekt abgebildet werden. Die Methode ist daher ideal, um Bekanntes strukturiert zu visualisieren.

Eine Sonderform der Ursache-Wirkungs-Analyse ist die **Business Impact Analysis (BIA)**. Eine BIA untersucht die Auswirkungen von verschiedenen Ursachen auf die Geschäftstätigkeit eines Unternehmens und versucht eine finanzielle Bewertung. In einer BIA werden daher ausgehend von den betroffenen Geschäftsprozessen alle IT-Risiken in IT-Prozessen und den zugeordneten IT-Ressourcen sowie Fragen der Kritikalität näher betrachtet. Die BIA ist wesentlicher Bestandteil des BSI-Standards 100-4 (Notfallmanagement, [BSI 2008b]). Im Rahmen einer BIA wird auch festgelegt, wie groß der maximal tolerierbare Datenverlust (RPO) und die maximal tolerierte Wiederherstellungs- bzw. Wiederanlaufzeit bis zu einem Notbetrieb (RTO) sowie die maximal tolerierbare Ausfallzeit bis zur Rückkehr zum Normalbetrieb (MTPD/MAO) sein dürfen (vgl. Abb. 6–8).

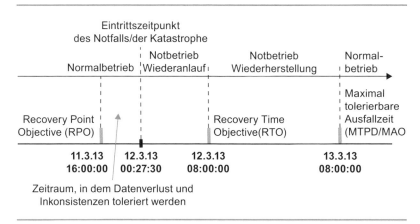

Beispiel

Abb. 6–8
Recovery Point Objective (RPO) und Recovery Time Objective (RTO)

Eine weitere Form der Ursache-Wirkungs-Analyse ist die **Bow-Tie-Methode**. Sie wird immer dann eingesetzt, wenn sich die betrachteten IT-Risiken nicht in einer Baumstruktur darstellen lassen und eine alternative Visualisierungsform gefunden werden muss. Im Unterschied zur klassischen Ursache-Wirkungs-Analyse werden bei der Bow-Tie-Methode auch vorbeugende und abschwächende Maßnahmen ermittelt, diskutiert, bewertet und dargestellt ([Klipper 2011], S. 144). Der **Nachteil** der einfach zu handhabenden Methode ist, dass komplexe Zusammenhänge unter Umständen nicht korrekt dargestellt werden. Insbesondere können komplexe Wechselwirkungen über Verknüpfungen, wie sie etwa bei einer Fehlerbaumanalyse möglich sind, zwar betrachtet, aber nicht korrekt dokumentiert werden.

Methoden der Informationsgewinnung und -strukturierung

In allen Schritten des IT-Risikomanagements sind Methoden der Gewinnung und Strukturierung von Informationen wichtig. Diese und weitere Methoden (ausführlich in [Noack 2013], [Nöllke 2010], [Schwarz et al. 2007]) können ohne Beachtung besonderer Aspekte im IT-Risikomanagement-Prozess direkt genutzt werden:

- Workshop (moderiert oder unmoderiert)
- Einzelbefragung, Herstellerbefragungen (strukturiert anhand von Fragebögen oder unstrukturiert)
- (Experten-)Interview (strukturiert anhand von Fragenkatalogen oder unstrukturiert)
- Brainstorming/Brainwriting, Methode 6-3-5 (6 Teilnehmer, 3 Ideen, 5 Minuten)
- Synektik (Anregung unbewusst ablaufender Denkprozesse)

- laterales Denken (Betonung von Subjektivität und Gedankensprüngen)
- morphologisches Denken (morphologischer Kasten)
- Mindmapping
- Pro-Contra-Methode

6.2 Dokumente

Dokumente im IT-Risikomanagement dienen dazu, Informationen strukturiert und zielgruppenorientiert darzustellen. Je nach Empfänger sind sie unterschiedlich komplex und enthalten Angaben auf unterschiedlichen Detaillierungsstufen (vgl. Tab. 6–11). Auch sie stammen wie die Methoden und Werkzeuge aus dem Enterprise Risk Management und benachbarten betriebswirtschaftlichen Disziplinen und sind entsprechend den besonderen Anforderungen des IT-Risikomanagements angepasst.

Tab. 6–11 Übersicht über Dokumente im IT-Risikomanagement

Dokumente für den IT-Risikomanagement-Prozess	Definition des Kontexts	Identifikation	Analyse	Bewertung	Behandlung	Reporting, Kommunikation, Beratung	IT-Risiko-Controlling
Checklisten	◐	●	●	◐	◐	○	○
IT-Risikomatrix	○	○	●	●	●	●	●
IT-Risikokatalog	○	●	●	●	●	●	●
IT-Risikonetzdiagramme	○	○	●	●	●	●	◐
IT-Risikoberichte	○	○	○	○	◐	●	◐
Ursache-Wirkungs-Diagramme	◐	●	●	●	●	◐	◐

○ nicht einsetzbar, ◐ bedingt einsetzbar, ● einsetzbar

Checklisten

Checklisten (Fragenkataloge) sind hilfreiche Dokumente für verschiedene Phasen des IT-Risikomanagement-Prozesses. Sie werden beispielsweise genutzt, um Bedrohungen und Verwundbarkeiten zu identifizieren, Eintrittswahrscheinlichkeiten und Schadenshöhen zu schätzen, IT-Risiken zu bewerten und Maßnahmen auszuwählen oder zu beurteilen.

> **Praxishinweis**
>
> **Gibt es vorgefertigte Checklisten?**
> Meist werden Checklisten von Beratungsunternehmen, Verbänden oder Instituten bereitgestellt.
> **Empfehlungen**: Checklisten sind oft unvollständig, nicht aktuell oder passen nicht auf das eigene Unternehmen. Daher gilt: Checklisten niemals unreflektiert einsetzen.
> - Vor und während des Einsatzes von übernommenen Checklisten kritisch hinterfragen, ob etwas fehlen, zu viel oder falsch sein könnte.
> - Übernommene Checklisten nach eigenen Gegebenheiten umstrukturieren.
> - Alle Checklisten nach Möglichkeit wiederverwenden und fortlaufend um eigene Aspekte ergänzen.

Checklisten können so gestaltet sein, dass lediglich die (Nicht-)Erfüllung abgefragt wird. Sie können aber auch die Möglichkeit bieten, umfangreichere Antworten zu vermerken. Solche erweiterten Checklisten haben dann Fragebogen-Charakter. Sie werden häufig zur Unterstützung der Gesprächsführung bei Interviews genutzt.

Während Checklisten einen eher (über-)prüfenden Charakter haben, berücksichtigen Fragenkataloge als Sonderform von Checklisten auch Bewertungen, Meinungen und ausführliche Stellungnahmen zu bestimmten Aspekten.

IT-Risikomatrix

Für eine verbesserte Übersicht ist es sinnvoll, IT-Risiken in einer IT-Risikomatrix (IT-Risikolandkarte, IT Risk Map, IT-Risikoprofil, IT-Risikoportfolio) *grafisch* zu repräsentieren (vgl. Abb. 6–9). Dazu werden alle oder ausgewählte IT-Risiken in einem Koordinatensystem aus Eintrittswahrscheinlichkeit und Schadenshöhe (Synonyme in Abbildungen sind oft: Schadensausmaß, Schadenspotenzial) gemäß den verwendeten Klassifikationen eingetragen. Für gleichartige IT-Risiken kann jeweils auch eine eigene IT-Risikomatrix erstellt werden (etwa alle Risiken für das Netzwerk). Dargestellt werden können zudem Veränderungen der IT-Risikolage, etwa durch Pfeile (vgl. Abb. 6–9), beispielsweise nach Anwendung von Maßnahmen oder Änderungen in Rahmenbedingungen. Damit sind auch Aussagen zur Effektivität von Maßnahmen möglich.

Abb. 6-9
IT-Risikomatrix

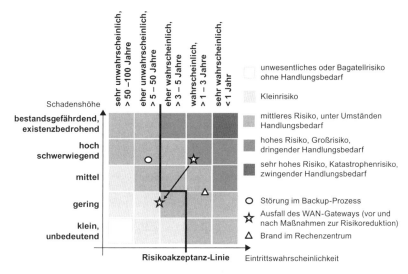

Sonderformen der IT-Risikomatrix sind:

- die **IT-Risikoanalysematrix** ([Lenges 2008], S. 19). Sie enthält in den Spalten die Ursachen für IT-Risiken, in den Zeilen die Elemente des Informationssystems, auf die die IT-Risiken wirken können, und in den Zellen den Grad der Auswirkung (etwa Schäden in €).
  Wirken mehrere IT-Risiken, werden die Auswirkungen addiert. Größere Gesamtwirkungen können einen entsprechend großen Handlungsbedarf signalisieren. Bei einer Vielzahl von Elementen ist eine Rangliste erstellbar, um den größten Handlungsbedarf rasch zu erkennen.
- Die **IT Risk Response Matrix** und die **IT-Risikokontrollmatrix** ([Brünger 2010], S. 205) enthalten alle Abhängigkeiten zwischen IT-Risiken (Zeilen) und Maßnahmen bzw. Kontrollen (Spalten). Diese Matrix erlaubt beispielsweise die Betrachtung, ob durch Ignorieren oder fehlerhaftes Ausführen einer Maßnahme bzw. Kontrolle ein wesentliches IT-Risiko nicht gesteuert wird.

IT-Risikokatalog

Um IT-Risiken verwalten zu können, ist es sinnvoll, sie in einem IT-Risikokatalog (IT-Risikoregister, IT-Risikoinventar, IT-Risikolexikon) zu katalogisieren (vgl. Tab. 6–12 und 6–13). COSO ERM bezeichnet solche IT-Risikokataloge als **Ereignisinventar**. Ein ähnliches Prinzip wird zur Katalogisierung von Gefahren (**Gefahrenliste**), Bedrohungen (**Bedrohungskatalog**), Verwundbarkeiten und Schäden genutzt ([Königs 2013], S. 25f., [Ahrendts & Marton 2008], S. 178ff., [Seibold 2006], S. 71).

Ein softwareunterstützter IT-Risikokatalog wird als **IT-Risikodatenbank** bezeichnet. Unter einer **IT-Risikoschablone** wird allgemein eine Vorlage zur Erfassung aller wesentlichen Informationen zu einem IT-Risiko verstanden (vgl. Abschnitt 2.2).

Enthält ein solcher IT-Risikokatalog Angaben zu den Maßnahmen, wird er auch **IT-Risikoplan** genannt. Eine solche Gleichsetzung ist jedoch nur dann sinnvoll, wenn dieser erweiterte Katalog tatsächlich *alle* Maßnahmen und die zur Implementierung der Maßnahmen notwendigen (laufend aktualisierten) Planungen enthält.

Werden IT-Risiken nach ihrer Priorität strukturiert, kann auch von einer **IT-Risikoliste** gesprochen werden. Sollen für das oberste Management lediglich die wichtigsten IT-Risiken herausgegriffen werden, lassen sich **Top-Ten-IT-Risikolisten** generieren.

Beispiel

IT-Risikokatalog eines großen Konzerns (die Zeilen sind Spalten in einer Excel-Tabelle) – mit Angaben zu Maßnahmen.

Tab. 6–12
Struktur eines IT-Risikokatalogs (Excel)

1. Organisationseinheit
2. Person/Funktion (Melder)
3. Sachverhalt (Verwundbarkeit: Freitext)
4. Formalisierte Zuordnung zu IT-Architektur bzw. Informationssystemkomponente
5. Entstehungsort
6. Maßnahmen (bestehend)
7. Schadensabschätzung
8. Meldepflicht (Enterprise Risk Management)
9. Weitere Maßnahmen zur Beherrschung (geplant)

IT-Risikokatalog (die Zeilen sind Spalten in einer Excel-Tabelle) für globale IT-Großprojekte – mit vorbeugenden Maßnahmen.

Tab. 6–13
Struktur eines IT-Risikokatalogs (Excel) für IT-Projekte (Dank an Wilfried Evers, Kassel)

Risk Description (wichtige Attribute des IT-Projektrisikos)
1. Risk ID (eindeutiger Schlüssel, lfd. Nummer)
2. Owner (Eigentümer des IT-Projektrisikos)
3. Nation (Nationalität des Eigentümers des jeweiligen IT-Projektrisikos)
4. Root cause and related factors (Ursache)
5. Risk event (IT-Projektrisiko)
6. Consequences (verbale Darstellungen der Auswirkungen)
7. Time frame: when the risk may actualize? (zeitliche Einschränkungen der Existenz des IT-Projektrisikos)

Initial (erstmalige Einschätzung des IT-Projektrisikos)
8. Probability (p) in Prozent
9. Impact (I) anhand einer Klassifikation von 0 bis 5
10. Risk Rate (Multiplikation der Spalten 8 und 9)
11. Status zum Initialdatum (low/grün, medium/gelb, high/rot)

→

> **Previous (vorausgegangener Berichtszeitraum)**
> 12. Probability (p) in Prozent
> 13. Impact (I) anhand einer Klassifikation von 0 bis 5
> 14. Risk Rate (Multiplikation der Spalten 12 und 13)
> 15. Status zum Initialdatum (low/grün, medium/gelb, high/rot, not defined/grau)
>
> **Current (aktueller Berichtszeitraum)**
> 16. Probability (p) in Prozent
> 17. Impact (I) anhand einer Klassifikation von 0 bis 5
> 18. Risk Rate (Multiplikation der Spalten 16 und 17)
> 19. Status zum Initialdatum (low/grün, medium/gelb, high/rot, avoided/blau, materialized/lila, not defined/grau)
>
> **Actions (Maßnahmen)**
> 20. Proactive action (vorbeugende Maßnahmen)
> 21. Action Owner (verantwortlich für die Umsetzung der Maßnahme)
> 22. Risk date (Datum des tatsächlichen Risikoeintritts)
> 23. Current state (aktueller Status – Not started, Proceeding, Behind the plan, Actions implemented, Continuous, Closed, Cancelled)

Beispiel Unternehmensweites Register für IT-Sicherheitsrisiken

Das Thema IT-Sicherheit hat für das global tätige Unternehmen eine große Bedeutung, die sich in einem komplexen Regelwerk aus fast einhundert Richtlinien und Anweisungen niederschlägt (intern differenziert in Policies, Guidelines, Standards und Procedures). Trotz einer mit großem Aufwand betriebenen jährlichen Aktualisierung traten Fehler und Inkonsistenzen auf, die zu Unklarheiten und in Folge zu Compliance-Verstößen führten.

Das Regelwerk sollte daher komplett überarbeitet und deutlich vereinfacht werden, aber weiterhin alle wesentlichen Inhalte umfassen. Allerdings fehlte ein einheitliches Verständnis, welche Risiken für die IT-Sicherheit die gemeinsame und für alle verbindliche Grundlage bilden.

Als Lösung wurde nach Analyse verschiedener Optionen ein IT-Risikoregister für die IT-Sicherheit gewählt, das zentral entwickelt und unternehmensweit bereitgestellt wurde. Die Entwicklung lief in fünf Schritten (vgl. Abb. 6–10).

Abb. 6–10 Vorgehensweise zur Entwicklung eines IT-Risikoregisters

Für eine möglichst vollständige Abdeckung aller relevanten Risiken wurden unterschiedliche Quellen ausgewertet, unter anderem ISO, NIST,

COBIT, COSO und ITIL. Die in diesen Quellen genannten Risiken für die IT-Sicherheit wurden konsolidiert, überarbeitet und in Gruppen (IT Security Risk Families) gegliedert (vgl. Tab. 6–14):

IT Security Risk Families (Auswahl)	Business Impact Categories (Auswahl)
Architecture	Strategic
Business Continuity & Recovery	Business Operations
Capacity & Performance	Financial Reporting
Change Management	Legal/Regulatory
Compliance Management	Client & Customer
Dependency & Integration	Contractual
Development & Architecture Management	Reputation
Operations & Support	
Incident & Problem Management	
Project Management	
Retention	
Testing & Quality Assurance	
Training & Awareness	

Tab. 6–14
Beispiel für die Gruppierung von IT-Risiken in IT Security Risk Families

Um die möglichen Auswirkungen dieser IT-Risiken auf den Betrieb des Unternehmens zu beschreiben, wurde jedes der über 500 Risiken in der jeweiligen Sprache der Fachabteilungen und hinsichtlich der möglichen Schäden anschaulich erläutert.

Für das Unternehmen hat das IT-Risikoregister nach mehreren Jahren erfolgreichen Einsatzes folgenden Nutzen:

- Es dient als Referenz für das neue Regelwerk und für Maßnahmen zur Risikobehandlung.
- Es ist Maßstab für dezentrale IT Security Assessments und erhöht damit die Vergleichbarkeit der Assessment-Ergebnisse.
- Es verbessert die Kommunikation und vereinfacht IT-Budgetverhandlungen durch Übersetzung der möglichen Folgen für die Fachabteilungen.
- Es ist zentraler Bestandteil des globalen Information Security Management System (ISMS) des Unternehmens.

IT-Risikonetzdiagramme
(IT-Risikospinnendiagramme, IT Risk Spyder Web Diagram)

IT-Risikonetzdiagramme (Abb. 6–11) können gut verwendet werden, um den Grad der Erfüllung eines Ziels oder einer Best Practice in Bezug zu einem IT-Risiko zu dokumentieren ([Schmidt 2011], S. 570). Eintrittswahrscheinlichkeiten oder Auswirkungen werden aus der IT-Risikoklassifikation übernommen.

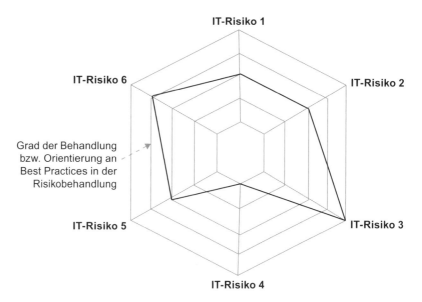

*Abb. 6–11
Das IT-Risikonetzdiagramm*

Der **Vorteil** dieses Diagramms ist, dass sofort erkannt wird, welche IT-Risiken einer unmittelbaren Behandlung bedürfen und welche eher beobachtet werden können. Der **Nachteil** der Darstellung ist, dass die sich ergebende Fläche nur bedingt eine Aussage erlaubt. Anhand der Symmetrie und der Größe der Fläche lassen sich lediglich pauschale Aussagen zu möglichen IT-Risikoschwerpunkten (Häufungen bestimmter IT-Risiken) und zur Höhe der IT-Risiken und damit auch zur IT-Risikolage insgesamt treffen.

IT-Risikoberichte

IT-Risikoberichte dienen zur Kommunikation von IT-Risiken sowie deren Ursachen und Auswirkungen. Sie sind ausführlich in Abschnitt 5.8 dargestellt.

Ursache-Wirkungs-Diagramme

Ursache-Wirkungs-Diagramme unterstützen durch die grafische Repräsentation von Ursachen und Auswirkungen bei der Identifikation und Analyse von IT-Risiken.

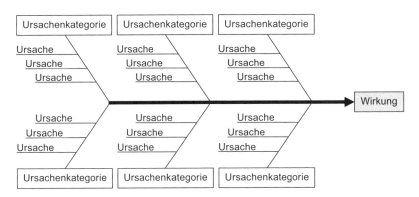

Abb. 6–12
Ursache-Wirkungs-Diagramm (Fischgrät-/Fischgräten-Diagramm)

Das Ziel dieses Diagramms ist es, die Ursachen für IT-Risiken, die Auswirkungen bei Risikoeintritt und die Abhängigkeiten zwischen einzelnen Ursachen oder Auswirkungen übersichtlich und leicht verständlich darzustellen.

Der wichtigste Vertreter solcher Diagramme ist das **Ishikawa-Diagramm** (**Fischgrät-** bzw. **Fischgräten-Diagramm**). Ein solches Diagramm stellt Ursache-Wirkungs-Beziehungen als gerichtete Graphen dar (vgl. Abb. 6–12).

Eine weitere Möglichkeit, Ursachen und Wirkungen, ergänzt um Maßnahmen, zu visualisieren, stellen **Bow-Tie-Diagramme** dar (Abb. 6–13).

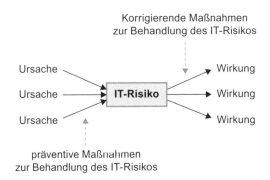

Abb. 6–13
Bow-Tie-Diagramm

6.3 Hilfestellungen für die Methoden- und Werkzeugwahl

Bei der Auswahl von Methoden und Werkzeugen für das IT-Risikomanagement gibt es kein »Richtig« oder »Falsch«. Hilfreich ist daher ein unterstützender Fragenkatalog (vgl. Tab. 6–15).

Tab. 6–15
Hilfestellung für die Auswahl geeigneter Methoden und Werkzeuge

Aspekte zur Auswahl von Methoden und Werkzeugen für das IT-Risikomanagement	
Grundsätzliche Fragen zum IT-Risiko	
1.	Lassen sich Ursache und Auswirkungen klar voneinander trennen?
2.	Ist deren qualitative oder quantitative Beschreibung möglich?
3.	Ist die Anzahl, Art und Güte der benötigten Grunddaten (beispielsweise empirische oder gemessene Daten) ausreichend?
Fragen zum Umfeld der Methoden und Werkzeuge	
4.	Passen die Methoden und Werkzeuge inhaltlich in das eigene Unternehmen?
	Die Beurteilung dieser Frage erfolgt anhand des Qualifikationsniveaus (stark akademisch geprägt, stark erfahrungsbasiert), gesammelter negativer und positiver Erfahrungen mit bestimmten Methoden und Werkzeugen sowie anhand der Unternehmenskultur (Management- und Kommunikationsstil).
	Eine zwangsweise Einführung einer Methode oder eines Werkzeugs ist ebenso wenig erfolgversprechend wie eine Einführung von Methoden und Werkzeugen, die als stark kontrollierend oder formalistisch empfunden werden. Dies gilt insbesondere, wenn auf Selbstkontrolle, Eigenständigkeit und kreative Freiräume bei Aufstellung lediglich einiger weniger fundamentaler Regeln Wert gelegt wird.
5.	Wird tatsächlich eine hohe Genauigkeit für die Arbeit im IT-Risikomanagement benötigt?
	Oft erweckt eine mathematisch fundierte Quantifizierung von IT-Risiken den Eindruck besonderer Seriosität und Verlässlichkeit. In den meisten Fällen wird übersehen, dass zum einen die erzielte Genauigkeit von der Güte notwendiger Schätzungen abhängt und dass zum anderen eine besonders hohe Genauigkeit für die Entscheidungsfindung *überhaupt nicht relevant* ist.
6.	Lassen sich die Methoden und Werkzeuge betriebswirtschaftlich sinnvoll einsetzen?
	Die Kosten für die Einrichtung und Nutzung (beispielsweise Kosten für Expertenschätzungen, Workshops, Befragungen, Simulationen, Szenario-Entwicklung) von Methoden und Werkzeugen müssen exakt bezifferbar sein.
	Viele Methoden und Werkzeuge, darunter Softwarelösungen, verursachen neben den Kosten ihrer Anwendung (Lizenzkosten, Betriebskosten) hohe indirekte und schwer ermittelbare Kosten durch Produktivitätseinbußen und andere Opportunitätskosten. Zudem binden sie Mitarbeiter, erfordern Spezialkenntnisse und laufende Schulungen.
7.	Rechtfertigt die Komplexität der Fragestellung den Einsatz bestimmter Methoden und Werkzeuge?
	Je wesentlicher ein IT-Risiko ist, desto aufwendiger darf die eingesetzte Methode oder das genutzte Werkzeug sein.

→

	Fragen zu den Methoden und Werkzeugen selbst
8.	Ist eine Abbildung aller wichtigen Attribute eines IT-Risikos möglich?
	▪ Können alle wichtigen Attribute dargestellt und können zusätzlich Wahrscheinlichkeiten und Schäden als variable Größen (Bereiche, Bandbreiten) angegeben werden?
	▪ Lassen sich Wirkungen von Maßnahmen vergleichend einbinden und darstellen?
9.	Ist die Methode oder das Werkzeug realitätsnah genug?
	Jede Methode und jedes Werkzeug vereinfacht. So beschreiben mathematische Zusammenhänge die Realität nur näherungsweise. Eine Methode und ein Werkzeug müssen so realitätsnah und gleichzeitig so vereinfachend sein, dass die Ergebnisse aussagekräftig sind und mit tatsächlichen Verhältnissen weitgehend übereinstimmen.
10.	Werden das Funktionsprinzip der Methode und des Werkzeugs und die Ergebnisse verstanden?
	▪ Entsteht bei der Beschäftigung mit der Methode und dem Werkzeug ein Erkenntnisgewinn, gelten sie als verständlich und in ihrer Komplexität gut beherrschbar? Je größer der Verständnisgewinn ist, desto leichter fällt die Anwendung.
	▪ Welche Qualifikationsmaßnahmen wären notwendig?
11.	Sind ausreichend Darstellungsmöglichkeiten für Wechselwirkungen zwischen IT-Risiken vorgesehen, auch unter Einbezug von Nicht-IT-Risiken?
	Die aktuell verfügbaren Methoden und Werkzeuge können oft lediglich statische Wechselwirkungen darstellen. Dynamische Effekte lassen sich nur unter einschränkenden Bedingungen oder nur mit sehr hohem Aufwand modellieren, selbst wenn das Gegenteil suggeriert wird.
12.	Bei qualitativen Methoden und Werkzeugen:
	▪ Existiert eine Möglichkeit zu quantitativen Erweiterungen?
13.	Lassen sich die Methode und das Werkzeug organisatorisch und technisch gut implementieren?
	▪ Welche Eingriffe sind in die IT und die Prozesse notwendig?
	▪ Wer sollte involviert werden?
	▪ Mit welchem Aufwand und Zeitbedarf ist zu rechnen?
14.	▪ Gibt es bereits an anderer Stelle (in anderen Unternehmen) Erfahrungen mit der Methode und dem Werkzeug?
	▪ Können Kontakte hergestellt und Meinungen ausgetauscht werden?
15.	▪ Findet eine regelmäßige Überprüfung der Wirksamkeit der Bausteine statt?
	▪ Wird regelmäßig überprüft, ob neue, gegebenenfalls besser passende Methoden und Werkzeuge verfügbar sind?

6.4 Software für das IT-Risikomanagement

Aufgrund der Menge der im IT-Risikomanagement benötigten Informationen und der Komplexität vieler IT-Risiken entscheiden sich viele Unternehmen für den Einsatz einer Software, die das IT-Risikomanagement unterstützt (**IT-Risikomanagement-Informationssystem, IT-RIMS**).

Die Zielsetzung beim Einsatz solcher Software kann es sein,

- die Wirtschaftlichkeit und Qualität des IT-Risikomanagements durch Automatisierung sicherzustellen. Fehleranfällige und teure manuelle Aktivitäten werden vermieden.
- auch komplexere Methoden nutzen zu können, wie etwa die Monte-Carlo-Simulation. Viele mathematische Methoden lassen sich nur mit Spezialsoftware unterstützen.
- in großen Unternehmen einen einheitlichen Blick auf alle IT-Risiken und ihre Interdependenzen zu ermöglichen. Aufgrund der großen Datenmenge kann das vielfach nur mit einer Softwarelösung weitgehend fehlerfrei sichergestellt werden.

Das Ziel dieses Abschnittes ist es *nicht*, das ideale IT-RIMS zu konzipieren oder konkrete Produkte zu empfehlen. Denn zum einen entwickeln sich Produkte ständig weiter. Zum anderen sind Anforderungen und Rahmenbedingungen so individuell, dass es *die* ideale Lösung nicht geben kann. Vielmehr muss jedes Unternehmen die zu ihm passende Lösung finden. Eine solche Passgenauigkeit ergibt sich aus

- der Fähigkeit zur technischen Integration in die bestehende IT-Landschaft (Schnittstellenkompatibilität, verwendete Sprachen und Technologien, unterstützte Plattformen, Hilfsprogramme, Datenbanken und Benutzeroberflächen),
- der semantischen Kompatibilität mit dem im Unternehmen verwendeten IT-Risikomanagement (gleiche Begriffe, als sinnvoll und hilfreich/bewährt angesehene Methoden, Anpassungsmöglichkeit an bestehende Risikokultur, Risikoneigung),
- der Vielfalt der unterstützten Methoden hinsichtlich der aktuellen und künftigen Abdeckung von Anforderungen aus Sicht des Unternehmens,
- dem Lizenz- und Preismodell sowie
- sonstigen, für das Unternehmen wichtigen »weichen« Faktoren (Erreichbarkeit des Supports, Ansehen in der Risikomanagement-»Community«, Meinung von Referenzkunden).

Die nachfolgenden Darstellungen konzentrieren sich deshalb auf die Vorstellung der prinzipiellen Ziele und Eigenschaften solcher IT-RIMS (vgl. Tab. 6–16, [Klipper 2011], S. 206, [Wack 2007], S. 118, [Seibold 2006], S. 221ff., [Ebert 2006], S. 115ff., [Erben & Romeike 2002]).

In einem Überblick wird zudem kurz dargestellt, welche Hersteller aktuell IT-RMIS anbieten (vgl. Tab. 6–17). Auf eine bewertende Darstellung wird bewusst verzichtet. Wenn in der Übersicht Hersteller oder Werkzeuge fehlen oder in der Zwischenzeit neuere Versionen verfügbar sind, so kann dies mit der Verfügbarkeit von Informationen zum Zeitpunkt der Erstellung dieses Buches zusammenhängen.

Unabhängig vom gewählten Werkzeug ist ein systematisches Monitoring durch den/die IT-Risikomanager und/oder die Leitung des IT-Risikomanagements für *alle* Risiken wichtig. Die Werkzeugunterstützung darf nicht dazu verleiten, nur vermeintlich hoch eingestufte IT-Risiken zu beachten. Denn zum einen könnte das zu Ausweichbewegungen beim Meldenden führen (Herabstufung von IT-Risiken), zum anderen können aus gering eingestuften IT-Risiken jederzeit hohe IT-Risiken entstehen.

6.4.1 Anforderungen

Grundsätzlich müssen an ein IT-RIMS die gleichen nicht funktionalen Anforderungen wie an alle anderen Anwendungen gestellt werden. Sie müssen

- verfügbar (Stabilität, Performance),
- skalierbar (Zukunftsfähigkeit, Flexibilität hinsichtlich neuer Methoden) und
- benutzerfreundlich (leichte, intuitive Bedienbarkeit) sein.

Daneben müssen sie die Sicherstellung von Aktualität, Konsistenz und Korrektheit der verarbeiteten Daten unterstützen und Vertraulichkeit und Sicherheit (Verschlüsselung der Daten und der Kommunikation) garantieren. Dies gilt insbesondere, wenn die Anwendung über eine Webschnittstelle verfügt und gegebenenfalls auch außerhalb des Unternehmens genutzt wird, beispielsweise in Notfällen. Meist ist mit Blick auf den Eintritt einschlägiger IT-Risiken auch eine »Offline-Funktionalität« oder ein »Offline-Betrieb« hilfreich. In diesem Fall muss keine Verbindung zu einem zentralen Server bestehen, um wesentliche Funktionen nutzen zu können. Damit Informationen leicht weiterverarbeitet werden können, ist grundsätzlich auch ein Im- und Export für gängige Office-Anwendungen sinnvoll.

Beispiel

*Tab. 6–16
Inhalte eines Anforderungskatalogs für IT-Risikomanagementsoftware*

Muster für einen Fragenkatalog zur Auswahl einer Software für das IT-Risikomanagement (IT-RIMS)	Ge-wicht	Anbieter	
		Punkt-wert	Sum-me
Integration in das Enterprise Risk Management (ERM)			
1. Schnittstellen zum ERM-System? ▪ Art der Schnittstelle (Datei, Socket, …) ▪ zulässige Datentypen und -formate			
2. Einbindung externer Quellen möglich? ▪ Art der Quelle (insbes. auch Normen, Gesetze, Standards) ▪ Anzahl der bereitgestellten Informationen ▪ Grad der Überdeckung mit eigenem Datenmodell ▪ zulässige Datenformate			
3. Zugriffsmöglichkeiten auf unternehmensinterne Dokumente, die relevant für das IT-Risikomanagement sind (bspw. Richtlinien)? ▪ Art der Schnittstelle ▪ zulässige Datenformate			
4. Übernahme von Vorlagen möglich (Anzahl, Format)?			
Generelle Funktionalitäten			
5. Historisierung möglich? ▪ Umfang der Historisierung (Tage, Tabellen/Spalten aus dem Datenmodell)			
6. Rollen- und Berechtigungskonzept? ▪ Differenzierungsmöglichkeiten bei Vergaben von Berechtigungen ▪ Einbindung in zentrale IAM-Lösungen			
7. Verwaltungsmöglichkeit für Dokumente (Protokolle, Statusberichte, Maßnahmenverfolgungen, Planungen, …) ▪ Art und Anzahl möglicher Dokumente ▪ Ablagesystematik ▪ Schnittstellen zu einem DMS			
8. Verschlüsselung von Datenbeständen und der Datenkommunikation, insbesondere bei webbasierten IT-RIMS			
9. Scripting-/Programmierfunktionen ▪ zur Automatisierung (bspw. IT-Risikoberichtswesen) ▪ für Workflows mit Benutzerinteraktion (bei Maßnahmenverfolgung und Ausnahmebehandlungen, Berichtserstellung, zyklischer Abfrage von IT-Risiken usw.) ▪ zur Unterstützung von Methoden im IT-Risikomanagement-Prozess ▪ zur Unterstützung bei Tests von Kontrollmechanismen			

→

10.	Art und Umfang von Protokollierungen?			
11.	Funktionalität des IT-Risiko-Controllings? · Werkzeuge · vordefinierte Kennzahlen · vordefinierte Berichte			
Verwaltung von IT-Risiken				
12.	Anzahl der maximal darstellbaren IT-Risiken?			
13.	Anzahl und Art der darstellbaren Attribute zu jedem IT-Risiko?			
14.	Benutzerführung (Maskengestaltung, Plausibilitätsprüfungen, Muss-Felder)? · bei Eingabe, · Suche und · Ausgabe/Abfrage von Informationen			
15.	Verfügbare Methoden und Werkzeuge? · für die Identifikation, · zur Unterstützung der Analyse und · zur Bewertung			
16.	Interaktives Prognose- und Simulationssystem für IT-Risiken?			
17.	Frühwarnsystem (Continuous Monitoring) für IT-Risiken? · Einbindung in das IT-Risikoberichtswesen · automatische Information von bestimmten Rollen			
18.	Möglichkeiten zur Behandlung von außergewöhnlichen Situationen (Exceptions)? · Identifikation und Analyse von Meldungen über einen Workflow · Sendung von Meldungen umgehend an eine im Voraus definierte Rolle (Exception Routing) · Einbindung von Quellen für die Suche nach der Ursache (Exception Research), etwa Logdateien und spezielle Prüfprotokolle (Audit Trails) · Einbindung von Werkzeugen zur Behebung der Ausnahmesituation und Test der dafür gewählten Lösung (Exception Resolution) · Protokollierung aller Aktivitäten zur Bereinigung der Situation selbst sowie Informationen zum aktuellen Status · Bereitstellung der Informationen an das IT-Risikoberichtswesen (Exception Reporting)			

→

Verwaltung von Schäden			
19.	Anzahl der maximal darstellbaren Schäden?		
20.	Anzahl und Art der darstellbaren Attribute zu jedem Schaden? - Einbindung von Dokumenten und anderen Zusatzinformationen - Detaillierungsgrad zur Darstellung von Schadensverläufen		
21.	Benutzerführung (Maskengestaltung, Plausibilitätsprüfungen, Muss-Felder)? - bei Eingabe, - Suche und - Ausgabe/Abfrage von Informationen		
22.	Funktionen zur Schadensverfolgung?		
Verwaltung von Maßnahmen			
23.	Anzahl der maximal darstellbaren Maßnahmen?		
24.	Anzahl und Art der darstellbaren Attribute zu jeder Maßnahme? - Einbindung von Dokumenten und anderen Zusatzinformationen		
25.	Benutzerführung (Maskengestaltung, Plausibilitätsprüfungen, Muss-Felder)? - bei Eingabe, - Suche und - Ausgabe/Abfrage von Informationen		
26.	Werkzeuge für die Entwicklung von Maßnahmen?		
Unterstützung des IT-Risikomanagement-Prozesses			
27.	Liste der unterstützten Methoden und Werkzeuge - Erweiterbarkeit (Modularisierung, Lizenzmodelle)		
28.	Schnittstellen zum IT-Controlling? - Art der Schnittstelle (Datei, Socket, ...) - zulässige Datentypen und -formate		
29.	Schnittstellen zum betriebswirtschaftlichen Berichtswesen? - Möglichkeit zur Definition von Standard- und Ad-hoc-Berichten (Anzahl, Aktualisierungsfrequenz, Empfänger) - Datenausgabe (Format, Umfang) - Generierung von PDF-Berichten - Versandfunktion per E-Mail - Datenformat für den Export in Intranetpräsenzen oder andere Portale		

→

30.	Anzahl und Art der verfügbaren Möglichkeiten zur grafischen Darstellung einzelner Inhalte oder Ergebnisse?		
31.	Monitoring-Funktionen für Kennzahlen? ▪ Schnittstellen zu Systemmanagement-Werkzeugen ▪ andere Schnittstellen ▪ Liste der möglichen Überwachungszyklen und Überwachungsformen		
Abbildung der IT-Risikomanagementorganisation			
32.	Darstellungsmöglichkeit für die Organisation? Freie Konfigurationsmöglichkeiten oder Auswahl aus vorgegebenen Strukturen? ▪ Art und Anzahl Hierarchiestufen ▪ Art und Anzahl Rollen/Berechtigungen ▪ Art und Anzahl Gremien ▪ Möglichkeiten der Darstellung von disziplinarischen Strukturen, Informationsflüssen, Kontrolldaten, sonstigen Verbindungen		
Prüfung des IT-Risikomanagements			
33.	Exportfunktionen für Prüfungssoftware?		
34.	Erweiterte Protokollierungsfunktionen?		
35.	Liste der Testfunktionalitäten für Kontrollen		

Die Summe aller Gewichtungen ergibt 100%. Zulässige Punkte: 0 bis 10.

Der Fragenkatalog konzentriert sich auf **spezielle Anforderungen** aus dem IT-Risikomanagement. **Allgemeine Anforderungen** (Stabilität, Performance, Schnittstellenkompatibilität, Plattformneutralität usw.) sind **nicht dargestellt**.

6.4.2 Übersicht über Lösungen

Bei den derzeit verfügbaren IT-Risikomanagement-Softwarelösungen lassen sich Trends erkennen. Vielfach binden sie das IT-Risikomanagement in Lösungen für das Enterprise Risk Management ein. Auch werden IT-Risiken gemeinsam mit Governance- und Compliance-Aspekten (GRC-Management) betrachtet. Verstärkt werden zudem Standards und Best Practices direkt unterstützt.

Oftmals kann auch ein bereits existierendes Helpdesk-System genutzt werden. Ein solches System erlaubt es, die Höhe des Risikos auf Grundlage der Höhe des zu erwartenden Schadens und der Eintrittswahrscheinlichkeit in einem Ticket zu erfassen. Zudem kann abgefragt werden, ob es Fallback-Strategien gibt und was bei vollständiger oder teilweiser Nichtbeachtung passierten würde. Schadenshöhe und Eintrittswahrscheinlichkeit können entsprechend der hinterlegten

Klassifikation zwischen »high« und »low« eingestuft werden. Solche Lösungen sind in der nachfolgenden Übersicht jedoch nicht berücksichtigt.

Die Tabelle 6–17 (Stand Mai 2013) listet ohne Anspruch auf Vollständigkeit alphabetisch nach Herstellern sortiert Lösungen auf, die entweder originär für das IT-Risikomanagement bzw. das IT-Projektrisikomanagement entwickelt worden sind oder die in einem größeren Zusammenhang, meist in Verbindung mit (IT-)GRC-Management stehen und das IT-Risikomanagement als einen von mehreren Bereichen funktional abdecken. Die Nennung oder Nicht-Nennung bestimmter Eigenschaften erlaubt *keine* vergleichenden Aussagen, da sich der Leistungsumfang der Lösungen zu rasch ändert und es nicht die Zielsetzung ist, einen umfassenden funktionalen Vergleich zwischen den Werkzeugen vorzunehmen.

> **Praxishinweis**
>
> **Wie kann der Überblick über verfügbare IT-Risikomanagementsoftware aktuell gehalten werden?**
>
> Gute Informationsquellen sind:
> - die seit vielen Jahren laufend aktualisierte Übersicht der ENISA zu RMIS allgemein (www.enisa.europa.eu/activities/risk-management)
> - die in Tabelle 9–1 angegebenen Informationsquellen zum IT-Risikomanagement
> - die Nutzung einschlägiger Softwarekataloge
> - der Austausch mit Experten anderer Unternehmen (ggf. Referenzkunden)
> - Internetforen zum IT-Risikomanagement

Tab. 6–17 Übersicht über aktuelle IT-Risikomanagement-Informationssysteme (IT-RMIS, Stand Mai 2013)

Name	Hersteller	Konzept	Website
STREAM Integrated Risk Manager	Acuity Risk Management	Ein- und mehrplatzfähige GRC-Lösung, die den gesamten IT-Risikomanagement-Prozess unterstützt	*www.acuityrm.com*
RIMIS	Antares	Ganzheitliche Lösung für das Risiko- und Chancenmanagement; kann auch zum Management von IT-Risiken genutzt werden	*antares-is.de*
risk2value	avedos	Umfangreiches GRC-Werkzeug, das auch ein Modul Risk Management enthält und den gesamten IT-Risikomanagement-Prozess unterstützt. Für mittlere bis größere Unternehmen. Modulare Struktur, die entsprechend den Bedürfnissen konfiguriert werden kann.	*www.avedos.com*
GRC Cloud sowie BPSresolver Ballot	BPSresolver	Ganzheitliches GRC-Werkzeug mit Unterstützung des gesamten IT-Risikomanagement-Prozesses. Zusatzwerkzeug zur Identifikation und Bewertung von IT-Risiken in anonymen Workshops.	*www.bpsresolver.com/*

→

6.4 Software für das IT-Risikomanagement

Name	Hersteller	Konzept	Website
Active Risk Manager	deltek	Ganzheitliches System zur Unterstützung des ERM, Darstellung von GRC-Zusammenhängen. Analyse von Chancen und Risiken. Unterstützung von Standards und Normen, bspw. COSO, COBIT, ISO 31000.	www.deltek.com
OpenPages IT-Governance	IBM	IT-GRC-Lösung, die auch IT-Risikomanagement abdeckt	www.ibm.com
SERIM	IEEE	Vorlagen für das Risikomanagement in der Softwareentwicklung. Einbezug aller wichtigen Risikofaktoren in Wahrscheinlichkeitsbetrachtungen.	www.ieee.org
Proteus Enterprise	Infogov	Webbasierte Software für die Identifikation, Analyse und Bewertung von IT-Risiken. Deckt auch viele Fragen der IT-Governance und Compliance ab. Unterstützt zahlreiche ISO- und BS-Standards, PCI DSS und andere.	www.infogov.co.uk
Risk Manager	Lumension	Unterstützt die Identifikation, Analyse und Bewertung von IT-Risiken. Unterstützt zahlreiche Standards wie etwa PCI DSS.	www.lumension.com
MEGA GRC Suite	MEGA	Modular aufgebautes System, das neben Risikomanagement auch Governance- und Compliance-Aspekte berücksichtigt, insbesondere auch Prüfungen (Audits) und Einrichtung und Überprüfung von Kontrollen.	www.mega.com
Modulo Risk Manager	Modulo	Deckt alle Aspekte des GRC-Managements ab. Als Client- und Cloud-Lösung verfügbar. Unterstützt den gesamten IT-Risikomanagement-Prozess.	www.modulo.com
@Risk	Palisade Corp.	MS-Excel-Plug-in zur Unterstützung des (IT-)Risikomanagements mithilfe der Monte-Carlo-Simulation. Einbindung in eine MS-Excel-basierte Decisio Tool Suite möglich, dann darüber auch Unterstützung neuronaler Netze, Entscheidungsbäume und What-if-Analysen.	www.palisade.com
Arrisca Analyser for Excel and Project Arrisca Enterprise Risk Manager	riskHive	MS-Excel- und MS-Project-Plug-in zur Nutzung der Monte-Carlo-Simulation. Identifikation und Validierung von Daten, Betrachtung von Chancen und Risiken. Enthalten auch in Arrisca Enterprise Risk Manager. Abbildung einfacher ERM-Zusammenhänge. Unterstützung bei Reifegradermittlungen. Einfaches Berichtswesen.	www.riskhive.com

→

Name	Hersteller	Konzept	Website
RiskTrack.NET	RiskTrak	Unterstützung des ERM; bietet insbesondere Funktionen und Vorlagen für die Durchführung von Interviews, Unterstützung des gesamten Risikomanagement-Prozesses. Schwerpunktmäßig für unternehmensweites Projektrisikomanagement.	*www.risktrak.com*
RiskMaster (Web) sowie Risk Watch (Client/Server)	RWI Risk Watch International	Umfassende Unterstützung für die Analyse und Bewertung (Risk Assessment) von IT-Risiken, Orientierung an wichtigen Standards, beispielsweise COBIT. RiskMaster ist das aktuellere Produkt.	*www.riskwatch.com*
SAP Business-Objects Risk Management SAP Access Control (GRC)	SAP	Umfangreiche GRC-Lösungen für große und mittelständische Unternehmen, die auch das IT-Risikomanagement abdecken	*www.sap.com*
R2C	Schleupen	Produktfamilie. Neben dem Risikomanagement werden weitere Themen abgedeckt. Das Risikomanagement wird gleichzeitig auch als Chancenmanagement verstanden.	*www.schleupen.de*
chaRMe	secopan	Unterstützung bei Festlegung des Kontexts, bei der IT-Risikoidentifikation, -analyse, -bewertung und -behandlung. Fokussiert auf ISO 27000 und PCI DSS. Open Source.	*www.secopan.de*
Enterprise Risk Management System sowie Excel Risk Assessment Tool und Excel Risk Map	Secricon	Deckt alle wesentlichen Funktionen des ERM ab, einschließlich des Berichtswesens. Nicht auf die IT fokussiert, aber für die IT einsetzbar. Ergänzend stellt das Unternehmen Excel-Werkzeuge für die Analyse und Bewertung von Risiken sowie für die Darstellung von Risiken bereit.	*www.secricon.com*
Verinice	SerNet	Fokussiert im Kontext von IT-Risiken auf IT-Sicherheitsrisiken und den Grundschutz	*www.sernet.de*
ARIS GRC	Software AG	Umfassendes Werkzeug, das u.a. die Simulation von Risiken ermöglicht	*www.softwareag.com*
Riskology Simulator	Tom DeMarco/ Tim Lister	Einfaches MS-Excel-Spreadsheet zur Überwachung wichtiger Projektrisiken. Kein direkter Fokus auf das IT-Risikomanagement, aber für IT-Projekte nutzbar.	*www.systemsguild.com/ riskology*

7 Risikomanagement im IT-Betrieb

Ziel dieses Kapitels

Dieses Kapitel sensibilisiert für wichtige Risiken im IT-Betrieb und zeigt prinzipielle Wege für ihre Beherrschung auf. Im Einzelnen werden folgende Fragen beantwortet:
- Welche Risiken gehen auf die Organisation des IT-Betriebs, insbesondere aus Outsourcing und Cloud Computing, zurück?
- Welche Risiken folgen aus Unregelmäßigkeiten, Fehlern und Ausfällen?
- Welche Risiken entstehen bei Angriffen auf die IT?
- Welche Risiken stehen im Zusammenhang mit Notfällen und Katastrophen?
- Welche Risiken entstehen beim Einsatz von Mobilgeräten?
- Welche Optionen haben kleine Unternehmen, mit IT-Betriebsrisiken umzugehen?

Durch neue Technologien oder verändertes Nutzerverhalten, etwa im Umgang mit dem Internet allgemein oder speziell mit Social Media, Cloud-Lösungen und Mobilgeräten, entstehen im IT-Betrieb zusätzliche, teilweise neuartige Risiken. Diese IT-Risiken müssen rechtzeitig erkannt und angemessen behandelt werden. Daneben müssen aber auch bereits (länger) bestehende IT-Risiken überwacht werden, die sich aus der Organisation des IT-Betriebs, dem prinzipiell möglichen Versagen der Technik und dem grundsätzlichen Zusammenwirken von Mensch und Technik ergeben.

Ist ein IT-Risiko eingetreten und erfolgreich behandelt worden, unterstützt eine **genaue Analyse** (bspw. Root Cause Analysis, RCA) bei der Suche nach der Ursache. Denn oftmals führen kleine Ursachen zu schwerwiegenden Nichtverfügbarkeiten und offenbaren strukturelle Defizite, wie etwa mangelhafte IT-Service-Management-Prozesse oder eine unzureichend dimensionierte IT-Infrastruktur (Netzwerk, Speicher, Rechenkapazitäten). Die Erstellung einer umfassenden Ergebnisdokumentation hilft dabei ebenfalls, um Erfahrungen bei Veränderungen berücksichtigen zu können.

Damit ergibt sich eine umfangreiche und verantwortungsvolle Aufgabe, die mit zunehmender Unternehmensgröße komplexer und anspruchsvoller wird.

Deshalb ist dieses Kapitel in mehrere Abschnitte unterteilt, die einzelne Aspekte des IT-Betriebs, deren IT-Risiken und mögliche Lösungswege zusammenfassen. Da es neben neuen IT-Risiken auch immer wieder neue Möglichkeiten zur Behandlung gibt, werden generelle Lösungswege und -strategien stärker betont als detaillierte Einzelmaßnahmen.

Praxishinweis

Welche Voraussetzungen müssen für ein gutes IT-Risikomanagement im IT-Betrieb gegeben sein?

Die genaue Kenntnis der aufbauorganisatorischen Strukturen in der IT, der IT-Prozesse und aller wesentlichen IT-Ressourcen ist von zentraler Bedeutung für das IT-Risikomanagement.

Empfehlung: Bevor mit IT-Risikomanagement begonnen wird, sollten

- das **Prozesshandbuch**,
- das **Inventar** aller IT-Ressourcen (IT-Asset-Management) und
- das **Organigramm** mit **Rollenbeschreibungen**

durchgesehen, hinterfragt und gegebenenfalls ergänzt oder korrigiert werden. Der so erreichte Wissensstand ist Grundlage für die weitere Arbeit des IT-Risikomanagements im IT-Betrieb.

Systematisierung der Risiken im IT-Betrieb

Für die Diskussion der Risiken im IT-Betrieb wird der rechte Teil des in Abschnitt 2.2.1 (vgl. Abb. 2–2) diskutierten IT-Risikowürfels herangezogen (vgl. Abb. 7–1).

Abb. 7–1 Systematisierung der Risiken im IT-Betrieb (modifiziert nach [Seibold 2006], S. 139)

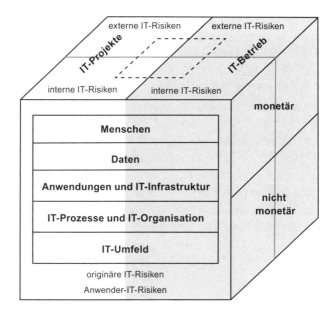

7.1 Organisation des IT-Betriebs

Einige IT-Risiken haben ihren Ursprung in der Art und Weise, *wie* der IT-Betrieb innerhalb des Unternehmens und unter Einbindung von Partnern organisiert wird. In vielen Unternehmen existieren *unterschiedliche* Modelle *nebeneinander*. Das erhöht die Anzahl der IT-Risiken zwar nicht zwangsläufig, erschwert aber deren Identifikation und den Umgang mit ihnen.

Zur weiteren Diskussion dieser spezifischen IT-Risiken und der zugehörigen Lösungswege lassen sich die Möglichkeiten, den IT-Betrieb zu organisieren, unterteilen in:

- **zentraler und dezentraler Betrieb**
  Hierzu gehören auch die individueller Datenverarbeitung (IDV) und das End User Computing (EUC) sowie Aspekte im Kontext der IT eines Shared Service Center.
- **Outsourcing** und **Outtasking**
  Hierunter werden auch Near-, Far-, On- und Offshoring subsummiert.
- **Cloud Computing**
  Es umfasst die Private Cloud, die Community Cloud, die Public Cloud und die Hybrid Cloud.

7.1.1 Zentraler und dezentraler Betrieb

Dezentraler Betrieb

Unter einem dezentralen Betrieb wird für die weitere Diskussion jede Art der (auch räumlich verteilten) Nutzung von IT *außerhalb* einer zentralen IT-Abteilung zusammengefasst. Eine solche Nutzung erfordert eine angepasste Governance und eine entsprechend starke Überwachung in den Bereichen, in denen Freiheitsgrade gewährt werden.

Ein mögliches Risiko, das von einer solchen dezentralen IT ausgehen kann, ist das Entstehen einer individuellen Datenverarbeitung (IDV) und eines End User Computing (EUC) und damit einer **Schatten-IT**. Die Bezeichnung *Schatten-IT* beschreibt alle Effekte, die bei unkontrollierter oder unabgestimmter Nutzung von (eigener) Hardware, Anwendungen und Entwicklungswerkzeugen in den Fachabteilungen sowie bei dezentral beauftragten, extern bezogenen IT-Dienstleistungen auftreten können. Unter IT-Dienstleistungen mit einem großen Potenzial für Schatten-IT fallen auch Cloud Services (vgl. Abschnitt 7.1.3). Entwicklungswerkzeuge umfassen frei zugängliche Werkzeuge (bspw. Open-Source-Entwicklungsumgebungen) oder Entwicklungsumgebungen in Office-Anwendungen (bspw. Excel oder OpenOffice Calc). In einer solchen Schatten-IT werden aus Sicht der zentralen IT Daten hoher Kritikalität dezentral an unbekannten Orten gehalten oder verarbeitet. Auch werden Anwendungen erstellt, die nicht in die Betriebsprozesse eingebunden sind, beispielsweise in die zentrale Datensicherung oder in das Lebenszyklusmanagement. Aus Sicht des IT-Risikomanagements steigt bei einer solchen Dezentralisierung das Risiko der Verletzung mindestens eines der vier Schutzziele *Vertraulichkeit, Integrität, Verfügbarkeit* und *Zurechenbarkeit*. Die wichtigsten resultierenden IT-Risiken sind:

- **Verstoß gegen Gesetze** und sonstige **unternehmensexterne Bestimmungen** (IT-Compliance-Risiken), etwa durch unzureichendes Lizenzmanagement. Im Extremfall können sie strafrechtliche Konsequenzen haben.
- **Verstoß gegen unternehmenseigene Richtlinien** und daraus abgeleitete weitere Vorgaben sowie gegen Verträge (ebenfalls als IT-Compliance-Risiken bezeichnet).
- **Sicherheitsrisiken** durch fehlerhafte Programmierung, Nichtdurchführung oder Verzögerung wichtiger Updates, durch den Einsatz sicherheitskritischer Software oder durch unzulässige Nutzung von Hardware und Anwendungen (z.B. Cloud-Lösungen, zentrale Anwendungen, Apps auf Mobilgeräten). Oft fehlen auch Rollen- und Berechtigungskonzepte sowie Mechanismen für das Identity- und Access-Management, wenn die Fachabteilung Anwendungen selbst programmiert oder solche Anwendungen betreibt.
- **Fachliche Fehler und mangelnde Datenqualität** bedingt durch fachliche oder technische Unkenntnis. Auch drohen Dateninkonsistenzen und gefährliche Redundanzen. Kritisch ist, wenn fachliche Fehler nur mit großer zeitlicher Verzögerung oder durch Zufall entdeckt werden (fehlende oder ungeeignete Tests).
- **Fehlende Prüfbarkeit und Revisionssicherheit** durch fehlende Mechanismen zur Protokollierung (Audit-Trail). Fehler lassen sich nicht zu einer verantwortlichen Person zurückverfolgen.
- **Support- und Wartungsrisiken** durch Auslastung der Verantwortlichen mit Regelaufgaben, ihr Wechsel in andere Bereiche, Fluktuation und mangelhafte Dokumentation. Treten Fehler auf, die von den Urhebern selbst nicht gelöst werden können, weil sie dazu nicht ausreichend qualifiziert sind, entstehen typische IT-Risiken. Denn niemand sonst kennt die Anwendung, zudem fehlt es meist an Kapazität in der IT, um sich des Fehlers anzunehmen. Nutzen die Urheber zur Fehlerbehebung einschlägige Internetforen, besteht das Risiko, Geschäftsgeheimnisse zu veröffentlichen oder gegen allgemeine Datenschutzbestimmungen zu verstoßen.

Beispiel

Um einen Fehler zu finden, postet ein Mitarbeiter aus der Fachabteilung einen Teil einer dezentral entwickelten Kundendatenbank ohne vorausgehende Anonymisierung des Inhalts in ein Forum. Er verspricht sich dort Hilfe und hofft, damit eine Offenlegung des Fehlers gegenüber der IT-Abteilung vermeiden zu können.

- **Datenverlust und Nichtverfügbarkeit** durch ein fehlendes Backup-, Notfall- und Katastrophenkonzept
- **Stabilitäts- und Performance-Probleme durch unerkannte oder unberücksichtigte Abhängigkeiten** zwischen zentral und dezentral betriebenen Anwendungen mit Reichweiten bis über die Unternehmensgrenzen hinaus

Davon abzugrenzen ist eine dezentrale IT, die **mit Kenntnis und Billigung der zentralen IT betrieben** wird, weil diese Form der Aufgabenverteilung die Belange des Unternehmens durchaus auch erfüllen kann.

Beispiel

- Die dezentrale IT in einem Werk, die speziell für die Fertigungsunterstützung konzipiert ist (SCADA).
- Die dezentrale IT, die sich an den Besonderheiten des jeweiligen Geschäftsfeldes orientiert und deren Zentralisierung deshalb einen unverhältnismäßig hohen Aufwand nach sich ziehen würde.

In solchen Strukturen entstehen über die oben bereits genannten IT-Risiken hinaus neue IT-Risiken durch eine nicht ordnungsgemäße Einbindung in die zentralen Betriebsprozesse der IT. Besonders kritisch sind fehlende Einbindungen in

- Backup-Prozesse,
- Notfallprozesse,
- Konfigurationsprozesse,
- Patch-Prozesse und
- Change-Management-Prozesse.

Oft werden auch Synergieeffekte in der Beschaffung von Hard- und Software nicht ausgenutzt oder Planungen sind nicht im Einklang mit einer zentralen IT-Strategie. Das führt zu Mehrkosten und den bekannten inhomogenen Anwendungslandschaften mit allen negativen Folgen.

Zentraler Betrieb

Die Bedeutung von IT-Risiken in zentralen Betriebsmodellen beruht auf ihrer hohen Reichweite, weil von einer Verletzung der Schutzziele meist viele oder alle Benutzer *gleichzeitig* betroffen sind. Zu den zentralen Betriebsmodellen zählen auch Shared Service Center [Keuper & Oecking 2012], die meist parallel zu Zentralisierungsprojekten im ERP-Umfeld (Migration auf ein globales ERP-System) eingerichtet werden.

Ursachen für IT-Risiken in diesem Umfeld können sein:

- Unregelmäßigkeiten, Fehler und Ausfälle (vgl. Abschnitt 7.2)
- Angriffe (vgl. Abschnitt 7.3)
- Notfälle und Katastrophen (vgl. Abschnitt 7.4)
- mangelnde Qualifikation und mangelndes Wissen über die Zusammenhänge, mangelhafte Stellvertreterregelungen oder unzureichend definierte Administrations- und Kontrollprozesse

Im Regelbetrieb wird diese hohe Reichweite oft nicht sichtbar und ist den betroffenen Benutzern deshalb nicht bewusst.

Beispiel

- Eine Pfadangabe in einem wichtigen Skript des ERP-Systems ist ungültig. Mehrere produktionsnahe Abteilungen können deshalb nicht mehr arbeiten. Fertigungsprozesse laufen jedoch autonom weiter, weil Maschinensteuerungen nicht betroffen sind. Dies beeinträchtigt alle Logistikprozesse stark und führt zu erheblichen Zusatzaufwänden.
- Die Steckverbindung an einem Netzwerkkabel des zentralen Routers ist beschädigt. Das Öffnen, Speichern und Suchen von Dateien ist deshalb im gesamten Netzwerk nicht mehr möglich. Kein Benutzer kann sich an seinem Arbeitsplatzrechner anmelden.
- Lizenzen auf dem Großrechner für die EDI-Funktionalität sind abgelaufen. Eine Kommunikation mit Lieferanten ist daher unmöglich. Die Just-In-Time-Kette ist gestört, Produktion und Arbeitsvorbereitung sind betroffen.
- Tabellen in der zentralen Kundendatenbank sind zu klein bemessen, der gesamte Vertrieb und das Lager können deshalb nicht arbeiten.
- Ein wichtiger Cache bzw. eine wichtige Queue des zentralen Mailservers ist unterdimensioniert. E-Mails können weder versandt noch empfangen werden. Wichtige Nachrichten von Partnern und Kunden erreichen das Unternehmen nicht.
- Ein wichtiges Update wird nicht oder verzögert eingespielt. Ein Angreifer erhält dadurch die Möglichkeit, eine Sicherheitslücke auszunutzen, um den zentralen Datenbankserver zu kompromittieren.

Werden IT-Ressourcen durch den Betrieb auch für Projekte zentral bereitgestellt (meist Datenbanken und Speicherplatz, aber auch Entwicklungsumgebungen), sind die daraus resultierenden IT-Risiken auch für das IT-Projektmanagement von Bedeutung (vgl. Kap. 8).

Virtualisierung

Im Rahmen zentraler Betriebsformen und im Zusammenhang mit der Verringerung dezentraler IT-Kapazitäten gewinnt zunehmend **Virtualisierung** an Bedeutung. Zwar hat Virtualisierung viele Vorteile und kann sogar zur Reduzierung bestimmter IT-Risiken eingesetzt werden (vgl. Abschnitt 7.1.3), das Konzept birgt jedoch selbst auch *neue* IT-Risiken [Chaudhuri et al. 2011].

Für den Aufbau und den Betrieb virtueller Umgebungen ist spezielles Know-how notwendig, das unter Umständen nicht in ausreichender Qualität oder ausreichendem Umfang zur Verfügung steht. Auch können Schulungen und spezielle Aus- und Weiterbildungen unterbleiben. Meist fehlt zudem ein organisatorisches Konzept. Richtlinien, insbesondere die IT-Sicherheitsrichtlinie, sind nicht angepasst, Verantwortlichkeiten sind ungeregelt. Auch bleiben Fragen des Datenschutzes ebenso unbeantwortet wie Fragen nach der Einbindung in Datensicherungen oder Notfallpläne.

Darüber hinaus kann das Virtualisierungskonzept Verwundbarkeiten in seiner Architektur aufweisen, beispielsweise wenn zu viele virtuelle Maschinen von einem Host verwaltet werden (Single Point of Failure) oder wenn in der Netzanbindung nicht auf ausreichende Segmentierung geachtet wird (erleichterter Zugang für Angreifer). Wird die Virtualisierungssoftware (der Hypervisor) angegriffen und fehlen Sicherheits- und Schutzmechanismen, befällt Späh- und Schadsoftware sofort *alle* virtuellen Maschinen. Neben Angriffen können auch Fehler im Hypervisor und sonstige Störungen zu einem Ausfall führen, was ebenfalls *alle* virtuellen Maschinen betrifft. Vergleichbares gilt auch für Fehler des Administrators. Alle Maschinen stehen so lange nicht zur Verfügung, bis der Fehler behoben wurde oder sonstige kompensierende Maßnahmen ergriffen worden sind. Schließlich entstehen IT-Risiken im Zusammenhang mit mangelhaftem Change- und Konfigurationsmanagement, mangelhafter Datensicherheit und mangelndem Datenschutz. Dann besteht die Möglichkeit, virtuelle Maschinen durch einfaches Kopieren zu replizieren (Clone/Copy). Rasch kann die Übersicht über die Anzahl und die genaue Konfiguration von virtuellen Maschinen verloren gehen, ebenso die Übersicht über die darin enthaltenen (sensiblen) Daten. Virtuelle Maschinen können leicht auf Datenträger gespeichert und unauffällig aus dem Unternehmen transportiert werden. Schließlich kann leicht vergessen werden, Änderungen an virtuellen Maschinen einem Freigabeprozess zu unterziehen und zu dokumentieren.

Lösungswege und Handlungsempfehlungen zur Beherrschung der identifizierten IT-Betriebsrisiken

Zur Beherrschung dezentraler IT-Betriebsrisiken in großen Unternehmen

- kann das in Kapitel 3 diskutierte **mehrstufige IT-Risikomanagement** eingerichtet werden.
- sollten ausnahmslos gültige **Minimalstandards (Baselines)** für technische Schutzeinrichtungen entwickelt und überwacht werden.
- sollen **Richtlinien zur dezentralen Nutzung von IT-Dienstleistungen, Anwendungen und Entwicklungswerkzeugen** in Kraft gesetzt und auf Einhaltung überprüft werden (vgl. Tab. 7–1).

Da sich bestimmte Schutzeinrichtungen jedoch möglicherweise umgehen lassen (beispielsweise eine MAC-Adressfilterung oder die inzwischen veraltete WEP-Verschlüsselung für WLAN) und organisatorische Lösungen nicht absolut zuverlässig sein können, weil Unachtsamkeit, Vorsatz bzw. mangelndes Know-how dazu führen können, dass Vereinbarungen nicht eingehalten und wichtige Veränderungen in den IT-Risiken übersehen oder falsch eingeschätzt werden, müssen **an zentraler Stelle kompensierende Maßnahmen** ergriffen werden:

- Die Anwendungslandschaft wird so aufgebaut, dass **alle für die Erstellung des Jahresabschlusses** und die Fortführung der Betriebstätigkeit **notwendigen Daten** ausschließlich **zentral verwaltet** werden.
- Die Zugänge (mögliche Angriffspfade) zu diesen Anwendungen werden so stark abgesichert, dass **dezentral entstehende Sicherheitsrisiken keine Auswirkungen auf zentral verwaltete Daten** haben.
- **Awareness-Kampagnen** und Schulungen werden regelmäßig zur Schaffung eines unternehmensweiten IT-Risikobewusstseins durchgeführt.
- Die Durchführung von **Risk Self Assessments** (vgl. Kap. 11), die Kontrolle der Ergebnisse und die Einleitung korrigierender Maßnahmen werden im gesamten Unternehmen verpflichtend.

Damit werden die vier wesentlichen Schutzziele im Rahmen der technischen und organisatorischen Möglichkeiten auch in großen Unternehmen bestmöglich sichergestellt. IT-Systemprüfungen im Rahmen der Jahresabschlussprüfung sind mit einem geringeren Aufwand möglich. Und schließlich muss die Tatsache akzeptiert werden, dass dezentral einige IT-Risiken unbehandelt und unbemerkt bleiben.

Wichtige Aspekte im Rahmen der Erstellung einer Richtlinie für die dezentrale Nutzung von IT (gegebenenfalls sinnvoll in mehrere Detailrichtlinien aufzuteilen)		*Handlungsempfehlung* *Tab. 7-1* *Erstellung einer Richtlinie für die dezentrale IT (einschl. Schatten-IT)*
1.	Regelung der Gültigkeit für bestimmte Gruppen (Reichweite), Versionsinformationen, Gültigkeitszeitraum, Autoreninformationen, Freigabe-Informationen	
2.	Exakte Festlegung des Zwecks und der Zielsetzung der Richtlinie	
3.	Allgemeine Regelungen für die Nutzung zulässiger Geräte und Gerätefunktionalitäten sowie der Netzwerkinfrastruktur: ▪ Laufwerke und Ports ▪ Mobilgeräte ▪ Fremdgeräte (Geräte von Partnern) ▪ LAN, WLAN, WAN	
4.	Allgemeine Regelungen für den Umgang mit externen IT-Dienstleistungen bzw. für den Einbezug weiterer externer Partner (Kriterienkatalog, ggf. Anbieterliste, Verbote/Einschränkungen)	
5.	Allgemeine Regelungen für den Umgang mit zentral installierten und dezentral genutzten Werkzeugen: ▪ Kriterienkatalog ▪ ggf. Liste aller zugelassenen Anwendungen (etwa den Entwicklungsumgebungen in Office-Anwendungen) ▪ Bedingungen zur Nutzung von Softwareverteilung (betroffene Bereiche, klar geregelte Ausnahmen)	
6.	Allgemeine Regelungen für den Umgang mit betroffenen Daten über den gesamten Lebenszyklus der Daten (Generierung, Verarbeitung, Speicherung, Sicherung/Archivierung) ▪ Kritikalitätsklassen für Daten, Festlegung von Prozessen für den Umgang mit Daten einer bestimmten Kritikalitätsklasse ▪ dezentrales oder zentrales Backup ▪ dezentrales oder zentrales Notfallmanagement ▪ dezentrales oder zentrales Change-, Patch-, Konfigurationsmanagement	
7.	Besondere Regelungen für die Erteilung und den Entzug von Sonderberechtigungen (etwa für die Installation bestimmter Software und die Nutzung besonderer Internetports, Anwendungen oder externer IT-Dienstleistungen)	
8.	Dokumentations-, Auskunfts- und Berichtspflichten, Integration der dezentralen Dokumente in bestehende Pläne, etwa Notfall-/Katastrophenpläne und Datensicherungsprozesse	
9.	Existenz und Prüfungspflicht notwendiger Kontrollen (dezentrale Elemente eines IKS), Aufgaben im Kontext des IT-Risikomanagements (Meldepflichten, Formulare, Meldezyklen)	
10.	Hinweise auf Schulungspflichten und freiwillige Weiterbildungsangebote	
11.	Regelungen zur Überwachung der Einhaltung, Sanktionen bei Nichteinhaltung, Pflicht zur Kenntnisnahme, ggf. Übergangsbestimmungen und -fristen	

Aufbauend auf einer solchen Richtlinie werden üblicherweise technische Maßnahmen zur Verringerung der Anwenderaktivitäten begründet, etwa das Verbot der lokalen Speicherung von Daten, die Sperrung von USB-Ports oder CD-/DVD-Laufwerken, die Einführung eines Mobile Device Management (MDM, vgl. Abschnitt 7.5), der Entzug von Administrationsrechten oder die Einschränkung der Zugriffsmöglichkeiten auf bestimmte Anwendungen und Funktionalitäten.

Ebenfalls auf Basis einer solchen Richtlinie werden für dezentrale Server Backup- und Recovery-Pläne sowie sonstige IT-Prozesse angepasst und getestet. Wichtiges Ziel dieser Maßnahmen ist es, den dezentralen IT-Betrieb, so weit es technisch möglich und fachlich sinnvoll ist, den **gleichen Systematiken** zu unterwerfen, wie es im **zentralen IT-Betrieb** geschieht. Es ist sinnvoll, hierzu auch die Organisationsstruktur anzupassen. Dies geschieht, indem Rollen definiert werden, die dezentral Betriebsverantwortung übernehmen, und indem die zugehörigen Stellen rasch besetzt oder Aufgaben neu zugewiesen werden.

Der Kern eines **risikominimalen zentralen IT-Betriebs** ist **gutes IT-Service- und IT-Sicherheitsmanagement**, orientiert an Best Practices, etwa ITIL, CMMI for Services (CMMI-SVC) und ISO 27000. Werden IT-Prozesse sorgfältig konzipiert und Instanzen exakt geplant und sicher ausgeführt, verringert sich das Risiko einer Betriebsunterbrechung deutlich.

Lösungswege für die **Behandlung von IT-Risiken in virtualisierten Infrastrukturen** sind nicht spezifisch und damit auch nicht ausschließlich auf virtuelle Umgebungen bezogen. Da einige IT-Risiken jedoch spezifisch sind, kann eine Checkliste (vgl. Tab. 7–2) als Ausgangspunkt für Überlegungen im Rahmen der Identifikation, Analyse und Behandlung von IT-Risiken im eigenen Unternehmen herangezogen werden [Chaudhuri et al. 2011].

Checkliste

Tab. 7–2
Absicherung gegen Virtualisierungsrisiken

Checkliste zur Ermittlung des Handlungsbedarfs im Rahmen der Absicherung gegen Virtualisierungsrisiken		○ | ▶ | ●
1.	Verfügt der zentrale IT-Betrieb über ausreichend Erfahrung und die nötige Qualifikation für Planung und Betrieb virtueller Umgebungen?	
2.	Wurden rechtzeitig ausreichende Qualifikationsmaßnahmen vorgesehen?	
3.	Gibt es eine Referenz/Richtlinie, gegen die diese Punkte geprüft werden können?	
4.	Gibt es auf die Besonderheiten der virtuellen Umgebungen abgestimmte Anweisungen (Standard Operating Procedures, SOP)?	
5.	Werden SOP bei Änderungen regelmäßig aktualisiert?	
6.	Werden über SOP neben den aktuell laufenden virtuellen Maschinen auch alle Maschinen in die IT-Risikoanalyse und -Behandlung einbezogen, die sich in einem Ruhezustand (Suspend/Sleep-Mode) befinden oder abgeschaltet sind?	

→

7a.	Gibt es in der IT-Infrastruktur, die die virtuellen Umgebungen bereitstellt, einen »Single Point of Failure«?	
7b.	Wenn ja, ist er ▪ eindeutig identifiziert? ▪ verstanden? ▪ über entsprechende Kontrollen abgesichert?	
8.	Ist der Virtualisierungshost (bzw. dessen Betriebssystem) ausreichend gegen Angriffe gesichert?	
9.	Ist der Hypervisor ausreichend gegen Angriffe gesichert?	
10.	Ist die in der virtuellen Maschine laufende Anwendung ausreichend gegen Angriffe gesichert?	
11.	Sind alle auch bei physikalischen Servern selbstverständlichen Schutz- und Sicherheitsmechanismen verfügbar und aktiv?	
12.	Sind die virtuellen Maschinen verschlüsselt und werden sie verschlüsselt gespeichert?	
13.	Werden unter Rückgriff auf ein Configuration Management System (CMS) und eine Konfigurationsdatenbank (CMDB) regelmäßige »Inventarisierungen« und Prüfungen der Konfiguration aller vorhandenen virtuellen Maschinen und insbesondere der Virtualisierungssoftware selbst durchgeführt?	
14.	Wie sind die Sicherheitszonen in den virtuellen Umgebungen aufgebaut? Gibt es getrennte Zonen für jede virtuelle Maschine oder sind alle virtuellen Maschinen in einer Sicherheitszone zusammengefasst?	
15.	Wie sind die einzelnen IT-Ressourcen in den virtuellen Maschinen getrennt oder zusammengefasst?	
16a.	Welche physikalischen IT-Ressourcen werden von welcher virtuellen Maschine wie genutzt?	
16b.	Gibt es dazu ein getestetes und geprüftes Konzept und eine aktuelle Dokumentation?	
17a.	Wie wird das Identity- und Access-Management für die virtuelle Umgebung oder einzelne Maschinen sowie den Virtualisierungshost selbst festgelegt?	
17b.	Gibt es dazu ein getestetes und geprüftes Konzept und eine aktuelle Dokumentation?	
18.	Wie ist die IT-Sicherheit in der virtuellen Umgebung konzeptionell und technisch sichergestellt, wie erfolgt ihre fortlaufende Verwaltung und Kontrolle? Gibt es ein spezielles Sicherheitsmanagement?	
19.	Gibt es einen speziellen Change-Management-Prozess für die Dokumentation und Freigabe aller Änderungen an der Virtualisierungsinfrastruktur sowie den virtuellen Maschinen selbst?	
20.	Gibt es Vorlagen für die Konfiguration und die Verteilung der virtuellen Maschinen?	

→

21a.	Kann zu Wartungs- und Verwaltungszwecken auch von außerhalb des Rechenzentrums mit Administrationsrechten auf die virtuellen Maschinen sowie auf den Host zugegriffen werden?
21b.	Wenn ja, ist die Sicherheit gewährleistet und wurde ein Berechtigungskonzept implementiert?
22.	Verfügt die Administrationskonsole über besondere Absicherungen und Zugangsbeschränkungen für einen kleinen Kreis ausgewählter Administratoren?
23.	Kann der Zugriff auf einzelne virtuelle Maschinen auch über die Administrationskonsole eingeschränkt werden?
24.	Werden regelmäßige Spezialprüfungen der gesamten virtuellen Umgebung durchgeführt?
25.	Kann auf umfassende Protokollierungen aller in der virtuellen Umgebung ablaufenden Aktivitäten zurückgegriffen werden?
26.	Sind Protokollierungen gegen Manipulationen geschützt?

○ nein, es besteht dringender Handlungsbedarf;
◐ ja, aber eine kritische Prüfung getroffener Maßnahmen ist notwendig;
● ja, das Thema ist nach Best Practices abgesichert

7.1.2 Outsourcing und Outtasking

Die Vergabe von IT-Leistungen an einen externen Partner zieht spezifische IT-Risiken nach sich, wobei Art, Umfang und Dauer der Geschäftsbeziehung sowie das Maß an Erfahrung mit externer Leistungserbringung auf beiden Seiten eine wesentliche Rolle bei der Entstehung von IT-Risiken spielen. Für rechtlich selbstständige Konzernunternehmen kann die Einrichtung eines Shared Service Center [Keuper & Oecking 2012] aus Sicht der IT Ähnlichkeiten mit Outsourcing aufweisen. Der Grund hierfür ist, dass Teile der IT, die im Zusammenhang mit den ins Shared Service Center verlagerten Prozessen stehen, meist an die Konzern-IT übertragen werden und somit nicht mehr in der Eigenverantwortung der jeweiligen Gesellschaft liegen. Entsprechend gelten viele Überlegungen zu IT-Risiken im Outsourcing-Kontext für die Konzerngesellschaft in ähnlicher Weise.

Als häufige Ursachen für IT-Risiken durch Outsourcing und Outtasking gelten der Vertrag, Schwachstellen im eigenen Unternehmen und Defizite beim Anbieter. Hinzu kommen verschiedene Asymmetrien zwischen den Partnern. Je größer die Asymmetrie in Richtung Anbieter ist, desto eher entsteht auf Kundenseite das Gefühl von Ohnmacht, mangelndem Vertrauen und mangelnder Transparenz.

Ursache »Vertrag«

Viele IT-Risiken entstehen durch eine **ungünstige Gestaltung der Verträge**. Häufig weisen Outsourcing-Beziehungen *trotz* sorgfältiger Erstellung und Prüfung Punkte auf, die vertraglich nicht geregelt sind. So sind Verantwortungsbereiche nicht klar abgegrenzt und Eskalationswege und -stufen ungenügend definiert. Auch werden Vertragslaufzeiten oder Kündigungsklauseln nicht nachverhandelt, sondern aus ungünstigen AGB übernommen. Bei Vertragstexten in Fremdsprachen können **sprachliche Missverständnisse** zu Risiken führen.

Ursache »eigenes Unternehmen«

Doch auch bei sorgfältiger Erstellung der Verträge können weitere IT-Risiken durch **Unzulänglichkeiten** im eigenen Unternehmen entstehen, etwa durch:

- mangelhafte vertragsbegleitende fachliche Dokumentation
- fehlende Messgrößen für die objektive Beurteilung der Leistung und Qualität
- ungenügende Detaillierung technischer Anforderungen und damit der zu erbringenden Leistung selbst
- unzureichende Steuerung und Überwachung der Leistungserbringung
- mangelhafte Kosten-, Zeit- und Ressourcenplanungen
- Verzicht auf Schätzmethoden
- Nichtberücksichtigung wichtiger Kostenfaktoren und Faktoren zur Bestimmung benötigter IT-Ressourcen
- fehlende Betrachtung der Gesamtkosten im Sinne der Total-Cost-Ansätze
- fehlendes Prozesswissen und fehlende Prozessbeherrschung
- sprachliche Barrieren und kulturelle Missverständnisse
- Probleme mit großen Entfernungen zum Anbieter oder Zeitverschiebungen
- zum Anbieter abgewandertes Know-how

Ursache »Anbieter«

Neben Unregelmäßigkeiten, Fehlern und Ausfällen (vgl. Abschnitt 7.2), Angriffen (vgl. Abschnitt 7.3) und Notfällen/Katastrophen (vgl. Abschnitt 7.4), die auch Outsourcing-Anbieter treffen können, begünstigen weitere **Defizite** das Entstehen von IT-Risiken:

- Die Komplexität der übertragenen Anwendungen wird unterschätzt, weil notwendiges Expertenwissen und die notwendige fachliche Weiterbildung der Mitarbeiter fehlen.
- Regelungen im Umgang mit gespeicherten Daten bei Beendigung des Vertragsverhältnisses sind unklar.
- Nachweise, wie Daten gegen andere Mandanten isoliert werden, können nur ungenügend erbracht werden.
- Angriffe auf Daten durch Kunden des Outsourcing-Anbieters werden nicht oder zu spät erkannt.
- Daten werden durch den Outsourcing-Anbieter vorsätzlich an Wettbewerber weitergegeben (Wirtschaftsspionage).
- Fragen der Datenverschlüsselung (etwa ausschließlich anbieterseitigen Möglichkeiten, schwache Algorithmen) sind unklar.
- Die Datenkompatibilität geht nach unangekündigten technischen Änderungen verloren.
- Die zu unterstützenden IT-Prozesse werden als zu komplex empfunden, weil die notwendige Prozessreife nicht gegeben ist.
- Der Anbieter erkennt bestehende Defizite auf Kundenseite nicht, kann nicht oder nur schlecht beraten und schult die Mitarbeiter des Kunden falsch oder überhaupt nicht.
- Sprachbarrieren und kulturell bedingtes Missverstehen beeinflussen auch den Anbieter.
- Das Melden von Sicherheitsvorfällen kann nicht erzwungen werden.
- Die Organisation des IT-Betriebes hinsichtlich Speicherorganisation (Replikation), Ressourcenverwaltung, Rekonfiguration, Notfallmanagement und Lastverteilung ist unklar.
- Es fehlen Möglichkeiten, um unklare und möglicherweise unangekündigte System- und Betriebsoptimierungen beim Outsourcing-Anbieter abzuwenden.
- Der Outsourcing-Anbieter informiert nicht rechtzeitig über mögliche Auswirkungen von Konfigurationsänderungen.
- Die Funktionsweise von Schnittstellen ist unklar.
- Die Gefahr für den Betrieb in rechtlich oder politisch instabilen Regionen oder Regionen mit hoher Kriminalität kann nicht vollständig ausgeschlossen werden.
- Informationen über Kontrollen in der Administration kritischer Prozesse (etwa Identity- und Access-Management von Administrationszugängen) sind unzureichend.

Weitere wichtige Risiken sind:

- unerwartete **Änderungen in der grundsätzlichen strategischen Orientierung** des Anbieters
- die Übernahme des Anbieters durch einen Dritten
- die Insolvenz des Anbieters
- **gesetzliche Änderungen**
- unklare rechtliche Rahmenbedingungen (Haftung, Gerichtsstand, Rechtswege, Eigentumsfragen an Daten und Anwendungen)
- Zwang zur Preisgabe prinzipiell nicht notwendiger, vom Outsourcing-Anbieter jedoch geforderter persönlicher Informationen über Benutzer
- Image- und Vertrauensschäden für das eigene Unternehmen in der Öffentlichkeit und für die IT-Abteilung innerhalb des Unternehmens bei Störungen oder (schweren) Unregelmäßigkeiten,
- mangelhafte Controlling-Möglichkeiten
- mangelhafte Prüfbarkeit durch eigene oder bestellte Prüfer (fehlende Berechtigung zu eigenen Audits)
- nicht vorhandene oder stark eingeschränkte Möglichkeiten, Sicherheitsvorfälle oder andere illegale Aktivitäten forensisch zu verfolgen

Und obwohl viele Leistungen heute in Dollar, Yen oder Euro abgerechnet werden, **können Wechselkursschwankungen** negativ wirken. Das gilt insbesondere dann, wenn diese Schwankungen ausschließlich für den Anbieter ungünstig sind und er daraufhin seine Leistungen den neuen Gegebenheiten anpassen muss, wenn er profitabel bleiben will.

Lösungswege und Handlungsempfehlungen zur Beherrschung der identifizierten IT-Risiken

IT-Risiken im Outsourcing- und Outtasking-Kontext wirksam zu behandeln, ist eine komplexe Aufgabe. Oft kann auf den Partner nur mit juristischen Mitteln Zwang ausgeübt werden, und selbst das ist schwierig, wenn er seinen Sitz im Ausland hat. Zudem können Kontrollmöglichkeiten stark eingeschränkt sein.

Eine Checkliste (vgl. Tab. 7–3) ermöglicht eine erste Orientierung hinsichtlich des Status quo der Absicherung gegen IT-Risiken aus Outsourcing- und Outtasking-Vorhaben. Wie in nur wenigen anderen Teilgebieten der IT ist bei der Zusammenstellung konkreter Lösungswege eine **Orientierung an einschlägigen Normen und Best Practices** (insbesondere ISO 20000/ITIL, ISO 27000, CMMI-SVC, BSI-Grundschutz-Kataloge) unter gleichzeitiger Berücksichtigung **individueller Outsour-**

cing- und IT-Risikoszenarien und der **konkreten Verhältnisse** sinnvoll [Dutta & Sista 2012].

Checkliste

*Tab. 7–3
Checkliste für das
IT-Risikomanagement bei
IT-Outsourcing/
IT-Outtasking*

Checkliste zur Ermittlung des Handlungsbedarfs im Rahmen von Outsourcing- und Outtasking-Risiken	○ | ▶ | ●
Vor Vertragsabschluss	
1. Verfügt der Partner im Sinne eines größtmöglichen Risikobewusstseins über ein eigenes IT-Risikomanagement, und zwar nicht nur aus IT-Sicherheitsüberlegungen heraus in seiner IT, sondern auch in den Vertriebseinheiten, die nach Vertragsabschluss die fachliche Betreuung übernehmen?	
2. Existieren detaillierte Angaben über Form, Umfang und Inhalt von Richtlinien, Guidelines und Arbeitsanweisungen (Standard Operating Procedures) für die Mitarbeiter des Partners zur Sicherstellung der vier Schutzziele bezogen auf Anwendungen und Daten?	
3. Gibt es entsprechend qualifizierte Ansprechpartner am Standort des Partners?	
4. Liegen nachprüfbare Angaben des Anbieters zur (aktuellen) Leistungsfähigkeit vor?	
5. Können in Kooperation mit den Fachabteilungen **Asymmetrien** zwischen dem Partner quantifiziert oder zumindest qualitativ eingeschätzt werden? Beurteilungsmaßstab:	
5a. Größe	
5b. Alter	
5c. Rechtsform	
5d. Prozessreife	
5e. abgedeckte Märkte und Marktkenntnisse	
5f. technischer Kenntnisstand	
5g. Qualitätsniveau	
5h. Erfahrungen mit vergleichbaren inhaltlichen und formalen Vertragskonstellationen	
6a. Ist die Compliance beim Partner mit allen *wesentlichen* Vorgaben sichergestellt?	
6b. Können *aktuelle* Zertifikate (etwa SSAE16, ISAE3402, ISO 20000 ISO 9000, ISO 27000, CMMI-SVC) und sonstige Angaben zur Erfüllung *wesentlicher* Vorgaben vorgelegt werden?	
7. Ist IT-Sicherheit beim Partner trotz Zertifikaten insgesamt gewährleistet? Existiert ein Information Security Management System (ISMS)?	

→

8a.	Besteht trotz Zertifikaten oder eines ISMS die begründete Gefahr der Weitergabe von sensiblen Informationen an Dritte oder der Nutzung von Spezialwissen und Know-how des Auftraggebers durch den Partner?	
8b.	Falls ja, sind entsprechende (technische) Gegenmaßnahmen verfügbar?	
9.	Ist die IT-Infrastruktur des Partners an die Bedürfnisse des beauftragenden Unternehmens angepasst, beispielsweise hinsichtlich Netzwerkgeschwindigkeit, Datenvolumen, Backup-Strategie, Redundanz- und Notfallkonzepte oder Verschlüsselungssysteme?	
10a.	Existiert ein Change Management beim Partner und lässt es sich mit dem eigenen synchronisieren?	
10b.	Existiert ein Patch Management beim Partner?	
10c.	Existiert ein Konfigurationsmanagement beim Partner?	
11.	Kann der durch Personalabbau entstehende Verlust von Know-how in den betroffenen Bereichen vermieden werden?	
12.	Besteht prinzipiell die (realistische) Möglichkeit für den Wiederaufbau des abgegebenen Know-hows?	
13a.	Besteht Kompetenz im Umgang mit Teams, die sich aus eigenen Mitarbeitern und den Mitarbeitern des beauftragenden Unternehmens zusammensetzen?	
13b.	Besteht Kompetenz im Umgang mit global verteilten Teams?	
14.	Ist der zeitliche Vorlauf für den Wiederaufbau berücksichtigt? Dieser Aspekt ist besonders relevant bei massiven Störungen, bei Insolvenz des Partners und bei anderen Ereignissen, die dessen Verfügbarkeit stark einschränken, sowie beim Wechsel des Partners.	
15.	Kann die fachliche, rechtliche oder technische Abhängigkeit vom Partner angegeben werden? Entsteht dadurch ein erhöhtes Risiko für die Betriebskontinuität bis hin zum Fortbestand des eigenen Unternehmens?	
16.	Ist die Bereitstellung notwendiger technischer und personeller Ressourcen ausreichend gesichert?	
Während der Vertragsverhandlungen		
17a.	Gibt es Experten, die über Erfahrungen mit Prüfungen verfügen, um ungünstige Bedingungen frühzeitig zu erkennen und verhandeln zu können?	
17b.	Kann der Vertrag fachlich sorgfältig geprüft werden?	
17c.	Kann der Vertrag technisch sorgfältig geprüft werden?	
17d.	Kann der Vertrag rechtlich sorgfältig geprüft werden?	
17e.	Ist ausreichend Zeit für diese Prüfung vorgesehen?	
17f.	Ist ausreichend Budget für diese Prüfung vorgesehen?	
18.	Besteht Klarheit über die Behandlung von Wechselkursrisiken und über Auswirkungen auf angebotene Leistungen?	

→

19.	Besteht Transparenz über entstehende Kosten bei erwarteten und unerwarteten Änderungen?
20.	Existieren Erfahrungen und Transparenz in Bezug auf die rechtliche Situation am Standort des Partners hinsichtlich Vertragsgestaltung, Leistungsstörungen, Datensicherheit, Urheberschaft und Patentschutz? (Dies ist insbesondere wichtig, wenn dieser sich im (außereuropäischen) Ausland befindet.)
21.	Existiert ein erprobtes Konzept bei Misstrauen und Widerstand gegen die Auslagerung insgesamt und/oder gegenüber dem gewählten Partner?
22.	Besteht die Notwendigkeit zur Abnahme von (teuren) Zusatzleistungen außerhalb des Vertragsumfangs über geschickt vermittelte Vertriebsstrategien?
23a.	Existieren Absicherungen gegen unerwünschte Übernahmen des Partners durch Dritte?
23b.	Existieren Absicherungen für den Fall der Insolvenz des Partners?
23c.	Existieren Absicherungen bei sonstigen gravierenden Störungen, etwa durch politische Unruhen im Land des Partners?
Nach Vertragsabschluss (Phase der Leistungserbringung)	
24.	Werden die vereinbarten Service Levels eingehalten? (Welche Maßnahmen der Partner dazu ergreift, liegt zunächst in seinem Ermessen, sofern die geforderte Qualität ohne Einschränkungen und ohne sonstige Nebeneffekte, wie etwa Compliance-Verstöße, erbracht wird. Allerdings können jederzeit weitere Auflagen, etwa zur Einhaltung der physikalischen Sicherheit oder der Zugangskontrolle und anderer Aspekte zur Sicherstellung von Vertraulichkeit, Integrität und Verfügbarkeit, gefordert werden)
25.	Werden die erbrachten Leistungen über Service Level Agreements umfassend überwacht?
26	Gibt es ein umfassendes, aktuelles und zeitnahes Berichtswesen?
27.	Kann die Reaktionszeit auf Anfragen zuverlässig angegeben werden oder schwankt sie stark?
28.	Werden Änderungen im Abrechnungsmodell angekündigt und begründet?
29.	Sind die Fachabteilungen in der Lage, unmittelbare Verluste aus der Geschäftstätigkeit (Business Impact) zu quantifizieren, die auf SLA-Verletzungen seitens des Outsourcing-Anbieters zurückgehen?
30.	Könnte auf hohe Fluktuation unter den für die zugesicherte Leistungserbringung zuständigen Experten beim Anbieter schnell und angemessen reagiert werden?

→

31a.	Wird eine regelmäßige Prüfung des Anbieters erfolgreich durchgeführt (oftmals zusätzlich zu SSAE 16/ISAE 3402 gefordert)? ▪ über Vor-Ort-Besuche (eigener oder bestellter IT-Prüfer)?	
31b.	▪ über Fragebögen? (orientiert an den Gliederungspunkten einer Outsourcing-Richtlinie, vgl. Tab. 7–4) Wichtig sind **Art und Umfang der Antworten** und eine genaue Analyse, wie auf bestimmte Fragen *nicht* geantwortet wird. Denn aus diesen Informationen lassen sich Rückschlüsse auf die Sorgfalt und Gewissenhaftigkeit des Partners ziehen. Je nach Länge des Fragebogens und geforderter Ausführlichkeit entstehen dem Partner bei sorgfältiger Bearbeitung hohe Aufwände. Werden Fragen nicht oder nicht ausreichend umfassend genug beantwortet, kann dies ein Indiz für mangelhafte Qualifikation und/oder nicht beherrschte IT-Risiken sein.	
31c.	▪ über Interviews? (telefonisch oder nach Einbestellen von Kundenbetreuern)	
32.	Existiert eine detaillierte und überwachte Planung hinsichtlich notwendiger Verhandlung über Folgeverträge? (in der Regel mit Vorlauf von mindestens zwei Jahren)	

○ es besteht dringender Handlungsbedarf;
◐ aber eine kritische Prüfung getroffener Maßnahmen ist notwendig;
● das Thema ist nach Best Practices abgesichert

Parallel zur Bearbeitung der Checkliste ist es sinnvoll, für alle Partner klare Regelungen in einer oder mehreren, spezialisierten **Outsourcing- und Outtasking-Richtlinien** zusammenzufassen und diese Regelungen im Rahmen einer Richtlinie zum Vertragsbestandteil zu machen.

Gliederung einer IT-Outsourcingrichtlinie

Beispiel

Tab. 7–4
Gliederung einer IT-Outsourcing-Richtlinie

1. Geltungsbereich
    1.1. Zulässige Betriebsformen
    1.2. Bezug zu weiteren Richtlinien (Detailrichtlinien und andere Sachgebiete)
2. Präambel
    2.1. Geheimhaltungspflichten, Datenschutzbestimmungen
    2.2. Relevante gesetzliche und unternehmenseigene Vorgaben, ggf. aufsichtsrechtliche Vorgaben
    2.3. Begriffsdefinitionen
    2.4. Rollen und Ansprechpartner
3. IT-Sicherheit
    3.1. Mindestanforderungen an die IT-Sicherheit (grundsätzliche Ge- und Verbote)
    3.2. Struktur des ISMS
    3.3. Protokollierungen
    3.4. Kontrollmöglichkeiten des Auftraggebers

→

> 4. IT-Risikomanagement
>   4.1. Mindestanforderungen an das IT-Risikomanagement
>   4.2. Struktur des IT-Risikomanagements
>   4.3. Struktur des IKS
>   4.4. Berichtspflichten (Art, Umfang, Detaillierungsgrad, Zyklus)
>   4.5. Kontrollmöglichkeiten des Auftraggebers
> 5. IT-Service-Management
>   5.1. Mindestanforderungen an das IT-Service-Management
>   5.2. Struktur des IT-Service-Managements
>   5.3. Grundsätze für die Gestaltung von Service Level Agreements
>   5.4. Berichtspflichten (Art, Umfang, Detaillierungsgrad, Zyklus)
>   5.4. Kontrollmöglichkeiten des Auftraggebers
> 6. IT-Prüfungen
>   6.1. Art, Zeitpunkt und Umfang
>   6.2. Rechte des Auftraggebers
>   6.3. Pflichten des Auftragnehmers
> 7. Schlussbestimmungen
>   7.1. Berichts- und Eskalationswege
>   7.2. Inkrafttreten

7.1.3 Cloud Computing

In vielen Unternehmen herrscht derzeit vergleichsweise große Unsicherheit über Chancen und Risiken, die sich aus dem Konzept des *Cloud Computing* ergeben. Fragen zu diesem Thema werden intensiv diskutiert ([Kuhn 2012], [BSI 2012], [BSI 2011], [Raval 2010], S. 28f.). Einerseits existiert die Auffassung, dass viele IT-Risiken überbewertet werden und die Vorteile und Chancen des Ansatzes überwiegen. Andererseits wird eine Vielzahl von IT-Risiken identifiziert, für die noch keine befriedigende Lösung gefunden wurde. Insbesondere hinsichtlich Datenschutz und Datensicherheit existieren große Bedenken.

Prinzipiell gelten im Cloud Computing die gleichen IT-Risiken wie im Outsourcing oder Outtasking (vgl. vorausgegangenen Abschnitt). Schließt man sich der eher konservativen Sicht auf das Thema an, wirken bei Cloud-Lösungen *zusätzliche* IT-Risiken ([Raval 2010], S. 28f., [Farahmand 2010], S. 43):

- Menschen
  - unbemerkte Non-Compliance gegenüber unternehmensinternen Richtlinien und gesetzlichen Vorschriften, wenn eine unkontrollierte Nutzung von Cloud Services direkt durch die Endbenutzer erfolgt und die Vorgaben der IT unberücksichtigt bleiben

- Daten
  - mangelhafte Möglichkeit zur Einflussnahme auf den Lagerort der Daten (Gefahr der Übertragung personenbezogener Daten in Gebiete mit anderen Datenschutzbestimmungen und unklaren Zugriffsmöglichkeiten durch staatliche Stellen)
- Anwendungen und IT-Infrastruktur
  - unzureichende Nachweise, wie Anwendungen gegen andere Mandanten isoliert werden
  - ungenügendes Identity- und Access-Management für die *Nutzung* von Cloud Services (Annahme einer gefälschten Identität), erschwerend wirkt die im Vergleich zu Outsourcing größere Anonymität
  - Möglichkeit des Angriffs auf eigene Anwendungen über einen Cloud Service
- IT-Prozesse und IT-Organisation
  - unvermittelte Abschaltung von genutzten Cloud Services als Folge von Rechtsstreitigkeiten oder Zahlungsverzögerungen
- IT-Umfeld
  - besonders hohe Attraktivität des Cloud-Anbieters für Angreifer

Lösungswege und Handlungsempfehlungen zur Beherrschung der identifizierten IT-Risiken

Aus Sicht des IT-Risikomanagements lassen sich aktuell zwei Optionen im Umgang mit Cloud Computing unterscheiden (vgl. auch Tab. 7–5):

- Option 1
  Es wird eine Lösung gewählt, die Daten und Anwendungen *innerhalb* des Unternehmens belässt (**Private Cloud**). Damit lassen sich – abgesehen von einer eingeschränkten Fähigkeit zur Skalierung – die technischen Vorteile des Ansatzes maximieren bei gleichzeitiger Minimierung der damit verbundenen neuartigen IT-Risiken.
- Option 2
  In Abhängigkeit von der Kritikalität der Daten und Anwendungen wird eine **hybride Cloud (Option 2a)** genutzt, also die **Verbindung zwischen privater und öffentlicher Cloud**. Bei Nutzung öffentlicher Cloud Services sollte die Anzahl der Anbieter und Schnittstellen minimiert werden, da jeder Anbieter und jede Schnittstelle *grundsätzlich* ein Risiko darstellt. Besteht die Notwendigkeit der Einbindung von weiteren Partnern (bspw. Lieferanten) in die hybride

Cloud, wird eine **Community Cloud (Option 2b)** eingerichtet. Der Partner kann je nach Vereinbarung Teile der öffentlichen oder der privaten Cloud nutzen.

Handlungsempfehlung

*Tab. 7–5
Entwicklung einer risikoorientierten Cloud-Computing-Strategie*

	Schritte zur Entwicklung einer risikoorientierten Cloud-Computing-Strategie
1.	**Klärung**, ob sich die **für das Outsourcing/Outtasking verwendete Checkliste einsetzen** lässt
2.	Klärung, ob **Befragungen oder Besuche beim Cloud-Anbieter möglich** sind • ja: direkte Vertragsverhandlungen, Aufnahme von relevanten Einzelheiten in den Vertrag • nein: weiter mit Schritt 3
3.	**Klärung, ob eine Sammlung von umfassenden Informationen über den Cloud-Anbieter möglich ist** (Unternehmenssitz, Rechtsform, Referenzkunden, Umsatz und Gewinn, Anteilseigner, Standorte der Rechenzentren u. a.) • ja: weiter mit Schritt 4 • nein: Rückkehr zum klassischen Outsourcing/Outtasking
4.	**Klärung der Frage, ob die Leistungsbeschreibung des Cloud-Anbieters**, die *Bestandteil des Vertrags* ist, **exakt dokumentiert**, *wie* das **jeweilige Verfügbarkeits- und Sicherheitsniveau** – nach aktuellem Stand der Technik und Normung – **definiert** ist und **überprüfbar sichergestellt** wird • ja: weiter mit Schritt 5 • nein: Rückkehr zum klassischen Outsourcing/Outtasking
5.	**Durchführung** einer **umfassenden IT-Risikoanalyse** • Orientierung der Entwicklung von IT-Risikoszenarien am genutzten Servicemodell (PaaS, IaaS, SaaS) • Berücksichtigung von technologischen Entwicklungen, neuen rechtlichen Erkenntnissen (aus Gerichtsurteilen und Gesetzesänderungen) und Änderungen in den fachlichen Gegebenheiten • fachliche Strukturanalyse der bezogenen IT-Dienstleistungen, der Anwendungen und bei IaaS auch der eingesetzten IT-Infrastrukturelemente. Nur so kann ein gutes Verständnis von Schnittstellen, genutzten Daten, Anwendungen, Technologien, Prozessen und allen involvierten Benutzergruppen sowie ein besseres Verständnis für die Wirkungen bei Unregelmäßigkeiten erreicht und ständig verbessert werden. **Ergebnis**: • Zusammenstellung aller Elemente der IT-Infrastruktur und aller Anwendungen, die in die Cloud verlagert werden sollen • Feststellung des sich ergebenden Schutzbedarfs für Daten, Anwendungen und IT-Infrastrukturelemente • das für die Elemente differenzierte IT-Sicherheitsniveau und alle übergreifenden IT-Sicherheitsmaßnahmen • alle über die IT-Sicherheit hinausgehenden, fachlich motivierten Anforderungen an die Eigenschaften der Elemente in einer auch für die Fachabteilungen verständlichen Form

→

6.	**Überprüfung**, ob **neue** (experimentelle) **Technologien und Ansätze zur Erhöhung der Sicherheit eingesetzt** werden können, beispielsweise eine anbieterunabhängige exakte Lokalisierung der Daten in der Cloud oder die Nutzung cloudbasierter Virenscanner, die Datenbanken mehrerer Anbieter nutzen und umfassende forensische Informationen bereitstellen ▪ Einbindung der Erkenntnisse in das Ergebnis der IT-Risikoanalyse aus Schritt 5
7.	**Klärung organisatorischer, technischer und rechtliche Fragen** ▪ Klärung, wie der Anbieter im Falle von Fragen erreichbar ist ▪ Klärung, ob gesetzliche und gegebenenfalls ergänzende eigene Datenschutzanforderungen zweifelsfrei erfüllt werden ▪ Klärung, ob es (neue) Einschränkungen beim Einsatz eigener Verschlüsselungstechnologien gibt ▪ Entwicklung von Kontrollen für die Erfüllung von Anforderungen an die Verfügbarkeit und für Wiederherstellungsstrategien bei Datenverlusten ▪ Möglichkeiten, eigene IT-Prüfungen durchführen zu dürfen ▪ Möglichkeit für *objektive* Sicherheitsüberprüfung durch *neutrale* Dritte ▪ Möglichkeit zur Definition und Implementierung eigener Anforderungen an die Sicherheit der Cloud-Lösung ▪ Einrichtung von Maßnahmen zur Datensicherung und gegebenenfalls zur Bereitstellung redundanter Cloud Services *unabhängig* vom jeweiligen Cloud-Anbieter ▪ Entwicklung einer auch für die Fachabteilungen verständlichen Richtlinie sowie Anweisungen und Hilfestellungen (etwa zum Thema IT-Sicherheit), die abhängig vom jeweiligen Cloud Service spezifische IT-Risiken verringern oder vermeiden helfen ▪ Schaffung einer Awareness bei Benutzern über die besondere Konstruktion und Funktionsweise der Cloud Services und die sich daraus ergebenden besonderen Risiken. **Empfehlung**: Bei solchen neuartigen IT-Risiken kann es zur Veranschaulichung hilfreich sein, mit Vergleichen und anderen Analogieformen zu arbeiten, um eine möglichst rasche Sensibilisierung zu erreichen. ▪ Vorlage von aussagekräftigen Informationen über die finanzielle Stabilität und das Organisationskonzept des Cloud-Anbieters. **Empfehlung**: Gründe für Einschränkungen oder fehlende Auskünfte müssen genau analysiert und dokumentiert werden und zwingend in die weiteren Entscheidungen einfließen. ▪ Definition einer Exit-Strategie
8.	Entwicklung einer Cloud-Strategie bzw. Überprüfung einer bereits bestehenden Strategie auf ihre weitere Gültigkeit. ▪ Wahl der Option 1 oder 2

> **Praxishinweis**
>
> **Gibt es Hilfsmittel und weitere, laufend aktualisierte Informationen für detaillierte IT-Risikoanalysen im Cloud Computing?**
>
> Eine gute Fundstelle für ständig aktualisierte Vorlagen und Checklisten sowie zahlreiche weitere Themen rund um IT-Risiken im Cloud Computing ist das Portal Cloudsecurity Alliance (*https://cloudsecurityalliance.org*) sowie das BITKOM-Portal Cloud Computing (*http://www.cloud-practice.de*).
>
> →

> Neue und erweiterte Vorlagen für Checklisten sowie zahlreiche weitere Informationen sind beispielsweise auch von den internationalen und nationalen Normungs- und Standardisierungsgremien (wie etwa das NIST: *www.nist.gov/itl/cloud*) und vom BSI (*www.bsi.bund.de* [BSI 2012]) verfügbar.

7.2 Unzulänglichkeiten, Fehler und Ausfälle

Die meisten Risiken im IT-Betrieb haben – unabhängig von der gewählten Betriebsform – ihren Ursprung in Unzulänglichkeiten, verschiedenartigsten Fehlern und Ausfällen. Entsprechend der Systematik der Risikoklassifikation (vgl. Abb. 7–1) können solche IT-Risiken ihren Ursprung auf den folgenden Gebieten haben:

- Mitarbeiter, Kunden und weitere Partner
- falsche, unvollständige oder veraltete Daten
  (bspw. Parameter, Konfigurationen, Versionen)
- Anwendungen und die IT-Infrastruktur
- IT-Prozesse und die gesamte IT-Organisation
- IT-Umfeld (Gebäude, Standort, weitere Rahmenbedingungen)

Entsprechend sind in diesem Abschnitt die IT-Risiken und Lösungswege gruppiert.

7.2.1 Ursache »Mitarbeiter, Kunde, Partner«

Statistiken belegen, dass Mitarbeiter des Unternehmens, insbesondere verärgerte und *frustrierte Mitarbeiter, aber auch* unfreiwillig ausgeschiedene oder demnächst ausscheidende Mitarbeiter einen großen Risikofaktor darstellen. IT-Risiken können zudem auch von verärgerten Kunden und Partnern oder anonymen Dritten ausgehen. Neben vorsätzlichen Angriffen (vgl. Abschnitt 7.3) und vergleichbaren gezielten Schädigungen ist in den meisten Fällen eine **nicht ausreichende Qualifikation, menschliches Versagen und fehlendes IT-Risikobewusstsein für das Entstehen von IT-Risiken verantwortlich.** Viele IT-Risiken gehen deshalb auf Unvermögen oder Fahrlässigkeit zurück. Typische IT-Risiken, die von Mitarbeitern ausgehen, entstehen durch:

- **Verhaltensfehler** im Umgang mit der IT. Dazu zählen
  - fehlerhaft durchgeführte oder missachtete Prozesse. Typische Beispiele sind die Missachtung der Vorschrift, Daten vor einer Übertragung zu verschlüsseln oder Nachrichten zu signieren, aber auch falsch konfigurierte Jobketten im Operating

- Leichtsinn bei der Weitergabe sensibler Informationen, etwa durch Mitteilen von Passwörtern, auch im Rahmen von Social Engineering oder als Antwort auf scheinbar authentische, maßgeschneiderte E-Mails (sog. Spear-Phishing)
- (Bedien-)Fehler durch unkonzentriertes Arbeiten
- mangelhafte Sensibilität beim Umgang mit Mobilgeräten (vgl. Abschnitt 7.5)

- **falsche** Zuordnungen von Mitarbeitern zu Aufgaben
- **fehlerhafte Berechtigungsvergabe** (Verletzung der Funktionstrennung)
- **Verlust** (auch durch Diebstahl) von Zugangsberechtigungen (Smartcards, RFID-Codeträger, Magnetkarten) sowie Mobilgeräte (vgl. Abschnitt 7.5)

Lösungswege und Handlungsempfehlungen zur Beherrschung der identifizierten IT-Risiken

Eine wesentliche Bedeutung im Rahmen des Umgangs mit Anwendungen und Daten haben **Qualifikationsmaßnahmen** sowie die Schaffung eines IT-Risikobewusstseins.

Nicht alle Personen, von denen IT-Risiken ausgehen, lassen sich jedoch mit Qualifikationsmaßnahmen erreichen. Auch können solche Maßnahmen unwirksam sein. Die Mitarbeiter werden zudem nicht immer genau hinterfragen, ob sie das, woran sie arbeiten, fehlerfrei tun und ob das Ergebnis korrekt ist. Aus diesem Grund müssen kompensierende Maßnahmen entwickelt werden. Hierzu gehören:

- **Benutzer-Richtlinien.** Wichtige Richtlinien für die Mitarbeiter der Fachabteilungen thematisieren zielgruppenorientiert die Art der Nutzung zentraler Anwendungen, grundlegende Regeln, das Verhalten in außergewöhnlichen Situationen, IT-Sicherheit, den Umgang mit Mobilgeräten, die Nutzung von Internetdiensten, insbesondere Social Media sowie die Nutzung privater Geräte (Bring Your Own Device, BYOD). Damit die Richtlinie wirksam ist, muss die Unternehmensleitung sie in Kraft setzen und müssen die Mitarbeiter sie kennen und verstehen. Oft werden zur Bestätigung der Kenntnisnahme Unterschriften eingefordert.
- **IT-Richtlinien** adressieren das IT-Personal sowie alle Mitarbeiter in den Fachabteilungen, die dort als Ansprechpartner für die IT tätig sind. Wichtige Richtlinien sind Entwicklungsrichtlinien (vgl. Kap. 8) und Richtlinien für Administrationsprozesse.
- **spezielle Richtlinien**, die beispielsweise das Verhalten in Notfällen oder das IT-Risikomanagement selbst regeln

- maschinelle und manuelle Eingabe- und Bearbeitungskontrollen, die sicherstellen, dass Daten vollständig und fehlerfrei übernommen oder bearbeitet werden. Dazu gehören auch die Aufgabentrennung und das Vier-Augen-Prinzip.
- **technische Absicherungsmaßnahmen gegen vorsätzliches Fehlverhalten,** etwa alle Maßnahmen gegen Angriffe

Maßnahmen gegen IT-Risiken, die durch Partner entstehen, müssen differenziert gestaltet werden. Im Grundsatz bestehen die Maßnahmen in technischen und organisatorischen Absicherungen gegen missbräuchliche Verwendung von Anwendungen und Daten sowie in vertraglichen Vereinbarungen über zugesicherte Leistungen (Service Levels) oder in der Regelung von Rechten und Pflichten. Sie gelten für das Outsourcing und Cloud Computing, aber auch darüber hinaus für Lieferanten und andere Partner.

Beispiel
- Das Netzwerk wird so segmentiert, dass Berater keinen Zugriff auf das Intranet haben, wenn sie Netzwerkdosen in Besprechungsräumen nutzen.
- Bedingungen für das Mitführen von fremden Mobilgeräten auf dem Werksgelände werden über eine Richtlinie geregelt.
- Ein Berechtigungskonzept regelt, welche Zugriffsrechte ein Lieferant auf Anwendungen erhält, wenn er sich auf dem Werksgelände aufhält.
- Über Konfigurationseinstellungen wird der Fernzugriff eines Hardwarelieferanten auf die von ihm betreute Firewall eingeschränkt.

7.2.2 Ursache »Daten«

Aufgrund der hohen Bedeutung von Daten für Unternehmen gelten IT-Risiken, die von ihnen ausgehen können, als wesentliche Risiken. Ein wesentliches IT-Risiko für *alle* Unternehmen ist schlechte Datenqualität aufgrund falscher, unvollständiger oder veralteter Daten. Wegen ihrer hohen Reichweite besonders problematisch ist schlechte Metadatenqualität. Der Risikofaktor Datenqualität betrifft auch das IT-Risikomanagement selbst. Fehlerhafte Daten beeinflussen die Berechnung von Eintritts- und Schadenswahrscheinlichkeiten und damit die Bewertung von IT-Risiken (Bewertungsrisiko). Zudem erhöhen sie das Erkennungs- und Kontrollrisiko.

Lösungswege und Handlungsempfehlungen zur Beherrschung der identifizierten IT-Risiken

Das wichtigste Instrument, um dieses IT-Risiko zu vermeiden, frühzeitig zu erkennen und zu minimieren, sind **umfangreiche Eingabe-, Verarbeitungs- und Ausgabekontrollen** für Daten, und zwar sowohl für Daten, die von Menschen eingegeben werden, als auch für alle aus Schnittstellen maschinell übernommenen Daten. Solche Kontrollen, die die Genauigkeit, Korrektheit, Konsistenz und Verlässlichkeit aller Daten sicherstellen, werden **spezifische Kontrollen** oder **Anwendungskontrollen** (**Application Controls**) genannt. Beispiele für solche Anwendungskontrollen sind Vollständigkeitskontrollen, die die Datenintegrität für Eingabedaten oder die vollständige Verarbeitung aller Datensätze sicherstellen, sowie Gültigkeitsprüfungen, die veraltete Daten erkennen können. Zu den Anwendungskontrollen gehören aber auch Format-, Wertebereichs-, Berechnungs-, Transformations-, Integritäts-, Konsistenz- und Redundanzprüfungen. Komplexe Abstimmungen an Schnittstellen und zwischen mehreren Anwendungen, Quelle-Ziel-Prüfungen oder eine fachliche Abstimmung der in den Anwendungen verarbeiteten Daten zählen ebenfalls dazu.

7.2.3 Ursache »Anwendungen und IT-Infrastruktur«

Das als »typisch« empfundene IT-Risiko im Kontext der Nutzung von Anwendungen und Infrastrukturelementen ist ihre vollständige oder teilweise **Nichtverfügbarkeit**. Sie kann neben unbemerkten Programmierfehlern (vgl. Kap. 8), nicht oder unzureichend definierten IT-Prozessen (vgl. Abschnitt 7.2.4), vorsätzlichen Angriffen (vgl. Abschnitt 7.3) sowie Notfällen und Katastrophen (vgl. Abschnitt 7.4) vielfältige weitere Ursachen haben:

- Nutzung nicht ausreichend erprobter neuer Technologien
- unzulängliche Berücksichtigung des Nutzungs- und Systemverhaltens, etwa unter Last
- mangelhafte fachliche und technische Qualität
- Alterung, konstruktions- und produktionsbedingte Fehler
- nicht angepasste Umgebungsbedingungen, etwa eine zu hohe Temperatur durch unzureichende Klimatisierung. Der Grund hierfür kann eine unangepasste IT-Infrastruktur sein. Darunter fallen auch alle IT-Risiken, die durch ungeeignete Gebäude, fehlende Brandabschnitte, ungeeignete oder fehlende Feuerlöscheinrichtungen, mangelhaften Schutz vor Störungen in der Stromversorgung oder vor eindringendem Wasser sowie durch zu schwache Sicherung der

Gebäude selbst oder deren Lage entstehen, etwa durch Nähe zu Lager- oder Produktionsorten von explosiven oder brennbaren Stoffen.

Eine **mangelhaft konfigurierte Anwendung oder Infrastrukturelemente** (vgl. Tab. 7–6) kann ebenfalls zur Nichtverfügbarkeit führen und unbefugte Zugriffe ermöglichen. Gründe für eine mangelhafte Konfiguration können fehlende Qualifikation, mangelnde Sorgfalt oder fehlende Prozesse sein. Werden unbefugte Zugriffe ermöglicht, sind die wesentlichen Schutzziele Vertraulichkeit, Integrität (insbesondere Datenintegrität) und Zurechenbarkeit verletzt. Folgen können Falschdarstellungen durch irreführende Informationen, fehlerhafte Geschäftsprozesse durch Dateninkonsistenzen oder rechtliche Probleme sein.

Beispiel

Tab. 7–6
Beispiele für IT-Risiken aus mangelhafter Konfiguration

IT-Risiko »mangelhafte Konfiguration von Anwendungen und IT-Infrastrukturelementen«	
Netzwerk	• fehlerhafte Regeln in der Firewall • fehlerhafte Konfigurationen der Gateways, Router, Bridges und Switches, insbesondere fehlerhafte Regeln für das Routing und fehlende VLAN-Segmentierung • erleichterter Bezug von IP-Adressen durch Verwendung von DHCP • keine Unterstützung von Verschlüsselung im Netz • keine oder zu schwache Authentifizierung von Geräten und Nutzern (insbes. ungenügendes Identity- und Access-Management) • fehlerhafte physikalische Verkabelung oder freier Zugang zu Einrichtungen des Netzwerks (etwa Stockwerks-Unterverteiler)
Middleware	• falsche Konfiguration von Queues • fehlerhafte Konfiguration von Workflows • kein oder ein falsch konfiguriertes Identity- und Access-Management
Betriebssystem	• fehlerhafte Konfiguration des Betriebssystems, insbesondere des Kernels und der Gerätetreiber • kein gehärtetes Betriebssystem • keine regelmäßigen und getesteten Updates
Datenbanken und Anwendungen	• fehlerhaft konfigurierte Anwendungen und Schnittstellen, dadurch Möglichkeit der Umgehung von Kontrollen und fehlerhafte Funktionalität • falsche Konfiguration der Tablespaces und anderer Datenbankparameter, fehlerhaft konfigurierte Indexierung, fehlerhafte Konfiguration zentraler Parameter des Datenbank-Management-Systems selbst • fehlerhaft konfiguriertes Rollen- und Berechtigungssystem • fehlerhafte konfigurierte Prozesslogik (Workflows) und Programmfunktionalität (beispielsweise Berechnungsvorschriften) • fehlerhaft konfigurierte Benutzeroberfläche, fehlerhaft konfigurierte Dialoge und Fehlermeldungen

Vielfältige IT-Risiken ergeben sich auch aus (Programmier-)Fehlern, ungeeigneten Programmiersprachen und unvollständigen oder fehlerhaft umgesetzten Anforderungen (vgl. Kap. 8).

Lösungswege und Umsetzungshilfen zur Beherrschung der identifizierten IT-Risiken

Das IT-Risiko der Nichtverfügbarkeit von Anwendungen und Infrastrukturelementen kann auf vielfältige Weise behandelt werden. Neben der Wahl hochqualitativer (nach bestimmten Normen, wie etwa MIL-Normen, zertifizierter) technischer Komponenten besteht eine weit verbreitete Möglichkeit im **Aufbau redundanter Strukturen**. Verschiedene Standards und Best Practices (ISO 27000, ITIL, BSI-Grundschutz) machen hierzu konkrete Vorgaben. Solche Vorgaben umfassen beispielsweise Vorschriften zur doppelten Ausführung wichtiger Funktionen wie der Stromversorgung, zur räumlichen Trennung der redundanten Funktionen oder zur Wahl unterschiedlicher Hersteller für IT-Systeme, um systematische Ausfallrisiken zu minimieren.

Darüber hinaus können **Virtualisierungslösungen** helfen, das Risiko der Nichtverfügbarkeit zu senken. Denn eine Virtualisierungslösung kann im Falle eines Ausfalls deutlich schneller und vor allem zu deutlich geringeren Kosten auf geeigneter Hardware verfügbar gemacht werden. Zudem reduzieren sich die Anzahl der Angriffspfade und damit die Angriffsmöglichkeiten und die Wahrscheinlichkeit für einen erfolgreichen Angriff (vgl. Abschnitt 7.3).

7.2.4 Ursache »IT-Prozesse und IT-Organisation«

IT-Risiken im Kontext von IT-Prozessen und IT-Organisation können **singulär** sein, etwa wenn menschliche Fehler oder technische Störungen dazu führen, dass IT-Prozesse nicht korrekt ausgeführt werden. In der Regel jedoch haben sie **strukturelle** Ursachen:

- **fehlende oder mangelhaft ausgestaltete Aufbauorganisation**
  Ungünstig besetzte Positionen verzögern Entscheidungen oder verschlechtern die Entscheidungsqualität. Zu umfangreiche Organisationsstrukturen führen zu langen Bearbeitungszeiten, Kompetenzstreitigkeiten, Bereichsdenken und anderen negativen Effekten. Eine zu knapp bemessene Organisationsstruktur erhöht das Risiko der Überlastung und damit das Fehlerrisiko, kann das Prinzip der Funktionstrennung gefährden oder zu Verzögerungen bei Entscheidungen und zu einem Verantwortungsvakuum führen. Dann werden beispielsweise wichtige Beschaffungen zur Erhöhung der IT-Sicherheit oder zum Aufbau redundanter Systeme verzögert oder sachlich unangemessen entschieden.

- fehlende oder den Betroffenen unbekannte Regelungen und damit eine unzureichende IT-Prozessreife
 Dies berührt zum einen die in den vorausgegangenen Abschnitten angesprochenen Kontrollen. Wenn zum anderen
  - Schnittstellen zu Anwendungen,
  - IT-Prozesse und
  - Prozesse zwischen organisatorischen Einheiten

  nicht definiert sind, können Abläufe nicht nachvollzogen werden. Das Risiko der Nichtverfügbarkeit steigt, und die Suche nach Ursachen dauert zu lange oder ist gänzlich unmöglich.

  Ein Beispiel sind zahlreiche IT-Risiken, die im Rahmen mangelhafter **Beschaffungs-** und **Vertragsmanagementprozesse** entstehen, etwa eine fehlende Make-or-Buy-Strategie, die Auswahl fachlich ungeeigneter oder finanziell instabiler Lieferanten oder das Übersehen ungünstiger Vertragsbedingungen.

- häufige und/oder nicht durchdachte Gewährung von Ausnahmen
 Oft müssen bedingt durch fachliche Anforderungen kurzfristig Lösungen gesucht werden, um bestehende IT-Prozesse zu verkürzen oder vollständig zu umgehen. Oft entfällt dann eine sorgfältige Prüfung, welche IT-Risiken dadurch entstehen. Treten sie ein, ist das Unternehmen nicht ausreichend darauf vorbereitet.

Lösungswege und Umsetzungshilfen zur Beherrschung der identifizierten IT-Risiken

Zur Vermeidung oder Minimierung von IT-Risiken aus der IT-Organisation und den IT-Prozessen sind Managementansätze notwendig, die sich an Normen und Best Practices orientieren:

- Einrichtung eines **IT-Service-Managements** (beispielsweise nach ITIL)
- Anwendung eines **Reifegrad- bzw. Qualitätsmanagementmodells** (beispielsweise nach COBIT oder CMMI-SVC)
- Einrichtung von Prozessen **für das Vertrags- und Lieferantenmanagement**
- Einführung von **allgemeinen Kontrollen** (IT General Controls, ITGC, vgl. Kap. 11). Viele allgemeinen Kontrollen sind Bestandteile eines ITIL-basierten IT-Service-Managements oder von Best Practices wie COBIT. Solche Best Practices erstrecken sich auf alle Elemente eines Informationssystems (vgl. Abb. 1–1). Darin enthaltene allgemeine Kontrollen bestehen beispielsweise aus einem guten **IT-Change-Management**, Versionskontrollen, Richtlinien und Standards für den Zugriff auf IT-Ressourcen und einem guten **Incident & Problem Management**. Ebenfalls von zentraler Bedeutung sind

Richtlinien zur Konfiguration, zum Test und zur Installation von Hard- und Software, das **Konfigurations- und Patch-Management**. Hier bestehen auch Schnittstellen zur Entwicklung und zum Test im Rahmen von IT-Projekten (vgl. Kap. 8). Nur wenn jederzeit die aktuelle Konfiguration bekannt ist, können Verwundbarkeiten rasch auch in der eigenen Konfiguration verifiziert werden und mit getesteten Patches behoben werden. Nur auf diesem Weg kann zudem vermieden werden, dass *unbefugt* Änderungen an der bestehenden Konfiguration vorgenommen werden können. Einen großen Bereich im Rahmen der IT General Controls nehmen auch alle Aspekte der physikalischen Sicherheit nach ISO 27000 oder BSI-Grundschutz ein.

7.2.5 Ursache »IT-Umfeld«

Der Standort der Unternehmen oder bauliche Gegebenheiten können Ursachen für IT-Risiken sein. So können Arbeiten am Gebäude zu Schäden führen. Ein typisches Beispiel sind Bauarbeiten, in deren Verlauf Netzwerk- oder Stromkabel durchtrennt werden, Feuer entsteht oder Wasser austritt.

IT-Risiken entstehen oft auch durch Zusammenschlüsse (Joint Ventures) und Beteiligungen in Drittländern. Vielfach müssen sich Unternehmen einen ortsansässigen Partner suchen, um überhaupt in einem bestimmten Land tätig werden zu dürfen. In solchen Fällen können Mitarbeiter des Partners gezielt Daten ausspähen. In einigen Fällen begünstigt das politische System des jeweiligen Landes Wirtschafts- oder Industriespionage.

Und schließlich stellen **politische Unruhen** und ein **kriminelles räumliches Umfeld** ein Risiko für den IT-Betrieb dar. Die Wirkungen können von abgeschalteten Internet- und Telefonverbindungen bis zum Erstürmen der Betriebsgebäude reichen.

Lösungswege und Handlungsempfehlungen zur Beherrschung der identifizierten IT-Risiken

Zur Vermeidung oder Minimierung von IT-Risiken, die ihren Ursprung im Standort oder in baulichen Gegebenheiten haben, werden in der Regel die oben dargestellten Überlegungen zur Redundanz genutzt. Zusätzlich werden oft auch Überlegungen aus dem Umgang mit Notfällen und Katastrophen herangezogen.

Viele weitere Maßnahmen, wie die Wahl des richtigen Standortes oder die Entscheidung für einen Zusammenschluss von Unternehmen und damit auch deren IT, haben ihren Ursprung in grundsätzlichen

Überlegungen des Unternehmens. Das IT-Risikomanagement sollte an diesen Überlegungen teilhaben und seine Argumente in Entscheidungsprozesse einbringen, beispielsweise zur IT-Architektur und zu verwendeten Technologien.

7.3 Angriffe

Gezielte Angriffe richten sich in erster Linie gegen Elemente der IT-Infrastruktur und gegen Anwendungen, aber auch gegen Personen, die mit unterschiedlichen Rollen in den IT-Betrieb eingebunden sind. Angriffe tangieren die fachliche Arbeit, können Daten zerstören oder verändern und beeinflussen wichtige IT-Prozesse bis hin zur Unterbrechung des IT-Betriebs. Für Unternehmen aller Größen und Branchen relevant sind:

- **Social Engineering** gegen Administratoren und Benutzer [Hadnagy 2011]

Beispiel Ein Unbekannter versucht, sich an öffentlichen Orten, vor dem Betriebsgelände, in Telefongesprächen, über SMS, in Social Media und über andere elektronische Kommunikationsformen das Vertrauen eines Mitarbeiters der Buchhaltung zu erschleichen. Sein Ziel sind Benutzerkennungen, Passwörter, der Name der verwendeten Anwendung einschließlich deren aktueller Version, Angaben zu weiteren Anwendungen, zum Betriebssystem, zu Zugangsmechanismen im Gebäude und zur Raumsituation. Diese Informationen nutzt der Unbekannte zu einem *späteren Zeitpunkt*, um Zugang zu Betriebsräumen zu erhalten oder einen Angriff zu beginnen, mit dem Ziel, weitere sensible Informationen zu sammeln.

- **Ausnutzung von Verwundbarkeiten** im Quellcode (Exploits) für den direkten Zugang zu sensiblen Daten. Das Wissen über Verwundbarkeiten kann gezielt eingekauft werden (vgl. Abschnitt 2.2.6).
- **Einschleusung von Späh- und Schadsoftware** (**Malware**) über Webseiten, E-Mails und infizierte Anwendungen, einschließlich Apps. Zu Malware zählen alle Formen von Viren, Trojanern, Rootkits, Keyloggern und Würmern. Das Ziel ist es, Zugang zu sensiblen Daten zu erhalten, die Verfügbarkeit zu beeinträchtigen oder die Datenkommunikation Dritter durch den Aufbau eines Botnetzes zu stören.
- **Mitverfolgen der Datenkommunikation.** In einigen Ländern wird ein Großteil oder der gesamte unternehmensexterne Netzwerkverkehr durch staatliche Stellen überwacht. Ziel dieser Maßnahme ist

es, neben einer Zensurfunktion, Zugang zu vertraulichen Informationen aus dem Unternehmen zu erhalten (Wirtschaftsspionage). Eine besondere Angriffsform sind **Man-in-the-Middle-Attacken**. Hierbei manipuliert der Angreifer die übertragenen Informationen zu seinen Gunsten und nutzt sie, um unmittelbar Schaden zu verursachen.

- Mitlesen des Datenverkehrs durch Geheimdienste an einem Internetknoten
- Abhören eines WLAN über War Driving
- Man-in-the-Middle-Angriff beim Online-Banking oder bei der EDI-Übertragung.

Beispiel

- **Störung des Datenverkehrs und Beeinträchtigung der Verfügbarkeit** über (verteilte/Distributed) Denial-of-Service-Angriffe/(D)DoS-Angriffe oder E-Mail-Bomben. Für solche Angriffe werden zur Verschleierung des Ursprungs Botnetze eingesetzt. Botnetze können gegen Entgelt und anonym minuten-, stunden- oder tageweise gemietet werden.
- **Missbräuchlich verwendete Verschlüsselung** an den Zugängen zum Intranet eines Unternehmens, insbesondere in Virtual Private Networks. Prinzipiell ist Verschlüsselung für eine hohe Sicherheit unerlässlich. Allerdings kann eine Verschlüsselung, die außerhalb des Unternehmens beginnt und innerhalb des Unternehmens endet, ein IT-Risiko darstellen, weil an den Außengrenzen des Netzwerks nicht geprüft werden kann, welche Inhalte das Netz verlassen haben oder in das Netz hinein übertragen werden.
- **Logische Bomben** und andere, von *eigenen* Entwicklern eingeschleuste **Quellcode-Veränderungen**
- **Backdoors**. Eine Backdoor ist ein versteckter Mechanismus im Quellcode, mit dem sich ein *fremder* Angreifer Zugang zu Anwendungen verschaffen kann. In einigen Ländern können staatliche Einrichtungen den Einbau von Backdoors in Standardsoftware und Middlewarekomponenten (Verschlüsselungsprogramme) für Ermittlungs- und Überwachungszwecke durchsetzen.
- **Spam**. Spam-Mails beeinträchtigen die Produktivität der Mitarbeiter und können Malware enthalten oder zu Drive-by-Angriffen führen.
- **Drive-by-Angriffe**. Über Spam-Mails oder durch direkten Besuch speziell präparierter Websites kann Malware installiert oder können Exploits (etwa in den verwendeten Skriptsprachen) ausgenutzt werden.

Lösungswege und Umsetzungshilfen zur Vermeidung oder zur Abwehr von Angriffen

Angriffsformen und -wege sind vielfältig, technologisch komplex und ändern sich ständig. Die Behandlung von IT-Risiken aus Angriffen basiert daher auf zwei Säulen, den **präventiven** und den **reaktiven Maßnahmen** (vgl. Tab. 7–7). Präventive Maßnahmen verhindern einen Angriff. Reaktive Maßnahmen wirken *während* oder spätestens *unmittelbar nach* einem Angriff. Beide Maßnahmengruppen umfassen Aktivitäten mit Bezug zur baulichen und technischen Infrastruktur, zu den Anwendungen, zur Aufbau- und Ablauforganisation sowie zur Qualifikation der Mitarbeiter.

Handlungsempfehlung

Tab. 7–7 Absicherung gegen Angriffe

	Handlungsempfehlungen im Rahmen der Absicherung gegen Angriffe	
1.	Angemessene **personelle Besetzung** des Themas (IT-Sicherheitsbeauftragter, CISO)	P
2.	**Laufende Sammlung von umfassenden und aktuellen Informationen** über • neue Bedrohungen (Bedrohungslage), einschließlich Auffälligkeiten im Verhalten der eigenen Mitarbeiter (Vorsicht: Das Sammeln von Daten über das eigene Personal ist mitbestimmungspflichtig) • neue Verwundbarkeiten • aktuell verfügbare Abwehrmaßnahmen (Tools und Strategien) **Quellen** hierfür sind neben eigenen Recherchen und Beobachtungen beispielsweise: • Allianz für Cyber-Sicherheit (*www.allianz-fuer-cybersicherheit.de*) • CERT des Bundes (*www.cert-bund.de*) • Deutscher CERT-Verbund (*www.cert-verbund.de*) mit Links zu weiteren CERT • Fraunhofer SIT (*www.sit.fraunhofer.de*) • SANS (*www.sans.org*)	P, R
3.	**Laufender Abgleich** der Informationen mit dem aktuellen Zustand des eigenen Unternehmens • Netzwerkaußengrenzen (Perimeter) • Netzwerkarchitektur und -technologie • Anwendungen • Betriebssystem und Middleware, insbesondere Verschlüsselung, Identity- und Access-Management • Anwendungsentwicklung • organisatorische Regelungen	P, R
4.	Erstellung und laufende Aktualisierung der **IT-Sicherheitsrichtlinie** für alle Mitarbeiter und die Partner mit den Schwerpunkten • Commitment der Unternehmensleitung • organisatorische Verankerung (Ansprechpartner, Meldewege) • betroffene Elemente der stationären *und* der mobilen IT-Infrastruktur (Was ist betroffen?) • Rechte und Pflichten der Mitarbeiter bzw. der Partner (Wann muss worauf wie reagiert werden?) • Sanktionen	P

→

5.	**Erstellung, Umsetzung und laufende Aktualisierung der Strategie zur Reaktion auf aktuelle Entwicklungen** (aufbau-/ablauforganisatorische Rahmenbedingungen) ▪ auf Basis der IT-Sicherheitsrichtlinie ▪ Definition eines Prozesses für schnelle Budget- und Projektanträge ▪ Festlegung auf ein Vorgehensmodell für kurzfristige und langfristige sicherheitskritische Implementierungsprojekte	P, R
6.	Regelmäßige, an aktuellen Entwicklungen orientierte **Durchführung von Schulungen und Awareness-Kampagnen für alle Mitarbeiter** **Empfehlung:** Damit diese Schritte erfolgreich sind, müssen sie im *gesamten* Unternehmen und bei *allen* Partnern bekannt, verstanden und anerkannt sein.	P
7.	**Regelmäßige Prüfung der Wirksamkeit** aller Maßnahmen und Auflistung von Empfehlungen bei Defiziten	P, R

P: Präventiv, R: Reaktiv

Eine besondere Herausforderung ist das Erkennen von Angriffen aus dem *eigenen Unternehmen heraus*. Dies gilt insbesondere dann, wenn risikobehaftete Tätigkeiten zu den regulären Aufgaben des Mitarbeiters zählen und die Mitbestimmung eine Überwachung einschränkt oder ganz verhindert. Aber auch wenn eine Protokollierung zulässig ist, können Protokolle keine (eindeutigen) Hinweise auf Auffälligkeiten enthalten. Deshalb ist das IT-Risikobewusstsein von großer Bedeutung. Das soziale Umfeld des Angreifers ist in diesen Fällen am ehesten in der Lage, Veränderungen zu erkennen und einzuordnen. Die Fähigkeit, solche Veränderungen erkennen und beurteilen zu können, ohne dabei ein Klima des Misstrauens und der Überwachung zu schaffen, kann beispielsweise in speziellen Seminaren vermittelt werden.

Praxishinweis

Im Unternehmen gibt es sensible Bereiche ohne direkte Verbindung zum Internet oder zu einem anderen Netzwerk (Air Gap). Ist damit dieser Bereich vollkommen sicher?

Ein Air Gap erhöht die Sicherheit vor Angriffen deutlich, stellt jedoch **keine** vollkommene Sicherheit her. Leider ist auch bei Fehlen einer direkten Verbindung zum Internet oder zu weiteren internen Netzwerken eine Kompromittierung möglich, da beispielsweise bei Wartungsarbeiten oder Konfigurationsänderungen ein Datenträgeraustausch notwendig wird. **Hochspezialisierte Angriffe** können das ausnutzen. Dies betrifft besonders Maschinensteuerungen (beispielsweise in der Fertigung, in energiewirtschaftlichen Anlagen und zur Steuerung des Verkehrs).

7.4 Notfälle und Katastrophen

Notfälle sind dadurch gekennzeichnet, dass die **Betriebskontinuität** in weiten Teilen des Unternehmens **über einen längeren Zeitraum von besonderen Ereignissen massiv beeinträchtigt wird** oder dass **ein Betrieb gänzlich unmöglich ist**. Typische Ursachen sind größere Unfälle und Unglücke außerhalb des Unternehmens, Brände und Explosionen sowie Erdbeben, Vulkanausbrüche, Blitzschlag und Hochwasser. In einigen Fällen können gezielte Angriffe katastrophale Ausmaße annehmen. Einige global tätige Unternehmen sowie große Outsourcing- und Cloud-Anbieter beziehen sogar vergleichsweise unwahrscheinliche Terroranschläge und andere schwere Straftaten in ihre Überlegungen mit ein. Oft ist ein Unternehmen selbst nicht das unmittelbare Ziel solcher Anschläge, trotzdem ist es notwendig, sich mit diesem Thema zu befassen. Denn es kann bereits ausreichen, wenn sich in *unmittelbarer Nachbarschaft* zum Unternehmen ein solches Ziel befindet.

Ein Unternehmen reagiert nicht adäquat auf Notfälle, wenn es

- bestehende Abhängigkeiten zwischen IT-Prozessen und zwischen Geschäftsprozessen sowie zwischen diesen beiden Prozessgruppen nicht oder nur unvollständig erkennt und deshalb Kritikalitäten falsch einschätzt,
- *wesentliche* IT-Ressourcen in ihrer Kritikalität falsch beurteilt,
- den maximal tolerierbaren Datenverlust (RPO) und die maximal tolerierbare Wiederherstellungszeit (RTO) falsch ermittelt,
- Verantwortlichkeiten falsch oder unvollständig zuordnet und
- über eine lückenhafte Prozessdokumentation verfügt.

Ursachen sind fehlerhafte Annahmen über die Notfallsituation oder den aktuellen Zustand des Unternehmens sowie eine nicht sorgfältig durchgeführte Analyse der Auswirkungen auf die Geschäftstätigkeit (Business Impact Analysis, BIA).

Beispiel

- Es bleibt unberücksichtigt, dass bei *großflächigen* Ereignissen wie schweren Erdbeben, Stürmen und Überschwemmungen eine Ersatzbeschaffung defekter Hardware, geeigneter Räume oder einschlägiger Spezialisten deutlich länger dauert oder überhaupt nicht mehr möglich ist.
- Die Verständigung wichtiger Personen ist unmöglich, weil wichtige Benachrichtigungsketten unbekannt oder lückenhaft sind. Es ist unklar, wer welche Verantwortung trägt, weil Listen fehlen. Viele Personen sind nicht mehr erreichbar, gleichzeitig sind keine Stellvertreterregelungen getroffen. Bei dem Versuch, sich über die Lage der IT in Gebäuden und über Details zu den verwendeten Anlagen zu informieren, stellt sich heraus, dass wichtige Dokumente fehlen oder veraltet sind.

Lösungswege und Handlungsempfehlungen zur Beherrschung von Notfällen und Katastrophen

Wie das Unternehmen in Extremsituationen richtig reagiert ([Klett et al. 2011], S. 53ff., [Seibold 2006], S. 227ff.), kann nur ganzheitlich betrachtet werden. Oberstes Ziel ist deshalb die Beherrschung der notwendigen Managementprozesse. Dies sind das Notfall- und Katastrophenmanagement (Disaster Recovery Management) sowie das Kontinuitätsmanagement (Business Continuity Management). Das IT-Risikomanagement muss mit diesen beiden Managementdisziplinen eng zusammenarbeiten (vgl. Tab. 7–8).

Beim Aufbau der hierfür notwendigen Strukturen kann sich ein Unternehmen an Standards und Best Practices orientieren, etwa an ISO/IEC 22301 oder BSI 100-4.

Schritte im Rahmen der Absicherung gegen Notfälle und Katastrophen	
1.	Entwicklung einer auf Extremsituationen ausgerichteten »**Krisenkultur**«. Insbesondere in großen Unternehmen mit verschiedenen Sprachen und Kulturen sind die Bildung eines einheitlichen Verständnisses des Krisenbegriffs und der richtige Umgang damit von größter Bedeutung. In der Krise müssen alle (noch verbleibenden) Mitarbeiter eng zusammenarbeiten. Bereichsdenken darf keine Rolle spielen, die Kommunikation muss zielgerichtet und offen sein. Grundsätze dieser Kultur müssen rechtzeitig entwickelt und den Mitarbeitern vermittelt werden, sonst kann ein gutes Krisenmanagement nicht funktionieren.
2.	Regelmäßige Durchführung einer **Business Impact Analysis (BIA)** zur Ermittlung der Auswirkungen eines Notfalls bzw. einer Katastrophe auf die Geschäftstätigkeit. Entsprechend können Maßnahmen zur Risikovermeidung oder -verringerung ergriffen werden.
3.	**Festlegung, welcher Datenverlust akzeptabel** ist (RPO) und **wie lange eine Wiederherstellung welcher Anwendungen maximal dauern** darf (RTO). Diese Festlegung erfolgt im Rahmen der BIA nach Kritikalität der Daten und Anwendungen unter Beachtung der Risikoneigung des Gesamtunternehmens. In keinem Fall darf dabei die maximal tolerierte Wiederherstellzeit oder der für akzeptierte Datenverluste maximal vereinbarte Zeitraum überschritten werden. Davon hängen alle weiteren Schritte und Maßnahmen sowie die entstehenden Kosten ab.
4.	**Entwicklung einer Backup- und Recovery-Strategie für Daten**
5.	**Ermittlung der Verfügbarkeiten und Ausfallsicherheiten** der Elemente der IT-Infrastruktur sowie der Anwendungen unter unterschiedlichen Bedingungen

Handlungsempfehlung

Tab. 7–8
Absicherung gegen Notfälle und Katastrophen

→

6.	**Erstellung und Test eines Notfallplans (Business Continuity Plan/ Disaster Recovery Plan, BCP/DRP).** Ein solcher Plan sieht eine detaillierte Dokumentation der gesamten Infrastruktur und aller Abhängigkeiten, möglichst umfassende Ausfallszenarien (Risikoszenarien) sowie eine detaillierte, thematisch geordnete Sammlung von Konzepten und Anweisungen vor, wie genau von wem wann wo und womit zu reagieren ist: • aktuelle und vollständige Alarmierungskette mit Vertreterregelungen und klar abgegrenzten Zuständigkeiten (Aufbau einer Notfallorganisation), Kontaktdaten der Notfallverantwortlichen für IT-Dienstleister und andere wichtige Partner • Anforderungen an die notwendige IT-Minimalausstattung, an die Auf- und Ausbauschritte der IT-Infrastruktur und an Anwendungen zur Wiederherstellung sowie an geeignete Ausweichräume • Prozesse zur Umsiedelung und Zurücksiedelung von Technik und Personal • Anforderungen an Minimalstandards für Geschäftsprozesse • aktuelle und vollständige Dokumentation (einschließlich Lagerorte von Kopien) • Festlegung eines Ansprechpartners für Medien und die Öffentlichkeit, um weitere Schäden durch falsche Kommunikation auszuschließen. Die Kommunikation mit Medien und der Öffentlichkeit muss genau geregelt sein. Hierfür wird ein spezieller Ansprechpartner ausgebildet. Nur er kommuniziert nach außen.
7.	**Kommunikation des BCP und des DRP** (ggf. auszugsweise) an die Mitarbeiter und alle betroffenen Partner
8.	**Regelmäßige Aktualisierung, Test und Schulung von BCP und DRP**
9.	Angemessene **personelle Besetzung** des Themas
10.	**Regelmäßige Prüfung der Wirksamkeit** aller Maßnahmen

7.5 Nutzung von Mobilgeräten

Die rasche technologische Entwicklung hat in den letzten Jahren zu einer signifikanten Leistungssteigerung mobiler Geräte geführt. Entsprechend groß ist der Verbreitungsgrad. Zu den Mobilgeräten müssen aus Sicht des IT-Risikomanagements

- Smartphones,
- Tablets,
- Notebooks, Netbooks, Ultrabooks sowie
- E-Book-Reader (sofern auf ihnen weitere Funktionen ausgeführt und Software installiert werden kann)

gezählt werden.

Viele Unternehmen gestatten ihren Mitarbeitern, eigene Geräte im Geschäftskontext zu nutzen (Bring Your Own Device, BYOD). Entsprechend ergeben sich unter Risikogesichtspunkten Fragen

- nach dem »richtigen« Umgang mit diesen Geräten und
- nach ihrer (technischen wie organisatorischen) Integration.

Besonders betroffen sind Smartphones und Tablets. Sie wurden ursprünglich für Privatanwender konzipiert und verfügen deshalb nicht über besondere Sicherheitsmechanismen für die auf ihnen gespeicherten Daten und installierten Anwendungen. Dennoch werden sie zunehmend in Unternehmen aller Größen und Branchen eingesetzt. Die Klärung dieser beiden Fragen ist deshalb von großer Bedeutung.

Aus der Verwendung von Mobilgeräten folgen neben den »typischen« IT-Risiken, wie sie sich aus dem Einsatz von stationären Geräten ergeben, charakteristische neue IT-Risiken:

- Diebstahl und Verlust der Mobilgeräte und damit Verlust der auf ihnen gespeicherten sensiblen Daten und gegebenenfalls der elektronischen Identität des Benutzers
- leichtfertiger Umgang mit Mobilgeräten in der Öffentlichkeit und damit das Risiko, sensible Daten unbemerkt offenzulegen (bspw. Nutzung ungesicherter WLANs, Möglichkeit zur Einsicht in den Bildschirm)
- gezielte Angriffe auf Mobilgeräte durch manipulierte Hardware und spezialisierte Malware unter Ausnutzung der plattformspezifischen Verwundbarkeiten (wie etwa fehlende oder schwache Sicherheitsmechanismen)
- Manipulation der Benutzer an den Mobilgeräten zur Leistungssteigerung oder zur Nutzung gesperrter Funktionalitäten (»Rooten«) und damit das Risiko, sensible Daten unbemerkt zu verändern oder offenzulegen und Angriffe zu erleichtern
- Verschlechterung der Datenqualität durch unterlassene Replikation mit zentralen Anwendungen
- unterlassene Datensicherungen und damit das Risiko eines Datenverlustes, wenn Daten versehentlich gelöscht werden oder das Mobilgerät verloren geht bzw. entwendet wird
- Kompromittierung des Benutzer-PCs oder des Unternehmensnetzwerks durch direkten Anschluss des Mobilgeräts an den PC
- risikobehaftete Administration und Fernwartung, da Mobilgeräte teilweise ausschließlich aus der demilitarisierten Zone des Netzwerks erreicht werden können. Dies kann im Extremfall einem Angreifer den Zugang in das Intranet erleichtern, um Daten auszuspähen oder Schadsoftware einzuschleusen

Insbesondere die Schutzziele *Vertraulichkeit* und *Integrität* (von Daten und Anwendungen), aber auch die *Zurechenbarkeit* (bei Identitätsdiebstahl) und die *Verfügbarkeit* (bei Diebstahl) sind damit verletzt.

Lösungswege und Handlungsempfehlungen zur Beherrschung der IT-Risiken bei Nutzung von Mobilgeräten

Es ist offensichtlich, dass alle Mobilgeräte in den IT-Risikomanagement-Prozess eingebunden werden müssen. Aufgrund des raschen technischen Fortschritts und damit verbundener neuer Bedrohungen müssen alle Risiken regelmäßig analysiert und bewertet sowie alle Maßnahmen regelmäßig auf ihre Wirksamkeit hin überprüft werden.

Eine wichtige Maßnahme zur Reduktion dieser Risiken ist unabhängig von der Größe des Unternehmens die Erarbeitung einer **Strategie für den Einsatz von Mobilgeräten**. Diese Strategie berücksichtigt,

- wer Mobilgeräte wofür nutzen darf,
- welche Daten auf den Mobilgeräten wie gespeichert werden dürfen,
- wie Mobilgeräte verwaltet werden und welche Schutzmaßnahmen zu ergreifen sind sowie
- wie sich die Mitarbeiter bei Unregelmäßigkeiten zu verhalten haben.

Operativ umgesetzt wird eine solche Strategie in Form einer Richtlinie (vgl. Tab. 7–9).

Beispiel

Tab. 7–9 Richtlinie für den Umgang mit Mobilgeräten

Detailrichtlinie für den Umgang mit Mobilgeräten in einem Konzern

1. Gegenstand und Zielsetzung der Richtlinie
2. Abgrenzung zu anderen Richtlinien und Verweise *
3. Geltungsbereich, Verbindlichkeit, Inkrafttreten
4. Gefährdungen bei Nichtbeachtung
   - 4.1. Gefährdungen für das Mobilgerät
   - 4.2. Gefährdungen durch das Mobilgerät
   - 4.3. Gefährdungen für die IT-Infrastruktur
5. Regelungen für den Umgang mit Mobilgeräten
   - 5.1. Klassifizierung der Mobilgeräte (bspw. eigene Geräte, Privatgeräte der Mitarbeiter, Geräte von Fremdfirmen, Geräte von Besuchern) *
   - 5.2. Regelungen für die Geräteklassen
6. Regelungen für die Administration der Mobilgeräte *
   - 6.1. Organisatorische Zuständigkeiten, Support-Funktionen in Notfällen
   - 6.2. Konfigurationsregelungen für das MDM
7. Regelungen für technische Schutzmaßnahmen für die IT-Infrastruktur
   - 7.1. Absicherung der Kommunikationsschnittstellen
   - 7.2. Absicherung von zentralen Anwendungen
8. Regelungen für technische Schutzmaßnahmen auf Mobilgeräten
   - 8.1. Absicherung des Endgeräts
   - 8.2. Absicherung der Daten
9. Schlussbestimmungen *

* optional

Für einzelne Plattformen oder Schnittstellen können bei Bedarf weitere Richtlinien mit Detailregelungen erstellt werden. Für kleine Unternehmen ist eine vereinfachte Richtlinie empfehlenswert, in der auf die als optional gekennzeichneten Punkte (vgl. Tab. 7–9) verzichtet werden kann.

Viele Regelungen aus dieser Richtlinie können durch technische Maßnahmen umgesetzt werden (vgl. Tab. 7–10). Nimmt die Anzahl der Mobilgeräte stark zu, kann die Strategie zum Umgang mit Mobilgeräten durch ein **Mobile Device Management** (MDM) unterstützt werden. Unter Mobile Device Management [BSI 2013] wird eine Anwendung für Administratoren verstanden, die

- die Inventarisierung der Hardware,
- die Verwaltung der Mobilgeräte (ggf. auch ihre Ortung),
- die Software- und Datenverteilung,
- den Schutz der Daten und
- Mechanismen für das »Zurücksetzen« bei Diebstahl und Verlust aus der Ferne (Fernlöschen)

unterstützt. Welche Lösung mit welchem Funktionsumfang sinnvoll ist, wird in jedem Unternehmen individuell in einem Projekt untersucht.

	Generelle technische Maßnahmen zum Schutz von Mobilgeräten (soweit technisch im Endgerät oder in der IT-Infrastruktur implementierbar)
1.	Verschlüsselung aller Daten des Unternehmens auf dem Mobilgerät (gesamter Datenspeicher oder Krypto-Container für sensible Daten)
2.	Zwang zur Einrichtung eines leistungsfähigen Identity- und Access-Managements auf dem Mobilgerät. Unsichere Methoden müssen vor Ausgabe des Geräts oder Einbindung in das Netzwerk ersetzt werden. Sperrung des Geräts nach (meist) dreifacher Falscheingabe der Anmeldedaten.
3.	Einrichtung einer »Sandbox« mit hohem Sicherheitsstandard für Anwendungen im Unternehmenskontext
4.	Installation von Malwareschutz
5.	Installation einer Firewallfunktionalität
6.	Einrichtung eines sicheren Replikationsmechanismus
7.	Einrichtung eines unternehmenseigenen App-Stores für Smartphones und Tablets
8.	Einschränkung der Berechtigungen für Benutzer
9.	Härtung des Betriebssystems und Protokollierung aller Aktivitäten (bei Notebooks)
10.	Automatisches Deaktivieren aller nicht benötigten Schnittstellen (USB, WLAN, Bluetooth, IrDA). Aktivierung nur auf Anforderung des Benutzers nach Bestätigung.

Handlungsempfehlung

Tab. 7–10
Technische Maßnahmen zum Schutz von Mobilgeräten

→

11.	Unterbinden der automatischen Nutzung fremder WLAN-Netze
12.	Deaktivieren nicht benötigter Dienste
13.	Verwendung von Displayschutzfolie zur Reduktion des Risikos »Mitlesen« (bei Notebooks)
14.	regelmäßiges Einspielen von Updates für das Betriebssystem bzw. die Firmware durch automatisierte Prozesse (nicht benutzergesteuert)

Parallel dazu sollte das Bewusstsein für die besonderen IT-Risiken im Kontext der Verwendung von Mobilgeräten bei allen Benutzern hergestellt und durch laufende Maßnahmen aufrechterhalten werden (vgl. Tab. 7–11).

Handlungsempfehlung

Tab. 7–11 Benutzerseitige Maßnahmen zum Schutz von Mobilgeräten

	Benutzerseitige Maßnahmen zum Schutz von Mobilgeräten
1.	richtige Wahl und Eingabe von Informationen zur Authentifizierung des Benutzers
2.	Schutz vor Möglichkeiten, den Bildschirminhalt mitzulesen, insbesondere bei Smartphones und Tablets
3.	Umsicht bei Nutzung fremder Netze oder anderer Drahtlos-Funktionen (Bluetooth, IrDA) sowie bei der Peripherie (Netzteile, Ladegeräte, Dockingstationen o. ä.)
4.	Akzeptanz des Verbots einer ausschließlichen Speicherung von Daten des Unternehmens auf dem Mobilgerät
5.	regelmäßige Aktualisierungen und Datensicherungen
6.	Sensibilität für Diebstahl- und Verlustmöglichkeiten, Verwendung der Geräte in der Freizeit
7.	richtiges Verhalten im Falle von Reparaturen (Entfernen sensibler Daten)
8.	Umsicht bei Nutzung von Zahlungsverkehrsinformationen auf dem Mobilgerät (bspw. Kreditkartennummern)
9.	sofortige Meldung bei Verlust oder Auffälligkeiten

7.6 IT-Betrieb in kleinen Unternehmen

Kleine Unternehmen (KMU) gehen häufig davon aus, dass ihr IT-Betrieb aufgrund ihrer Größe nicht wirklich gefährdet ist. Das mag mitunter tatsächlich so sein. So erfolgen Angriffe meist auf bekannte Ziele. Dabei wird jedoch übersehen, dass die Kritikalität der Informationen nicht von ihrer Menge oder der Größe der IT, sondern von der *Bedeutung* der Daten für den Fortbestand des Unternehmens abhängt. IT-Risikomanagement ist deshalb auch für kleine Unternehmen wichtig, denn es ist nicht die Frage, *ob*, sondern nur *wann* ein IT-Risiko eintritt. Allerdings fehlen in kleineren Unternehmen vielfach strategische Überlegungen und die fachlichen, personellen und finanziellen Möglichkeiten, um ein IT-Risikomanagement einzurichten. Schließlich gelten in den meisten Fällen auch keine einschränkenden externen Vorgaben. Dies führt dazu, dass das Thema IT-Risikomanagement mit dem Hinweis auf den damit verbundenen notwendigen Aufwand immer wieder vertagt oder aufgrund fehlender Erfahrungen mit der Thematik ganz verdrängt wird.

Schäden sind jedoch üblicherweise größer als erwartet, denn zusätzlich zu fehlenden Maßnahmen gegen IT-Risiken sind die finanziellen Möglichkeiten im Schadensfall stark begrenzt. Auswirkungen auf die Betriebskontinuität können deutlich weniger gut kompensiert werden. Kleine Unternehmen sind also prinzipiell *stärker* gefährdet. Dies gilt auch deshalb, weil es kleinen Unternehmen mit vergleichsweise geringem Aufwand möglich ist, die gleichen Technologien und Anwendungen zu nutzen wie große Unternehmen. Im Wettbewerb um Aufträge kann das entscheidend sein, ist jedoch in gleicher Weise wie in großen Unternehmen mit entsprechenden IT-Risiken verbunden. Ein Beispiel ist der Einsatz komplexer E-Commerce-Systeme.

Typische IT-Risiken in kleinen Unternehmen über die bereits diskutierten IT-Risiken hinaus sind:

- Eine einzige Person oder eine kleine Gruppe übernimmt alle Aufgaben mit IT-Bezug. Funktionstrennung existiert seltener, ebenso ein geordnetes Change Management. Die gegenseitige Kontrolle und die Kontrolle durch Dritte (Vier-Augen-Prinzip) sind stark eingeschränkt.
- Bauliche Einschränkungen begünstigen bestimmte IT-Risiken. Beispielsweise ist der Basisschutz von Räumlichkeiten unzureichend. Oft fehlt es an ausreichend gutem Einbruchschutz, an leistungsfähigen Zugangskontrollen oder an Brandschutz.
- Der Standort der IT ist ungünstig. Beispielsweise werden Nebenräume zu Serverräumen umgewidmet. Eine leistungsfähige Klimatisierung fehlt, oder die vorgesehenen Kapazitäten reichen nicht aus. Dies zwingt im Extremfall zum Öffnen von Fenstern und Türen. Versorgungs- und Entsorgungsrohre führen durch die Räume, in denen IT betrieben wird. Schon geringe Wassermengen können zu Nichtverfügbarkeit führen, weil doppelte Böden fehlen oder Server im Keller eines Gebäudes untergebracht und nicht speziell gegen Wasser aus Rohrbrüchen oder anderen Quellen gesichert sind. Server oder Drucker werden ohne besonderen Zugangsschutz in den Betriebsräumen betrieben – im ungünstigsten Fall in einem Bereich mit Publikumsverkehr. Von allen Mitarbeitern genutzte Drucker werden aus Platzmangel in Serverräumen aufgestellt.

- Vorkehrungen zum Schutz der Einrichtungen gegen Elementarschäden fehlen, lediglich Versicherungen sind abgeschlossen.
- Methoden, Prozesse und Richtlinien für den IT-Betrieb fehlen. Beispielsweise sind Prozesse zur korrekten Vergabe bzw. zum unverzüglichen Entzug von Berechtigungen lückenhaft oder fehlen vollständig. Dies gilt auch bei einem Wechsel des Tätigkeitsfeldes oder der Fachabteilung. Viele Benutzer verfügen deshalb über zu weitreichende Berechtigungen.
- Die Konfiguration des firmeneigenen Netzwerks und der Arbeitsplatzrechner mit ihren Anwendungen ist mangelhaft. Sicherheitsmechanismen sind unbekannt oder werden nicht genutzt, etwa die konsequente Verschlüsselung aller Datenträger und Nachrichten oder die Signaturmöglichkeiten für E-Mails und Dokumente. Oft gelingt es beispielsweise problemlos, E-Mails mit kritischen Dateianhängen zu versenden oder zu empfangen, ohne dass diese Anhänge von der E-Mail getrennt und in Quarantäne genommen würden. Das WLAN ist unzureichend abgesichert, Mobilgeräte werden ohne zusätzliche Schutzmechanismen betrieben. Zudem lassen sich auf Arbeitsplatzrechnern beliebige (private) Anwendungen installieren und Laufwerke sowie USB-Ports nutzen. Externe Datenträger (USB-Sticks, externe Festplatten, DVD und CD) werden unkoordiniert und unverschlüsselt eingesetzt.
- Aktualisierungen der Betriebssysteme, der Anwendungen und der Schutzmechanismen, etwa von Virenscannern, werden nicht regelmäßig durchgeführt. Die bereitgestellten Patches werden nicht getestet.
- Die Sorgfalt bei Auswahl und Begleitung von Partnern, die kritische, insbesondere personenbezogene Daten verarbeiten, fehlt.

Lösungswege und Handlungsempfehlungen für die Beherrschung von IT-Risiken in kleinen Unternehmen

Prinzipiell kann das IT-Risikomanagement nach dem Vorbild großer Unternehmen eingerichtet und installiert werden. Je nach Größe des eigenen Unternehmens ist eine mehr oder weniger umfangreiche **Vereinfachung** einzelner Elemente (IT-Risikomanagementorganisation, eingesetzte Methoden und Werkzeuge) notwendig (vgl. Tab. 7–12). Hilfreich dabei sind die Empfehlungen des BSI [BSI 2008a] sowie die BSI-IT-Grundschutz-Kataloge (*www.bsi.bund.de*). Sie sind gut einsetzbar, weil sie bereits eine Art »Ergebnis« einer IT-Risikoanalyse enthalten, das sofort genutzt werden kann. Basis hierfür sind vielfältige, über viele Jahre hinweg zusammengetragene Informationen und Erfahrungen, die eine Einschätzung von IT-Risiken erleichtern.

7.6 IT-Betrieb in kleinen Unternehmen

Schritte zur Einrichtung eines IT-Risikomanagements in kleinen Unternehmen	Handlungsempfehlung
1. **Schaffung eines IT-Risikobewusstseins** bei der Geschäftsleitung bzw. den Inhabern	**Tab. 7–12** *IT-Risikomanagement in kleinen Unternehmen*
2. **Benennung eines »Kümmerers«**, der für diese Aufgabe ausdrücklich zu einem (kleinen)Teil seiner Arbeitszeit freigestellt wird (vgl. Abschnitt 4.1) und Aktivitäten direkt mit der Geschäftsleitung abstimmt. Das kann der Verantwortliche für IT sein, aber auch eine weitere Person mit IT-Kenntnissen, wenn keine eigene IT existiert. **Empfehlung**: Die *ausschließliche* Übertragung der Arbeiten im Kontext des IT-Risikomanagements auf einen externen Dienstleister ist nicht empfehlenswert, da ein bestimmtes Maß an Know-how in jedem Unternehmen vorhanden sein sollte.	
3. **Ausweitung des IT-Risikobewusstseins auf alle Mitarbeiter** Aufklärung zu den Fragen - »Was kann durch mich warum passieren?« - »Was kann sonst alles passieren?« - »Was kann ich dazu beitragen, dass nichts geschieht?«	
4. **Sammlung und Dokumentation von Informationen** über - Daten (»Welche Daten sind für die Unternehmen wie wichtig?«) - verwendete Anwendungen (»Wer arbeitet womit?«) - Netzwerkstruktur, Verbindungen zu Partnern, ein eingerichtetes LAN und WLAN, EDI und weitere Kommunikationsformen (»Wie wird mit wem kommuniziert?«)	
5. **Ermittlung der wesentlichen IT-Risiken:** Wie kann eine Störung in der IT zu einer Unterbrechung oder Beeinträchtigung des Betriebs führen? - Können Daten eingesehen, verändert oder missbräuchlich verwendet werden? - Können Daten verloren gehen? - Können Daten bei Unregelmäßigkeiten aller Art vollständig wiederhergestellt werden? - Können Unbefugte mittelbar oder unmittelbar Zugang zu Daten und Anwendungen erhalten? - Kann die IT bei Unregelmäßigkeiten schnell genug wiederhergestellt werden? **Empfehlung**: Laufende Einholung aktueller Informationen zur IT-Sicherheit (*www.allianz-fuer-cybersicherheit.de*), Nutzung der BSI-Grundschutz-Kataloge und verbundener Dokumente (*www.bsi-bund.de*)	

→

6. **Entwicklung von Maßnahmen** zur Risikovermeidung und -reduktion
   Erste Orientierung – Wesentliche Maßnahmen:
   - Werden *Datensicherungen* durchgeführt und *außerhalb* des Unternehmens aufbewahrt?
   - Sind *alle sensiblen* Daten, die das Unternehmen verlassen, verschlüsselt?
   - Ist der Datenschutz (Kunden-, Mitarbeiter- und Lieferantendaten) sichergestellt?
   - Ist der Internetzugang abgesichert?
   - Ist das WLAN gesichert (verschlüsselt)?
   - Sind Server ausschließlich für Berechtigte zugänglich?
   - Sind überall Passwortabfragen aktiv (Betriebssystem, Anwendungen, Bildschirmschoner)?
   - Sind den Benutzern die Administrationsrechte an ihren PCs entzogen worden?
   - Werden eingehende E-Mails zentral (auf dem Mailserver) sicherheitsgeprüft?
   - Sind Berechtigungen zur Nutzung des Internets und verschiedener Dienste/Portale sinnvoll eingeschränkt bzw. vergeben?
   - Werden vom Hersteller bereitgestellte Updates installiert?
   - Erschweren bauliche Maßnahmen Unbefugten den Zugang?
   - Wird die Einsichtnahme in vertrauliche Dokumente durch Verhaltensrichtlinien (bspw. Clean-Desk-Richtlinie) erschwert?

   Empfehlung: Auch in diesem Punkt können die BSI-Grundschutz-Kataloge und weitere Empfehlungen des BSI zu Sicherheitsmaßnahmen genutzt werden.

7. **Umsetzungskontrolle**
   - Wird das Thema regelmäßig mit der Geschäftsleitung bzw. den Inhabern besprochen (Kurzmeeting monatlich, quartalsweise oder halbjährlich, ausführlicheres Gespräch jährlich und zu aktuellen Anlässen)?
   - Halten sich die Mitarbeiter an alle Regelungen? Was wird warum *nicht* befolgt?
   - Arbeitet die Technik wie vorgesehen?
   - Gibt es verdächtige Vorkommnisse (Durchsicht der Protokolle, eigene Beobachtungen und Beobachtungen der Benutzer)?
   - Gibt es neue Entwicklungen, die nicht berücksichtigt sind (etwa durch Änderungen an der IT)?

   Empfehlung: Erstellung eines einfachen IT-Risikoberichts (eine Seite mit allen wichtigen IT-Risiken und Maßnahmen kann bereits ausreichend sein) für die regelmäßige Abstimmung mit der Geschäftsleitung bzw. den Inhabern

8 Risikomanagement in IT-Projekten

Dieses Kapitel sensibilisiert für wichtige Risiken in IT-Projekten und zeigt prinzipielle Wege für ihre Beherrschung auf. Im Einzelnen werden folgende Fragen betrachtet: ▪ Welche Bedeutung hat das IT-Risikomanagement in IT-Projekten? ▪ Wie ist es organisatorisch in IT-Projekten verankert? ▪ Welche typischen Risiken in IT-Projekten gibt es? ▪ Welche Lösungswege gibt es? ▪ Was ist aus Risikosicht im Kontext von Open-Source-Projekten zu beachten?	*Ziel dieses Kapitels*

Es gilt heute als anerkannt, dass IT-Risikomanagement ein wichtiger Bestandteil guten IT-Projektmanagements ist. Das Project Management Institute (PMI) bietet in diesem Kontext auch eine spezialisierte Projektmanagement-Ausbildung und -Zertifizierung an, den PMI-RMP (Risk Management Professional).

IT-Projektrisikomanagement IT-Projektrisikomanagement ist in das IT-Risikomanagement integriert und folgt den gleichen Grundsätzen. Auch im IT-Projektrisikomanagement wird der Risikomanagement-Prozess mit allen Schritten und den in ihnen enthaltenen Aktivitäten zyklisch durchlaufen. Wo notwendig, sind Methoden und Werkzeuge an die Besonderheiten von IT-Projekten und des IT-Projektmanagements angepasst. IT-Projektrisiken sind zudem Bestandteil des Projektberichtswesens.	*Definition*

Die Betrachtung von IT-Projektrisiken bereits **vor** Beginn des Projekts ist wichtig, weil sich die Kenntnis über mögliche IT-Risiken auf die Entscheidung für oder gegen das IT-Projekt auswirken kann ([Wack 2007], S. 29f.). Eine Betrachtung **während** des Projekts ist wichtig, weil das Risiko besteht, dass das Ergebnis nicht den Anforderungen der Auftraggeber hinsichtlich Funktionalität und Qualität entspricht und deshalb die Geschäftstätigkeit mehr oder weniger umfassend beeinträchtigt sein könnte. Eine **Integration** in das IT-Risikomanagement und das Enterprise Risk Management ist wichtig, weil sich Risiken im Umfeld des IT-Projekts auf den Projektverlauf oder das -ergebnis auswirken könnten und weil Risiken aus dem Projekt umgekehrt auf das gesamte Unternehmen wirken könnten.

Aufgabe des **operativen IT-Projektrisikomanagements** ist die Identifikation, Analyse, Bewertung und Behandlung von Risiken aus dem Projektverlauf und -alltag. Hierzu zählen beispielsweise krankheitsbedingte Verzögerungen, technische Risiken durch den Ausfall einer Entwicklungsumgebung, die nicht fristgerechte Leistung eines wichtigen externen Beraters, aber auch strukturelle Risiken durch mangelhafte Kommunikation und mangelhafte Projektmanagementprozesse. Im operativen IT-Projektrisikomanagement wird auch die Wahl des Vorgehensmodells unter Risikogesichtspunkten betrachtet. Das **strategische IT-Projektrisikomanagement** übernimmt die Identifikation, Analyse, Bewertung und Behandlung von Risiken in IT-Projektportfolien und Programmen. Es prüft, welche IT-Projekte welche Risiken enthalten und welche Chancen und Risiken sich aus der Umsetzung eines bestimmten IT-Projekts zu einem bestimmten Zeitpunkt mit Blick auf die Geschäftstätigkeit ergeben. Es prüft auch, ob sich ein bestimmtes Risiko bei einer geänderten Zusammensetzung des Portfolios oder Programms erhöht oder reduziert, ob sich bestimmte Risiken bei Kombination bestimmter IT-Projekte kumulieren oder ob neue Risiken hinzukommen könnten und wenn ja, mit welchen Folgen für das Unternehmen.

Allerdings erschweren bestimmte Faktoren das Etablieren eines wirksamen IT-Projektrisikomanagements ([Ahrendts & Marton 2008], S. 54):

- **Mangelnde Transparenz**
  Die Projektleitung oder das Projektteam fürchten die Identifikation aktueller oder zurückliegender Fehlentscheidungen oder die Identifikation einer mangelhaften Umsetzung des Vorgehensmodells. Sie halten deshalb Informationen gezielt zurück. Ein solches Verhalten erhöht das Erkennungsrisiko. Es gelingt dann nicht oder nur unvollkommen, die Risikolage in den Projekten richtig zu ermitteln und einzuschätzen.

- **Fehlende Integration**
  Weder der IT-Risikomanagement-Prozess selbst noch die projektspezifisch erzielten Ergebnisse können effektiv angewandt werden, weil entweder die vertikale Integration oder die horizontale Integration fehlt (vgl. Abschnitt 3.2.1).

- **Denken in Idealfällen**
 In den Vorgehensmodellen werden lediglich Idealfälle betrachtet, beispielsweise bei Aufwandsschätzungen, Planungen und der Umsetzbarkeit technischer Lösungen. Sonderfälle bleiben unberücksichtigt. Das vereinfacht das IT-Projekt. Allerdings wird der Aspekt »Risiko« dabei bewusst ignoriert. Wenn Abweichungen vom Idealfall eintreten, steigt die Komplexität schnell an. Gleichzeitig verbleibt zu wenig Zeit, um das dann notwendige IT-Projektrisikomanagement zu etablieren.

- **Verfahrensbedenken**
 Die Projektleitung befürchtet durch die Einrichtung des IT-Projektrisikomanagements einen unkalkulierbaren Mehraufwand für das Projektteam sowie Demotivation durch fachfremde und als »unnötig« empfundene Zusatzaufgaben. Zudem müssten vielleicht die mit den Maßnahmen für die Behandlung der IT-Projektrisiken verbundenen Mehrkosten selbst getragen werden. Das würde eine Belastung für das Budget bedeuten, die unerwünscht ist, *obwohl* die Kosten im Falle eines Risikoeintritts erfahrungsgemäß um ein Vielfaches höher sind.

- **Unpassende Risikokultur**
 Das Projektteam identifiziert zwar zahlreiche IT-Projektrisiken. Es wagt jedoch aus Sorge vor möglichen negativen Konsequenzen nicht, sie der Projektleitung gegenüber offen anzusprechen.

- **Unsicherheit und mangelhafte Qualifikation bzw. Erfahrung**
 Die möglichst frühzeitige und vollständige Beantwortung vieler Fragen zu Anforderungen, Aufwänden, Kosten, Zeiten und Lösungswegen erfolgt unter Unsicherheit. Die Qualität der geforderten Antworten bestimmt jedoch die künftige Risikolage im IT-Projekt wesentlich mit.

Organisatorische Verankerung des IT-Projektrisikomanagements

Aus Sicht des IT-Risikomanagements werden IT-Projektrisiken wie alle anderen IT-Risiken eingestuft. Entsprechend wird die Verantwortung für IT-Projektrisiken eindeutig zugewiesen. Abhängig von der Größe des Unternehmens und der Anzahl der gleichzeitig durchgeführten IT-Projekte lassen sich mehrere Möglichkeiten unterscheiden, diese Verantwortung zuzuweisen (vgl. Tab. 8–1):

Tab. 8–1 *Organisatorische Verankerung des IT-Projektrisikomanagements*

Verantwortlich für IT-Projektrisiken	Größe des Unternehmens	Größe der IT-Projekte	Anzahl der IT-Projekte
Die **Projektleitung** ist Eigentümer aller IT-Projektrisiken. Sie berichtet an einen IT-Risikomanager in der Linienorganisation (IT oder IT-Risikomanagement).	klein/mittel	klein	gering
Die **Projektleitung** ist IT-Risikomanager. **Teilprojektleitungen** sind Eigentümer der IT-Projektrisiken und berichten an die Projektleitung. Die Projektleitung berichtet an den Leiter des IT-Risikomanagements in der Linienorganisation.	mittel/groß	mittel	gering
Die **Projektleitung** ist IT-Risikomanager. **Teilprojektleitungen** sind Eigentümer der IT-Projektrisiken und berichten an die Projektleitung. Die Projektleitung berichtet an ihr **Projekt-Office**, das die Berichte an das IT-Risikomanagement weiterleitet.	mittel/groß	groß	mittel/gering
Die **Projektleitung** ist IT-Risikomanager. **Teilprojektleitungen** sind Eigentümer der IT-Projektrisiken und berichten an die Projektleitung. Die Projektleitung berichtet an ihr **Projektmanagement-Office**, das die Berichte an das IT-Risikomanagement weiterleitet.	groß/sehr groß	groß	hoch

Da IT-Projektrisiken auch an die Steuerungsgremien (bspw. den Lenkungsausschuss) berichtet werden müssen, erfolgt der Bericht an das IT-Risikomanagement entweder nach Kenntnisnahme durch das jeweilige Steuerungsgremium auf getrenntem Weg oder ausschließlich über das Steuerungsgremium. Je nach Größe des Unternehmens, des Enterprise Risk Management und des IT-Risikomanagements sowie abhängig von der Anzahl der Steuerungsgremien können

- der Leiter des Enterprise Risk Management oder ein Mitglied seines Teams,
- der Leiter des IT-Risikomanagements oder ein Mitglied seines Teams sowie
- der IT-Risikomanager (nicht in Personalunion mit der Projektleitung)

Mitglied der Steuerungsgremien sein.

Verankerung des IT-Risikomanagements in Vorgehensmodellen

Oftmals wird erst dann mit dem IT-Projektrisikomanagement begonnen, wenn ein oder mehrere IT-Projektrisiken bereits eingetreten sind. Um dies zu verhindern, ist es hilfreich, wenn Prozesse und Aktivitäten aus dem IT-Risikomanagement explizit oder implizit in den Vorgehensmodellen enthalten sind. Nicht alle Vorgehensmodelle berücksichtigen jedoch das IT-Risikomanagement in gleicher Weise ([Ahrendts & Marton 2008], S. 158ff.). Die mangelnde Unterstützung des IT-Projektrisikomanagements durch Vorgehensmodelle darf jedoch **niemals** Begründung dafür sein, dass IT-Projektrisiken nicht berücksichtigt werden.

Die einfachsten Vorgehensmodelle sind lineare Modelle. Das bekannteste lineare Vorgehensmodell ist das **Wasserfallmodell**. Obwohl das Wasserfallmodell in seiner ursprünglichen Form kein IT-Risikomanagement enthält, ist es auf einfache Weise möglich, einen IT-Projektrisikomanagement-Prozess zu implementieren, indem ein solcher Prozess mit den Meilensteinen verknüpft wird. Ist ein Meilenstein erreicht, wird der IT-Risikomanagement-Prozess durchgeführt. In ihm werden die IT-Projektrisiken für den *nächsten* Abschnitt identifiziert, analysiert und bewertet. Zusätzlich wird eine Analyse des *zurückliegenden* Projektabschnitts durchgeführt. Eine solche simultane Ex-post- und Ex-ante-Betrachtung erlaubt es, IT-Projektrisiken aus bereits getroffenen Entscheidungen zu analysieren und das Ergebnis in die Gesamtbewertung für den nächsten Abschnitt einfließen zu lassen. Denn nicht immer haben Entscheidungen in der Vergangenheit IT-Projektrisiken wirksam verhindert oder abgeschwächt, mitunter entstanden durch Entscheidungen und durch den Projektverlauf neue IT-Projektrisiken. Durch die relativ grobe Gliederung der Phasen werden Entwicklungen und damit verbundene IT-Projektrisiken im Wasserfallmodell jedoch unter Umständen zu spät erkannt. Weiterentwicklungen wie das **V-Modell XT** haben diesen Punkt aufgegriffen. Der IT-Projektrisikomanagement-Prozess ist im V-Modell XT in der Aktivitätsgruppe »Planung und Steuerung« in der Aktivität »Risiken managen« enthalten. Im Gegensatz zur obigen, auf einen Zeitpunkt bezogenen Betrachtung von IT-Projektrisiken erfolgt hier eine Berücksichtigung von IT-Projektrisiken während der *gesamten* Projektlaufzeit. Der aus Sicht des IT-Risikomanagement-Prozesses möglicherweise irritierende Begriff »Aktivität« enthält dazu zwei Unteraktivitäten:

1. »Risiken und Maßnahmen identifizieren« und
2. »Risiken und Maßnahmen überwachen«.

Die im V-Modell XT als »Produkte« bezeichneten Ergebnisse von Aktivitäten umfassen eine Liste aller Risiken (»Identifizierte Risiken«) für das Projekt(-teilergebnis) sowie einen Maßnahmenplan bei gleichzeitiger Festlegung der Verantwortlichkeiten über das detaillierte Rollenkonzept des V-Modell XT. Dass eine Risikobetrachtung durchgeführt wurde, wird in allen Projektfortschrittsentscheidungen sowie im Qualitätssicherungshandbuch und in der kaufmännischen Projektkalkulation dokumentiert.

Die bekanntesten zyklischen Vorgehensmodelle sind das **Spiralmodell** und der **Rational Unified Process** (RUP). Ein wesentlicher Vorteil von RUP ist, dass IT-Projektrisiken als wichtige Treiber für die Iterationen gelten. Entsprechend ist es sinnvoll, das IT-Projektrisikomanagement in die Planungen für *jede* Iteration (»Iteration Plan«) zu integrieren. Insbesondere in den beiden ersten Phasen »Inception« und »Elaboration« werden IT-Projektrisiken thematisiert. Vor Projektstart und zu Beginn jeder Iteration wird »Evaluate Project Scope and Risk« ausgeführt. Diese Aktivität ist für die Identifikation und die Überwachung von IT-Projektrisiken verantwortlich. In ihr wird eine »Risk List« (in Form eines Risikokatalogs) mit allen IT-Projektrisiken als zentrales Element erstellt und fortlaufend gepflegt. Dieser Risikokatalog sollte mit den entwickelten »Use Cases« gekoppelt werden. So kann dargestellt werden, welche IT-Projektrisiken auf welche Use Cases wirken und umgekehrt. Im »Risk Management Plan« werden die Maßnahmen sowie die Verantwortlichkeiten dokumentiert.

Eine Weiterentwicklung der zyklischen Vorgehensmodelle stellen die agilen Vorgehensmodelle dar, beispielsweise **Extreme Programming** (XP) oder **Scrum**. Agile Modelle beschreiben keinen expliziten IT-Risikomanagement-Prozess für das Projekt. Sie wollen jedoch durch ihre schrittweise Annäherung an eine »Ideallösung« und durch eine ständige Überprüfung des Ergebnisses die beiden typischen IT-Projektrisiken »mangelnde Akzeptanz« bzw. »mangelhafte Umsetzung fachlicher Anforderungen« minimieren. Das IT-Projektrisikomanagement ist nach diesem Verständnis in diesen Modellen bereits durch die Art des Vorgehens inhärent implementiert. Allerdings kann die Konzentration auf die (schrittweise) Implementierung ohne explizites IT-Risikomanagement dazu führen, dass bestimmte Risiken übersehen werden, die ihre Ursachen *außerhalb* des IT-Projektes haben. Auch kann sich das Ergebnis leichter von einer strategischen Grundorientierung entfernen. Es ist daher empfehlenswert, jedes Intervall (in Scrum Sprint genannt) durch einen neuen Zyklus des IT-Risikomanagement-Prozesses zu begleiten.

Praxishinweis

Gibt es weiterführende Informationen zum IT-Risikomanagement in bestimmten Vorgehensmodellen?
Zum Thema »Risikomanagement in Vorgehensmodellen« finden sich auf YouTube zahlreiche gut strukturierte Lehrvideos (unter den Suchbegriff des jeweiligen Vorgehensmodells ergänzt um »risk« bzw. »risk management«).

IT-Risikomanagement in Portfolien und Programmen

Das Management von Risiken in IT-Projektportfolien und Programmen stellt besondere Anforderungen an das IT-Projektrisikomanagement. Denn durch wechselseitige (dynamische) Abhängigkeiten können kompensierende oder kumulierende Effekte an unterschiedlichen Stellen und in unterschiedlicher Ausprägung auftreten. Zahlreiche IT-Projektrisiken haben ihre Ursache zudem bereits lange vor der Entwicklung von Programmen und Portfolien in der strategischen Positionierung des Unternehmens zu Fragen der IT. Beispiele hierfür sind etwa die Präferenz einer bestimmten Technologie, Architektur, Software oder eines bestimmten Herstellers. Auch die allgemeine Risikoneigung des Unternehmens wirkt sich auf IT-Projektrisiken aus, etwa wenn stets neueste Technologien bevorzugt werden oder wenn umgekehrt an bewährten Technologien festgehalten wird.

Besondere Verantwortung kommt deshalb dem **Projektmanagement-Office (PMO)** zu. Es analysiert und bewertet zusammenfassend die in allen überwachten IT-Projekten identifizierten Risiken und leitet das konsolidierte Ergebnis an das IT-Risikomanagement oder das Enterprise Risk Management weiter.

8.1 Risiken in IT-Projekten

Leider unterstützt kein Projektmanagement-Standard durch konkrete Vorgaben bei der Systematisierung identifizierter IT-Projektrisiken. Der »Guide to the Project Management Body of Knowledge« (PMBOK Guide) des PMI beispielsweise verwendet zwar eine Systematik, jedoch lediglich mit Hinweis auf ihren *beispielhaften* Charakter. Es liegt daher im Ermessen des Unternehmens, IT-Projektrisiken zu systematisieren. Im Folgenden soll hierzu der linke Teil des in Abschnitt 2.2.1 diskutierten IT-Risikowürfels genutzt werden (vgl. Abb. 8–1).

Mögliche Ursachen für IT-Projektrisiken können sein:

- **Mitglieder des IT-Projekts und alle weiteren IT-Projekt-Stakeholder**
- **Daten** zur Projektplanung und zum aktuellen Projektverlauf
- **Entwicklungsumgebungen** und weitere **Anwendungen im Projektkontext, Software für das Projektmanagement** und die **IT-Infrastruktur**
- das gewählte **Vorgehensmodell** und die **IT-Projektorganisation**
- das **IT-Projektumfeld**

Abb. 8–1
Systematisierung der Risiken in IT-Projekten (modifiziert nach [Seibold 2006], S. 139)

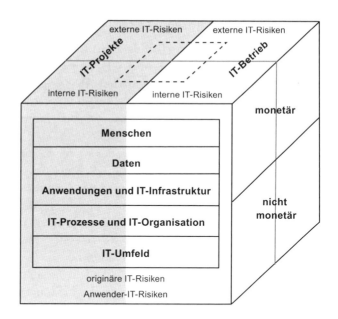

Da Zeit in IT-Projekten eine große Rolle spielt und viele IT-Risiken in einzelnen Phasen eines Projekts unterschiedlich hoch sein können oder ausschließlich dort existieren, kann zur Dokumentation auf ein weiteres Systematisierungsmerkmal zurückgegriffen werden, das sich an den Phasen des IT-Projekts und den Wissensgebieten gemäß PMBOK Guide orientiert ([PMI 2013], S. 5):

- Initiierung
- Planung
- Ausführung
- Überwachung
- Abschluss

Beispiel Ein Projektteam setzt erstmalig einen neu entwickelten Compiler ein. Das Risiko eines Compiler-Fehlers wird erst betrachtet, wenn Quellcode erstellt wurde. Es besteht deshalb während der Entwicklung und bis zum Abschluss der Testphase. Davor und danach ist es irrelevant.

Für die Klassifikation der identifizierten IT-Projektrisiken hilfreich ist die Verwendung einer übersichtlichen und einprägsamen Skalierung für IT-Risiken, wie sie in Abschnitt 2.2.1 vorgeschlagen wurde.

Zur Dokumentation von IT-Projektrisiken kann ein Spreadsheet oder eine Tabelle in einem Office-Dokument genutzt werden (vgl. Tab. 8–2).

Vorlage für die Darstellung von IT-Projektrisiken (Zeilen entsprechen Spalten in einer Excel- oder OpenOffice-Calc-Tabelle)	
Spalte 1	Laufende Nummer des IT-Projektrisikos
Spalte 2	Bezeichnung des IT-Projektrisikos
Spalte 3	Zuordnung zum IT-Projekt (Nummer des IT-Projekts) Ein IT-Projektrisiko kann in mehreren IT-Projekten in unterschiedlicher Ausprägung auftreten und unterschiedliche Kritikalität aufweisen.
Spalte 4	Quelle/Ursache des IT-Projektrisikos (entsprechend der gewählten Systematisierung), im Dokument ggf. thematisch und durch Layout geeignet gruppiert. Zur Trennung von Themen können beispielsweise horizontal graue oder farbige Querbalken oder Trennstriche genutzt werden.
Spalte 5	Eintrittswahrscheinlichkeit (unbehandelt)
Spalte 6	Auswirkungen/Schaden (unbehandelt)
Spalte 7	Kritikalität des IT-Projektrisikos
Spalte 8	Projektphase, in der das IT-Projektrisiko wirkt (entsprechend der gewählten Systematisierung). Es können bei Bedarf auch mehrere Projektphasen oder davon abweichende Zeiträume angegeben werden.
Spalte 9	Geplante Maßnahme zur Behandlung
Spalte 10	Geplanter Beginn bzw. geplantes Ende der Behandlung
Spalte 11	Voraussichtliche Kosten der Maßnahme
Spalte 12	Sofern sinnvoll: Schlüssel für mögliche, empfohlene oder zulässige Methoden und Werkzeuge zur Umsetzung von behandelnden Maßnahmen. Die Übersicht über die Schlüsselbezeichnungen wird am Ende der Checkliste oder in einem seprarten Arbeitsblatt angehängt.
Spalte 13	Status des IT-Projektrisikos. Der Schlüssel für das Feld (beispielsweise »offen«, »in Arbeit«, »erledigt«) sollte für eine rasche Orientierung an jedem unteren Seitenrand abgedruckt werden.
Spalte 14	Verweis auf ein Hauptdokument, das ausführliche Informationen zu Ursache und Auswirkungen des IT-Projektrisikos enthält. Der Verweis kann in unterschiedlicher Form vorliegen. Wird die Liste elektronisch geführt, können Hyperlinks genutzt werden.

Spalte 15
Spalte 16
	Aufnahme in das Berichtswesen (ja/nein)
	  auf Projektebene
	  auf Ebene des IT-Risikomanagements

Beispiel

Tab. 8–2

Vorlage für die Dokumentation von IT-Projektrisiken

IT-Projektrisiken sind so vielfältig wie die IT-Projekte, in denen sie entstehen (Beispiele für umfangreiche Übersichten in [Ahrendts & Marton 2008], [Ebert 2006]). Deshalb sollen statt eines detaillierten Katalogs möglicher IT-Projektrisiken im Folgenden zwei Fragenkataloge bei der Identifikation wesentlicher IT-Projektrisiken unterstützen. Unterschieden werden dabei IT-Projektrisiken aus

- den zugrunde liegenden **Anforderungen und Annahmen** (vgl. Tab. 8–3 und 8–4) und
- der Durchführung des IT-Projekts gemäß obiger Phasen, also dem **Projektmanagement** (vgl. Tab. 8–5).

Die einzelnen Punkte des Fragenkatalogs werden auf die individuellen Projektverhältnisse angepasst, weiter detailliert und im Projektteam gemeinsam konkretisiert. Das Ergebnis ist eine unternehmensindividuelle, bei Bedarf projektspezifische Checkliste, mit deren Hilfe IT-Projektrisiken ermittelt werden können.

Tab. 8–3 Fragenkatalog für die Entwicklung einer Checkliste »Risiken aus Anforderungen und Annahmen«

	Fragenkatalog zur Identifikation von IT-Projektrisiken aus Anforderungen und Annahmen
	Können Risiken entstehen durch …
1.	die fehlerhafte Definition von Zielsetzung, Charakter und Nutzen des IT-Projekts bzw. des Projektergebnisses (Projektantrag/Projektauftrag)? **Vorsicht**: Sind **Projektauftrag und -umfang** aus unternehmenspolitischen Überlegungen heraus **bewusst unscharf definiert**, liegt ein **wesentliches Risiko** vor.
2.	die fehlerhafte Definition des Kunden, gegebenenfalls (bei extern angebotenen Lösungen) des Marktes sowie der späteren Anwender (sofern abweichend)?
3.	die fehlerhafte Definition aller übrigen Stakeholder und ihrer exakten Stellung im IT-Projekt (Rechte, Pflichten, Verantwortlichkeiten, Kompetenzen, Einschränkungen/Ausschlüsse)? **Empfehlung**: Hierzu ist ein RACI-Chart hilfreich.
4.	die fehlerhafte Darstellung des IT-Projektumfeldes: - technisches Umfeld? - organisatorisch/rechtlich/prozessuales Umfeld?
5.	mögliche Konfliktpotenziale sowie fehlende Kommunikations- und Eskalationswege? Welche Gremien gibt es? **Empfehlung**: Hierzu kann eine Tabelle mit »Verursacher«, »Art des Konflikts« und »Lösungsweg/Ansprechpartner« erstellt werden.
6.	fehlerhafte aktuelle und künftige funktionale und nichtfunktionale Anforderungen? Prüfung hinsichtlich: - Mängel in der Vollständigkeit - Mängel in der Verständlichkeit - fehlender fachlicher Notwendigkeit (Entwicklung »auf Vorrat«, Missverständnisse, fehlender Sachverstand, »Over-Engineering«) - fehlender zeitlicher und inhaltlicher Stabilität - Mängel in der Interpretierbarkeit - technischer/fachlicher Realisierbarkeit, existierender Widersprüche - rechtlicher Relevanz - kritischer wechselseitiger Abhängigkeiten

→

6.	▪ Mängel in der Testbarkeit, fehlender Abnahmekriterien ▪ Kosten-Nutzen-Verhältnis ▪ Finanzierung ▪ Priorisierung **Empfehlung**: Nutzung der Werkzeuge aus dem Anforderungsmanagement. Rückgriff auf die Tabelle zur Anforderungsverfolgung.
7.	die fehlerhafte Ermittlung und Dokumentation der **Annahmen**? Darunter werden hauptsächlich die Annahmen für den Business Case des IT-Projektes sowie die Annahmen verstanden, die bei Schätzung von Kosten und Dauer der einzelnen Aktivitäten im Projekt getroffen werden. Annahmen betreffen aber auch technische Voraussetzungen oder die zeitliche Verfügbarkeit von Projektmitgliedern. **Empfehlung**: ▪ Erstellung einer Tabelle mit allen Annahmen ▪ Verknüpfung dieser Tabelle mit den Anforderungen, um Ursache-Wirkungs-Beziehungen darstellen zu können (Kreuztabelle Anforderungen-Annahmen)
8.	die unsaubere Trennung der Spezifikation zwischen fachlichen Anforderungen (Lastenheft) und der Lösungsbeschreibung (Pflichtenheft)? ▪ Stand, Version, Status des Dokuments
9.	mögliche Rückfragen und Vorbehalte der IT-Revision oder anderer prüfender Bereiche, des Betriebsrats und der Rechtsabteilung? ▪ Nutzung der Anforderungsverfolgung, Einbindung von Statusinformation

Ausschnitt aus einer Checkliste zu Punkt 6 des Fragenkatalogs aus Tabelle 8–3: »Anforderungen«.

Beispiel

Checkliste zur Identifikation von IT-Projektrisiken aus Anforderungen und Annahmen (in Klammern: zur Identifikation vorgegebene Methoden, Werkzeuge und Dokumente)		○ | ◐ | ●	Dokumentiert	Fertig bis
1.	Liegt ein klarer Business Case für das IT-Projekt vor? (Dokumentendurchsicht. Workshop, Interview mit Unternehmensleitung, Controlling)	●	N/A	Erl.
2.	Sind klare *funktionale* Anforderungen definiert? (Dokumentendurchsicht, Mindmapping, Brainstorming, Workshop mit Fachabteilungen, IT und Unternehmensleitung)	○	Ja	Erl.
3.	Sind klare *nichtfunktionale* Anforderungen definiert? (Dokumentendurchsicht, Mindmapping, Brainstorming, Workshop mit Fachabteilungen, IT und Unternehmensleitung)	○	Ja	Erl.

Tab. 8–4

Auszug aus einer Checkliste für die Identifikation von IT-Projektrisiken

→

	○|◐|●	Doku-mentiert	Fertig bis
4. Werden *(aufsichts-)rechtliche* Aspekte berücksichtigt? (Dokumentendurchsicht, Workshop mit Fachabteilungen, Rechtsabteilung oder Compliance-Abteilung)	●	N/A	Erl.
5. Sind Änderungen der funktionalen und nicht-funktionalen Anforderungen im Limit der Vorgaben? (Kennzahl: neue oder geänderte Anforderungen im Monat oder Quartal, Anzahl Tickets vom Typ »Change Request«)	○	Nein	12.06.13

○ nicht erfüllt, es besteht ein Risiko; ◐ unklar, sollte näher geprüft werden;
● erfüllt, kein Risiko
N/A – Eine Dokumentation ist nicht notwendig, da kein Risiko vorliegt.
Ja – Die konkreten Risiken aus spezifischen Punkten sind in der Liste aller Projektrisiken erfasst (Vorlage vgl. Tab. 8–2).
Nein – Die Risiken sind noch nicht abschließend erfasst.
Erl. – Erledigt

Praxishinweis

Welche Bedeutung haben Annahmen in IT-Projekten?
Annahmen in IT-Projekten sollten sorgfältig berücksichtigt und dokumentiert werden. Denn jede **Annahme** stellt selbst ein **verstecktes IT-Projektrisiko** dar.

Tab. 8–5
Fragenkatalog für die Entwicklung einer Checkliste »Risiken aus Planung und Steuerung«

Fragenkatalog zur Identifikation und Verfolgung von IT-Projektrisiken aus dem Projektmanagement (alle Phasen)
Können Risiken entstehen durch …

1. Fehler in der Projektplanung (unternehmensspezifische Richtlinien erfüllt) hinsichtlich
   - ihrer Ausführlichkeit?
   - ihrer Aktualität?
   - ihres Überarbeitungsrhythmus?
   - der Verantwortlichkeiten?

2. Fehler im Projektmanagement (Steuerung)?
   - Sind alle Anspruchsgruppen einbezogen? (Die Basis kann eine Stakeholder-Zusammenstellung bspw. in Form eines RACI-Charts sein.)
   - Sind Quelle, Art, Umfang und Aktualität der Planungs- und Steuerungsinformationen geeignet?
   - Erfolgt die Anwendung eines Vorgehensmodells entsprechend den Richtlinien des Unternehmens?
   - Werden Projektmanagement-Grundsätze entsprechend den Richtlinien des Unternehmens angewandt (beispielsweise weiter untergliedert in Berichtswesen, Statusmeetings, Projekttreffen, Lenkungsausschusssitzungen, Protokollierungen, Risikoberichte, Risikoverfolgung)?

→

2.	Bestehen bei den eingesetzten Entwicklungsumgebungen, Programmiersprachen und Anwendungen besondere Risiken (bspw. Technologien, Stabilität, bekannte Verwundbarkeiten)?
3.	mangelhafte Nachvollziehbarkeit von Schätzungen hinsichtlich der verwendeten Methoden, der ausführenden Personen sowie der Ausgangsbedingungen einschließlich aller Annahmen (vgl. Punkt 7 aus Tab. 8–3)?
4.	falsche Zuordnung von Schätzungen zu Projektmitgliedern (unter Berücksichtigung der individuellen Qualifikation)?
5.	fehlerhafte oder fehlende Dokumentation von Ereignissen und Aufgaben, die im IT-Projekt nicht abgeschätzt wurden?
6.	fehlerhafte oder fehlende Entwicklung von Szenarien für Entwicklungen des Projektverlaufs und den (positiven wie negativen) Folgen?
7.	fehlende Kennzeichnung von IT-Projektrisiken, die in der Vergangenheit schon einmal aufgetreten waren?
8.	fehlende Darstellung und Bewertung ▪ des Zeit- und Budgetrahmens? ▪ möglicher Verzögerungen und Überschreitungen mit Blick auf die Geschäftstätigkeit
9.	fehlende Zusammenstellung früherer Erfahrungen?
10.	fehlende Prüfung der Übertragbarkeit früherer Erfahrungen auf das aktuelle IT-Projekt?
11.	▪ die benötigten (neuen) Qualifikationen und Ressourcen, ▪ die Verfügbarkeit der richtigen Teammitglieder sowie ▪ die theoretisch notwendige und tatsächlich existierende Verteilung von Rechten, Pflichten, Verantwortung und Kompetenzen

Lösungswege und Handlungsempfehlungen für Risiken in IT-Projekten

Analog zum vorausgehenden Verzicht auf die Darstellung detaillierter IT-Projektrisikokataloge betont dieser Abschnitt eher allgemein gültige Empfehlungen und generelle Maßnahmen für die Beherrschung typischer IT-Projektrisiken (vgl. Tab. 8–6), die auf die Besonderheiten des jeweiligen IT-Projekts sinngemäß angepasst werden müssen.

Die beiden wichtigsten Strategien gegen IT-Projektrisiken bestehen darin,

- **systematisches IT-Projektmanagement** zu betreiben und
- **so früh wie möglich** und **aktiv** mit **IT-Projektrisikomanagement** zu beginnen.

Dies gilt auch dann, wenn dieses Vorgehen ein Mehr an Zeit und Geld, zusätzlichen Personalaufwand und möglicherweise sogar eine kalendarische Verlängerung des Projekts zur Folge hat.

Bei allen Überlegungen sollte berücksichtigt werden, dass das Geschehen in einem IT-Projekt zu einem großen Teil auf psychologischen und kulturellen Effekten sowie auf persönlichen Befindlichkeiten beruht. Entscheidungen für oder gegen Anforderungen, Technologien und andere projektrelevante Einflussfaktoren sind daher subjektiv geprägt und ohne besondere Maßnahmen *nicht* nach Risikogesichtspunkten hinterfragt.

Handlungsempfehlung

*Tab. 8-6
Allgemeine Maßnahmen zur Behandlung von IT-Projektrisiken*

Allgemeine Maßnahmen zur Behandlung von IT-Projektrisiken

1. **Festlegung der Risikoneigung und -akzeptanz bzw. -toleranz** der Projektleitung und des gesamten Projektteams sowie des Projektsponsors **vor Beginn** des IT-Projekts

2. **Erstellung einer Gesamtsicht auf die IT-Projektrisiken (Gesamtrisiko- und Gesamtschadensbetrachtung)**
   Meist trägt nicht ein einzelnes Risiko, sondern eine Vielzahl von Risiken zu Verzögerungen, einem unbefriedigenden Ergebnis oder dem Scheitern des IT-Projekts bei.
   Hinweis: Vielfach sind Eintrittswahrscheinlichkeiten und Schadenswirkungen einzelner IT-Projektrisiken nicht unabhängig voneinander. Gesamtrisiken bzw. -schäden können dann nicht einfach über Summenfunktionen ermittelt werden. Von Bedeutung ist es daher nicht nur, alle Risiken in IT-Projekten zu identifizieren und zu analysieren (statische Sicht), sondern auch, ihre Abhängigkeiten untereinander bezogen auf die konkrete Fragestellung im IT-Projekt- und Unternehmensumfeld genau zu verstehen (»**what-if**«, **dynamische Sicht**).
   Leider wird derzeit die dynamische Sicht von Werkzeugen für das IT-Projektrisikomanagement *nur unzureichend* unterstützt. Erfahrungen und »gesunder Menschenverstand« der Beteiligten müssen derzeit diesen Mangel kompensieren.

3. **Einführung eines regelmäßigen Qualitätsmanagements und IT-Projekt-Controllings**
   - Reviews, Befragungen und Audits sowie Code-Analysen. Dazu zählt auch das Programmieren nach dem Vier-Augen-Prinzp (Pair-Programming).
   - Self Assessments zur Identifikation unwirksamer Maßnahmen
   - formale und inhaltliche Kontrollen (Vollständigkeit, Richtigkeit, Aktualität, Gültigkeit) der Projektmanagement-Praktiken (insbesondere hinsichtlich Anforderungs- und Change-Management) und *aller* Projektdokumente (insbesondere Planung, Lasten-, Pflichtenheft)

4. **Schaffung von Informationstransparenz**
   - Einsatz eines Projektinformationssystems
   - klar definierte Berichtswege und eine offene Kommunikation der IT-Projektrisiken
   - regelmäßige Meetings zur Diskussion der IT-Projektrisikolage (Risk Meetings) in Abhängigkeit von den individuellen Verhältnissen im Projekt, beispielsweise zweiwöchentlich

5. **durch Qualifikationsmaßnahmen und enge interdisziplinäre Zusammenarbeit, Sicherstellung eines möglichst guten fachlichen und technischen Verständnisses ...**
   - aller Ziele, Anforderungen, Annahmen
   - aller Elemente des Vorgehensmodells und aller sonstigen Projektmanagement-Aktivitäten
   - des gesamten Umfeldes des IT-Projekts

→

6.	**Einsatz fachlich und technisch geeigneter Methoden und Werkzeuge**, um spätere Risiken im IT-Betrieb zu minimieren, beispielsweise durch
	▪ Einhaltung von Entwicklungsrichtlinien
	▪ Simulationen zur Sicherstellung der Erfüllung von Anforderungen und der Gültigkeit von Annahmen
	▪ Modularisierung des Projektergebnisses
	▪ Entwicklung von Sicherheits-/Notfallkonzepten für das Projektergebnis
	▪ Implementierung von Kontrollen (vgl. Kap. 10)

Vielfach endet die fortlaufende Risikobeschreibung und -betrachtung für das IT-Projekt nach dessen Abschluss im Rahmen der Übergabe an den IT-Betrieb. Trotzdem ist es empfehlenswert, **während des Projekts** IT-Risiken aufzunehmen, die sich auf die **Zeit *nach* Projektende** beziehen. Die Risikobetrachtung wird dann in der Verantwortung des IT-Betriebs weitergeführt (vgl. Kap. 7). Zudem ist es im Sinne künftiger IT-Projekte hilfreich, in der Zeit nach der Implementierung und nach dem Projektabschluss (Post Implementation Phase) eine Ex-post-Betrachtung des IT-Projektes durchzuführen (»Lessons Learned«).

8.2 Open-Source-Projekte

Open Source Software (OSS) hat in vielen Bereichen eine hohe Leistungsfähigkeit, Stabilität und Sicherheit erreicht, die mitunter sogar kommerzielle Lösungen übertrifft. Für Unternehmen ist sie daher zunehmend interessant. Sie haben die Möglichkeit,

- Open-Source-Software direkt im IT-Betrieb zu nutzen (Einführungsprojekte),
- Ergebnisse eines Open-Source-Projekts im Rahmen der Entwicklung eigener Lösungen zu nutzen sowie
- aktiv an der Entwicklung von Open-Source-Software mitzuwirken.

Für Unternehmen ergeben sich über die »typischen« Risiken eines Einführungs- oder Entwicklungsprojektes hinaus weitere Risiken (vgl. Tab. 8–7 und [Gold 2012]):

Tab. 8–7
IT-Risiken aus OSS-Einführungs- und Entwicklungsprojekten

OSS-Einführungsprojekte	Verwendung von OSS in eigenen Entwicklungsprojekten	Beteiligung an OSS-Entwicklungsprojekten
national und/oder international ungelöste Lizenz- und Urheberrechtsfragen		
Haftungsfragen aus Schäden durch den Einsatz von Open-Source-Software	–	
fehlende oder mangelhafte Governance, fehlende Releaseplanung	–	
	–	fehlende oder mangelhafte Versionskontrolle *trotz* Einsatz entsprechender Versionskontrollsysteme
	–	fehlende oder mangelhafte Vorgaben zur Entwicklung
fehlende oder mangelhafte Dokumentation		–
fehlender Support, fehlende Ansprechpartner		–
	–	unklare Hierarchie-, Macht- und Verantwortungsstrukturen
	–	unklare Kostenstrukturen und -entwicklungen (Projekt-Funding)
	–	ungeeignete Abstimmungs- und Kommunikationsprozesse

Lösungswege und Handlungsempfehlungen für Risiken in Open-Source-Projekten

Für eine Beherrschung dieser neuen Risiken ist die Entwicklung einer **Open-Source-Richtlinie** hilfreich. Sie legt fest,

- unter welchen Bedingungen Open-Source-Software im Unternehmen und in *eigenen* IT-Projekten eingesetzt werden darf:
  - zulässige Anwendungsbereiche
  - zulässige Geschäftsprozesse
  - zulässige Produkten/Dienstleistungen
  - Mindestvoraussetzungen für das Open-Source-Projekt (gut dokumentierte Releaseplanung, Umfang/Qualität der Programmdokumentation, Lizenzbedingungen)
- welche Prüfungen vor dem Einsatz von Open-Source-Software durchgeführt werden müssen:
  - rechtliche (Lizenzmodell, Patentfragen, Know-how-Abfluss)
  - technische (Integration in die IT)
  - fachliche (Anforderungen der Fachabteilung)

- wer diese Prüfungen durchführt
- wie der Support personell organisiert wird und wie der Supportprozess gestaltet ist:
  - Einhaltung von Mindeststandards im Unternehmen (Kompetenzaufbau, Einbindung in Standard-Supportprozesse)
  - Verantwortlichkeiten und Regelungen für Form und Inhalt von Anfragen in Projekt-Foren und öffentlichen Foren
- wann eine *aktive* Beteiligung an Open-Source-Projekten zulässig ist:
  - Größe des Projekts
  - Herkunft der Beteiligten (ggf. konkurrierende Unternehmen, unerwünschte Einzelpersonen)
  - Verbreitungsgrad der Lösung
  - Qualität des Quellcodes
  - Qualität des Projektmanagements und des Vorgehensmodells
  - Qualität der Entwicklungsrichtlinien
  - verwendete Werkzeuge
- wer an eigenen oder externen Open-Source-Projekten mit welchem zeitlichen Umfang teilnehmen darf:
  - Mindestqualifikation
  - Bereiche in der IT
  - Stundenkontingent je Monat
  - Berichtspflichten
- welches Budget für eigene und im Rahmen eines Sponsoring für externe Open-Source-Projekte zur Verfügung gestellt wird
- wie bei externen OSS-Projekten die Abstimmung zwischen dem Unternehmen und dem Projekt durchgeführt wird (Art und Häufigkeit von persönlichen und virtuellen Meetings)

Praxishinweis

Welche Bedeutung hat der fehlende formale Support beim Einsatz von Open-Source-Software für geplante IT-Projekte?

Neben juristischen Fragen gilt der nicht durch eine Institution garantierte Support als wesentliches Risiko beim Einsatz von Open-Source-Software in IT-Projekten (und im späteren IT-Betrieb). Daher ist es empfehlenswert, **alle in der Betriebsphase wirkenden besonderen IT-Risiken** bereits **umfassend zu identifizieren und zu analysieren, bevor** das Open-Source-Einführungsprojekt oder die Übernahme von Quellcode in eigene Entwicklungen beginnt.

9 Einführung des IT-Risikomanagements

> Dieses Kapitel erläutert die zur Einführung eines IT-Risikomanagements notwendigen Schritte und gibt Empfehlungen für eine Optimierung. Im Einzelnen werden die folgenden Fragen geklärt:
> - Welche Schritte sind zur Einrichtung eines IT-Risikomanagements notwendig?
> - Gibt es unterschiedliche »Einführungsstrategien« für das IT-Risikomanagement?
> - Wie kann der Nutzen von IT-Risikomanagement ermittelt werden?

Ziel dieses Kapitels

9.1 Schritte zur Entwicklung und Einführung

Schrittweise Einführung

IT-Risikomanagement kann nicht in wenigen Tagen und »auf Knopfdruck« eingeführt werden. Die Einführung ist vielmehr ein eigenständiges Projekt und sollte als solches behandelt werden [Pironti 2010].

Einen »idealen« Zeitpunkt, um das IT-Risikomanagement einzurichten, gibt es nicht. Sinnvoll ist jedoch seine **proaktive Einführung**. IT-Risikomanagement erst dann einzuführen, wenn ein IT-Risiko mit beachtlichem Schaden eingetreten ist oder externe Vorgaben es zwingend erfordern, erschwert das Vorhaben unnötig. Zeit-, Kosten- und Erfolgsdruck führen dann oft dazu, dass konzeptionelle Überlegungen zu oberflächlich ausfallen und der benötigte personelle, zeitliche und finanzielle Aufwand zu knapp kalkuliert wird.

Die Entscheidung zur Einrichtung eines IT-Risikomanagement-Systems sollte daher getroffen werden, wenn es *gerade keine Anzeichen für besondere Unregelmäßigkeiten* gibt.

Die Einführung erfolgt unter Beachtung der Grundsätze guten Projektmanagements in fünf Schritten (vgl. Abb. 9–1).

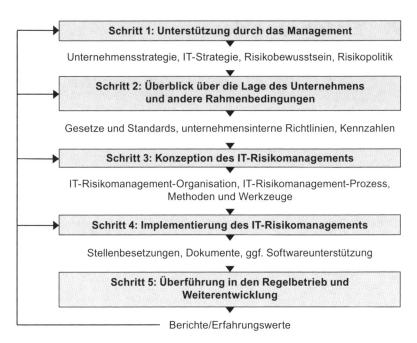

Abb. 9–1
Einführung des IT-Risikomanagements

Richtwerte für die *kalendarische* Planung der **Projektdauer** im Rahmen der Einführung des IT-Risikomanagements können sein:

- für kleine und mittelgroße Unternehmen etwa vier bis sechs Monate
- für (sehr) große Unternehmen sechs bis zwölf Monate. Besteht die Notwendigkeit einer Implementierung in vielen Landesgesellschaften oder Beteiligungen, sollte mit weiteren mindestens vier bis sechs Monaten kalkuliert werden, da aufwendige Abstimmprozesse durchgeführt werden müssen.

Erste verwendbare Ergebnisse aus der Identifikation, Analyse, Bewertung und Behandlung von IT-Risiken lassen sich meist bereits nach drei Monaten bzw. einem halben Jahr erzielen. Erfahrungsgemäß ist ein neu eingeführtes IT-Risikomanagement aber frühestens im zweiten oder dritten Berichtsjahr »eingeschwungen«, weil für die Beurteilung von ergriffenen Maßnahmen, gewählten Methoden und Werkzeugen sowie für die Beurteilung des IT-Risikomanagement-Prozesses selbst zunächst Erfahrungen gesammelt und ausgewertet werden müssen. Die Zeitangaben hängen zudem stark von bereits vorhandenen Erfahrungen im Enterprise Risk Management, von der Qualifikation und Motivation des (ggf. neu eingestellten) Personals und anderen Faktoren (wie dem »Verlauf des Tagesgeschäftes«) zusammen.

In den Folgejahren lassen sich dann einzelne Aspekte auf Basis der gesammelten Erfahrungen optimieren.

Schritt 1: Unterstützung durch das Management

Die Motivation für die Einrichtung eines IT-Risikomanagements kann auf unterschiedlichen Managementebenen entstehen:

- Unternehmensleitung:
 »ungutes Gefühl«, »unbekanntes Wesen IT«
- Prüfungsausschuss:
 Feststellung im Rahmen einer Jahresabschlussprüfung, in der signifikante und vor allem strukturelle Defizite im Umgang mit Risiken aus der IT deutlich wurden
- IT-Leitung:
 Schutz vor »unliebsamen Überraschungen«

Entsprechend vielfältig sind Entscheidungswege, die zu einem Projekt »Einführung eines IT-Risikomanagements« führen. Unabhängig davon

- genehmigt die Unternehmensleitung das benötigte **Budget**, den **Stellenrahmen** und alle wichtigen **Vorgaben** für das IT-Risikomanagement (IT-Risikopolitik),
- trägt die Unternehmensleitung wichtige **Personalentscheidungen** im Rahmen der Ausgestaltung des IT-Risikomanagements mit,
- nimmt die Unternehmensleitung eine **Vorbildfunktion** (IT-Risikobewusstsein) ein.

Ein Mitglied der Unternehmensleitung sollte deshalb für das gesamte Unternehmen gut erkennbar als **Projektsponsor** die Verantwortung für die Einführung des IT-Risikomanagements übernehmen. Sichtbar wird die Übernahme der Verantwortung beispielsweise durch **regelmäßige Teilnahme an wichtigen Projektbesprechungen** und Treffen mit den neu berufenen Verantwortlichen für das IT-Risikomanagement während des Rollouts. Dies ist insbesondere dann wichtig, wenn es um Landesgesellschaften und Beteiligungen geht, die gegen zentral entwickelte Lösungen Vorbehalte haben könnten.

Das Budget für die Einführung des IT-Risikomanagements beträgt über die gesamte Projektlaufzeit hinweg insgesamt etwa fünf bis sieben Prozent des durchschnittlichen IT-Jahresbudgets in diesem Zeitraum. Soll ein Standard- oder Best-Practice-konformes IT-Risikomanagement entwickelt werden oder sind andere externe Vorgaben zwingend zu berücksichtigen, sollten vorsichtig etwa 10 bis 13 Prozent kalkuliert werden.

Die Ergebnisse dieses Schrittes sind ein klares **Bekenntnis des Managements** zum Projekt und ein klar formulierter **Projektauftrag**, ausgestattet mit einem angemessenen Budget.

Schritt 2: Überblick über die Lage des Unternehmens und andere Rahmenbedingungen

Gemeinsam mit dem Management werden in einer Reihe von Workshops die Rahmenbedingungen für das IT-Risikomanagement erarbeitet, insbesondere:

- der Stellenwert der IT für die Geschäftstätigkeit aus Sicht der Unternehmensleitung
- Erfahrungen mit Organisationsprojekten
- das Risikomanagement-Grundwissen
- Erfahrungen mit IT-Risikomanagement in verwandten Bereichen, etwa IT-Sicherheit
- bereits vorhandene, verwendbare Strukturen aus dem Enterprise Risk Management
- alle aufbauorganisatorischen Strukturen in der IT (einschließlich Rechte, Pflichten, Kommunikations- und Entscheidungswege, Schnittstellen in die Fachabteilungen und zu den Partnern), alle IT-Prozesse, alle IT-Ressourcen
- zu beachtende Gesetze und andere Vorgaben, Entscheidung für einen Standard oder Best Practices (bspw. ISO 31000, COBIT, M_o_R)
- das mögliche Budget für das IT-Risikomanagement
- Anzahl und Auslastung der Projektbeteiligten
- Art und Umfang einer externen Unterstützung
- der Zeithorizont für das Projekt

Die Ergebnisse dieses Schrittes sind **klare Ziele und Rahmenbedingungen für das Projekt**.

Schritt 3: Konzeption des IT-Risikomanagements

Anschließend werden die Elemente des IT-Risikomanagements konzipiert. Hierzu ist es empfehlenswert, Arbeitsteams zu bilden, die sich gemeinsam mit der Projektleitung untereinander regelmäßig abstimmen (vgl. Tab. 9–1 und Abb. 9–2). Die Projektleitung kann aus einem der Arbeitsteams gewählt oder aber als zusätzliche Funktion installiert werden.

9.1 Schritte zur Entwicklung und Einführung

Arbeitsteam 1: IT-Risikomanagement-Organisation
- Entwicklung des Organigramms und Vorschläge zur Verankerung im Gesamtunternehmen (Integrationsaspekt)
- Entwurf der Rollen- und Stellenbeschreibungen sowie der Qualifikationsprofile
- ggf.: Definition der Rechte und Pflichten von Gremien

Arbeitsteam 2: IT-Risikomanagement-Prozess
- Entwicklung des Prozessablaufs, Vorschläge zur Abgrenzung der Aufgaben der einzelnen Schritte
- Zusammenstellung aller zulässigen *und* nichtzulässigen *generischen* IT-Risikostrategien
- Definition von Kennzahlen, einschließlich Toleranz- und Akzeptanzgrenzen sowie ggf. weiterer Grenzwerte

Arbeitsteam 3: Methoden und Werkzeuge für das IT-Risikomanagement
- Entwurf eines Pflichtenhefts für eine IT-Risikomanagement-Software
- Zusammenstellung von Methoden- und Werkzeugbeschreibungen
- Entwicklung von Dokument- und Tabellenvorlagen für alle Prozessschritte

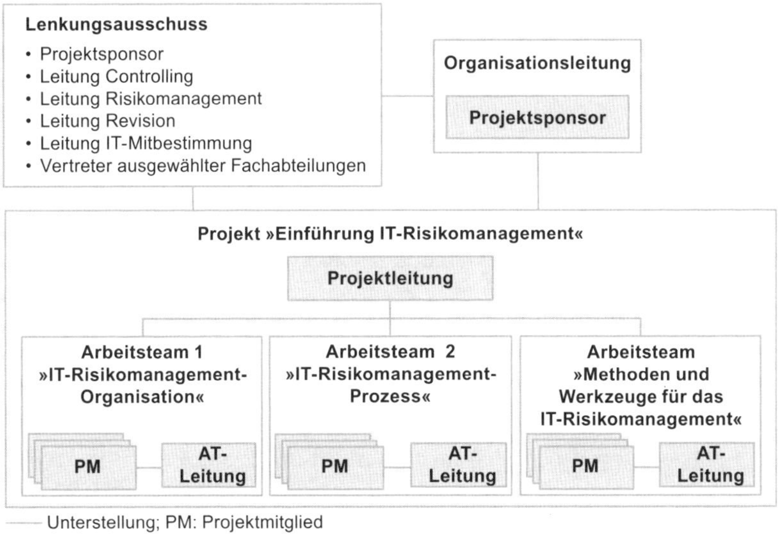

Beispiel

Tab. 9–1
Struktur eines Einführungsprojekts in einem großen Konzern

Abb. 9–2
Projektorganisation »Einführung eines IT-Risikomanagements«

Externe Unterstützung kann dann sinnvoll sein, wenn wenig Erfahrung mit dem Thema »Risikomanagement« und dem Aufbau von Managementsystemen besteht oder intern keine ausreichenden Ressourcen verfügbar sind. Das Ziel einer solchen externen Unterstützung sollte es jedoch sein, intern das benötigte Know-how aufzubauen, um im Anschluss selbstständig weiterarbeiten zu können.

Das Ergebnis dieser Phase ist ein **Pflichtenheft**. Es dokumentiert alle Elemente des IT-Risikomanagements.

Schritt 4: Implementierung des IT-Risikomanagements

In diesem Schritt wird der IT-Risikomanagement-Prozess von den neu berufenen Verantwortlichen *erstmals* ausgeführt. Die Ausführung erfolgt unter besonderer Beobachtung des Projektteams, um die gewonnenen Erkenntnisse für gegebenenfalls notwendige methodische Korrekturen nutzen zu können. In kleinen Unternehmen übernehmen die Projektmitglieder selbst diese Aufgabe.

Besondere Bedingungen gelten in großen Unternehmen, in denen das IT-Risikomanagement an mehreren, gegebenenfalls global verteilten Standorten eingeführt wird. Hier existieren zwei Optionen: die gleichzeitige oder die schrittweise Einführung.

Die schrittweise Einführung hat den Vorteil, dass Erfahrungen berücksichtigt werden können. Dazu bieten sich Standorte oder Beteiligungen an, die *repräsentativ* für das Unternehmen sind. Ideal ist eine Kombination aus kleinen, mittleren und großen Standorten, weil sich daraus Erkenntnisse über die Eignung der Aufbauorganisation für das IT-Risikomanagement gewinnen lassen. Weiterhin sollten Standorte mit unterschiedlichen Reifegraden der dezentralen IT gewählt werden. Der Rollout selbst sollte jeweils von einem Vertreter aus dem Projektteam begleitet werden.

Die Implementierung wird begleitet von einem zielgruppenorientierten »Marketing« für das IT-Risikomanagement (Erzeugen von IT-Risikobewusstsein, vgl. Abschnitt 2.3.1) sowie Qualifizierungsmaßnahmen (vgl. Abschnitt 4.5). Zudem sollte sichergestellt sein, dass

- **das Management während der gesamten Einführung präsent ist.**
  Für die Akzeptanz ist es von großer Bedeutung, mit welcher **aktiven Beteiligung der Unternehmensleitung** die Implementierung erfolgt.
- **relevante Rückmeldungen aufgenommen werden.**
  Beobachtungen bei der schrittweisen Einführung liefern wertvolle Informationen über Akzeptanz und Praktikabilität des IT-Risikomanagement-Prozesses, der bereitgestellten Methoden und Werkzeuge (einschließlich einer IT-Risikomanagement-Software) sowie der unternehmensindividuell gestalteten Dokumente. Sie müssen daher sorgfältig und schnell analysiert und bei Bedarf sofort in den weiteren Arbeiten berücksichtigt werden.

Das Ergebnis dieses Schrittes ist ein in allen Teilen des Unternehmens eingeführtes IT-Risikomanagement.

Schritt 5: Überführung in den Regelbetrieb und Weiterentwicklung

Abschließend wird das IT-Risikomanagement in den Regelbetrieb übergeben und laufend überwacht (IT-Risiko-Controlling und Prüfung des IT-Risikomanagements), damit eine Anpassung an veränderte Rahmen- und Umfeldbedingungen rasch durchgeführt und die Wirksamkeit regelmäßig sichergestellt werden kann.

Mit Übergabe an den Regelbetrieb endet im Normalfall das Einführungsprojekt. Wenn das Unternehmen groß genug ist, kann es sinnvoll sein, die Weiterentwicklung des IT-Risikomanagements *getrennt vom operativen Betrieb* wiederum in einem Projekt durchzuführen. Dies kann in der IT-Risikomanagement-Organisation auch durch Einrichtung eines entsprechenden »Entwicklungs-«Gremiums geschehen, das dem Leiter des IT-Risikomanagements unterstellt ist (ähnlich dem IT-Risikosteuerungskreis, vgl. Abschnitt 4.3).

Die Einführung gilt als erfolgreich, wenn das IT-Risikomanagement durch Auswahl und Umsetzung geeigneter Maßnahmen IT-Risiken wirksam behandelt, Kosten senkt, Kapitalbindung (etwa zur Risikovorsorge) aufhebt und fester Teil der Risikokultur des Unternehmens wird.

Bei der Einschätzung der Wirksamkeit kann von den Erfahrungen anderer Unternehmen profitiert werden, die bereits über ein Risikomanagement verfügen. Da es selten zwei absolut identische Organisationen gibt, gilt dies jedoch auch für das (IT-)Risikomanagement. Ein Vergleich sollte daher wie bei Benchmarking behutsam und sorgfältig erfolgen, um keine Fehlschlüsse aus den Ergebnissen zu ziehen.

Wo finden sich weiterführende aktuelle Informationen zum Thema IT-Risikomanagement? *Praxishinweis*

Tabelle 9–2 enthält eine alphabetisch sortierte Auswahl von Informationsquellen, teilweise mit Schwerpunktsetzung auf die Belange einzelner Branchen oder Aspekte des IT-Risikomanagements.

Da IT-Risiken und ihre Beherrschung stets auch in der IT-Sicherheit eine besondere Bedeutung besitzen, sind in der Tabelle zusätzlich Hinweise auf Seiten zur IT-Sicherheit enthalten.

Tab. 9–2 Übersicht über Organisationen und deren Informationsplattformen mit Bezug zum IT-Risikomanagement

Organisation	Website
Association of Insurance and Risk Managers (AIRMIC)	www.airmic.com
Bundesamt für Sicherheit in der Informationstechnik	www.bsi.bund.de
BITKOM e.V.	www.bitkom.org
CASED	www.cased.de
Continuity CENERAL	www.continuitycentral.com
Deutsches Institut für Interne Revision (DIIR)	www.diir.de
Federation of European Risk Management Associations (FERMA)	www.ferma.eu
Information Systems Audit and Control Association (ISACA) (COBIT)	www.isaca.org www.isaca.de
Institut der Wirtschaftsprüfer (IDW)	www.idw.de
International Organization for Standardization	www.iso.org
IT Governance Institute	www.itgi.org
Computer Security Division des National Institute of Standards and Technology	csrc.nist.gov
PCI Security Standards Council	de.pcisecuritystandards.org
Project Management Institute (PMI) (PMBOK)	www.pmi.org
RiskNet – The Risk Management Network	www.risknet.de
Software Engineering Institute (SEI) der Carnegie Mellon University (CMMI, OCTAVE)	www.sei.cmu.edu/risk
The Cabinet Office (UK) (M_o_R, ITIL)	www.best-management-practice.com/
The Institute of Internal Auditors (IIA)	www.theiia.org
The Institute of Risk Management	www.theirm.org

Teilweise werden Mitgliedschaften vorausgesetzt, Stand: Mai 2013

9.2 Wirtschaftlichkeitsbetrachtungen

Da sich der Nutzen des IT-Risikomanagements nur schwer quantifizieren lässt (beispielsweise verhinderter Reputationsverlust), ist es sinnvoll, die (geschätzte) Senkung von Schadenskosten durch Behandlungsmaßnahmen in den Vordergrund zu stellen. Ihnen gegenüber stehen Kosten, die zur Behandlung von IT-Risiken anfallen. Im Idealfall gelingt es, die Behandlung von IT-Risiken mit möglichst minimalem Ressourceneinsatz und einem möglichst guten Ergebnis bei vorgegebenen Mitteln zu verfolgen ([Schermann 2011], S. 139).

Oft wird das Budget für das IT-Risikomanagement deshalb anhand anschaulicher Szenarien (unter Angabe konkreter Schadenssummen) begründet. Abgewendete technische Störungen, abgewehrte Angriffe und eine schnelle Reaktion im Notfall sind gute Argumente, je stärker das Unternehmen von der IT abhängig ist. Darüber hinaus schafft IT-Risikomanagement Transparenz bei kritischen Prozessen, Aktivitäten und Anwendungen. Dass mit IT-Risikomanagement implizit auch Handlungsdruck erzeugt wird, ist offensichtlich, jedoch ein nur vorsichtig einsetzbares Argument, da es den versteckten Vorwurf der Untätigkeit enthalten könnte.

Um die Kosten für Maßnahmen zur Behandlung von IT-Risiken zu ermitteln, wird auf Daten des internen Rechnungswesens zurückgegriffen. Unternehmen, die IT-Kostenarten stark differenzieren und eine verursachungsgerechte Kostenverrechnung durchführen, können unter Umständen leichter auf Daten zurückgreifen. Je nach Ausgestaltung der Kostenrechnung und des IT-Controllings werden Kostenstellen oder Kostenträger im Sinne des Total-Cost-of-Ownership-Ansatzes auf relevante Positionen untersucht. Dabei werden nicht nur reine IT-Kosten, sondern auch Kosten auf Fachabteilungsseite einbezogen.

Zur Ermittlung der Kosten für IT-Risikobehandlungsmaßnahmen lassen sich zwei Optionen verfolgen:

- **Option 1:**
  Mit Einführung des IT-Risikomanagements werden **Kostenarten ergänzt**, die für Maßnahmen zur IT-Risikobehandlung oder -vermeidung verwendet werden. Die Kostenarten werden dabei in bestehende Kostenartenpläne integriert.
- **Option 2:**
  Aus der **Analyse der Kosten innerhalb bestehender Strukturen** werden diejenigen Anteile durch Diskussion näherungsweise geschätzt, die einen wesentlichen Anteil an der Umsetzung von Maßnahmen zur IT-Risikobehandlung oder -vermeidung gehabt haben.

In beiden Fällen ist ein **umfassendes Verständnis der Zusammenhänge** im IT-Risikomanagement notwendig, damit tatsächlich *alle* Kostenarten und *alle* Entstehungsorte berücksichtigt werden. Ein Grundproblem besteht in der Zurechenbarkeit von IT-Risiken zu Maßnahmen und deren Kosten. Denn eine Maßnahme kann *parallel* zur Behandlung *mehrerer* IT-Risiken eingesetzt werden, ebenso kann ein IT-Risiko *mehrere* Maßnahmen *gleichzeitig* erfordern. Nur wenige Maßnahmen lassen sich zudem als solche isolieren, die meisten Maßnahmen sind direkt in Anwendungen und Prozesse integriert. »Ihren« Kostenanteil aus Entwicklungs-, Implementierungs- oder Betriebskosten herauszurechnen, ist praktisch unmöglich.

Letztlich können deshalb alle Methoden lediglich **Näherungslösungen** sein. Eine *exakte* Bestimmung ist (wie in anderen Bereichen der IT und des Unternehmens) mit *sinnvollem* Aufwand *selten* möglich.

Beispiel

Option 1: Ergänzung im Kostenartenplan
- Kostenarten »IT-Sicherheitshardware« und »IT-Sicherheitssoftware« zu Kostenart »IT-Material«. Buchung bspw. der Beschaffung von Firewalls (Software oder Appliances), Token für die Verschlüsselung, Antivirensoftware
- Kostenart »Qualifikation IT-Risikobewusstsein« zu Kostenart »Personalkosten – Qualifikationsmaßnahmen«
- Kostenart »Entwicklung IT-Sicherheit« zu Kostenart »IT-Entwicklung«. Buchung bspw. von Kosten für die Entwicklung von Firewallregeln, für das Programmieren von Abstimmroutinen, einer Protokollierungs- oder Debugfunktionalität oder für das Programmieren von Eingabekontrollen.

Option 2: Die Netzaußengrenze wird mit einer neuen Firewall ausgestattet. Ein häufig von Störungen betroffenes Backup-System wird gegen einen neuen Bandroboter ausgetauscht, und auf allen Mobilgeräten wird erstmalig eine Verschlüsselungssoftware installiert. Aus den Berichten über umgesetzte Investitionsvorhaben sowie Projekt- und Betriebskostenübersichten werden nun diejenigen Positionen herausgenommen, die einen Bezug zu diesen beiden Maßnahmen aufweisen. Da in zwei Fällen bereits zuvor Kosten angefallen sind, werden dort die Differenzbeträge zu den Kosten der vorausgegangenen Projekte angesetzt.

Werden die Zusammenhänge grafisch dargestellt, lässt sich der kostenoptimale Punkt der Behandlung eines IT-Risikos theoretisch genau ermitteln (vgl. Abb. 9–3).

Der exakte Verlauf der beiden Funktionen ist jedoch abhängig von der Charakteristik der betrachteten IT-Ressource und ihrer Einbindung in die Geschäftstätigkeit sowie von der Charakteristik des jeweiligen IT-Risikos bzw. der Behandlungsmaßnahme. Nur selten gelingt tatsächlich eine Beschreibung über mathematische Funktionen.

Für die Bestimmung des Schnittpunktes gilt, dass eine Maßnahme dann betriebswirtschaftlich sinnvoll ist, wenn der Aufwand für diese Maßnahme und die Schadenshöhe des behandelten IT-Risikos zusammen kleiner sind als die Schadenshöhe des nicht behandelten IT-Risikos [Ruf 2011] oder formal:

$$R_B + A < R_U$$

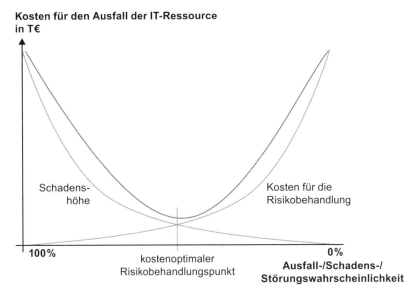

Abb. 9–3
Kostenoptimaler Punkt zur Behandlung eines IT-Risikos (vereinfacht; modifiziert nach [Lenges 2008], S. 13, [Ahrendts & Marton 2008], S. 97)

Hierbei stellen R_B (in €) das IT-Risiko nach erfolgreicher Behandlung und R_U (in €) das IT-Risiko vor erfolgreicher Behandlung darstellen. A (in €) gibt den Aufwand für die Maßnahme an.

Die Berechnung von R_B und R_U folgt den Überlegungen in Abschnitt 2.1.1.

Beispiel

Ein wichtiger Router fällt mit einer Wahrscheinlichkeit von 0,02 % je Jahr aufgrund eines schlecht dimensionierten Netzteils aus. Bei einem Ausfall entsteht ein Schaden von 20.000 € je Stunde. Dies entspricht einem jährlichen Ausfall von 1,752 Stunden und einem möglichen Schaden von 35.040 €.

Die IT veranlasst eine konstruktive Änderung am Router. Er verfügt nun über ein redundantes Netzteil, das unterbrechungsfrei geschaltet werden kann. Die Änderungen kosten 17.500 €.

Durch diese Maßnahme verringert sich die Ausfallwahrscheinlichkeit auf 0,005 %, das entspricht einer Ausfallzeit von 44 Minuten. Es ergibt sich somit ein möglicher Schaden von 8.760 €.

Damit ergeben sich 26.260 € gegenüber 35.040 €. Die Maßnahme wäre vorteilhaft. Allerdings lässt sie zeitliche Aspekte unberücksichtigt. Würden die Kosten 27.000 € betragen, wäre die Maßnahme erst nach zwei Jahren betriebswirtschaftlich sinnvoll, wenn unterstellt wird, dass das Gerät jedes Jahr erneut ausfallen könnte (nach zwei Jahren also ein Schaden von 70.080 € hätte entstehen können).

Oft wird neben dem ALE (Average Loss Estimate, Annual Loss Expectancy) auch das auf dieser Basis weiterentwickelte Konzept des (einheitenlosen) **Return on Security Invest (ROSI)** herangezogen ([Kersten et al. 2011], S. 283, [Geiger 2009], S. 47f., [Sonnenreich et al. 2005]). Während der ALE lediglich die jährlich geschätzte Einrittswahrscheinlichkeit und Schadenshöhe multipliziert, basiert der ROSI auf der Überlegung, dass durch eine Maßnahme ein IT-Risiko um einen bestimmten Prozentsatz verringert wird. Dem stehen Kosten gegenüber. Formal:

$$ROSI = ((R_U \times m) - A)/A$$

m stellt dabei den Prozentsatz der Risikoreduktion dar.

Beispiel Der Schaden durch Ausfälle des Routers betrage wiederum 35.040 € je Jahr. Durch verschiedene Maßnahmen an der Stromversorgung kann das Ausfallrisiko von 0,02 auf 0,005 % gesenkt werden. Das entspricht einem Rückgang um 75 %, oder anders formuliert: 75 % der erwarteten Schäden (26.280 €) werden durch die Maßnahme verhindert. Die Kosten betragen noch immer 17.500 €. Der ROSI beträgt demnach 50,12 %.

Das Ergebnis zeigt einen relativ ungünstigen ROSI. Entsprechen nämlich die Kosten für die Maßnahme exakt der Verminderung der erwarteten Schäden, beträgt der ROSI Null. Je größer der verminderte Schaden und je geringer die dafür notwendigen Kosten sind, desto höher ist der ROSI. Würde die Verminderung überhaupt keine Kosten verursachen, ginge der ROSI gegen unendlich.

Das ROSI-Modell ist relativ anspruchsvoll. Gibt es Hilfsmittel zur Berechnung?

Einen leicht bedienbaren ROSI-Rechner zur Veranschaulichung des Konzepts stellt die Information Security & Business Continuity Academy unter *www.iso27001standard.com/en/rosi/return-on-security-investment* kostenfrei zur Verfügung.

Hinweis: Die vorgestellten Wege zur Berechnung sind aufgrund fehlender Daten ohne weitere, komplexe Maßnahmen relativ schwer oder nur mit hohen Abstrichen bei der Genauigkeit und der Aussagefähigkeit verwendbar. Je komplexer die IT ist oder je seltener die Schadensereignisse sind, desto ungenauer sind die Ergebnisse. Alle Ansätze können jedoch unter Beachtung dieser Einschränkungen erste Anhaltspunkte für eine überschlägige Ermittlung des Kosten-Nutzen-Verhältnisses geben.

10 Das Interne Kontrollsystem in der IT

> *Ziel dieses Kapitels*
>
> Dieses Kapitel erklärt das Interne Kontrollsystem (IKS) in der IT und seine Bedeutung für das IT-Risikomanagement. Im Einzelnen werden die folgenden Fragen geklärt:
> - Welchen Bezug hat das IKS zum IT-Risikomanagement?
> - Was sind Kontrollen?
> - Worin unterscheiden sie sich von Maßnahmen zur Behandlung von IT-Risiken?
> - Wie ist das Interne Kontrollsystem in der IT aufgebaut?
> - Wie wird ein Internes Kontrollsystem für die IT entwickelt?

10.1 Begriff und Aufbau

Angesichts der Pflicht zur Einhaltung von Gesetzen und Vorschriften ist es naheliegend, nach einer Möglichkeit zu suchen, ebendiese Einhaltung sicherzustellen. Werden Defizite erkannt, kann rasch reagiert werden. Hierfür steht das Instrument des Internen Kontrollsystems (IKS) zur Verfügung. Je nach Rechtsform und Größe eines Unternehmens kann (und sollte) oder muss es eingerichtet werden. In Deutschland wird das IKS als Bestandteil des Unternehmens in seiner allgemeinen Form im Prüfungsstandard 261 des IDW sowie in Abschnitt IV der GoBS definiert ([IDW 2006], [BMF 1995]). Teile des IDW-Prüfungsstandards wiederum gehen auf das international anerkannte Framework COSO II zurück. Auch wenn IDW PS 261 im Zusammenhang mit den originären Aufgaben einer Wirtschaftsprüfungsgesellschaft steht, kann das dort dargestellte Prinzip des IKS auch auf Sachverhalte außerhalb der Jahresabschlussprüfung angewendet werden. Gleiches gilt für die entsprechenden Abschnitte in den GoBS ([Bungartz 2011], [Böhm 2010]). Auch in einer derzeit geplanten Überarbeitung der GoBS (GoB IT des AWV bzw. GoBD der Finanzverwaltung) wird die Einrichtung und Ausgestaltung eines IKS gefordert.

Ein IKS unterstützt zudem weitere Ziele. Es hilft dabei, die Geschäftsziele zu erreichen, die Ordnungsmäßigkeit und Verlässlichkeit der Rechnungslegung zu gewährleisten, Geschäftsprozesse zu optimieren und das materielle und immaterielle Vermögen des Unternehmens zu schützen. Ein Internes Kontrollsystem ist damit ein im gesamten Unternehmen einsetzbares, sehr umfassendes Werkzeug (vgl. Abb. 10–1).

Sobald ein Unternehmen die IT für wesentliche Aufgaben einsetzt, sollte in das IKS ein **IKS für die IT** (**IT-IKS**) integriert werden.

Definition

Internes Kontrollsystem für die IT

Ein IT-IKS besteht aus einer Menge aufeinander abgestimmter **organisatorischer**, **technischer**, **prozessualer**, **personeller** und **rechtlicher** Kontrollen im Kontext der IT.

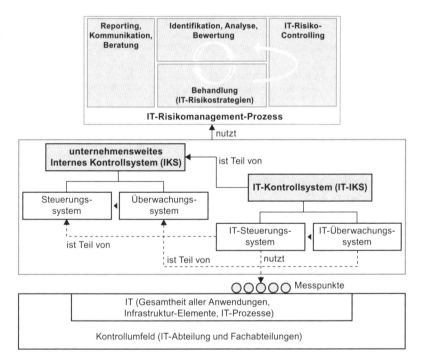

Abb. 10–1
Aufbau eines IKS und eines IT-IKS (modifiziert nach [Böhm 2010])

Definition

Kontrolle (Kontrollmechanismus, Measure, Control, Control Practice)

Eine Kontrolle umfasst Grundsätze, Methoden und Maßnahmen sowie technische und organisatorische Einrichtungen zur Sicherstellung aller vier Schutzziele und damit

- zur Sicherung des Betriebsablaufs,
- zur Sicherung der Ordnungsmäßigkeit der Rechnungslegung und
- zur Einhaltung sonstiger maßgeblicher rechtlicher Vorschriften.

Besonders wichtige Kontrollen werden Key Controls genannt ([Disterer & Wittek 2012], S. 15).

Ein wichtiges Element einer Kontrolle ist das **Control Objective**. Es beschreibt das Ziel oder den Zustand, der durch eine Kontrolle erreicht oder erhalten werden soll.

> **Worin unterscheiden sich Maßnahmen zur Beherrschung von IT-Risiken und Kontrollen?**
> Alle **Maßnahmen** zur Beherrschung von IT-Risiken sind Kontrollen.
> **Kontrollen** sind *entweder* Maßnahmen zur Beherrschung von IT-Risiken *oder* überwachen solche Maßnahmen.
> Die IT kann in einem IKS zwei Rollen übernehmen: Einerseits ist sie selbst *Gegenstand der Überwachung*, andererseits ist sie wichtiges *Werkzeug für die Überwachung*.

Praxishinweis

Die Protokollierungsfunktion ist eine Maßnahme zur Beherrschung von IT-Risiken und damit eine wichtige Kontrolle. Eine Routine *innerhalb* der Protokollierungsfunktion, die in regelmäßigen Abständen einen Zeitstempel in das Protokoll hineinschreibt, wird ebenfalls Kontrolle genannt. Sie überwacht die Maßnahme »Protokollierungsfunktion«. Eine Unterbrechung in der Protokollierung und damit ein Versagen der Kontrolle lassen sich so durch Fehlen des Zeitstempels einfach nachweisen.

Beispiel

Kontrollen können freiwillig und im Rahmen einer Selbstverpflichtung Dritten gegenüber eingerichtet oder aufgrund gesetzlicher bzw. aufsichtsrechtlicher Vorgaben notwendig werden. Sie werden periodisch oder ad hoc ausgeführt. Es lassen sich verschiedene Kontrollen unterscheiden:

- **vorbeugende Kontrollen (Preventive Controls)**
  Sie verhindern den Eintritt eines IT-Risikos.
- **erkennende Kontrollen (Detective Controls)**
  Sie unterstützen bei der Identifikation von IT-Risiken oder zeigen an, ob der Eintritt eines bestimmten IT-Risikos unmittelbar bevorsteht bzw. ob das IT-Risiko bereits eingetreten ist.
- **korrigierende Kontrollen (Corrective Controls)**
  Sie verringern bei Eintritt eines bestimmten IT-Risikos die daraus direkt und ggf. auch indirekt resultierenden Schäden.
- **automatische/anwendungsunterstützte Kontrollen**
  Solche Kontrollen sind technisch auf unterschiedliche Art in Anwendungen integriert. Beispiele sind Kontrollen von Transaktionen und Workflows in einer Anwendung oder von Schnittstellen wie

etwa EDI). Sie können jedoch auch als eigenständige Lösungen realisiert sein, etwa für die Zugangskontrolle zu einem Rechenzentrum.

- **manuelle Kontrollen**
Solche Kontrollen müssen durch die Mitarbeiter in der Regel auf Basis von konkreten Richtlinien oder Anweisungen (SOP) ausgeführt werden.
Manuelle Kontrollen können jedoch leicht umgangen werden. Da sich in einigen Fällen keine anderen Lösungen finden lassen, muss die Anfälligkeit manueller Kontrollen für Manipulationen deshalb über kompensierende Kontrollen verringert werden. Manuelle Kontrollen sollten nach Möglichkeit vermieden werden.

- **kompensierende Kontrollen**
Sie müssen implementiert werden, wenn unsicher ist, ob einzelne manuelle oder automatische Kontrollen leistungsstark genug sind oder fehlerhaft ausgeführt bzw. umgangen werden können.

- **generelle IT-Kontrollen (IT General Controls, ITGC)**
Sie berücksichtigen alle anwendungsübergreifenden Aspekte und beziehen sich daher in der Regel auf die IT-Infrastruktur, also auf das Netzwerk, das Betriebssystem mit seinen vielfältigen Bestandteilen sowie auf Datenbanken und andere Middlewarekomponenten. Weiterhin umfassen sie auch die Betriebsprozesse (Operations), das Change Management, die Anwendungsentwicklung (Development) und die Berechtigungsvergabe (Access Control).

- **Anwendungskontrollen (IT Application Controls)**
Sie gelten für spezifische Anwendungen, etwa für ein ERP-, CRM- oder BI-System.

Beispiel Kontrollen im IT-Risikomanagement sind:
- alle Elemente der Aufbauorganisation, etwa eine Funktion oder ein Gremium
- verschiedene Soll/Ist-Vergleiche im jeweiligen Themenbereich, etwa maschinell durchgeführte Salden-Vergleiche zwischen Konten
- die Kontrolle der Einhaltung geforderter Vorgehensweisen in IT- und Geschäftsprozessen bzw. im Rahmen der Befolgung von IT-Richtlinien oder der IT-Risikorichtlinie. Ein Beispiel sind Kontrollhandlungen
  - zur Prüfung der Einhaltung des Vier-Augen-Prinzips,
  - zur erfolgreichen Sicherung von Daten (Backup) sowie
  - zur regelmäßigen räumlich getrennten, feuersicheren Lagerung von Datenträgern.

- das Berechtigungssystem einer Anwendung (bspw. des ERP-Systems)
- die Kontrolle des Ausschlusses bestimmter Handlungsweisen oder Zustände (etwa das Verbot der Deaktivierung von Passwortabfragen)
- der Nachweis der Dokumentation und Protokollierung wichtiger, risikorelevanter Sachverhalte. Hierzu zählen etwa schriftliche Genehmigungen von Zugriffsberechtigungen oder auch Bestätigungen über die Weitergabe von Entscheidungen.
- die Existenz von Regelungen und Plänen, etwa der Schritt-für-Schritt-Vorgehensweise zur Wiederherstellung nach Systemausfällen oder sonstigen Betriebsunterbrechungen in der IT
- die Kontrolle der Anpassung wichtiger (Konfigurations-)Einstellungen, etwa ob bestimmte Funktionen dem Anlass entsprechend (bedingungsabhängig) manuell oder automatisch aktiviert oder deaktiviert worden sind
- die Kontrolle des Verhaltens von Programmen, etwa die maschinelle und manuelle Überwachung einer bestimmten Anwendung

Eine **Protokollierung** und eine **systematische Überprüfung** aller Kontrollen sind für ihre Wirksamkeit von existenzieller Bedeutung, ebenso wie ihre systematische Dokumentation. Denn die reine Existenz von Kontrollen ist nutzlos, wenn nicht bemerkt wird, dass ebendiese Kontrollen überhaupt nicht funktionieren, umgangen werden können oder deaktiviert sind.

Aus diesem Grund besteht ein IKS aus einem **Steuerungssystem und einem Überwachungssystem** (vgl. Abb. 10–1).

Das **Steuerungssystem** umfasst alle Kontrollen zur lang- und kurzfristigen risikooptimalen Steuerung des Unternehmens. Es ist zudem für das geordnete Zusammenwirken aller Kontrollen verantwortlich. Um einen aktuellen Überblick über die zu behandelnden IT-Risiken sicherzustellen, kann auf Dokumente wie etwa die IT-Risikomatrix bzw. die IT-Risikokontrollmatrix zurückgegriffen werden.

Das **Überwachungssystem** besteht aus Kontrollen, die dazu dienen, die richtige und vollständige Anwendung der Kontrollen des Steuerungssystems zu überwachen. Diese Ebene des IKS umfasst:

- **Prozessintegrierte Kontrollen**
  Diese Kontrollen sind in die Geschäfts- und IT-Prozesse eingebettet, beispielsweise in Form von zusätzlichen Aktivitäten. Sie leisten keinen Beitrag zum Prozessergebnis, sondern sichern das erzielte Ergebnis ab (bspw. alle Prüfungs- und Genehmigungsschritte wie das Vier-Augen-Prinzip). Ausgeführt werden sie durch die Mitarbeiter, mit Unterstützung durch die Anwendung, die den Prozess steuert, oder mit Unterstützung durch eine separate Anwendung.

- **Prozessunabhängige Kontrollen**
  Diese Kontrollen sind von einem IT- oder Geschäftsprozess unabhängig. Beispiele sind die Tätigkeit der IT-Revision, aber auch **Company** bzw. **Entity Level Controls**. Dies sind Kontrollen, die sich auf die Wirksamkeit von Managementrichtlinien beziehen, die für das gesamte Unternehmen gelten (etwa nach SOX oder KonTraG). Auch die Arbeit des Controllings ist eine prozessunabhängige Kontrolle.

Beispiel
- Eine **IT-Sicherheitsrichtlinie** eines globalen Konzerns zur Sicherheit mobiler Endgeräte ist eine **Kontrolle des Steuerungssystems** des IKS. Sie verringert das IT-Risiko der missbräuchlichen Verwendung mobiler Endgeräte im Unternehmenskontext.
- Die **Protokollierung** der Nutzung eines mobilen Endgeräts verbunden mit der **täglichen maschinellen Durchsicht** der Log-Dateien auf Unregelmäßigkeiten ist eine **Kontrolle des Überwachungssystems** des IKS. Sie verringert das Risiko, dass eine Unwirksamkeit der Richtlinie unerkannt bleibt.

Insbesondere Kontrollen, die anweisenden Charakter haben, über deren Einhaltung die Mitarbeiter also trotz aller Verpflichtungen dazu letztlich selbst entscheiden, können vorsätzlich missachtet, nicht verstanden oder unwissentlich falsch umgesetzt werden. Vor allem aber können sich Kontrollen trotz vollständiger und richtiger Anwendung durch alle Beteiligten als unwirksam herausstellen.

Weitere Bestandteile des IT-IKS (vgl. Abb. 10–1) sind:

- das **Kontrollumfeld**. Es umfasst alle zentralen und dezentralen Teile der IT-Abteilung sowie alle Fachabteilungen, die direkt oder indirekt von der IT abhängig sind. Zum Kontrollumfeld gehören zudem alle IT-gestützten Verbindungen zu Geschäftspartnern und Kunden.
- die **Messpunkte** für Kontrollen, denn das IKS kann nur wirksam sein, wenn die zur Kontrolle verwendeten Messwerte (Kennzahlen) als Eingangsdaten fachlich korrekt sind. Ob und inwieweit das sichergestellt ist, wird maßgeblich dadurch bestimmt, wo und wie Messpunkte gesetzt werden und wie oft sie ausgelesen werden.

Beispiel
Als Messwerte können Finanz-, Prozess- und Performance-Kennzahlen aus dem betriebswirtschaftlichen Data Warehouse verwendet werden. Messroboter können technische Kennzahlen (etwa aus dem IT-Service-Management) bereitstellen. Ebenfalls genutzt werden können Kennzahlen aus Helpdesk-Systemen sowie aus Tests und Simulationen.

Damit übernimmt das IT-IKS für das IT-Risikomanagement zwei Funktionen:

- Es stellt ein Werkzeug zur Behandlung von IT-Risiken dar.
- Es unterstützt bei der Identifikation von IT-Risiken.

Bei aller Notwendigkeit eines IT-IKS darf seine Einrichtung jedoch nicht zu einer Fixierung auf die darin enthaltenen Kontrollen führen.

10.2 Konzeption

Die Konzeption eines IT-IKS ist Aufgabe der Unternehmensleitung. In der Regel setzen der CFO, der CIO und der CRO (vgl. Kap. 4) dazu eine Projektgruppe ein. Die Konzeption beginnt ausgehend von der aktuellen IT-Risikolage einerseits und den gesetzlichen und regulatorischen Anforderungen andererseits (vgl. Tab. 10–1).

Vorgehensweise zur Entwicklung und Implementierung von Kontrollen für das IT-Risikomanagement	Handlungsempfehlung
1. **Klärung der Rahmenbedingungen** (s.a. [Pironti 2012]) - Sind alle Unternehmensziele bekannt und verständlich? - Existiert eine klare und verständliche Philosophie und Kultur des Gesamtunternehmens? - Existiert ein gemeinsames grundlegendes Normen- und Wertegerüst (die Corporate Ethics)? - Bestehen klare Regelungen von Zuständigkeiten und Verantwortlichkeiten? - Ist die Abhängigkeit des Unternehmens von der IT bekannt? - Sind die Nutzer der IT, insbesondere Dritte außerhalb des Unternehmens, bekannt? - Ist die Änderungsgeschwindigkeit in der IT und die Form ihrer Bewältigung durch entsprechende strategische Ausrichtung, geeignete Prozesse oder Richtlinien bekannt? - Welches Know-how und welche IT-Ressourcen können genutzt werden? - Liegt eine freigegebene IT-Risikorichtlinie vor? - Sind alle IT-Risiken identifiziert? - Gibt es Vorgaben, wie ein IKS eingerichtet wird? (Aufgrund ständig neuer technischer Möglichkeiten lässt der Gesetzgeber bewusst offen, mit welchen Methoden und Werkzeugen ein IKS implementiert wird. Vorgaben können daher lediglich aus dem Zwang zur Umsetzung bestimmter Standards oder Best Practices resultieren.)	*Tab. 10–1* *Entwicklung und Implementierung von Kontrollen für das IT-Risikomanagement*
2. **Erstellen einer Vorlage für die Dokumentation von Kontrollen** (vgl. Tab. 10–2) - Kann eine Vorlage des Unternehmens (bereits vorhandenes IKS) genutzt werden? - Welche Anpassungen sind notwendig? **Wichtig**: Eine undokumentierte Kontrolle ist **keine** Kontrolle!	

→

3.	**Entwicklung der Kontrollen** a) Bestimmung des Kontrollumfeldes (**Vorsicht Kontrollrisiko**: Wird das Kontrollumfeld fehlerhaft bestimmt, sind Kontrollziele und Kontrollen fehlerhaft.) b Formulierung der Kontrollziele c Formulierung der Kontrollen ▪ getrennt nach: IT General Controls und IT Application Controls ▪ unter Berücksichtigung bestimmter Normen, Standards und Best Practices, bspw. ITIL, COBIT, COSO, PCI-DSS, BSI-Grundschutz-Kataloge (COBIT, BSI Grundschutz und andere Best Practices listen eine Vielzahl von Kontrollen auf, die entsprechend angepasst werden können.)
4.	**Identifikation von Messpunkten für die Kontrollen** ▪ betriebswirtschaftliche und technische Quellen? ▪ Kosten, Qualität, Verfügbarkeit, Aktualität, Aufwand für Beschaffung? (**Vorsicht Kontrollrisiko**: Werden Messpunkte fehlerhaft bestimmt/ ausgewählt, sind Kontrollziele und Kontrollen fehlerhaft.)
5.	**Priorisierung und Projektierung** Berücksichtigung des Kosten-Nutzen-Verhältnisses: Mit welchem Aufwand können in welcher Zeit welche konkreten Kontrollen implementiert werden?

Besonders wichtig ist die Gestaltung einer übersichtlichen Vorlage für die Dokumentation aller Kontrollen (vgl. Tab. 10–2). Sie entscheidet darüber mit, ob das IKS später leicht zu nutzen, weiterzuentwickeln und zu prüfen ist.

Beispiel
Tab. 10–2
Vorlage für die Dokumentation einer Kontrolle

Kontrolle <Name, Nummer>	
Gültigkeitsbereich	IT-Infrastruktur, Anwendung, Geschäftsprozess …
Key Control	
Bezugnehmende IT-Risiken	1. 2. 3.
Anforderung an die Kontrolle (Kontrollziele)	

Ausführungsverantwortlich	Kontrollschritte	Dokumentation

Stand: xx.xx.xxxx	Version x.x	Ersteller:

11 Prüfung des IT-Risikomanagements

Ziel dieses Kapitels

Dieses Kapitel erläutert Prüfungen des IT-Risikomanagements. Im Einzelnen werden die folgenden Fragen geklärt:
- Welche Prüfungen gibt es, und warum werden sie durchgeführt?
- Wie laufen Prüfungen ab, und aus welchen Schritten bestehen sie?
- Wer ist daran beteiligt? Wie sieht die Mitwirkung aus?
- Welcher Aufwand entsteht?
- Welche Ergebnisse liegen nach Abschluss einer Prüfung vor?

11.1 Formen und Varianten der Prüfung

Ist das IT-Risikomanagement im Unternehmen etabliert, kann neben der unternehmensinternen Überprüfung, etwa durch die IT-Revision, auch der Wunsch nach einer Beurteilung der Angemessenheit und Wirksamkeit der IT-Risikomanagementorganisation und des IT-Risikomanagement-Prozesses durch einen externen Dritten bestehen.

> **Prüfung des IT-Risikomanagements** *Definition*
>
> Die Prüfung des IT-Risikomanagements hat das Ziel, seine **Angemessenheit (Eignung)** und seine **Wirksamkeit (Funktionsweise)** zu beurteilen. Sie wird üblicherweise durch einen unabhängigen und sachkundigen Dritten, etwa die Revision oder eine externe Prüfungsgesellschaft, durchgeführt.

Das Ziel der Prüfenden ist es, durch sorgfältige und systematische Analyse und Nutzung geeigneter Prüfungsstandards eventuell vorhandene Schwächen in der Gestaltung oder Ausführung zu identifizieren und ihre Auswirkung zu beurteilen. Dies geschieht, indem sowohl die Managementstrukturen und -prozesse als auch ihre Anwendung in der betrieblichen Praxis über einen definierten Zeitraum hinweg untersucht werden.

Die Prüfung unterscheidet sich grundlegend vom kontinuierlich durchgeführten und daher prozessinternen IT-Risiko-Controlling im

Rahmen des IT-Risikomanagement-Zyklus (vgl. Abschnitt 5.9). Der Prüfende wird vielmehr aus einer prozessexternen Rolle heraus die **Angemessenheit** (Eignung) und die **Wirksamkeit** (Funktionsfähigkeit) des IT-Risikomanagements zu einem bestimmten Zeitpunkt beurteilen und dem Auftraggeber der Prüfung darüber pflichtgemäß berichten. Dabei sinkt die Wahrscheinlichkeit, im Rahmen einer solchen Prüfung Schwachstellen zu finden, wenn ein kontinuierlich betriebenes IT-Risiko-Controlling erfolgt und dabei strukturelle Fehler im IT-Risikomanagement aufgedeckt und behoben werden. Beide Formen der Prüfung haben jedoch ihre eigene Zielsetzung und können sich ergänzen, aber keinesfalls gegenseitig ersetzen.

Eine weitere Form der Prüfung ist das **IT Risk Self Assessment** (ITRSA). In IT Risk Self Assessments überprüfen die IT-Risikomanager bzw. die IT-Risikoeigentümer alle Einflussgrößen auf die identifizierten IT-Risiken. In einer erweiterten Form können auch die Angemessenheit und Wirksamkeit der für sie relevanten Teile des IT-Risikomanagement-Prozesses überprüft werden. IT Risk Self Assessments laufen meist wie eine formale Prüfung ab. Der Unterschied zu formalen Prüfungen ist, dass die prüfenden Personen zum Teil mit den geprüften identisch sind, also eine Selbsteinschätzung stattfindet. So hinterfragen die Beteiligten gemeinsam, ob alle erfolgsverhindernden Faktoren und Annahmen korrekt identifiziert worden sind. Sie untersuchen dann Möglichkeiten, um IT-Risiken besser zu erkennen, zu analysieren, zu behandeln oder zu vermeiden. Gegebenenfalls werden fehlende Einflussfaktoren ergänzt und unscharfe Annahmen konkretisiert. Außerhalb von formalen Prüfungen liefern die Ergebnisse eines IT Risk Self Assessment der IT-Revision oder einem externen Prüfer Hinweise für die eigene Prüfung.

Gründe für eine Prüfung können vom Aufsichtsrat, Vorstand oder Prüfungsausschuss angesetzte Sonderprüfungen oder jährlich wechselnde Prüfungsschwerpunkte sein. Oftmals besteht während oder nach der Einführung des IT-Risikomanagements auch das Interesse der Projektleitung, eine Bestätigung durch einen unabhängigen Dritten zu erhalten.

Schließlich können IT-Risikostrategien für bestimmte IT-Risiken und die mit ihnen verbundenen Maßnahmen im Zeitablauf wirkungslos werden, durch neue Lösungen ersetzt werden oder sogar neue IT-Risiken generieren.

Zudem können sich Ziele des Enterprise Risk Management und des IT-Risikomanagements ändern, und nicht immer kann ein Unternehmen in der Lage sein, notwendige Änderungen am IT-Risikomanagement im Zeitablauf zu erkennen ([Brünger 2010], S. 223).

Hinsichtlich des Prüfungszeitpunktes werden **einmalige (Sonderprüfungen) und regelmäßige Prüfungen** unterschieden. Wie oft das IT-Risikomanagementsystem geprüft wird, wird durch die Unternehmensleitung festgelegt. Anlässe für Sonderprüfungen können personelle Veränderungen auf der Leitungsebene des Unternehmens (CIO, CRO) sein oder dann vorliegen, wenn begründete Zweifel an Angemessenheit oder Wirksamkeit des IT-Risikomanagementsystems bestehen.

Bei der Festlegung des Prüfungszeitpunktes für freiwillig durchgeführte Prüfungen sollten folgende Aspekte berücksichtigt werden:

- mögliche Veränderungen innerhalb und außerhalb des Unternehmens und deren Auswirkung auf das IT-Risikomanagement (Beispiel: vollkommen neuartige Bedrohungen, weitreichende Änderungen bei den Prozessen, neu eingeführte Kontrolle, neu implementierte Methoden und Werkzeuge bzw. Dokumente im IT-Risikomanagement)
- mehrfach und anhaltend nicht zufriedenstellende Ergebnisse, die sich im Rahmen des IT-Risiko-Controllings gezeigt haben
- nicht zufriedenstellende Ergebnisse vorangegangener Prüfungen
- die Auslastung der beteiligten Experten (Priorisierung gegenüber der Behandlung akuter IT-Risiken)

Die Prüfung eines IT-Risikomanagementsystems erfolgt zur Sicherstellung hoher Qualität auf Basis eines anerkannten und etablierten **Prüfungsstandards**. Ein solcher Standard bietet für alle Beteiligten unter anderem Transparenz über die anzulegenden Kriterien. Er erlaubt es zudem, das Ergebnis der Prüfung mit anderen Unternehmen zu vergleichen, und ermöglicht damit eine Einschätzung der Reife des eigenen IT-Risikomanagements.

Standards und Hilfsmittel, an denen sich eine Prüfung des IT-Risikomanagementsystems orientieren kann, sind:

- ISO/IEC 27005 (mit Schwerpunkt auf IT-Sicherheitsrisiken bzw. Informationssicherheitsrisiken)
- ISO 31000 (bezogen auf ein IT-Risikomanagementsystem)
- COBIT 5 bzw. M_o_R (als Maßstab oder Orientierungshilfe nach entsprechender Auswahl)
- ISACA IT Assurance Framework ([ISACA 2013a], [Singleton 2009]) und COBIT 5 for Assurance [ISACA 2013b] als Vorschlag für die methodische Herangehensweise

Gegenstand der Prüfung sind je nach ihrer Art und ihrem Umfang alle oder einzelne Elemente des IT-Risikomanagements. Die Entscheidung dazu ist vorab abzustimmen und zu dokumentieren und liefert dann einen für beide Seiten verbindlichen Prüfungskatalog (vgl. Tab. 11–1).

Beispiel

Tab. 11-1
Prüfungskatalog für das IT-Risikomanagement

Prüfungskatalog für das IT-Risikomanagement (orientiert an ISO 31000)
Geprüft werden sollen ...
1. das Bewusstsein für die Bedeutung einer frühzeitigen Identifikation von IT-Risiken • Angaben zu Geschäftsfeldern und Kundensegmenten, zur Sensibilität von Prozessen, zu genutzten Technologien und zum allgemeinen Umfeld
2. Aussagen zu bestandsgefährdenden Entwicklungen (wesentliche IT-Risiken) • Angaben zu Bereichen oder Entwicklungen, die wesentliche IT-Risiken beinhalten oder zur Folge haben könnten (Vollständigkeit, Verständlichkeit, Konsistenz) • verwendete Methoden zur Ermittlung (Vollständigkeit, Eignung, Verständlichkeit, Konsistenz, Umsetzbarkeit) • Zyklus der Ermittlung/Aktualisierung
3. a) Grundsätze der IT-Risikoidentifikation, -analyse und -bewertung b) Grundsätze der IT-Risikobehandlung c) Grundsätze der IT-Risikokommunikation darin jeweils: • Methoden (vorgeschlagene, tatsächlich genutzte, bewusst nicht eingesetzte) • Angemessenheit und Wirksamkeit • Reaktion auf Veränderungen im Zeitablauf • Festlegung/Änderung und Dokumentation von Verantwortlichen (Rechte und Pflichten) • IT-Risiko-Controlling (Methoden, Reichweite, Zyklus)
4. die IT-Risikomanagementorganisation • Anzahl Rollen, • Prinzip der Funktionstrennung • Anzahl Personen, Qualifikation, Auslastung • Struktur (Organisationseinheiten, Gremien, Berichtswege)
5. der IT-Risikobericht (IT-Risikodokumentation) • Struktur und Umfang • Muss-/Kann-/Soll-Einträge • verwendete Methodik und deren Verbindlichkeit • Qualitätssicherung der Ergebnisse
6. Aussagen zum Internen Kontrollsystem für die IT • Struktur und Integration in das gesamte IKS • wesentliche integrierte Kontrollen
7. Aussagen zu den Rechten und Pflichten der IT-Revision im IT-Risikomanagement

Das **Prüfungsergebnis** bildet mit seinen **Prüfungsfeststellungen** (**Findings**) die Grundlage für die abschließende Beurteilung. Je nach Prüfungsauftrag kann diese Beurteilung dazu dienen, Nacharbeiten in einem Einführungsprojekt für das IT-Risikomanagement anzustoßen, grundlegende Veränderungen in der IT-Risikomanagement-Organisation vorzunehmen oder auch die Anzahl der verfügbaren Mitarbeiter zu erhöhen, falls die Mängel nicht strukturell, sondern über zu geringe Ressourcen begründet sind.

Die Rolle der Prüfer

Der Prüfer sollte immer ein kritischer, objektiver und konstruktiver Partner sein. Vorteile externer Prüfungsteams sind die strikte Unabhängigkeit und die Erfahrungen, die sie in anderen Unternehmen gesammelt haben und die nun dazu dienen, einen zu eingeschränkten Blickwinkel zu vermeiden. Weiterhin zeigt die Bestellung eines externen Prüfers die deutliche Absicht der Unternehmensleitung, eine unabhängige Meinung einzuholen. Erkauft wird diese Unabhängigkeit durch eine gewisse Einarbeitungszeit, die bei Prüfern aus der Revision oft geringer ausfällt.

Der Prüfer ist nur dann unabhängig, wenn er an der Implementierung des IT-Risikomanagementsystems nicht beteiligt war. Allerdings kann er die Implementierung begleiten und Hinweise geben, deren Umsetzung in der Verantwortung des Unternehmens liegen. Bei einer solchen projektbegleitenden Prüfung kann durch entsprechende Unterweisung sichergestellt werden, dass im Projektverlauf keine gravierenden Fehler passieren, die bei einer späteren Prüfung zu Feststellungen führen. Die Entscheidung zur Umsetzung der Maßnahmen liegt jedoch immer beim Unternehmen, sodass eine projektbegleitende Prüfung keine Einschränkung der Unabhängigkeit des Prüfers bedeutet.

> **Welche Rolle spielt die IT-Revision als interne Prüfungsinstanz?** *Praxishinweis*
> Die IT-Revision begleitet eine Prüfung oder kann sie selbst durchführen, oft, um auf mögliche Schwächen zu reagieren, ehe eine externe Prüfung beginnt. Genaue Kenntnisse des Unternehmens verringern die Einarbeitungszeit und beschleunigen den Prüfungsablauf. Die IT-Revision gilt zwar als unabhängig. Durch ihre enge Verbindung mit dem Unternehmen kann sie jedoch selten eine so unvoreingenommene Position einnehmen, wie dies externe Prüfer (prinzipiell) können.

Verschiedentlich wird der Einsatz von externen Prüfern, aber auch die Mitwirkung der Revision als Werkzeug zur Identifikation, Analyse und Bewertung von IT-Risiken genutzt. Damit ersetzen diese Prüfungen eine eigenständige IT-Risikoidentifikation. Abgesehen von negativen Einträgen im Prüfungsbericht ist eine solche Vorgehensweise, wenn sie vorsätzlich gewählt wird, grundsätzlich bedenklich.

Denn einerseits dürfen diese Aufgaben im Kontext einer Prüfung im Sinne der Unabhängigkeit nicht an die IT-Revision oder eine externe

Prüfungsgesellschaft delegiert werden. Ein solches Vorgehen ist nicht nur reaktiv, sondern auch risikoreich, weil das IT-Risiko bereits vor der Prüfung eintreten könnte. Andererseits kann unabhängig vom Zuschnitt der Prüfung eine vollständige Identifikation von Risiken ohnehin nicht gewährleistet werden ([Schmidt & Brand 2011], S. 5).

Darstellung und Dokumentation der Prüfungsergebnisse

Damit das Ergebnis der Prüfung (der Grad der Erfüllung einzelner Kriterien) differenziert dargestellt und Handlungsdruck formuliert werden kann, wird ein Beurteilungssystem vereinbart. Die Skalierung ist prinzipiell frei wählbar. Sie sollte jedoch so detailliert sein, dass sich Unterschiede im Ergebnis ausreichend differenziert abbilden lassen (vgl. Tab. 11–2). Andererseits sollte keine zu differenzierte Skalierung verwendet werden, weil dies den Eindruck der Scheingenauigkeit erwecken könnte.

Beispiel

*Tab. 11–2
Bewertung der Ergebnisse einer Prüfung des IT-Risikomanagements*

Skalierung mit sechs Abstufungen

Abstufung	Erläuterung
5 – erfüllt	Der Sachverhalt wird im Vergleich zum angelegten Maßstab in *allen wesentlichen* Punkten als erfüllt beurteilt. Die Vollständigkeit, Eignung, Konsistenz oder Umsetzbarkeit ist **ohne Einschränkungen** gegeben. Es besteht **kein weiterer Handlungsbedarf**.
4 – ausreichend	Der Sachverhalt wird im Vergleich zum angelegten Maßstab als so weit erfüllt beurteilt, dass die Vollständigkeit, Eignung, Konsistenz oder Umsetzbarkeit in **hinreichendem Umfang** gegeben ist. Der bestehende **Handlungsbedarf** ist **sehr gering**. Notwendige Maßnahmen können bei passender Gelegenheit im Kontext anderer Arbeiten erledigt und bis zur nächsten Prüfung (spätestens nach Jahresfrist) nachgewiesen werden.
3 – weitgehend	Der Sachverhalt wird im Vergleich zum angelegten Maßstab als **weitgehend erfüllt** beurteilt. Mit geringen Anpassungen kann die Vollständigkeit, Eignung, Konsistenz oder Umsetzbarkeit hergestellt werden. Der **Handlungsbedarf** ist **gering**, notwendige Maßnahmen sollten über ein separates Projekt bis zur nächsten Prüfung (spätestens nach Jahresfrist) umgesetzt und nachgewiesen sein.
2 – bedingt	Der Sachverhalt wird im Vergleich zum angelegten Maßstab als **in Teilen erfüllt** beurteilt. Nur mit größeren oder mehreren Anpassungen kann die Vollständigkeit, Eignung, Konsistenz oder Umsetzbarkeit erreicht werden. Der **Handlungsbedarf** ist **hoch**, Maßnahmen sollten innerhalb eines halben Jahres über ein geeignetes Projekt umgesetzt und nachgewiesen werden.

→

1 – ansatzweise	Der Sachverhalt wird im Vergleich zum angelegten Maßstab **schwach erfüllt**. Erhebliche oder grundsätzliche Änderungen sind notwendig, um die Vollständigkeit, Eignung, Konsistenz oder Umsetzbarkeit zu erreichen. Der **Handlungsbedarf** ist **sehr hoch**. Maßnahmen sind innerhalb des nächsten Quartals umzusetzen und nachzuweisen.
0 – fehlend	Der Sachverhalt wird im Vergleich zum angelegten Maßstab **in keiner erkennbaren Weise erfüllt**. Vollständigkeit, Eignung, Konsistenz oder Umsetzbarkeit sind nicht gegeben. Der **Handlungsbedarf** ist **außerordentlich hoch**. Alle zwingend notwendigen **Maßnahmen** sind **unverzüglich**, spätestens innerhalb der nächsten vier Wochen, **umzusetzen und nachzuweisen**. Alle weiteren Maßnahmen sind innerhalb des nächsten Quartals nachzuweisen.

Um zu verhindern, dass IT-Risiken und Feststellungen aus Prüfungen nicht zueinander passen, müssen beim Blick auf IT-Risiken auch die zugehörigen Kontrollen einbezogen werden und umgekehrt. Erst dann werden die in unterschiedlichem Kontext von unterschiedlichen Stellen im Unternehmen (vgl. Abschnitt 3.2.1) identifizierten IT-Risiken mit den Prüfungsfeststellungen vergleichbar, weil sie sich wiederum an Kontrollen orientieren. Fehlende Bezüge und eine abweichende Systematisierung der IT-Risiken würden anderenfalls die Übersicht und Maßnahmenverfolgung erschweren und könnten eine Zunahme von IT-Risiken suggerieren.

11.2 Prüfungsablauf

Prüfungen eines IT-Risikomanagementsystems laufen nach einem bestimmten Schema ab:

1. Vorbereitungen
2. Organisation und Planung
3. Durchführung
4. Auswertung der Ergebnisse
5. Dokumentation und Kommunikation der Ergebnisse

Im Rahmen der **Vorbereitungen** werden die Zielsetzung und alle zu überprüfenden Aspekte (Gegenstand und Umfang der Prüfung) mit der Unternehmensleitung vereinbart. In diesem Schritt erfolgt die Erstellung der **Audit Charta** und die **formale Beauftragung** der Prüfungsgesellschaft. Dies gilt auch für interne Prüfungen.

> **Definition**
>
> **Prüfungsauftrag (Audit Charta)**
> Der Prüfungsauftrag bildet die Grundlage der Prüfungsarbeiten. In dieser Vereinbarung zwischen dem geprüften Unternehmen und der Prüfungsgesellschaft werden
> - Zielsetzung,
> - Vorgehensweise,
> - Schwerpunkte,
> - Zeitrahmen,
> - Rechte und Pflichten der Prüfenden und der Geprüften (Zugang zu Einrichtungen, Systemen, Daten bzw. Pflicht zur Bereitstellung von benötigten Informationen) sowie
> - die Verwendung des Ergebnisses
>
> verbindlich festgelegt.

Im Rahmen der **Organisation und Planung** der Prüfung werden eine Aufwandsschätzung und eine Zeitplanung durchgeführt. Parallel dazu müssen alle Dokumente ausgewählt werden, die für die Prüfung hilfreich sind.

Beispiel Für die Planung der Prüfung sind hilfreich:
- die IT-Risikorichtlinie (das IT-Risikohandbuch)
- ein aktuelles Organigramm des IT-Risikomanagements, Stellenbeschreibung der Personen, die Aufgaben darin übernehmen
- Vorlagen, Checklisten und andere Dokumente sowie Werkzeuge, insbesondere Informationen über eingesetzte IT-Risikomanagementsoftware
- aktuelle IT-Risikoberichte
- Informationsmaterial und Schulungsunterlagen zum IT-Risikomanagement
- sofern vorhanden: Ergebnisse aus vorangegangenen Prüfungen

Wie in allen IT-Prüfungen soll auch bei der Planung der Prüfung des IT-Risikomanagements eine **risikoorientierte Herangehensweise** gewählt werden. Risikoorientiert bedeutet, dass bereits im Zuge der Prüfungsplanung sorgfältig analysiert wird, an welchen Stellen im IT-Risikomanagementsystem die größten Risiken für einen wesentlichen *strukturellen* Fehler liegen. Diese Risikoorientierung führt dann gegebenenfalls auch zur Auswahl einzelner Prüffelder. Solche Prüffelder sind bspw. die IT-Risikomanagementorganisation oder einzelne Schritte des IT-Risikomanagement-Prozesses.

In größeren Unternehmen mit einem umfassenden IT-Risikomanagement ist es nicht ungewöhnlich, dass sich diese Prüffelder jährlich ändern. Dies gilt insbesondere dann, wenn das Unternehmen in der Zwischenzeit festgestellte Mängel erkennbar behoben hat. Insgesamt dient die Risikoorientierung dazu, die verfügbaren Mittel sowohl bei dem prüfenden als auch beim geprüften Unternehmen so einzusetzen, dass ein bestmögliches Verhältnis zwischen Aufwand und Nutzen entsteht.

Zu den wesentlichen Arbeiten bei der Planung einer Prüfung gehört die Entscheidung, welcher **Maßstab für die Beurteilung** angewendet werden soll. Die Wahl eines Maßstabs liegt im Ermessen des Prüfers und ist abhängig von:

- den Formen und Varianten der Prüfung und den konkreten Prüfungskriterien
- dem Kontext der Prüfung (Unternehmen und sein Umfeld)
- der konkreten Ausgestaltung des Anforderungskatalogs
- dem einzelnen Prüfungsgegenstand oder Prüfungsfeld
- weiteren vereinbarten Bedingungen (sofern nicht gesetzlich eingeschränkt)

Für die **Durchführung** der Prüfung sind auf Basis von Prüfungsstandards Methoden und Werkzeuge festzulegen. Geeignet sind beispielsweise

- Dokumentendurchsicht
- Gespräche mit Funktionsträgern
- Fragebögen/Checklisten
- (moderierte) Workshops
- Risikokontrollmatrizen
- IT-Risikolandkarten

Im Einzelnen läuft die Prüfung in drei Stufen ab:

- **Stufe 1:**
  Aufnahme der zu prüfenden Elemente des IT-Risikomanagements
  Das Augenmerk gilt dem IT-Risikomanagement-Prozess, der IT-Risikomanagementorganisation und den Anwendungen für das IT-Risikomanagement sowie dem gesamten Umfeld, in das das IT-Risikomanagement eingebettet ist.
- **Stufe 2:**
  Aufbauprüfung
  In der Aufbauprüfung wird die **Angemessenheit** des IT-Risikomanagements beurteilt (vgl. Tab. 11–3).

Handlungsempfehlung

*Tab. 11-3
Ermittlung der
Angemessenheit des
IT-Risikomanagements*

Aspekte zur Ermittlung der Angemessenheit des IT-Risikomanagements		
1.	**Größe des Unternehmens** Rahmenbedingung: Welche Gesellschaften oder Bereiche im Unternehmen sind abgedeckt? (Orientierung an der Anzahl Mitarbeiter oder am Jahresumsatz. Bsp.: ca. 1% der Belegschaft im IT-Risikomanagement)	**Ziel:** ausgewogene Anzahl Mitarbeiter im IT-Risikomanagement
2.	**Rechtsform** Orientierung an Publizitätspflichten	**Ziel:** hinsichtlich struktureller und prozessualer Aspekte ausgewogenes IT-Risikomanagement entsprechend den Vorgaben
3.	**Unternehmenskultur und typische Verhaltensmuster** Rahmenbedingungen: Welche Art und welchen Umfang hat die Abstimmung mit anderen relevanten Funktionen im Unternehmen, etwa dem IT-Sicherheitsmanagement, dem IT-Compliance-Management oder der IT-Revision? (Bsp.: hohe Komplexität der Entscheidungswege und der Aufbauorganisation, geringe allgemeine Risikoneigung, umfassendes Risikomanagement)	**Ziel:** IT-Risikomanagement ist strukturelles und prozessuales Abbild des Gesamtunternehmens
4.	**Besonderheiten der Branche, besondere gesetzliche oder regulatorische Anforderungen** Je regulierter die Branche ist, desto umfassender ist auch das IT-Risikomanagement ausgestaltet. (Bsp.: Banken, Versicherungen, Energieversorgungsunternehmen, Pharma- und Chemieunternehmen, Telekommunikationsunternehmen, Luftfahrtgesellschaften)	**Ziel:** hinsichtlich struktureller und prozessualer Aspekte ausgewogenes IT-Risikomanagement entsprechend den Vorgaben
5.	**Produkte und Dienstleistungen** Je höher der IT-Anteil in den Produkten und Dienstleistungen ist, desto notwendiger wird das IT-Risikomanagement. (Bsp.: Finanzdienstleistungs-, Telekommunikations-, Medienbranche)	**Ziel:** produktspezifische Absicherung gegen IT-Risiken
6.	**Angemessene und transparente Beteiligung von Entscheidern** ▪ Commitment des Managements für das IT-Risikomanagement ▪ laufende Versorgung der Entscheider nach Schlüsseltabelle (RACI-Chart) mit Informationen ▪ Einbindung von Entscheidern in IT-Risikomanagement-Prozesse gemäß RACI-Chart	**Ziel:** ausgewogene Einbindung von Entscheidern in das IT-Risikomanagement

→

7.	**Genereller Umgang mit IT-Risiken im Rahmen der IT-Risikokultur** Die Ausgestaltung des IT-Risikomanagements und die IT-Risikoneigung müssen zusammenpassen. (Bsp.: Anzahl der Personen im IT-Risikomanagement, Komplexität der Prozesse, Anzahl und Art eingesetzter Methoden und Werkzeuge)	**Ziel:** Einigung auf Richtwerte
8.	**Zur Verfügung stehendes Budget und weitere Ressourcen** ▪ Höhe des Budgets ▪ Anwendungen für das IT-Risikomanagement (IT-RIMS) ▪ externe Daten	**Ziel:** ausgewogene Bereitstellung von Budget und Ressourcen
9.	**Vorhandenes Wissen** Rahmenbedingung: Wie ist die Information und Vorbereitung der Mitarbeiter erfolgt, insbesondere der Mitarbeiter, die neue Rollen zugewiesen bekamen? (Bsp.: Wissen über komplexe Methoden des Risikomanagements, wie etwa die Monte-Carlo-Simulation)	**Ziel:** Einsatz von Methoden und Werkzeugen, zu denen ständig wachsende Erfahrungen vorliegen
10.	**Art und Umfang der eingesetzten Methoden und Werkzeuge** ▪ Anwendbarkeit, Schulungsaufwand, Akzeptanz ▪ Verbreitung, Möglichkeiten zum Erfahrungsaustausch ▪ Kosten	**Ziel:** günstiges Kosten-Nutzen-Verhältnis bei Anwendung von Methoden und Werkzeugen des IT-Risikomanagements

> **Gibt es ein »Benchmark« für die Angemessenheit?**
> Die »handwerkliche Kunst« bei der Gestaltung des IT-Risikomanagements, das eine Angemessenheitsprüfung erfolgreich übersteht, liegt in der **unternehmensindividuellen Kombination** der Inhalte aus unterschiedlichen Standards und Best Practices abhängig vom Geschäftszweck und -ziel, der IT selbst sowie einer klaren IT-Risikopolitik und -neigung.

Praxishinweis

▪ Stufe 3:
Funktionsprüfung
War die Aufbauprüfung erfolgreich, besteht die dritte Stufe in der Prüfung der **Wirksamkeit** des IT-Risikomanagementsystems (vgl. Tab. 11–4).

Handlungsempfehlung

*Tab. 11-4
Ermittlung der
Wirksamkeit des
IT-Risikomanagements*

Aspekte zur Ermittlung der Wirksamkeit des IT-Risikomanagements

1.	Einbettung des IT-Risikomanagements in eine unternehmensweite Risikokultur: • Existiert eine unternehmensweite Risikokultur? • Hat sie auch in der IT Gültigkeit?	Überprüfung der Angaben in den Dokumenten auf Vollständigkeit
2.	Sensibilisierung (Awareness) aller Mitarbeiter für IT-Risiken? • Ist sie erfolgt? • Ist eine IT-Risikotransparenz geschaffen?	Messung bspw. über die Anzahl Workshops, über Erfolgsquoten bei Tests und Quiz sowie über die Anzahl gemeldeter IT-Risiken
3.	Formulierung einer IT-Risikopolitik im Einklang mit der Politik des Gesamtunternehmens? • Liegt ein Dokument vor? • Wie alt ist dieses Dokument, welche Inhalte enthält es?	Überprüfung der Angaben in den Dokumenten auf Vollständigkeit und Aktualität
4.	Verpflichtung des Managements zur verbindlichen Nutzung des IT-Risikomanagements? • Existiert ein sichtbares Commitment des Managements? • Existiert eine Richtlinie für das IT-Risikomanagement?	Überprüfung der Angaben über Veröffentlichungen im Intranet, in sonstigen Publikationen, anhand der Existenz entsprechender Dokumente sowie durch Beobachtungen und Befragungen
5.	Festlegung und Überwachung von Zuständigkeiten (Rechte und Pflichten) und Verantwortlichkeiten, auch: Festlegung und Überwachung des Zugriffs auf sensible Daten? • Ist eine Dokumentation erfolgt? • Wird sie überwacht?	Überprüfung der Angaben in den Dokumenten auf Vollständigkeit und Aktualität, ggf. Beobachtung, Befragung
6.	Rechtzeitige • Anforderung, • Auswahl und • Bereitstellung von Ressourcen für das IT-Risikomanagement?	Überprüfung der Angaben in der Dokumentation
7.	Offene, wirksame und zeitnahe IT-Risikoberichterstattung durch klare • interne und • externe Kommunikation, Dokumentation und Berichtswege?	Überprüfung der Angaben im Intranet, im Internet, in sonstigen Publikationen und anhand der Existenz von Dokumenten zum Berichtsweg
8.	Einheitliche • Methoden und Werkzeuge, • Vorlagen sowie • Darstellungsweisen zur Entscheidungsunterstützung und Informationsversorgung im Rahmen des IT-Risikomanagement-Prozesses?	Abgleich der verwendeten Methoden und Vorlagen zwischen IT-Risikomanagement (auch bereichs-/projektbezogen) und ERM

→

9.	Verfügbarkeit von Methoden und Werkzeugen, Zugriff auf eine IT-Risikomanagementsoftware?	Überprüfung der Regelungen in der IT-Risikorichtlinie zur Verfügbarkeit und zum Zugriff auf Methoden und Werkzeuge
10.	Vollständige **Identifikation** bestehender IT-Risiken? potenzieller IT-Risiken?	inhaltliche Überprüfung der Dokumentation des IT-Risikomanagement-Prozesses; Durchführung einer eigenen Identifikation
11.	Schnelle und frühzeitige Bereitstellung von Informationen, um einen möglichst großen Handlungsspielraum für das Unternehmen zu erzielen?	Überprüfung der Dokumentation des IT-Risikomanagement-Prozesses; Durchführung von Interviews zur Erfassung von Stimmungsbildern
12.	Objektive **Analyse** und quantitative **Bewertung** identifizierter IT-Risiken, insbesondere *wesentlicher* IT-Risiken, hinsichtlich ihrer Auswirkungen auf andere Risiken und die Geschäftstätigkeit?	Überprüfung der verwendeten Methoden und Werkzeuge und der Ergebnisdokumentation
13.	**Behandlung** aller *wesentlichen* IT-Risiken und der sich daraus ergebenden Geschäftsrisiken?	Überprüfung der Dokumentation
14a.	Abgleich der Soll-IT-Risikolage mit der Ist-IT-Risikolage im Rahmen eines IT-Risiko-Controllings?	Überprüfung der Dokumentation auf Vollständigkeit der dazu benötigten Angaben über die IT-Risikoakzeptanz, die IT-Risiken und die Behandlungsmaßnahmen
14b.	Genereller Umgang mit Änderungen (Änderungen im IT-Risikomanagement-Prozess, bei den verwendeten Methoden und Werkzeugen und in der IT-Risikomanagement-organisation)?	

Ein rein formaler Soll-Ist-Vergleich liefert meist keine belastbare Aussage. Der Prüfer muss die Prozesse des IT-Risikomanagements nachvollziehen, plausibilisieren und durch Testfälle prüfen, ob die vom Unternehmen vorgelegten Nachweise reproduzierbar sind und ob das IT-Risikomanagement im Sinne der gesetzlichen Vorgaben und der Ziele des Unternehmens angemessen ist und wirksam arbeitet.

Das setzt eine profunde Fähigkeit zur Beurteilung voraus, das »Professional Judgement«. Es beruht auf einer guten Ausbildung, einer ständigen Weiterbildung und vor allem auf ausreichender praktischer Erfahrung. Diese Aspekte werden über geeignete Qualifikations- und Befähigungsnachweise dokumentiert. In der Regel gehören Prüfer zudem einem Berufsverband wie dem IDW, dem DIIR oder der ISACA an.

Nur wenn diese Fähigkeit zur Beurteilung ausgeprägt ist, können Interpretationsspielräume richtig genutzt werden. Oft ist auch der einzelne Sachverhalt nur einer von vielen Faktoren, die in ein Gesamturteil eingehen. Denn die Entscheidung über die Erfüllung der Vorgaben ist in der Realität eine Gesamtbewertung und Würdigung, *keine* einfache Summe aus einzelnen Werten, die einen Schwellenwert über- oder unterschreitet.

Das bedeutet keine grundsätzliche Absage an Software, die die Prüfung des IT-Risikomanagements erleichtern soll. Jedoch kann solche Software nur ein weiterer Bestandteil sein, um sich eine prüferische Meinung zu bilden.

> *Praxishinweis*
>
> **Welche Rechte und Pflichten haben die Parteien im Rahmen einer Prüfung des IT-Risikomanagements?**
>
> Der **Prüfende hat das Recht**, alle für die Prüfung notwendigen Informationen einzufordern. Dies schließt den Zugang zu Daten und Anwendungen ein, um dort beispielsweise Einstellungen zu prüfen, die Funktionsweise nachzuvollziehen oder Auswertungen vorzunehmen. Die uneingeschränkte Bereitstellung von Unterlagen und die Erteilung der gewünschten Auskünfte werden im Prüfungsbericht bestätigt.
>
> Der Prüfende hat gleichzeitig die Pflicht, über seine Prüfungshandlungen soweit notwendig zu informieren.
>
> Der **Geprüfte hat das Recht**,
> - jederzeit die Einsicht in die Audit Charta zu verlangen, um sich über die Rechte des Prüfenden zu informieren,
> - im Zweifel Rücksprache mit Vorgesetzten und dem Auftraggeber der Prüfung zu halten sowie
> - sich über die Bewertungsmaßstäbe zu informieren und sich den Gang der Prüfung erklären zu lassen.
>
> Der Geprüfte schließlich hat die Pflicht, für die Prüfung benötigte Informationen entsprechend der Vereinbarungen im Prüfungsauftrag bereitzustellen.

Im Rahmen der **Auswertung** der Ergebnisse wird mit den betroffenen Teilen des Unternehmens **Rücksprache** gehalten, ehe der Bericht fertiggestellt wird. Ziel dieser Rücksprache ist es, ein möglichst umfassendes Verständnis bei den Betroffenen für die gefundenen Schwächen und die möglichen Lösungswege herzustellen. Gelingt dies nicht, wird dies im Prüfungsbericht dokumentiert.

Die Auswertung führt ausgehend von den gefundenen Defiziten zu möglichen Lösungen. Zur Beurteilung der Ergebnisse der Prüfung sind belastbare Nachweise zwingend notwendig. Sind alle Ergebnisse beweisbar, eindeutig nachvollziehbar und mit den Betroffenen durchgesprochen, erfolgt die abschließende **Dokumentation** der Ergebnisse im Prüfungsbericht. Er enthält:

- Angaben zum Prüfungsauftrag
- Angaben zu den verwendeten Dokumenten
- Angaben zu verwendeten Prüfungsstandards
- Angaben zu den durchgeführten Prüfungen
- eine detaillierte Darstellung aller Erkenntnisse
- eine detaillierte Liste aller festgestellten Schwächen (Prüfungsfeststellungen, Findings)
- die für ein tiefergehendes Verständnis notwendigen weiterführenden Erklärungen zu diesen Darstellungen
- priorisierte Empfehlungen

Der Bericht wird so formuliert, dass keine Interpretationsspielräume entstehen. Die **Einhaltung** eines **vordefinierten Berichtsformats** und die **Berücksichtigung unternehmensübergreifend festgelegter Berichtspunkte** stellen als qualitätssichernde Maßnahme sicher, dass

- kein wichtiger Sachverhalt vergessen wird, also auch die Prüfungsgesellschaft mögliche Fehlerquellen vermeidet.
- internen wie externen Empfängern des Prüfungsberichts die Orientierung leichter fällt. Dies betrifft auch den Austausch der Ergebnisse zwischen unterschiedlichen Prüfungsgesellschaften bei Wechsel des Prüfers.
- die Ergebnisse bei (regelmäßiger) Wiederholung einer Prüfung zwischen den Prüfungszeiträumen leichter verglichen werden können.
- bei Streitfragen bezüglich der gewählten Darstellungen auf Standards verwiesen werden kann.
- berufsständische Verpflichtungen eingehalten werden.

Der fertiggestellte Prüfungsbericht wird dem beauftragenden Unternehmen vorgestellt. Im Rahmen dieser **Kommunikation** lassen sich Fragen klären und Empfehlungen für die weitere Vorgehensweise besprechen, die Bestandteil des Prüfungsberichts sind.

12 Wie könnte es weitergehen?

In den letzten Jahren ist das Bewusstsein für IT-Risikomanagement deutlich gestiegen. Befassten sich 2004 »nur« 34 Prozent der Unternehmen mit IT-Risikomanagement, waren es zwei Jahre später bereits 75 Prozent ([ITGI 2004], [ITGI 2006]). Meist zwangen einschlägige Vorfälle in der IT sowie neue Gesetze wie BilMoG und Vorgaben wie MaRisk, BASEL II/III oder PCI-DSS zu einem Umdenken und zu einer intensiveren Beschäftigung mit IT-Risiken im Rahmen einer institutionalisierten Managementdisziplin. Wiederum vier bis fünf Jahre später, 2010 ([Schmittling & Munns 2010], S. 21f., [Westerman & Barnier 2010], [IBM 2010]) galt IT-Risikomanagement in allen großen Unternehmen als etabliert. Der Erhalt der Betriebskontinuität, insbesondere in Notfällen und Katastrophen, das Beherrschen von Unzulänglichkeiten, Fehlern und Ausfällen sowie die Einhaltung bestehender und neu hinzukommender Vorgaben standen im Vordergrund. Seit etwa zwei Jahren ([ITGI 2011], [IBM 2011], [IBM 2012]) dominieren nun neue Themengebiete. Reputationsverlust in der Öffentlichkeit gilt als größtes Risiko. Die IT ist Teil des Problems, denn durch neue Technologien wie Social Media, mobile Endgeräte oder Cloud Computing, aber auch durch neue Angriffsformen (neue Formen der Cyberkriminalität) entstehen neuartige Risiken für den Ruf des Unternehmens und seiner Marken. Oft fehlt es zudem an geeigneter Qualifikation beim Personal, denn technische und organisatorische Fragestellungen werden komplexer und ändern sich schneller. Gleichzeitig weiß das Management, dass Reputationsschäden deutlich höher ausfallen können als der proaktive Schutz vor ihnen, und investiert in organisatorische und technische Maßnahmen zur Prävention, aber auch zur Behandlung eingetretener IT-Risiken.

Eine zunehmend größere Zahl an Unternehmen möchte bei der Arbeit mit IT-Risiken auf mindestens einen internationalen Standard setzen. In immer mehr Unternehmen gewinnt zudem das ganzheitliche Management der IT-Governance, der IT-Risiken und der IT-Compliance (IT-GRC) an Bedeutung. Das gilt auch als Grund dafür, dass IT-Risiken immer vollständiger identifiziert, analysiert und behandelt werden. Zudem hat sich die Kommunikation zwischen den Fachabteilungen und der IT als Voraussetzung für das Verständnis gerade auch neuartiger IT-Risiken deutlich verbessert.

Dennoch besteht erhebliches Potenzial. Noch sehen nicht alle Unternehmen IT-Risikomanagement als wichtiges Element ihrer Jahresplanung. Und obwohl eine Vielzahl quantitativer und qualitativer Methoden und Werkzeuge für das IT-Risikomanagement verfügbar ist, wird zu oft auf sie verzichtet, weil sie im Einsatz zu aufwendig sind und ihr Nutzen unklar ist. Auch gibt es derzeit kein alltagstaugliches Werkzeug, das bei der heute mehr denn je notwendigen *dynamischen* Betrachtung von Ursache-Wirkungs-Beziehungen die IT-Risikoidentifikation, -analyse und -bewertung unterstützen könnte.

Großen Nachholbedarf haben zudem viele kleinere und mittlere Unternehmen. Ihnen fehlt sehr oft ein etabliertes IT-Risikomanagement, oder das IT-Risikomanagement ist personell nicht adäquat besetzt und basiert nicht auf klar definierten Prozessen und Strukturen.

Ebenso unbeantwortet sind bislang die Frage des richtigen Umgangs mit Subjektivität in Schätzungen, Meinungen und Urteilen, die Frage nach einer Quelle für verlässliche Daten und die Frage der Quantifizierung der Wirksamkeit vieler risikosenkender oder -vermeidender Investitionen in die IT und das IT-Umfeld (beispielsweise Brandschutz, Zugangskontrollsysteme, Stromversorgung und Klimatisierung).

Der Blick auf die weiteren Entwicklungen im IT-Risikomanagement bleibt deshalb interessant. Für alle Unternehmen könnte die noch intensivere Nutzung spezieller Software für das IT-Risikomanagement einen Fortschritt bedeuten. Interessant sind zudem sicherlich Überlegungen zur Praxistauglichkeit von Weiterentwicklungen bewährter Methoden aus Statistik und Betriebswirtschaftslehre für das IT-Risikomanagement, wie etwa die Faktorenanalyse oder die risikoadjustierte Wertanalyse. Aktuell bleibt daneben die Frage nach einer geeignet intensiven Weiterqualifizierung der Mitarbeiter und nach einem nachhaltigen Weg zur Erhöhung des IT-Risikobewusstseins. Ob und in welchem Umfang individuelle und unternehmensbezogene Zertifizierungen sinnvoll sind, bleibt abzuwarten. Wenn es gelingt, in Zertifizierungen verstärkt Knowhow aus internationalen Normungs- und Standardisierungsbemühungen sowie wirksame und dennoch leicht einsetzbare Methoden und Werkzeuge einzubinden, könnte deren Akzeptanz steigen.

Ob sich Überlegungen wie in [Westerman & Barnier 2010] bestätigen, dass ein IT-Risikomanagement mit hohem Reifegrad für das Unternehmen neue Werte generiert, bleibt abzuwarten. Zumindest wird nicht nur in der Theorie zunehmend von einem Risiko- und Chancenmanagement gesprochen.

> **Gutes IT-Risikomanagement schützt Unternehmenswerte.**
> Fünf Grundsätze für gutes IT-Risikomanagement:
> 1. Bilde ein überzeugtes, qualifiziertes und erfahrenes Team.
> 2. Setze klare Ziele und Regeln für den Umgang mit IT-Risiken.
> 3. Sorge für ein hohes IT-Risikobewusstsein im gesamten Unternehmen.
> 4. Bleibe stets gewissenhaft und wachsam.
> 5. Handle nachhaltig und besonnen, verliere das »Business« nie aus dem Blick.

Fazit

Anhang

A Übersicht über Vorgaben für das IT-Risikomanagement

Tab. A–1   Gesetze, aufsichtsrechtliche Vorgaben, Normen und Standards mit Bezug zum IT-Risikomanagement

Vorgabe	Schwerpunkt	Bezug zum IT-Risikomanagement	Quelle für weiterführende Informationen
Gesetzliche Vorgaben (bindend für Kapitalgesellschaften)			
Sarbanes-Oxley Act (SOX, USA, börsennotierte Unternehmen)	Gesamtunternehmen, allgemeine Prozesse	IKS, RM-Prozess (Sicherstellung der SOX-Compliance in der IT durch ein IT-Risikomanagement. Relevant sind die SOX-Sektionen 302 und 404.)	([Mehta 2010], S. 17), [Menzies 2004], [Böhm 2010]
Patriot Act, Safe Ha-bour Act (USA, EU, international)	Gesamtunternehmen (Datenschutz)	IKS (Bei Geschäftsbeziehungen mit Partnern in den USA muss u.a. durch ein IT-Risikomanagement sichergestellt sein, dass keine sensiblen Daten durch den Partner ohne weitere Regelungen verarbeitet werden, da sonst ein Verstoß gegen geltendes deutsches und EU-Datenschutzrecht vorliegt.)	Volltext des Patriot Act unter *epic.org*. Volltext der Entscheidung der EU-Kommission (Dokument 2000/520/EG, Safe Harbour) unter *eur-lex.europa.eu*
Gesetz zur Kontrolle und Transparenz im Unternehmensbereich (KonTraG, D) – ändert das AktG und das GmbHG	Gesamtunternehmen, Kontrollprozesse, allgemeine Prozesse	IKS, RM-Prozess, RM-Organisation (Einrichtung und Prüfung des IT-Risikomanagements)	([Eckhardt 2008], S. 330ff.), ([Lenges 2008], S. 8ff.), ([Fiege 2006], S. 44f., 56f.), [Böhm 2010]
Bilanzmodernisierungsgesetz (BilMoG, D) – ändert das HGB	Gesamtunternehmen, Kontrollprozesse	IKS (Einrichtung und Prüfung des IKS in der IT)	[Böhm 2010]

→

A Übersicht über Vorgaben für das IT-Risikomanagement

Vorgabe	Schwerpunkt	Bezug zum IT-Risikomanagement	Quelle für weiterführende Informationen
Gesetzliche Vorgaben (bindend für Kapitalgesellschaften) (Fortsetzung)			
Signaturgesetzes, (SigG) Telekommunikationsgesetz (TKG) Telemediengesetz (TMG) (alle D)	Gesamtunternehmen, IT-Sicherheit, Kundendaten	IKS, RM-Prozess, RM-Organisation (Einrichtung eines IT-Risikomanagements)	Volltexte der jeweils aktuellen Fassungen der Gesetze unter www.juris.de
Kreditwesengesetz (KWG, D)	Gesamtunternehmen (Finanzdienstleistungsbranche), Kundendaten	IKS, RM-Prozess (Einrichtung eines IT-Risikomanagements und eines IKS)	Volltext der jeweils aktuellen Fassung unter www.juris.de
Bundesdatenschutzgesetz (BDSG, D), Richtlinie 95/46/EG (EU)	Gesamtunternehmen, personenbezogene Daten	IKS, RM-Prozess (Einrichtung eines IT-Risikomanagements und eines IKS)	Volltexte der jeweils aktuellen Fassungen des BDSG unter www.juris.de; Volltext der EU-Richtlinie unter eur-lex.europa.eu
Aufsichtsrechtliche Vorgaben			
COSO ERM (USA, international anwendbar)	Gesamtunternehmen, allgemeine Prozesse, Kontrollprozesse	IKS, RM-Prozess, RM-Organisation (Einrichtung eines IT-Risikomanagements und eines IKS. In den USA von der SEC zur Umsetzung des Sarbanes-Oxley Act vorgeschrieben.)	www.coso.org, ([Kersten et al. 2011], S. 4), ([Brünger 2010], S. 33ff.)
BASEL II/III/ CRD IV (EU) Solvency II (EU) Mindestanforderungen an das Risikomanagement (MaRisk, Rundschreiben 10/2012 BA, D)	Gesamtunternehmen (Finanzdienstleistungs-/ Versicherungsbranche), allgemeine Prozesse, Kontrollprozesse	IKS, RM-Prozess, RM-Organisation (Einrichtung eines IT-Risikomanagements und eines IKS in der Finanzdienstleistungs- und Versicherungsbranche. BASEL-II/III bzw. CRD IV und Solvency-II sind europäische Vorgaben, MaRisk eine Vorgabe der BaFin.)	([Keitsch 2004], S. 8), ([Eller et al. 2010], S. 7), ([Szivek 2011], S. 376) www.bafin.de, eur-lex.europa.eu
Internationale Normen			
ISO/IEC 31000	Gesamtunternehmen, allgemeine Prozesse	RM-Prozess, RM-Organisation (Prinzipien für die Einrichtung eines IT-Risikomanagements)	www.iso.org
ISO Guide 73	Gesamtunternehmen	RM-Prozess, RM-Organisation (Glossar zum Risikomanagement)	www.iso.org, ([Kersten et al. 2011], S. 25)

→

A Übersicht über Vorgaben für das IT-Risikomanagement

Vorgabe	Schwerpunkt	Bezug zum IT-Risikomanagement	Quelle für weiterführende Informationen
Internationale Normen (Fortsetzung)			
ISO/IEC 38500	IT-Governance	RM-Prozess, RM-Organisation (Umfassendes Framework für eine effektive und effiziente Gestaltung der IT für Unternehmen aller Größen, Rechtsformen und Branchen. Ziel: Die Unternehmensleitungen und deren Aufsichtsorgane bei Einarbeitung in und Erfüllung der (aufsichts-)rechtlichen Verpflichtungen sowie bei der Ausgestaltung und Umsetzung der ethischen und unternehmenskulturellen Maßstäbe zu unterstützen, die in irgendeiner Form Auswirkungen auf die IT haben.)	www.iso.org [Calder 2008] und [Holt 2013]
ISO/IEC 27000	IT-Sicherheit	RM-Prozess (Ermittelt das Konzept des Risikomanagements der Informationssicherheit und beschreibt ausführlich den gesamten IT-Risikomanagement-Prozess, der ähnlich wie bei ISO 31000 strukturiert ist. Gefahrenanalyse, die Sicherheit und geeignete Computerrevisionslösungen stehen im Vordergrund. In dieser Norm wird deutlich, dass das Risikomanagement Teil des ISMS sein muss. Auch wird eine Einteilung der IT-Risiken vorgenommen. Im Gegensatz zu ISO 31000 ist eine formale Zertifizierung möglich.)	www.iso.org www.iso27001 security.com [Klipper 2011]
ISO/IEC 15408-1 – 15408-3 (Common Criteria, CC)	IT-Sicherheit	Identifikation und Behandlung von IT-Risiken (Allgemeine Konzepte, Prinzipien und Kriterien zur Evaluation der IT-Sicherheit und für die Prüfung und Zertifizierung von Sicherheitsprodukten. Die in der Norm genannten Bausteine zur Definition und Evaluation von IT-Sicherheitsanforderungen können hilfreich sein.)	www.iso.org www.iso15408.net [CC 2009]
ISO/IEC 20000	IT-Service-Management	Identifikation und Behandlung von IT-Risiken (Als unmittelbares Regelwerk für das Management von Risiken aus der Erbringung von IT-Services, der IT-Organisation und den IT-Prozessen eher ungeeignet, kann jedoch wertvolle Hinweise und Hilfestellungen geben.)	www.iso.org www.itsmf.de [Dohle et al. 2009]

Vorgabe	Schwerpunkt	Bezug zum IT-Risikomanagement	Quelle für weiterführende Informationen
Internationale Normen (Fortsetzung)			
ISO/IEC 15504 (SPICE)	Softwareentwicklung	IT-Projektrisiken (Besonders interessant für das Risikomanagement ist *ISO/IEC 15504-4:2004* (Richtlinien zur Prozessverbesserung und zur Feststellung von Prozesseigenschaften, [ISO 2004b]). Hier wird auf die Auswirkungen von Risiken auf die Prozesse hingewiesen.)	*www.iso.org*
ISO/IEC 15026/ IEEE SA-15026	Softwareentwicklung	IT-Projektrisiken (Analyse von IT-Projektrisiken. Enthält in *ISO/IEC TR-15026-1:2010* Hinweise im Kontext des Risikomanagements.)	*www.iso.org*
ISO/IEC 16085:2006	Softwareentwicklung	IT-Projektrisiken (Speziell für das Management von Risiken in der Softwareentwicklung konzipierter Standard (*Systems and software engineering – Life cycle processes – Risk management*). Definiert einen Prozess für das Management von Risiken während des Softwarelebenszyklus. Kann zu den über ISO/IEC 15288 und ISO/IEC 12207 definierten Prozessen hinzugefügt oder unabhängig davon genutzt werden. Die Norm bezieht sich dabei nicht nur auf die Software, sondern auch auf die technische Plattform, auf der die Software läuft. Mit Veröffentlichung dieser internationalen Norm bekam das Risikomanagement für die Softwareentwicklung auch im Kontext von Haftungsfragen eine besondere Bedeutung, da in ihr Best Practices bzw. der Stand der Technik in Bezug auf das Risikomanagement in diesem Umfeld beschrieben werden.)	*www.iso.org*
Nationale Normen			
NIST SP 800-Serie (auch international einsetzbar)	IT-Sicherheit	Identifikation und Behandlung von IT-Risiken (Unterstützt durch Vorgaben. Wichtigste Publikationen: *SP 800-30* (Guide for Conducting Risk Assessments, *SP 800-37* (Guide for Applying the Risk Management Framework to Federal Information Systems – A Security Life Cycle Approach) sowie *SP 800-39* (Managing Information Security Risk – Organization, Mission, and Information System View). Das führende Dokument ist SP 800-39. Die Publikationen referenzieren auch auf ISO 31000 und ISO 27000 sowie auf andere Standards wie CMMI.)	*Csrc.nist.gov* ([Modi 2010], S. 38f.)

→

A Übersicht über Vorgaben für das IT-Risikomanagement

Vorgabe	Schwerpunkt	Bezug zum IT-Risikomanagement	Quelle für weiterführende Informationen
Nationale Normen (Fortsetzung)			
DIN EN 62198 (IEC 56/1463/ CD:2012)	Projektmanagement	IT-Projektrisiken (Definiert Risikomanagement als die systematische Anwendung von Managementgrundsätzen und -praktiken zur Ermittlung des Kontexts sowie der Identifikation, Analyse, Bewertung, Steuerung/Bewältigung, Überwachung und Kommunikation von Risiken. Dazu muss, basierend auf Art, Quantität und Qualität der jeweiligen Risiken, ein möglichst effizienter Maßnahmenkatalog erstellt werden. Wie in ISO 31000 wird auch hier ein eher abstrakter Blick auf das Risikomanagement entwickelt.)	www.beuth.de
Nationale und internationale Best Practices			
PMBOK 5 (USA, international einsetzbar, kann ggf. wie Vorversion 4 standardisiert werden)	IT-Projektmanagement	IT-Projektrisiken (PMBOK behandelt Projektrisiken ausführlich in Kap. 11. In diesem in sechs Abschnitte unterteilten Kapitel wird Risikomanagement entlang des Risikomanagement-Prozesses strukturiert. Im Vergleich zu früheren Versionen des PMBOK fokussiert die aktuelle Version 5 verstärkt auf die Chancen, die sich aus Projekten ergeben können, und nicht ausschließlich auf mögliche Gefährdungen. Ebenso wurden die Projektkomplexität sowie das Risikoregister und die Integration mit anderen Prozessen stärker berücksichtigt.)	www.pmi.org [PMI 2013]
COBIT 5 (USA, international einsetzbar)	Gesamtunternehmen, allgemeine Prozesse, Kontrollprozesse	RM-Prozess, RM-Organisation (IT-Risikomanagement ist fester Bestandteil des Modells und ergänzt die beiden anderen Teile »Governance« und »Compliance«.)	www.isaca.org [ISACA 2012a], [ISACA 2012b], [ISACA 2012c], [ISACA 2012d], [ISACA 2012e], [Gaulke 2010], ([Seibold 2006], S. 185), ([Tönnissen 2011], S. 25, 34, 59)
Risk IT (USA, international einsetzbar, **von COBIT 5 abgelöst, nicht mehr gültig**)	Gesamtunternehmen, allgemeine Prozesse, Kontrollprozesse	RM-Prozess, RM-Organisation (IT-Risikomanagement ist zentraler Bestandteil des Modells, basiert auf COBIT 4.)	[ISACA 2009a], ([Johannsen 2009], S. 20ff.), ([Gaulke 2010], S. 91ff.)

→

A Übersicht über Vorgaben für das IT-Risikomanagement

Vorgabe	Schwerpunkt	Bezug zum IT-Risikomanagement	Quelle für weiterführende Informationen
Nationale und internationale Best Practices (Fortsetzung)			
Management of Risks (M_o_R)	Gesamtunternehmen, allgemeine Prozesse, Kontrollprozesse	RM-Prozess, RM-Organisation (Einrichtung eines IT-Risikomanagements und eines IKS)	[OGC 2010]
OCTAVE	IT-Sicherheit	RM-Prozess, RM-Organisation (Einrichtung eines IT-Risikomanagements und eines IKS)	www.dfn-cert.de www.cert.org [DFN-CERT 2012] ([Schermann 2011], S. 116ff.) ([Müller 2011], S. 76ff.)
CMMI	Qualitätsmanagement, IT-Projekte, Gesamtunternehmen	RM-Prozess, RM-Organisation (Einrichtung eines IT-Risikomanagements)	[Chrissis et al. 2011], ([Ebert 2006], S. 102f.)
PCI-DSS (Payment Card Industry – Data Security Standard)	IT-Sicherheit (Vorrangig für Unternehmen, die personenbezogene Daten im Rahmen des elektronischen Zahlungsverkehrs mit Zahlungsverkehrskarten verarbeiten oder in irgendeiner Form dazu beitragen, auch durch Bereitstellung von Geräten. Auf andere Branchen übertragbar, z.B. Gesundheitsbranche.)	RM-Prozess, RM-Organisation (PCI-DSS reduziert durch seine Anwendung eine Vielzahl von typischen Sicherheitsrisiken nachhaltig und sensibilisiert für mögliche künftige Bedrohungen und daraus entstehende Risiken.)	www.pcisecuritystandards.org [PCI-SSC 2012]

→

A Übersicht über Vorgaben für das IT-Risikomanagement

Vorgabe	Schwerpunkt	Bezug zum IT-Risikomanagement	Quelle für weiterführende Informationen
Nationale und internationale Best Practices (Fortsetzung)			
BSI-Standard 100-3 und BSI-IT-Grundschutz-Kataloge (BSI-IT-GSK)	IT-Sicherheit (Gesamtunternehmen, IT-Betrieb)	RM-Prozess, RM-Organisation (Hinweise, wie IT-Sicherheitsmaßnahmen nach dem Stand der Technik identifiziert und im Unternehmen umgesetzt werden können. Die IT-Grundschutz-Kataloge ermöglichen damit einen guten Überblick über die im Unternehmen bestehenden IT-Risiken und ihre Eintrittswahrscheinlichkeiten. Im Kontext des IT-Risikomanagements von besonderer Bedeutung ist der BSI-Standard 100-3. Er beschreibt eine vereinfachte Risikoanalyse auf Basis der in den BSI-IT-Grundschutz-Katalogen zusammengestellten Gefährdungen. Die Kataloge orientieren sich an der ISO-/IEC-Normenreihe 27000, insbesondere ISO/IEC 27002, beispielsweise bei der Klassifikation der Risiken bzw. Gefährdungen. Das BSI ist in den Normungsprozess eingebunden.)	www.bsi-bund.de [BSI-GS 2011]
ITIL (IT Infrastructure Library)	IT-Service-Management (Gesamtunternehmen)	RM-Prozess (Die vollständige Abbildung des Lebenszyklus einer IT-Dienstleistung unterstützt auch das IT-Risikomanagement, selbst wenn es einen spezifischen IT-Risikomanagement-Prozess nicht gibt. IT-Risikomanagement wird schwerpunktmäßig im Buch *Service Design* thematisiert. Ziel ist die frühzeitige Identifikation und Bewertung sowie eine laufende Überwachung von IT-Risiken. Für detailliertere Überlegungen zu IT-Risiken verweist ITIL auf die Nutzung des M_o_R-Frameworks.)	www.itil-official-site.com [OGC 2011] [Faber & Faber 2010]
PRINCE2	IT-Projektmanagement	RM-Prozess (Das Management von IT-Risiken wird als wichtiger Bestandteil des IT-Projektmanagements auch in PRINCE2 ausführlich behandelt. Zunächst wird im Prinzip 7 (*Tailor to suit the project environment*) auf die in jedem Projekt unterschiedliche IT-Risikolage und eine adäquate Anpassung auf diese Verhältnisse hingewiesen. Das Thema *Risk* enthält dann einen Risikomanagement-Prozess.)	[OGC 2007]

→

Vorgabe	Schwerpunkt	Bezug zum IT-Risikomanagement	Quelle für weiterführende Informationen
Nationale und internationale Best Practices (Fortsetzung)			
V-Modell XT	IT-Projektmanagement	RM-Prozess, RM-Organisation (Das Thema IT-Risikomanagement ist in unterschiedlicher Form berücksichtigt. Eine explizit für das Management von IT-Risiken zuständige Rolle ist im Modell nicht vorgesehen, doch übernehmen viele der definierten Rollen indirekt Aufgaben im Rahmen des IT-Risikomanagements. Im Projekthandbuch wird unter dem Abschnitt »Organisation und Vorgaben zum Risikomanagement« das Thema umfassend dargestellt. Das V-Modell XT erlaubt neben der Betrachtung von IT-Risiken im negativen Sinn auch die Berücksichtigung von Chancen aus IT-Projekten.)	[CIO-Bund 2012]
Iterative Vorgehensmodelle (Spiralmodell und der Rational Unified Process (RUP))	IT-Projektmanagement	RM-Prozess (Modelle lösen die Frage der zyklischen Identifikation und Bewertung von IT-Projektrisiken, indem Sie in jeder Phase Aufwände für die (erneute) Identifikation und Bewertung bzw. Behandlung von Risiken vorsehen.)	
Agile Vorgehensmodelle (Extreme Programming (XP) und Scrum)	IT-Projektmanagement	RM-Prozess (Das IT-Risikomanagement wird in diesen Vorgehensmodellen implizit behandelt. Das IT-Risiko stellt dabei eine der fünf betrachteten Dimensionen dar. Dem liegt das Verständnis zugrunde, dass neue Funktionalität permanent entwickelt wird. Dabei ist grundsätzlich neben einer Nutzen- auch eine IT-Risikoanalyse und -bewertung durchzuführen. Welche Methoden hierfür eingesetzt werden, bleibt dem Anwender des Vorgehensmodells überlassen. Durch diese Vorgehensweise soll nach den Befürwortern dieser Modelle aktives IT-Risikomanagement betrieben werden, da IT-Risiken durch eine schrittweise Entwicklung von Funktionalitäten implizit und damit präziser berücksichtigt werden können als in anderen Vorgehensmodellen, in denen die Anforderungen zu Beginn festgelegt und IT-Risiken explizit, beispielsweise in IT-Risikokatalogen, zusammengestellt werden.)	

→

A Übersicht über Vorgaben für das IT-Risikomanagement

Vorgabe	Schwerpunkt	Bezug zum IT-Risikomanagement	Quelle für weiterführende Informationen
Herstellerbezogene Modelle, die IT-Risikomanagement enthalten			
IBM, HP, Microsoft	IT-Service-Management	RM-Prozess (Einige große Anbieter von IT-Lösungen haben – in der Regel auf Basis von ITIL – eigene Standards zum Service-Management entwickelt. Sie sehen in diesem Rahmen auch ein gewisses Maß an IT-Risikomanagement vor.)	[HP 2012] [IBM-PRM-IT 2012] [MS 2012]

G: Gesetz, A: aufsichtsrechtliche Vorgabe, N: Norm, S: Standard, B: Best Practice

B Glossar

Ein ausführliches Glossar zum Risikomanagement bieten COBIT 5 [ISACA 2012a], die Grundschutz-Kataloge des BSI [BSI-GS 2011] sowie die Norm ISO/IEC 31000 [ISO 2009a] und ISO Guide 73 [ISO 2009c].

Angriffspfad
Weg, den ein Angreifer zu einem Ziel nehmen könnte. Das Ziel kann eine beliebige IT-Ressource, einschließlich der Mitarbeiter, sein. Ein Angriffspfad kann einfach oder komplex, lang oder kurz sein. Er kann dauerhaft oder nur zu bestimmten Zeiten bestehen. Ein Angriffspfad bildet sich nur, wenn eine →Verwundbarkeit vorliegt.

Auswirkung
Folge eines Risikoeintritts aufgrund einer oder mehrerer Ursachen. In einer Ursache-Wirkungs-Beziehung haben alle Ursachen jeweils spezifische Auswirkungen (Ergebnisse). Meist ist es eine Herausforderung, zu ermitteln, *welche* Ursachen und Auswirkungen es überhaupt gibt und *welche* Auswirkungen welchen Ursachen geschuldet sind.

Die **geplante oder erwartete Auswirkung** entspringt Überlegungen, was genau im Rahmen einer Ursache-Wirkungs-Beziehung am Ende steht oder stehen könnte. Sie ist Resultat entweder mathematischer Berechnungen, subjektiver Überlegungen oder einer Kombination aus beidem. Die **tatsächliche Auswirkung** steht am Ende einer *konkreten* Ausprägung einer Ursache-Wirkungs-Beziehung. Die Auswirkung kann aus mehreren, logisch zusammengehörenden **Teilwirkungen** zusammengesetzt sein. Überrascht die tatsächliche Auswirkung (**unerwartete Auswirkung**), wurde sie bei den vorausgehenden Überlegungen zur Menge aller erwarteten Auswirkungen nicht erkannt.

Bedrohung (Gefahr, Threat)
Beeinflusst die gesamte IT negativ und damit auch die Betriebskontinuität. In der Regel wirken Bedrohungen auf das Unternehmen ein. Sie können aber auch vom Unternehmen selbst oder von einzelnen Teilen ausgehen und auf andere Unternehmen oder Unternehmensteile wirken.

Bedrohungsanalyse

Ermittelt über geeignete Methoden alle →Bedrohungen, die auf die Unternehmen wirken können. Eine Bedrohungsanalyse wird *vor* einer →Verwundbarkeitsanalyse durchgeführt, weil das Unternehmen niemals alle Verwundbarkeiten ermitteln kann. Sie muss sich auf diejenigen Verwundbarkeiten konzentrieren, die einer Bedrohung gegenüberstehen, weil durch sie ein IT-Risiko eintreten kann.

Business Impact Analysis (BIA)

Ermittlung aller IT-Risiken für die Geschäftsprozesse sowie die daraus folgenden Auswirkungen. Als Ergebnis liegt die Einschätzung der Kritikalität jeder IT-Ressource vor. Entsprechend können Maßnahmen zur Vermeidung oder Verringerung der IT-Risiken priorisiert werden.

Chief Information Risk Officer

Oberste Verantwortungsebene für IT-Risiken, i.d.R. Unternehmensleitung oder Teil der Risikomanagement-Führungsebene.

Enterprise Risk Management (ERM, unternehmensweites Risikomanagement)

Betrachtet das *gesamte* Unternehmen und gegebenenfalls auch die Partner hinsichtlich aller *wesentlichen* Risiken. Im Gegensatz zu einem fachspezifischen Risikomanagement, etwa im Finanzwesen und der IT, berücksichtigt es die Beziehungen zwischen den Risiken aus allen Quellen und ermittelt daraus ein Gesamtbild. Das ERM erlaubt damit eine präzise, ganzheitliche und langfristig wirksame Behandlung von Risiken.

Ereignis

Veränderung, meist Zustandsänderung, die mit einer gewissen Wahrscheinlichkeit zu einem unbekannten Zeitpunkt eintritt. Betroffen von Ereignissen sind immer die Werte eines Unternehmens, im IT-Risikomanagement die IT-Ressourcen.

Erkennungsrisiko (Detection Risk)

Primäres Erkennungsrisiko: generelle Wahrscheinlichkeit, Risiken vollständig zu übersehen. **Sekundäres Erkennungsrisiko**: das Risiko, Ursache-Wirkungs-Beziehungen und weitere Abhängigkeiten auch zwischen IT-Risiken nicht zu erkennen oder falsch zu verstehen. In beiden Fällen werden beispielsweise falsche Methoden zur Erkennung oder Bewertung genutzt, oder es fehlt die notwendige fachliche Qualifikation bzw. Zeit.

Inhärentes IT-Risiko

→IT-Risiko, das durch bestimmte, grundsätzliche Entscheidungen des Unternehmens verursacht wird. Es ist abstrakt und hat mehr oder weniger zahlreiche konkrete IT-Risiken unterschiedlicher Reichweite zur Folge. Ein inhärentes IT-Risiko *muss* sorgfältig beobachtet und behandelt werden. Jeder Bereich der IT weist charakteristische inhärente Risiken auf. Aufgabe des →IT-Risikomanagements ist es, die Größenordnung und Struktur des inhärenten IT-Risikos zu kennen und zu beurteilen, ob und wie das Unternehmen damit umgehen kann.

IT-Compliance

Sicherstellung eines stabilen, explizit nachweisbaren und regelkonformen Betriebszustandes der IT mithilfe leistungsfähiger Kontrollen. Sie ist in die Corporate Compliance eingeordnet.

IT-Governance

Durchdachte operative und strategische Steuerung der IT. Die IT-Governance wird oft als »ordnungspolitische« Aufgabe definiert. Sie ist eng verbunden mit der Corporate Governance und erfolgt im Sinne der nachhaltigen Weiterentwicklung des Unternehmens.

IT-Ressource (IT-Vermögenswert, Information Asset, IT Asset)

Ein Teil der IT, dem das Unternehmen einen (monetären oder nichtmonetären) Wert zumisst. Anwendungen, IT-Infrastrukturelemente, IT-Prozesse, organisatorische Regelungen sowie Daten und die Mitarbeiter sind Beispiele für IT-Ressourcen.

IT-Risiko

Wahrscheinlichkeit, mit der eine interne oder externe Bedrohung für ein Informationssystem aufgrund seiner Verwundbarkeit zu negativen materiellen und/oder immateriellen Auswirkungen im Unternehmen und bei seinen Partnern führt. Bedrohungen und Verwundbarkeiten können dabei kurz-, mittel- und langfristig wirken. Im schlimmsten Fall entsteht eine dauerhafte Betriebsunterbrechung.

IT-Risikoakzeptanz

Die Akzeptanz von endgültig verbleibenden IT-Risiken und deren Auswirkungen, für die es keine weiteren Behandlungsmethoden mehr gibt oder für die eine weitere Behandlung betriebswirtschaftlich und technisch nicht sinnvoll erscheint.

IT-Risikoanalyse

Ermittlung der Eintrittswahrscheinlichkeit und Schadenshöhe mithilfe qualitativer oder quantitativer Methoden und Werkzeuge.

IT-Risikobeurteilung (IT Risk Assessment)

Fasst die Schritte →IT-Risikoidentifikation, →IT-Risikoanalyse und →IT-Risikobewertung zusammen.

IT-Risikobewertung (IT-Risikoevaluation)

Baut auf den Ergebnissen der →IT-Risikoanalyse auf und bewertet abschließend die Auswirkungen der IT-Risiken auf die Geschäftstätigkeit (Business Impact). Ergebnis der Bewertung ist eine Klassifikation und Priorisierung der IT-Risiken. Die Ergebnisse sind entscheidend für die Wahl geeigneter Maßnahmen zur Behandlung der IT-Risiken, insbesondere beim Einsatz knapper Ressourcen zur IT-Risikobehandlung.

IT-Risikoeigentümer

Einem Mitarbeiter zugewiesene Rolle, die ihn im Rahmen seiner organisatorischen Zugehörigkeit verpflichtet, sich aktiv um die Beseitigung identifizierter Verwundbarkeiten oder um die Implementierung angemessener Kontrollen zu kümmern oder deren Wirksamkeit zu überprüfen. Ein entsprechend ausgeprägtes Bewusstsein (Awareness) für IT-Risiken und die notwendige fachliche Qualifikation sind Grundvoraussetzungen zur Ausübung der Rolle.

IT-Risikofaktor

Einflussgröße oder auch →Ursache, durch die ein →IT-Risiko entsteht oder dessen Eintrittswahrscheinlichkeit und Schadensverlauf verändert wird.

IT-Risikoidentifikation

Alle notwendigen Aktivitäten zur Ermittlung der →IT-Risiken, denen ein Unternehmen ausgesetzt ist. Dazu werden zunächst alle IT-Ressourcen und deren Einsatzbedingungen ermittelt. Anschließend muss eine →Bedrohungsanalyse für alle akuten, aber auch für potenzielle →Bedrohungen durchgeführt werden. Im nächsten Schritt wird bezogen auf die identifizierten Bedrohungen eine →Verwundbarkeitsanalyse durchgeführt.

IT-Risikokatalog

Bezeichnung einer strukturierten Aufstellung von IT-Risiken mit vielfältigen Zusatzinformationen. Verwendung als Ergebnis der aktuellen und Hilfsmittel einer zukünftigen →IT-Risikoidentifikation.

IT-Risikokennzahl

Beschreibung eines IT-Risikos einschließlich möglicher Ursachen und Auswirkungen oder der Wirkung von Maßnahmen. Sie kann die tatsächliche oder angestrebte IT-Risikolage darstellen. Unterschieden werden qualitative und quantitative Kennzahlen.

IT-Risikolage

Summe aller aktuell identifizierten und priorisierten IT-Risiken. Sie erlaubt einen genauen Überblick darüber, welche IT-Risiken aktuell mit welchen Eintrittswahrscheinlichkeiten auf das Unternehmen wirken und welche Schäden bei einem Eintritt zu erwarten wären. Die IT-Risikolage gilt für einen bestimmten Zeitraum.

IT-Risikomanagement

Bestandteil des Enterprise Risk Management. Sein Ziel ist es, durch Kenntnis von Ursache-Wirkungs-Beziehungen IT-Risiken frühzeitig zu erkennen, angemessen auf sie zu reagieren und so zum Schutz des Unternehmens beizutragen. Dazu ist das IT-Risikomanagement in zwei Ebenen unterteilt. Die strategische Ebene regelt über die Festlegung langfristiger Ziele die Rahmenbedingungen für die Durchführung des IT-Risikomanagements. Die operative Ebene enthält den zyklisch zu durchlaufenden IT-Risikomanagement-Prozess sowie geeignete Methoden, Werkzeuge und Dokumente.

IT-Risikomanager

Bezeichnung für eine Rolle in der Aufbauorganisation des →IT-Risikomanagements. Sie stellt das Bindeglied zwischen den →IT-Risikoeigentümern und dem →Chief Information Risk Officer dar.

IT-Risikomatrix (IT Risk Map, IT-Risikolandkarte, IT-Risikoprofil)

Grafische Repräsentation von →IT-Risiken. Eine solche Darstellungsform lässt sofort erkennen, welche IT-Risiken bzw. →IT-Risikoszenarien vermieden bzw. zwingend behandelt werden müssen und welche eher beobachtet werden können. Bei regelmäßiger Aktualisierung zeigt sie aber auch, welche IT-Risiken erfolgreich behandelt worden sind und welche nicht. Dazu werden IT-Risiken klassifiziert und in einem Koordinatensystem aus Eintrittswahrscheinlichkeit und Schadenshöhe eingetragen. Zur Abgrenzung einzelner Klassen können Bereiche innerhalb des Koordinatensystems über Schwellenwerte definiert werden.

IT-Risikoportfolio

Strukturierte und priorisierte Darstellung aller identifizierten IT-Risiken. Die Darstellung erfolgt in einer →IT-Risikomatrix.

IT-Risikopotenzial (IT-Risikovolumen)

Angabe der Höhe der Eintrittswahrscheinlichkeit und des Schadens auf einen Blick. Je höher die Eintrittswahrscheinlichkeit und der Schaden, desto höher ist das IT-Risikopotenzial.

IT-Risikorichtlinie (IT-Risikohandbuch)

Vorschrift darüber, wie, wann, wo, womit und von wem etwas getan werden muss oder nicht getan werden darf. Sie hat bindenden Charakter, ist aber kein förmliches Gesetz. Die IT-Risikorichtlinie beschreibt alle Elemente des →IT-Risikomanagements (IT-Risikomanagementorganisation, IT-Risikomanagement-Prozess) sowie den Umgang mit →IT-Risiken. Die IT-Risikorichtlinie muss von der Unternehmensleitung genehmigt werden.

IT-Risikoszenario

Fiktiver Eintritt eines bestimmten, für das Unternehmen relevanten →IT-Risikos und möglicher unterschiedlicher →Schadensverläufe orientiert am Betriebsalltag und den Zielen eines Unternehmens. Von Bedeutung sind insbesondere die Wirkungen auf die Geschäftstätigkeit (Business Impact). Ein IT-Risikoszenario fördert das Denken in Alternativen und bindet verschiedenste Einflussfaktoren aus dem Umfeld des Unternehmens ein, um möglichst viele Alternativen abzubilden und eine möglichst große Bandbreite bei den Überlegungen zur Existenz und Wirkung von IT-Risiken sicherzustellen.

Dazu werden →Ursachen angenommen, die eine bestimmte →Bedrohung unter Ausnutzung einer →Verwundbarkeit und damit eines bestimmten →Angriffspfades konkret werden lassen. Ein IT-Risikoszenario kann spezifisch oder generisch sein.

Kontrolle (Kontrollmechanismus, Measure, Control, Control Practice)

Grundsätze, Methoden, Maßnahmen sowie technische und organisatorische Einrichtungen. Kontrollen tragen dazu bei, dass die vier Schutzziele für alle IT-Ressourcen erfüllt sind und Risiken vermindert oder vollständig vermieden werden.

Kontrollrisiko (Control Risk)

Risiko des Versagens der zum →IT-Risiko gehörenden Kontrolle, weil die Anforderungen an den Mechanismus aus dem Risiko nicht richtig formuliert oder umgesetzt worden sind.

Risikoakzeptanzgrenze

Grenze, bis zu der →IT-Risiken hinsichtlich Eintrittswahrscheinlichkeit und Schadenshöhe toleriert werden können. Die kaufmännische Vorsicht sowie die Aufsichtspflicht und die Pflicht zum ordnungsgemäßen Umgang mit überlassenem Betriebsvermögen zwingen zur Kenntnis und Begrenzung möglicher Schäden und damit zur Festlegung einer Akzeptanzgrenze.

Schaden (Schadensereignis)

Eingetretenes (konkretes) Ereignis in Form einer Abweichung von einem geplanten Ziel mit einem negativen Ergebnis bzw. einer negativen →Auswirkung. Ein Schaden kann »unvermittelt« auftreten. Schäden können wie →IT-Risiken klassifiziert werden, etwa nach Häufigkeit und Verlusthöhe. Ist das verursachende →IT-Risiko korrekt identifiziert, sind die Schäden **erwartete Schäden**. Mit kleiner Wahrscheinlichkeit treten auch **unerwartete Schäden** und **Stress bzw. Katastrophenschäden** mit unerwartet großer Schadenssumme auf.

Schadenshöhe (Schadensausmaß)

Maß für die Bedeutung eines Schadens. Oft, aber nicht immer können Schäden monetär bewertet werden. In vielen Fällen muss ein anderer Maßstab zur Ermittlung der Schadenshöhe gefunden werden. Kann ein Schaden nicht oder nur schwer monetär bewertet werden, wird oft der Begriff Schadensausmaß verwendet. Die Schadenshöhe drückt die absolute Differenz zwischen Ziel und tatsächlichem Ergebnis als Folge des Schadensereignisses aus.

Schadensverlauf

Entwicklung eines Schadens im Zeitablauf. Der Schaden kann sofort (punktuell) eintreten oder mit unterschiedlichen Geschwindigkeiten einen charakteristischen zeitlichen Verlauf nehmen. Oftmals lässt sich die Schadenshöhe erst nach einer gewissen Zeit vollständig überblicken.

Schutzziel

Eigenschaften einer IT-Ressource. Die vier wichtigsten Schutzziele sind *Vertraulichkeit*, *Integrität*, *Verfügbarkeit* und *Zurechenbarkeit*.

Ursache

Grund für den Eintritt eines →IT-Risikos. Synonym: →Ereignis.

Ursache-Wirkungs-Beziehung (Ursache-Wirkungs-Kette/-Zusammenhang)

Gerichteter Graph von einer oder mehreren →Ursachen für →IT-Risiken zu einer oder mehreren →Auswirkungen. Ursache-Wirkungs-Beziehungen sind durch eine komplexe Folge von Ursachen und Wirkungen gekennzeichnet. Wirkungen können wiederum Ursachen für weitere Wirkungen sein. Ursache-Wirkungs-Beziehungen entstehen in und zwischen Unternehmen durch Abhängigkeiten zwischen (IT-)Ressourcen oder werden durch solche Abhängigkeiten verstärkt. Das genaue Verständnis für Ursache-Wirkungs-Beziehungen erleichtert die Charakterisierung von IT-Risiken.

Verwundbarkeit (Schwachstelle)

Mangel im Informationssystem, der durch →Bedrohungen ausgenutzt werden kann. Verwundbarkeiten können in allen Bestandteilen des Informationssystems liegen.

Verwundbarkeits-/Schwachstellenanalyse

Ermittlung aller →Verwundbarkeiten in der IT des Unternehmens. Das schließt explizit sowohl technische als auch organisatorische, rechtliche und personelle Verwundbarkeiten ein. Die Verwundbarkeitsanalyse folgt auf eine →Bedrohungsanalyse.

Wesentliches IT-Risiko

Bedrohung für die Betriebskontinuität. Ein wesentliches Risiko hat stets große (finanzielle) Schäden zur Folge. Ein IT-Risiko gilt als wesentlich, wenn es bspw. die **Erstellung des Quartals- oder Jahresabschlusses oder die Berichterstattung an Aufsichtsbehörden** beeinträchtigt oder verhindert. Im schlimmsten Fall kann sich ein wesentliches IT-Risiko zu einem **bestandsgefährdenden, existenziellen Risiko** entwickeln. Wesentliche Risiken werden gelegentlich auch als **Schwerpunktrisiken** bezeichnet. Je nach Abhängigkeit des Unternehmens von der IT ist eine mehr oder weniger große Zahl von IT-Risiken wesentlich.

C Abkürzungsverzeichnis

AktG	Aktiengesetz
APO	Align, Plan and Organise (COBIT-5-Prozesse)
App	Anwendung für Smartphones und Tablets
AV	Availability (Verfügbarkeit)
AWV	Arbeitsgemeinschaft für wirtschaftliche Verwaltung e. V.
BAI	Build, Acquire and Implement (COBIT-5-Prozesse)
BASEL II/III	Akronym für eine europäische Vorgabe (nach der Stadt Basel benannt, in der sie entworfen wurde)
BCP	Business Continuity Plan
BDSG	Bundesdatenschutzgesetz
BI	Business Intelligence (Anwendung)
BIA	Business Impact Analysis
BilMoG	Bilanzmodernisierungsgesetz
BITKOM	Bundesverband Informationswirtschaft, Telekommunikation und neue Medien e. V.
BNr	Berichtsnummer
BSI	Bundesamt für Sicherheit in der Informationstechnik
bspw.	beispielsweise
BYOD	Bring Your Own Device (Nutzung privater Geräte im Unternehmen)
CBT	Computer Based Training
CC	Coordination Center, Competence Center, Common Criteria
CCP	Critical Control Point
CD	Compact Disc

CEO	Chief Executive Officer (Sprecher der Unternehmensleitung)
CERT	Computer Emergency Response Team
CFO	Chief Financial Officer
CIO	Chief Information Officer (für IT zuständiges Mitglied der Unternehmensleitung)
CIRO	Chief Information Risk Officer (Leitung IT-Risikomanagement)
CISO	Chief Information Security Officer (Leitung IT-Sicherheit)
CLO	Chief Legal Officer
CMDB	Configuration Management Database
CMMI	Capability Maturity Model Integration
CMMI-SVC	CMMI for Services
CMS	Configuration Management System
COBIT	Control Objectives for Information and Related Technology
COO	Chief Operating Officer
COSO	Committee of Sponsoring Organizations of the Treadway Commission
CRD	Capital Requirements Directive
CRISC	Certified in Risk and Information Systems Control
CRM	Customer Relationship Management (Anwendung)
CRO	Chief Risk Officer (Leiter Enterprise Risk Management)
CVaR	Conditional Value at Risk
(D)DoS	(Distrbuted) Denial of Service (Angriffsform)
DFN	Deutsches Forschungsnetz
DIIR	Deutsches Institut für Interne Revision e.V.
DIN	Deutsches Institut für Normung e.V.
DL	Dienstleistung
DMS	Document Management System (Anwendung)
DMZ	demilitarisierte Zone
DRP	Disaster Recovery Plan
DSS	Deliver, Service and Suppor (COBIT-5-Prozesse)
DVD	Digital Versatile Disc

DWH	Data Warehouse (Anwendung)
EAM	Enterprise Architecture Management
EDI	Electronic Data Interchange
EDM	Evaluate, Direct and Monitor (COBIT-5-Prozesse)
ENISA	European Union Agency for Network and Information Security
Erf.	Erfüllungsgrad
ERM	Enterprise Risk Management (unternehmensweites Risikomanagement)
ERP	Enterprise Resource Management (Anwendung)
ES	Expected Shortfall
ETA	Event Tree Analysis (Ereignisbaumanalyse)
ETL	Expected Tail Loss
EU	Europäische Union
EUC	End-User Computing
EVT	Extreme Value Theory (Extremwerttheorie)
FA	Fachabteilung
FAIT	Fachausschuss für Informationstechnologie (des IDW)
FERMA	Federation of European Risk Management Associations
FMEA	Failure Mode and Effects Analysis (Fehlermöglichkeits- und Einflussanalyse)
FMECA	Failure Mode and Effects and Criticality Analysis
FTA	Fault Tree Analysis (Fehlerbaumanalyse)
GB	Geschäftsbereich
Gew.	Gewichtung
GoB	Grundsätze ordnungsmäßiger Buchführung
GoBD	Grundsätze zur ordnungsmäßigen Führung und Aufbewahrung von Büchern, Aufzeichnungen und Unterlagen in elektronischer Form sowie zum Datenzugriff
GoBS	Grundsätze ordnungsmäßiger DV-gestützter Buchführungssysteme
GoB-IT	Grundsätze ordnungsmäßiger Buchführung beim IT-Einsatz (Entwurf)
GoDV	Grundsätze für eine ordnungsgemäße Datenverarbeitung
GP	Geschäftsprozess

GRC	Governance, Risk, Compliance
GxP	Good <x: Anything> Practice (»Gute Arbeitspraxis« in verschiedenen Bereichen/Branchen)
HACCP	Hazard Analysis and Critical Control Points
HAZOP	Hazard and Operability Study
HGB	Handelsgesetzbuch
HP	Hewlett-Packard
HR	Human Resources (Personalabteilung)
HRA	Human Reliability Assessment (menschliche Zuverlässigkeitsanalyse)
I	Impact (Auswirkung)
IaaS	Infrastructure as a Service
IAM	Identity- und Access-Management
IBM	International Business Machines
i.d.R.	in der Regel
IDV	Individuelle Datenverarbeitung
IEC	International Electrotechnical Commission
IIA	Institute of Internal Auditors
IKS	Internes Kontrollsystem
insbes.	insbesondere
IrDA	Infrared Data Association
ISACA	Akronym, früher: Information Systems Audit and Control Association
ISAE	International Standard on Assurance Engagements
ISO	International Organization for Standardization
IT	Informationstechnik/Informationstechnologie
ITGC	IT General Controls
ITGI	IT Governance Institute
ITIL	IT Infrastructure Library
IT-Ltg.	IT-Leitung/IT-Abteilungsleitung
IT-RIMS	IT-Risikomanagement-Informationssystem
ITRM	IT-Risikomanager

ITRO	IT-Risikoeigentümer
ITRSA	IT Risk Self Assessment (spezielle Prüfungsform für das IT-Risikomanagement)
KG	Kontrollgremium
KMU	Kleine und mittelständische Unternehmen
KonTraG	Gesetz zur Kontrolle und Transparenz im Unternehmensbereich
KRI	Key Risk Indicator (Schlüssel-Risikokennzahl)
KWG	Kreditwesengesetz
LAN	Local Area Network
LG	Landesgesellschaft
Ltg.	Leitung
MAC	Media Access Control
MAO	Maximum Acceptable Outage (maximal tolerierbare Ausfallzeit)
MaRisk	Mindestanforderungen an das Risikomanagement
MDM	Mobile Device Management
MEA	Monitor, Evaluate and Assess (COBIT-5-Prozesse)
MIL	Bezeichnung für Standards des US-Militärs
MIT	Massachusetts Institute of Technology
MTBF	Mean Time between Failure
MTPD	Maximum Tolerable Period of Disruption (maximal tolerierbare Ausfallzeit)
NIST	National Institute of Standards and Technology
NW	Nutzwert
M_o_R	Management of Risks
OCTAVE	Operational Critical Threat Asset and Vulnerability Evaluation
OGC	Office of the Government Commerce
OSS	Open Source Software
P	Probability (Wahrscheinlichkeit)
PAAG	Prognose, Auffinden der Ursache, Abschätzen der Auswirkungen, Gegenmaßnahmen
PaaS	Platform as a Service

PCAOB	Public Company Accounting Oversight Board
PCI	Payment Card Industry
PCI-DSS	PCI Data Security Standard
PMBOK	Project Management Body of Knowledge
PMI	Project Management Institute
PMO	Project Management Office
PO	Project Office
PPS	Produktionsplanungs- und Steuerungssystem
PRINCE	Projects in Controlled Environments
Prio	Priorität
PS	Prüfungsstandard (des IDW)
PT	Personentage
PwC	PricewaterhouseCoopers
RACI	Responsible, Accountable, Consulted, Informed (Matrix/Chart zur Darstellung von Verantwortlichkeiten)
RAID	Redundant Array of Independent Disks
RBS	Risk Breakdown Structure
RCA	Root Cause Analysis
RFID	Radio Frequency Identification
RIMS	Risk Information Management System, s. auch IT-RIMS
ROSI	Return on Security Investment
RPO	Recovery Point Objective (maximal tolerierbarer Datenverlust)
RPZ	Risikoprioritätszahl
RS	Stellungnahmen (des IDW) zur Rechnungslegung
RSKM	Risk Management (Prozessgebiet in CMMI)
RTO	Recovery Time Objective (maximal tolerierbare Wiederherstellzeit)
RUP	Rational Unified Process
RZ	Rechenzentrum
SaaS	Software as a Service
SCADA	Supervisory Control and Data Acquisition (Systeme zur Maschinen- und Anlagensteuerung)

SEI	Software Engineering Institute der Carnegie Mellon University
SigG	Signaturgesetz
SL	Service Level
SLA	Service Level Agreement
SME	Subject Matter Experts (Fachexperten)
SMS	Short Message Service
SOP	Standard Operating Procedure (Arbeitsanweisung)
SOX	Sarbanes-Oxley Act
SG	Specific Goal (in CMMI)
SP	Special Publications (des NIST), Specific Practice (in CMMI)
SSAE	Statement on Standards for Attestation Engagements
SWOT	Stärken-Schwächen-Analyse
TOGAF	The Open Group Architecture Framework
TOP	Tagesordnungspunkt
UL	Unternehmensleitung
US	Vereinigte Staaten
USB	Universal Serial Bus
VaR	Value at Risk
VPN	Virtual Private Network
VS	Vertraulichkeitsstufe
VV	Vorstandsvorsitz
WAN	Wide Area Network
WBS	Work Breakdown Structure
WEP	Wired Equivalent Privacy
WLAN	Wireless LAN
WP	Wirtschaftsprüfer
WWW	World Wide Web
XT	Extreme Tailoring (in: V-Modell XT)
z.B.	zum Beispiel

D   Literaturverzeichnis

[Accorsi et al. 2008]   Accorsi, R./Sato Y./Kai, S., Compliance Monitor for Early Warning Risk Determination, in Wirtschaftsinformatik, Heft 5, 2008, S. 375–382

[Ahrendts & Marton 2008]   Ahrendts, F./Marton, A., IT-Risikomanagement leben!, Berlin/Heidelberg 2008

[Amberg & Lang 2011]   Amberg, M./Lang, M. (Hrsg.), Erfolgsfaktor IT-Management, Düsseldorf 2011

[Armour 2003]   Armour, P.G., The Laws of Software Process: A New Model for the Production and Management of Software, New York 2003

[Bandyobadhyay et al. 2009]   Bandyobadhyay, T./Mookerjee, V.S./Rao, R.C., Why IT Managers don't go for Cyber Insurance Products, in: Communications of the ACM, Heft 11, 2009, S. 68–73

[BaFin 2012]   Bundesanstalt für Finanzdienstleistungsaufsicht (Hrsg.), Regelungsvorhaben – BASEL III/ CRD IV, *www.bafin.de*

[Bahli & Rivard 2001]   Bahli, B./Rivard, S., An Assessment of Information Technology Outsourcing Risk, in: ICIS 2001 Proceedings, S. 575–580

[Bauer 2011]   Bauer, M., Administratives IT-Risikomanagement, in: [Gründer & Schrey 2011], S. 159–180

[Bitkom 2006]   Bitkom e.V. (Hrsg.), IT-Risiko- und Chancenmanagement im Unternehmen – Ein Leitfaden für kleine und mittlere Unternehmen, Berlin 2006

[BMF 1995]   Bundesministerium der Finanzen (Hrsg.), Grundsätze ordnungsmäßiger DV-gestützter Buchführungssysteme (GoBS), Berlin 1995

[Bodin et al. 2008]   Bodin, L.D./Gordon, L.A./Loeb, M.P., Information Security and Risk Management, in: Communications of the ACM, Heft 4, 2008, S. 64–68

[Böhm 2008]   Böhm, M., IT-Compliance als Triebkraft von Leistungssteigerung und Wertbeitrag der IT, in: HMD – Praxis der Wirtschaftsinformatik, Heft 263, 2008, S. 15–29

[Böhm 2009]   Böhm, M., IT-Governance – Eine Übersicht, Heidelberg, 2009

[Böhm 2010] Böhm, M., Herstellung und Nachweis der IT-Compliance, in: [Rüter et al. 2010], S. 190–219

[Bönner et al. 2012] Bönner, A./Riedl, M./Wenig, S., SAP-Massendatenanalyse – Risiken erkennen, Prozesse optimieren, Berlin 2012

[Brand & Schauer 2011] Brand, C./Schauer, C., IT-Risikomanagement durch Risikotransfer, in [Gründer & Schrey 2011], S. 309–336

[Brenner et al. 2011] Brenner, M./Felde, N.G./Hommel, W./ Metzger, S./Reiser, H./ Schaaf, T., Praxisbuch ISO/IEC 27001, 4. Aufl., München 2011

[Brown & Yarberry 2010] Brown, E.J./Yarberry, W.A., IT Risk Analysis – the missing »A«, in: ISACA Journal, Heft 3, 2010, S. 48–52

[Brünger 2010] Brünger, C., Erfolgreiches Risikomanagement mit COSO ERM, Berlin 2010

[BSI 2008a] Bundesamt für Sicherheit in der Informationstechnik (Hrsg.), BSI-Standard 100-3 – Risikoanalyse auf Basis IT-Grundschutz, Version 2.5, Bonn 2008

[BSI 2008b] Bundesamt für Sicherheit in der Informationstechnik (Hrsg.), BSI-Standard 100-4 – Notfallmanagement, Version 1.0, Bonn 2008

[BSI 2011] Bundesamt für Sicherheit in der Informationstechnik (Hrsg.), Studie zu Gefährdungen und Gegenmaßnahmen beim Einsatz von VCE Vblock, Dokument-Version 2.5, Bonn 2011

[BSI 2012] Bundesamt für Sicherheit in der Informationstechnik (Hrsg.), Eckpunktepapier Sicherheitsempfehlungen für Cloud Computing Anbieter – Mindestanforderungen in der Informationssicherheit, Bonn 2012

[BSI 2013] Bundesamt für Sicherheit in der Informationstechnik (Hrsg.), Mobile Device Management, Dokument BSI-CS 052, Bonn 2013

[BSI-GS 2011] Bundesamt für Sicherheit in der Informationstechnik (Hrsg.), Grundschutz-Katalog, Bonn 2011, aktuelle Version jeweils elektronisch verfügbar unter *www.bsi.bund.de*

[Buergin 1999] Buergin, R., Handeln unter Unsicherheit und Risiko, Freiburg i. Br. 1999

[Bungartz 2011] Bungartz, O., Handbuch Interne Kontrollsysteme, 2. Aufl., Berlin 2011

[Calder 2008] Calder, A., ISO/IEC 38500: The IT Governance Standard, Cambridgeshire 2008

[Callan 1998] Callan, L.J., White Paper on Risk-informed and Performance-based Regulation, SECY-98-144, *http://www.nrc.gov*

[CC 2009] The Common Criteria Recognition Arrangement (Hrsg.), CC v3.1. Release 3, *www.commoncriteriaportal.org*

[Cevolini 2010] Cevolini, A., Die Einrichtung der Versicherung als soziologisches Problem, in: Sociologia Internationalis – Internationale Zeitschrift für Soziologie, Kommunikations- und Kulturforschung, Heft 1, 2010, S. 65–89

[Charette 1991] Charette, R.N., Application Strategies for Risk Analysis, Columbus, 1991

[Chaudhuri et al. 2011] Chaudhuri, A./von Solms B./Chaudhuri, D., Auditing Security Risks in Virtual IT Systems, in: ISACA Journal, Heft 1, 2011, S. 16–25

[Chrissis et al. 2011] Chrissis, M.B./Konrad, M./Shrum, S., CMMI 1.3 – Richtlinien für Prozess-Integration und Produkt-Verbesserung, München 2011

[CIO-Bund 2012] Die Beauftragte der Bundesregierung für Informationstechnik (Hrsg.), V-Modell XT, Version 1.4, *www.cio.bund.de*

[Cooke & Rohleder 2003] Cooke, D.L./Rohleder, T.R., A Conceptual Model of Operational Risk, Research Paper, Calgary 2003

[COSO 2004a] COSO (Hrsg.), Enterprise Risk Management – Integrated Framework, Durham 2004

[COSO 2004b] COSO (Hrsg.), Enterprise Risk Management – Integrated Framework, Application Techniques, Durham 2004

[Cronholm & Goldkuhl 2003] Cronholm, S./Goldkuhl, G., Strategies for Information Systems Evaluation – Six Generic Types, in: Electronic Journal of Information Systems Evaluation, Heft 2, 2003, S. 65–74

[Cuske et al. 2007] Cuske, C./Münch, C./Ruhse, K.-U., Modernes IT-Risikomanagement als zentraler Bestandteil einer unternehmensweiten IT-Governance, in: IT-Governance, Heft 2, 2007, S. 3–8

[Deggendorfer Forum zur Digitalen Datenanalyse e.V. 2011] Deggendorfer Forum zur Digitalen Datenanalyse e.V. (Hrsg.), Compliance- und Risikomanagement, Berlin 2011

[DFN-CERT 2012] CERT des Deutschen Forschungsnetzes DFN (Hrsg.), Octave Methode, *www.dfn-cert.de/kooperationen/octave.html*

[DIN 1981] DIN (Hrsg.), DIN 25424-1:1981-09 – Fehlerbaumanalyse; Methode und Bildzeichen, Berlin 1981

[DIN 1985] DIN (Hrsg.), DIN 25419:1985-11 – Ereignisablaufanalyse; Verfahren, graphische Symbole und Auswertung, Berlin 1985

[Disterer & Wittek 2012] Disterer, G./Wittek, M., IT-Risikomanagement in Versicherungen, in: IT-Governance, Heft 11, 2012, S. 13–18

[Dohle et al. 2009] Dohle, H./Schmidt, R./Zielke, F./ Schürmann, T., ISO 20.000. Eine Einführung für Manager und Projektleiter, Heidelberg 2009

[DRSC 2012] Deutsches Rechnungslegungs Standards Committee (Hrsg.), DRS 5, www.standardsetter.de

[Dutta & Sista 2012] Dutta, A./Sista, P., Information Risk Management for Supporting a BASEL II Initiative – the Role of Automated Controls and Continuous Monitoring, in: ISACA Journal, Heft 1, 2012, S. 30–37

[Ebert 2006] Ebert, C., Risikomanagement kompakt, Heidelberg 2006

[Eckhardt 2008] Eckhardt, J., Rechtliche Grundlagen der IT-Sicherheit, in: DuD, Heft 5, 2008, S. 330–336

[Eller et al. 2010] Eller, R./Heinrich, M./Perrot, R./Reif, M., Kompaktwissen Risikomanagement, Wiesbaden 2010

[Erben & Romeike 2002] Erben, R.F./Romeike, F., Risk-Management-Informationssysteme – Potentiale einer umfassenden IT-Unterstützung des Risk Managements, in: [Pastors 2002], S. 551–580

[Faber & Faber 2010] Faber, M./Faber, R., ITIL and Corporate Risk Alignment Guide – An introduction to corporate risk and ITIL, and how ITIL supports and is assisted by Management of Risk (M_o_R), Norwich 2010

[Farahmand 2010] Farahmand, F., Risk Perception and Trust in the Cloud, in: ISACA Journal, Heft 4, 2010, S. 41–48

[Fiege 2006] Fiege, S., Risikomanagement- und Überwachungssystem nach KonTraG, Wiesbaden 2006

[Finke & Singh 2010] Finke, G.R./Singh, M., Operational Risk Quantification – A Risk Flow Approach, Technical Report, Universität Karlsruhe/KIT, Karlsruhe 2010

[Fischer 2009a] Fischer, U., Identify, Govern and Manage IT Risk Part 1: Risk IT Based on COBIT Objectives and Principles, in: ISACA Journal, Heft 4, 2009, Online-Ausgabe www.isaca.org

[Fischer 2009b] Fischer, U., Identify, Govern and Manage IT Risk Part 2: Risk IT Framework Structure, in: ISACA Journal, Heft 5, 2009, Online-Ausgabe www.isaca.org

[Fischer 2009c] Fischer, U., Identify, Govern and Manage IT Risk Part 3: Techniques and Uses for Risk IT and its supporting Materials, in: ISACA Journal, Heft 6, 2009, Online-Ausgabe www.isaca.org

[Fischer 2011] Fischer, U., IT Scenario Analysis in Enterprise Risk Management, in: ISACA Journal, Heft 2, 2011, S. 17–20

[Fröhlich & Glasner 2007] Fröhlich, M./Glasner, K., IT Governance – Leitfaden für eine praxisgerechte Implementierung, Wiesbaden 2007

[Gaulke 2010] Gaulke, M., Praxiswissen COBIT, Val IT und Risk IT, Grundlagen und praktische Anwendung für die IT-Governance, Heidelberg 2010

[GDV 2004] Gesamtverband der Deutschen Versicherungswirtschaft (Hrsg.), Anlagen der Informationstechnologie (IT-Anlagen) – Merkblatt zur Schadenverhütung, VdS 2007, Köln 2004

[Geiersbach 2011] Geiersbach, K., Der Beitrag der Internen Revision zur Corporate Governance, Wiesbaden 2011

[Geiger 2009] Geiger, G., IT-Sicherheit als integraler Bestandteil des Risikomanagements im Unternehmen, in: [Gründer & Schrey 2009], S. 28–51

[Gerike 2011] Gerike, K., Enhancing Project Robustness: A Risk Management Perspective, Berlin 2011

[Gilb 1988] Gilb, T., Principles of Software Engineering Management, Wokingham 1988

[Gluch 1994] Gluch, D.P., A Construct for Describing Software Development Risks, SEI Technical Paper, Pittsburgh 1994

[Gold 2012] Gold, C., Mitigating the Risk of OSS-based Development, in: ISACA Journal, Heft 2, 2012, S. 36–39

[Götze et al. 2001] Götze, U./Henselmann, K./Mikus, B. (Hrsg.), Risikomanagement, Heidelberg 2001

[Gründer & Schrey 2009] Gründer, T./Schrey, J. (Hrsg.), Managementhandbuch IT-Sicherheit, Berlin 2009

[Hadnagy 2011] Hadnagy, C., Die Kunst des Human Hacking: Social Engineering, Heidelberg 2011

[Harrant & Hemmrich 2004] Harrant, H./Hemmrich, A., Risikomanagement in Projekten, München/Wien 2004

[Holt 2013] Holt, A., Governance of IT: An Executive Guide to ISO/IEC 38500, Swindon 2013

[HP 2012] HP (Hrsg.), HP IT Service Management, *www.hp.com*

[IBM 2010] IBM (Hrsg.), 2010 IBM Global IT Risk Study, Somers 2010

[IBM 2011] IBM (Hrsg.), 2011 IBM Global Business Resilience and Risk Study, Somers 2011

[IBM 2012] IBM (Hrsg.), 2012 IBM Global Reputational Risk and IT Study, Somers 2012

[IBM-PRM-IT 2012] IBM (Hrsg.), IT Asset Management Processes using Tivoli Asset Management for IT, IBM redbook, Poughkeepsie 2012

[IDSA 2009] Institute of Directors South Africa (Hrsg.), KING Code of Governance for South Africa 2009, Sandton 2009

[IDW 2002] Institut der Wirtschaftsprüfer in Deutschland e. V. (Hrsg.), IDW PS 330: Abschlussprüfung bei Einsatz von Informationstechnologie, Düsseldorf 2002

[IDW 2006] Institut der Wirtschaftsprüfer in Deutschland e. V. (Hrsg.), IDW PS 261: Feststellungen und Beurteilung von Fehlerrisiken und Reaktion des Abschlussprüfers auf die beurteilten Fehlerrisiken, Düsseldorf 2002

[ISACA 2009a] ISACA (Hrsg.), The Risk IT Framework, Rolling Meadows 2009

[ISACA 2009b] ISACA (Hrsg., 2009), The Risk IT Practitioner Guide, Rolling Meadows 2009

[ISACA 2012a] ISACA (Hrsg.), COBIT 5, Rolling Meadows 2012

[ISACA 2012b] ISACA (Hrsg.), Comparing COBIT 4.1 and COBIT 5, *www.isaca.org*

[ISACA 2012c] ISACA (Hrsg.), COBIT 5.0 – Enabling Processes, Rolling Meadows 2012

[ISACA 2012d] ISACA (Hrsg.), COBIT 5.0 – Implementation, Rolling Meadows 2012

[ISACA 2012e] ISACA (Hrsg.), COBIT 5.0 – Overview, Rolling Meadows 2012

[ISACA 2013a] ISACA (Hrsg.), Information Technology Assurance Framework, 2. Auflage, Rolling Meadows 2013

[ISACA 2013b] ISACA (Hrsg.), COBIT 5 for Assurance, Rolling Meadows 2013

[ISO 2004a] ISO (Hrsg.,), ISO/IEC 15504-1:2004 – Information technology – Process assessment – Part 1: Concepts and vocabulary, International Organization for Standardization, Genf 2004

[ISO 2004b] ISO (Hrsg.,), ISO/IEC 15504-4:2004 – Information technology – Process assessment – Part 4: Guidance on use for process improvement and process capability determination, International Organization for Standardization, Genf 2004

[ISO 2005] ISO (Hrsg.), ISO/IEC 27001:2005 – Information technology – Security techniques – Information security management systems – Requirements, International Organization for Standardization, Genf 2009

[ISO 2008a] ISO (Hrsg.), ISO/IEC 38500:2008 – Corporate governance of information technology, International Organization for Standardization, Genf 2008

[ISO 2008b] ISO (Hrsg.), ISO/IEC 12207:2008 – Systems and software engineering – Software life cycle processes, International Organization for Standardization, Genf 2008

[ISO 2008c] ISO (Hrsg.), ISO/IEC 21827:2008 – Information technology – Security techniques – Systems Security Engineering – Capability Maturity Model (SSE-CMM), International Organization for Standardization, Genf 2009

[ISO 2008d] ISO (Hrsg.), ISO 9001:2008 – Quality management systems – Requirements, International Organization for Standardization, Genf 2009

[ISO 2009a]   ISO (Hrsg.), ISO 31000:2009 – Risk Management – Principles and Guidelines, International Organization for Standardization, Genf 2009

[ISO 2009b]   ISO (Hrsg.), IEC 31010:2009 – Risk management – Risk assessment techniques, International Organization for Standardization, Genf 2009

[ISO 2009c]   ISO (Hrsg.), ISO Guide 73:2009 – Risk management – Vocabulary, International Organization for Standardization, Genf 2009

[ISO 2011]   ISO (Hrsg.,), ISO/IEC 27005:2011 – Information Technology – Security Techniques – Information Security Risk Management, International Organization for Standardization, Genf 2011

[ITGI 2004]   IT Governance Institute (Hrsg., 2004), Global Status Report on the Governance of Enterprise IT(Geit) – 2004, Rolling Meadows 2004

[ITGI 2006]   IT Governance Institute (Hrsg.), Global Status Report on the Governance of Enterprise IT (GEIT) – 2006, Rolling Meadows 2006

[ITGI 2011]   IT Governance Institute (Hrsg.), Global Status Report on the Governance of Enterprise IT (GEIT) – 2011, Rolling Meadows 2011

[Johannsen 2009]   Johannsen, W., Appetit auf Risiko? Das »Risk-IT-Framework« zur Unterstützung des Managements von IT-Risiken, in: IT-Governance, Heft 6, 2009, S. 20–25

[Junginger 2004]   Junginger, M., Wertorientierte Steuerung von Risiken im Informationsmanagement, Wiesbaden 2004

[Kaplan & Garrick 1981]   Kaplan, S./Garrick, B., On The Quantitative Definition of Risk, in: Risk Analysis, Heft 1, 1981, S. 11–27

[Kapur 2010]   Kapur, R., Use of the Balanced Scorecard for IT Risk Management, in: ISACA Journal, Heft 5, 2010, S. 45–48

[Keitsch 2004]   Keitsch, D., Risikomanagement, Stuttgart 2004

[Kersten et al. 2011]   Kersten, H./Reuter, J./Schröder, K.-W., IT-Sicherheitsmanagement nach ISO 27001 und Grundschutz – Der Weg zur Zertifizierung, 3. Aufl., Wiesbaden 2011

[Keuper & Oecking 2012]   Keuper, F./Oecking. C. (Hrsg.), Corporate Shared Services: Bereitstellung von Dienstleistungen im Konzern, 2. Aufl., Wiesbaden 2012

[Klett et al. 2011]   Klett, G./Schröder, K.-W./Kersten, H., IT-Notfallmanagement mit System, Wiesbaden 2011

[Klipper 2011]   Klipper, S. (2011), Information Security Risk Management, Wiesbaden 2011

[Klotz 2009]   Klotz, M., IT-Compliance – Ein Überblick, Heidelberg, 2009

[Klotz & Dorn 2008] Klotz, M./Dorn, D., IT-Compliance – Begriff, Umfang und relevante Regelwerke in: HMD – Praxis der Wirtschaftsinformatik, Heft 263, 2008, S. 5–14

[Knolmayer 2007] Knolmayer, G.F., Compliance-Nachweise bei Outsourcing von IT-Aufgaben, in: Wirtschaftsinformatik Sonderheft 2007, S. 98–106

[Koch 2005] Koch, R., Versicherbarkeit von IT-Risiken, Berlin, 2005

[Königs 2013] Königs, H.-P., IT-Risiko-Management mit System, 4. Aufl., Wiesbaden 2013

[Kontio 1997] Kontio, J., The Riskit Method for Software Risk Management, White Paper, CS-TR-3782, UMIACS-TR-97-38, 1997

[Kontio & Basili 1996] Kontio, J./Basili, V.R. (1996), Risk Knowledge Capture in the Riskit Method, in: SEW Proceedings, S. 309–317

[Kuhn 2012] Kuhn, P.J., Cloud Computing – Vor einer glänzenden Zukunft, in: VDEdialog, Heft 2, 2012, ITG-Themen, S. 9

[Lazlo 2004] Laszlo, M., Security Risk Management, Hamburg 2004

[Lenges 2008] Lenges, M., Framework zum IT-Risikomanagement, Norderstedt 2008

[Mehta 2010] Mehta, A., An Approach toward Sarbanes-Oxley ITGC Risk Assessment, in: ISACA Journal, Heft 5, 2010, S. 15–18

[Mell & Grance 2011] Mell, P./Grance, T., The NIST Definition of Cloud Computing, Special Publication 800-145, National Institute of Standards and Technology, Gaithersburg 2011

[Menzies 2004] Menzies, C. (Hrsg.), Sarbanes-Oxley Act: Professionelles Management interner Kontrollen, Stuttgart 2004

[Mikus 2001] Mikus, B., Risiken und Risikomanagement, in: [Götze et al. 2001], S. 3–28

[Modi 2010] Modi, T., FISMA 2010: What it means for IT Security Professionals, in: ISACA Journal, Heft 5, 2010, S. 35–40

[MS 2012] Microsoft (Hrsg.), The Microsoft Operations Framework 4.0, *technet.microsoft.com*

[Müller 2011] Müller, K.-R., IT-Sicherheit mit System, 4. Aufl., Wiesbaden 2011

[Neubürger 1980] Neubürger, K., Risikobeurteilung bei strategischen Unternehmungsentscheidungen, Stuttgart 1980

[Noack 2013] Noack, K., Kreativitätstechniken, Mannheim 2013

[Nöllke 2010] Nöllke, M., Kreativitätstechniken, 6. Aufl., Freiburg 2010

[OECD 2001] OECD (Hrsg.), Environmental Indicators for Agriculture, Bd. 3, Methods and Results, *http://stats.oecd.org/glossary*

[Oecking & Kampffmeyer 2011] Oecking, C./Kampffmeyer, H., Operatives IT-Risikomanagement, in [Gründer & Schrey 2011], S. 181–202

[OGC 2007] Office of Government Commerce (Hrsg.), Prince2, Norwich 2007

[OGC 2010] Office of Government Commerce (Hrsg.), Management of Risks (M_o_R) – Guidance vor Practitioners, Norwich 2010

[OGC 2011] Office of Government Commerce (Hrsg.), IT Infrastructure Library (ITIL 2011), Norwich 2011

[ONR 2012] Austrian Standards Institute (Hrsg.), ONR 49000:2010, *www.as-institute.at*

[Pareek 2011] Pareek, M., Technology Risk Measurement and Reporting, in: ISACA Journal, Heft 6. 2011, S. 26–31

[Pastors 2002] Pastors, P.M. (Hrsg.), Risiken des Unternehmens – vorbeugen und meistern, München/Mering 2002

[PCI-SSC 2012] Payment Card Industry Security Standards Council (Hrsg.), Payment Card Industry Data Security Standard, www.pcisecuritystandards.org, Wakefield 2012

[Peters 2008] Peters, D., Einsatz der Balanced Scorecard im Risikomanagement, Bremen 2008

[Pironti 2010] Pironti, J.P., Developing an Information Security and Risk Management Strategy, in: ISACA Journal, Heft 2, 2010, S. 28–35

[Pironti 2012] Pironti, J.P., Changing the Mind-set: Creating a Risk-conscious and Security-aware Culture, in: ISACA Journal, Heft 2, 2012, S. 13–19

[PMI 2013] Project Management Institute (Hrsg.), A Guide to the Project Management Body of Knowledge (PMBOK Guide), Version 5, Newtown Square 2013

[Pritchard 2010] Pritchard, C.L. (2010), Risk Management: Concepts and Guidance, Frankfurt/M. 2010

[Prokein 2008] Prokein, O., IT-Risikomanagement, Wiesbaden 2008

[PwC 2010] PriceWaterhouseCoopers (Hrsg.), Dynamic Risk Management: Ein Leitfaden, 2010

[Rath & Sponholz 2009] Rath, M./Sponholz, R., IT-Compliance: Erfolgreiches Management regulatorischer Anforderungen, Berlin 2009

[Rauschen & Disterer 2004] Rauschen, T./Disterer G., Identifikation und Analyse von Risiken im IT-Bereich, in: HMD – Praxis der Wirtschaftsinformatik, Heft 236, April 2004, S. 19–32

[Raval 2010] Raval, V., Risk Landscape of Cloud Computing, in: ISACA Journal, Heft 1, 2010, S. 26–30

[Reichmann & Form 2000] Reichmann, T./Form, S., Balanced Chance- and Risk-Management, in: Controlling, Heft 4/5, 2000, S. 189–198

[Reil et al. 2009] Reil, M./Knäbchen, A./Schürch, R., Einführung eines leistungsfähigen IT-Risk-Management, in: IT-Governance, Heft 6, 2009, S. 3–7

[Reinhard et al. 2007] Reinhard, T./Pohl, L./Capellaro, H. (Hrsg.), IT-Sicherheit und Recht. Rechtliche und technisch-organisatorische Aspekte für Unternehmen, Berlin 2007

[Romeike 2004] Romeike, F., Lexikon Risiko-Management, Weinheim 2004

[Romeike 2011] Romeike, F., Simulation contra Rückspiegel: Risikoorientierte Unternehmenssteuerung, in: Deggendorfer Forum zur Digitalen Datenanalyse e.V., 2011, S. 35–58

[Rosenkranz & Missler-Behr] Rosenkranz, F./Missler-Behr, M., Unternehmensrisiken erkennen und managen: Einführung in die quantitative Planung, Berlin/Heidelberg 2005

[Rüter et al. 2010] Rüter, A./Schröder, J./Göldner, A./Niebuhr, J. (Hrsg.), IT-Governance in der Praxis: Erfolgreiche Positionierung der IT im Unternehmen. Anleitung zur erfolgreichen Umsetzung regulatorischer und wettbewerbsbedingter Anforderungen, 2. Aufl., Berlin/Heidelberg 2010

[Ruf 2011] Ruf, S., Konzeption eines prozessorientierten Referenzmodells für das Risikomanagement von Multi-Kanal-Systemen, Schriften zur Wirtschaftsinformatik, Band 20, Frankfurt, 2011

[Schermann 2011] Schermann, M., Risk Service Engineering, Wiesbaden 2011

[Schmidt 2011] Schmidt, K., IT-Risikomanagement, in: [Tiemeyer 2011], S. 547–583

[Schmidt & Brand 2011] Schmidt, K./Brand, D., IT-Revision, München 2011

[Schmittling & Munns 2010] Schmittling, R./Munns, A., Performing a Security Risk Assessment, in: ISACA Journal, Heft 1, 2010, S. 18–24

[Schmittling & Siemens 2004] Schmittling, W./Siemens, D., EDV-technische Umsetzung eines Risikomanagementmodells, in: ZFC, Heft 2, 2004, S. 103–109

[Schuppenhauer 2007] Schuppenhauer, R., GoDV-Handbuch – Grundsätze ordnungsmäßiger Datenverarbeitung und DV-Revision, 6. Aufl., München 2007

[Schwarz et al. 2007] Schwarz, W./Backerra, H./Malorny, C., Kreativitätstechnologien, München 2007

[Seibold 2006] Seibold, H., IT-Risikomanagement, München/Wien 2006

[Semrau 2011] Semrau, M., Effektives Business-IT-Alignment durch Val IT?, in: [Amberg & Lang 2011], S. 227–248

[Singleton 2009] Singleton, T.W., What every IT Auditor should know about IT Risk Assessment, in: ISACA Journal, Heft 6, 2009, S. 15–17

[Smith & Merrit 2002] Smith, P.G./Merrit, G.M., Proactive Risk Management: Controlling Uncertainty in Production Development, London 2002

[Sonnenreich et al. 2005] Sonnenreich, W., Albanese, J./Stout, B., Return On Security Investment (ROSI): A Practical Quantitative Model, in: Journal of Research and Practice in Information Technology, 2005, S. 239–252

[Steckel 2011] Steckel, R., Compliance mit Internationalen Prüfungsstandards (ISAs), in: Deggendorfer Forum zur Digitalen Datenanalyse e.V., 2011, S. 75–110

[Szivek 2011] Szivek, E., IT-Sicherheit und BASEL II – Aufsichtsrechtliche Entwicklungen und Implikationen für das Unternehmensrating, in: [Gründer & Schrey 2011], S. 361–380

[Tiemeyer 2011] Tiemeyer, E. (Hrsg.), Handbuch IT-Management – Konzepte, Methoden, Lösungen und Arbeitshilfen für die Praxis, 4. Aufl., München 2011

[Tönnissen 2011] Tönnissen, S., Revision der IT-Governance mit COBIT, Berlin 2011

[Wack 2007] Wack, J., Risikomanagement für IT-Projekte, Hamburg 2007

[Wallmüller 2004] Wallmüller, E., Risikomanagement für IT- und Software-Projekte, München 2004

[Weis 2012] Weis, U., Risikomanagement nach ISO 31000 – Risiken erkennen und erfolgreich steuern, Kissing 2012

[Westerman 2006] Westerman, G., IT Risk Management: From IT Necessity to Strategic Business Value, Working Paper, CISR WP No. 366 and MIT Sloan WP No. 4658-07, Cambridge, 2006

[Westerman & Barnier 2010] Westerman, G./Barnier, B., Driving New Value from IT Risk Management, in: ISACA Journal, Heft 1, 2010, S. 53–57

[Westerman & Hunter 2007] Westerman, G./Hunter, R., IT Risk: Turning Business Threats Into Competitive Advantage, Boston 2007

[Williams 2003] Williams, T., Management von komplexen Projekten, Weinheim 2003

[Wolf 2003] Wolf, K., Risikomanagement im Kontext der wertorientierten Unternehmensführung, Wiesbaden 2003

Stichwortverzeichnis

A

ABC-Analyse 157
Accountability *siehe Zurechenbarkeit*
Ad-hoc-IT-Risikobericht 147
allgemeine Kontrolle 232
Analyse
    ABC-~ 157
    Ausfalleffekt~ 163, 177
    Bedrohungs~ 126
    Einfluss~ 162
    Ereignisbaum~ 159
    Fehlerbaum~ 159
    Fehlermöglichkeits~ 162
    Nutzwert~ 174
    Post-mortem-~ 173
    Sensitivitäts~ 175
    Stärken-Schwächen-~
        (SWOT-Analyse) 176
    Störfallablauf~ 177
    Ursachen~ 181
    Ursache-Wirkungs-~ 181
    Verwundbarkeits~ 126
    Zuverlässigkeits~, menschliche 167
Angriff 38, 234
    Abwehr 236
    Lösungsweg 236
    Umsetzungshilfe 236
    Vermeidung 236
Angriffsbaum 160
Angriffspfad 126
Angriffspunkt 36
    siehe auch Verwundbarkeit
Anwendungskontrolle (Application Control) 229, 282
anwendungsunterstützte Kontrolle 281
APO 12 (Managen des Risikos) 78
Application Control *siehe Anwendungskontrolle*
Audit 84
Audit Charta *siehe Prüfungsauftrag*
Aufbauorganisation 231
Aufbauprüfung 295
Ausfalleffektanalyse 163, 177
Ausfallwahrscheinlichkeit 13
automatische Kontrolle 281
Availability *siehe Verfügbarkeit*
Awareness 97
    Kampagne 210

B

Backdoor 235
Basel II/III 72
Bedrohung 35
Bedrohungsanalyse 126
Bedrohungskatalog 186
Begriffsverständnis
    einheitliches 8
Behandlungsstrategie 140
Benchmark 297
Beratung 143
Best Practices 112, 212, 217, 313
Betrieb
    dezentraler 205
    zentraler 205, 207
Betriebsrisiko 210
Bewertungsrisiko 16
BIA *siehe Business Impact Analysis*
Bow-Tie-Diagramm 191

Bow-Tie-Methode 183
BSI-Grundschutz-Katalog 130
Business Impact Analysis (BIA) 182

C
Capability Maturity Model Integration (CMMI) 82
CCP *siehe Critical Control Points*
Cloud
    Community 224
    Computing 222
    Computing-Strategie 224
    hybride 223
    öffentliche 223
    private 223
CMMI *siehe Capability Maturity Model Integration*
COBIT 5 75
Committee of Sponsoring Organizations of the Treadway Commission (COSO) 72
Community Cloud 224
Compliance-Risiko 16
Confidentiality *siehe Vertraulichkeit*
Control *siehe Kontrolle*
Control Practice 280
Control Risk *siehe Kontrollrisiko*
Controlling 89
Corporate Risk Management Office *siehe Risikomanagement-Office*
COSO *siehe Committee of Sponsoring Organizations of the Treadway Commission*
Critical Control Points (CCP) 173

D
Datenkommunikation 234
Delphi-Methode 157
Detection Risk *siehe Erkennungsrisiko*
dezentraler Betrieb 205
Diagramm
    Bow-Tie-~ 191
    Fischgräten-~ 191

Diagramm (Fortsetzung)
    Ishikawa-~ 191
    IT-Risikonetz~ 189
    IT-Risikospinnen~ (IT Risk Spyder Web Diagram) 189
    Ursache-Wirkungs-~ 191
DIIR 299
Dreipunktschätzung 158
Drive-by-Angriff 235

E
EDM03 (Sicherstellen der Risikooptimierung) 78
Einflussanalyse 162
Einführung
    proaktive 267
einheitliches Begriffsverständnis 8
Eintrittswahrscheinlichkeit 9, 131, 136
Enterprise Risk Management (ERM) 56, 88, 96, 120
Entlastungsfunktion 116
Entscheidungsbaum 174
Ereignisbaumanalyse 159
erkennende Kontrolle 281
Erkennungsrisiko (Detection Risk) 16
ERM *siehe Enterprise Risk Management*
Extreme Programming (XP) 254
Extremwert-Theorie 167

F
Fachexperte 101
fachliches Risiko 14
Failure Mode and Effects Analysis (FMEA) 162
Failure Mode and Effects and Criticality Analysis (FMECA) 162
Fehlerbaumanalyse 159
Fehlermöglichkeitsanalyse 162
Fehlerwahrscheinlichkeit 13
Fischgräten-Diagramm 191
FMEA *siehe Failure Mode and Effects Analysis*
FMECA *siehe Failure Mode and Effects and Criticality Analysis*

G

Gefahr 35
generelle Kontrolle 282

H

HACCP-Konzept 171, 173
HAZOP-Studie 171, 173
hybride Cloud 223

I

IDW 299
IKS *siehe Internes Kontrollsystem*
Incident & Problem Management 232
Infrastrukturelement 230
inhärentes Risiko 14
Integrationsfähigkeit 59
Integrität (Integrity) 19
Integrity *siehe Integrität*
internationale Normen 310, 313
interne Prüfungsinstanz 291
Internes Kontrollsystem (IKS) 279, 280
    Konzeption 285
ISACA 299
Ishikawa-Diagramm 191
ISO Guide 73 73
ISO 31000 73
IT General Control (ITGC) 232
IT Risk Acceptance Committee *siehe*
    IT-Risikobehandlungsrat
IT Risk Assessment 117
IT Risk Awareness *siehe IT-Risiko-*
    bewusstsein
IT Risk Committee *siehe IT-Risiko-*
    management-Ausschuss
IT Risk Oversight Board *siehe IT-Risiko-*
    steuerungskreis
IT Risk Policy *siehe IT-Risikorichtlinie*
IT Risk Response Matrix 186
IT Risk Self Assessment (ITRSA) 288
IT Risk Spyder Web Diagram *siehe*
    IT-Risikospinnendiagramm
IT-Betrieb
    Kleine Unternehmen (KMU) 244
    Organisation 205
    Risiko 204
    Systematisierung 204

IT-Betriebsrisiko 210
IT-Change-Management 232
IT-Compliance 88
ITGC *siehe IT General Control*
IT-Governance 88
IT-Infrastruktur 223, 229
IT-Organisation 231
IT-Projekt
    Handlungsempfehlung 261
    Lösungsweg 261
    Risiko 255
IT-Projektmanagement 261
IT-Projektrisikomanagement 249, 261
    operatives 250
    organisatorische Verankerung 251
    strategisches 250
IT-Prozess 231
IT-Prozessreife 232
IT-Rechtsabteilung 88
IT-Revision 88, 291
IT-RIMS *siehe IT-Risikomanagement-*
    Informationssystem
IT-Risiko 7, 17, 125
    Behandlung 140
    Controlling 150, 153
    Methode 131
    Werkzeug 131
IT-Risikoakzeptanz 44, 46
IT-Risikoanalyse
    Cloud Computing 225
IT-Risikoanalysematrix 186
IT-Risikobehandlungsplan 141, 142
IT-Risikobehandlungsrat (IT Risk
    Acceptance Committee) 103
IT-Risikobericht 141, 144, 190
    Ad-hoc-~ 147
IT-Risikoberichtswesen 52, 143
IT-Risikobewusstsein (IT Risk Awareness)
    39, 40, 43
IT-Risikodatenbank 187
IT-Risikoeigentümer 100
IT-Risikohandbuch 50
IT-Risikoidentifikation 129
    verkürzte 126
    vollständige 126
IT-Risikoindikator 164

IT-Risikoinventur 163
IT-Risikokatalog 186
IT-Risikokennzahl 164
IT-Risikoklasse 24
IT-Risikoklassifikation 23
IT-Risikokommunikation 43, 52
IT-Risikokontrollmatrix 186
IT-Risikokorridor 48
IT-Risikokultur 39, 42, 52
　konstruktive 43
IT-Risikolagebericht 146
IT-Risikoleitlinie 50
IT-Risikolenkungskreis 103
　siehe auch IT-Risikosteuerungskreis
IT-Risikoliste 187
　Top-Ten 187
IT-Risikomanagement 3, 55, 57, 155
　Anpassungsfähigkeit 62
　Ausschuss (IT Risk Committee) 104
　Dokument 184
　Einführung 267
　Entwicklung 267
　externe Gruppe 106
　Gremium 102
　Implementierung 272
　Informationssystem (IT-RIMS) 193
　　Anforderung 195
　Konzeption 270
　Methode 122
　Methodenwahl 192
　Organisation 52
　Organisationsstruktur 87
　Portfolio 255
　Proramm 255
　Prozess 52, 111
　　Checkliste 184
　　Grundstruktur 111
　　organisatorische Verankerung 111
　　Verantwortung 117
　Prüfung 287
　Rollen 94
　Software 193, 196
　Softwarelösung 199
　Überführung 273
　Vorgabe 68, 309
　Vorgehensmodell 253

IT-Risikomanagement (Fortsetzung)
　Weiterentwicklung 273
　Werkzeug 122
　Werkzeugwahl 192
　Wirtschaftlichkeit 62
IT-Risikomanager 99
IT-Risikomatrix 48, 185
IT-Risikoneigung 39, 44
IT-Risikonetzdiagramm 189
IT-Risikoplan 187
IT-Risikopolitik 39, 50, 123
IT-Risikopotenzial 18
IT-Risikoprioritätszahlen-Würfel 166
IT-Risiko-Reporting-Plan 147
IT-Risikorichtlinie (IT Risk Policy) 50, 54
IT-Risikospinnendiagramm (IT Risk
　Spyder Web Diagram) 189
IT-Risikosteuerungskreis (IT Risk
　Oversight Board) 103
IT-Risikostrategie 63
IT-Risikoszenario 179
IT-Risikotoleranz 46
IT-Risikotragfähigkeit 46
IT-Risikotreiber 164
IT-Risikowürfel (Risk Cube) 20
ITRSA siehe IT Risk Self Assessment
IT-Schlüssel-Kennzahl 164
　siehe auch Key Risk Indicator
IT-Service-Management 212, 232
IT-Sicherheit 88
IT-Sicherheitsmanagement 212
IT-Sicherheitsrisiko 188
IT-System-Evaluation 159

K

Katastrophe 238
　Handlungsempfehlung 239
　Lösungsweg 239
Key Risk Indicator (KRI) 164
Kleine Unternehmen (KMU) 244
　Handlungsempfehlung 246
　Lösungsweg 246
KMU siehe Kleine Unternehmen
Kommunikation 143
kompensierende Kontrolle 282
Konfigurationsmanagement 233

konstruktive IT-Risikokultur 43
Kontrolle (Control) 280
    allgemeine 232
    anwendungsunterstützte 281
    Anwendungs~ 229, 282
    automatische 281
    erkennende 281
    generelle 282
    kompensierende 282
    korrigierende 281
    manuelle 282
    Messpunkt 284
    prozessintegrierte 283
    prozessunabhängige 284
    vorbeugende 281
Kontrollmechanismus 280
Kontrollorientierung 44
Kontrollrisiko (Control Risk) 16
Kontrollumfeld 284
korrigierende Kontrolle 281
Kostenart 275
Kostenartenplan 276
Kreuztabelle 128, 134, 169
KRI *siehe Key Risk Indicator*
Kritikalität 137, 139

M

Malware *siehe Späh- und Schadsoftware*
Management of Risk (M_o_R) 79
    Anwendung 81
    Denkansatz 80
    Prinzip 80
    Prozess 80
manuelle Kontrolle 282
MaRisk 72
Maßnahme
    präventive 236
    reaktive 236
MDM *siehe Mobile Device Management*
Measure 280
menschliche Zuverlässigkeitsanalyse 167
Messpunkt für Kontrolle 284
Methode
    Bow-Tie-~ 183
    Delphi-~ 157

Methode (Fortsetzung)
    PAAG-~ 171
    qualitative 133
    quantitative 133
    Scoring-~ 174
    Szenario~ 179
Mobile Device Management (MDM) 243
Mobilgeräte 240
    Handlungsempfehlung 242
    Lösungsweg 242
    Schutz 243
Monte-Carlo-Simulation 168
M_o_R *siehe Management of Risk*

N

nationale Normen 312, 313
Normen 217
    internationale 310, 313
    nationale 312, 313
Notfall 238
    Handlungsempfehlung 239
    Lösungsweg 239
Nutzwertanalyse 174

O

OCTAVE *siehe Operational Critical Threat Asset and Vulnerability Evaluation*
öffentliche Cloud 223
Open Source Software (OSS) 263
Open-Source-Projekt 263
    Handlungsempfehlung 264
    Lösungsweg 264
Open-Source-Richtlinie 264
Operational Critical Threat Asset and Vulnerability Evaluation (OCTAVE) 81
operatives IT-Projektrisikomanagement 250
organisatorische Verwundbarkeit 38
OSS *siehe Open Source Software*
Outsourcing 214
    Richtlinie 221
Outtasking 214
    Richtlinie 221

P

PAAG-Methode 171
Patch-Management 233
personelle Verwundbarkeit 38
PMBOK Guide 256
Post-mortem-Analyse 173
präventive Maßnahme 236
private Cloud 223
proaktive Einführung 267
prozessintegrierte Kontrolle 283
prozessunabhängige Kontrolle 284
Prüfung 84
    Form 287
    Variante 287
Prüfungsablauf 293
Prüfungsauftrag (Audit Charta) 294
Prüfungsergebnis
    Darstellung 292
    Dokumentation 292
Prüfungsinstanz
    interne 291
Prüfungskatalog 290
Prüfungsstandard 289

Q

Qualifikationsaspekt 107
qualitative Methode 133
quantitative Methode 133

R

RACI-Chart 117, 119
RACI-Matrix 117
Rational Unified Process (RUP) 254
RBS *siehe Risk Breakdown Structure*
reaktive Maßnahme 236
Reporting 143
Residual Risk *siehe Restrisiko*
Restrisiko (Residual Risk) 15
Return on Security Invest (ROSI) 278
    Modell 278
Revision 88
Richtlinie
    Outsourcing-~ 221
    Outtasking-~ 221

Risiko 7, 125
    Behandlung 140
    Bewertungs~ 16
    Compliance-~ 16
    Controlling 150, 153
    ~ = Eintrittswahrscheinlichkeit 7
    Erkennungs~ 16
    fachliches 14
    inhärentes 14
    IT-~ 7, 17
    Kontroll~ 16
    Methode 131
    Rest~ 15
    strategisches 14
    verbleibendes 15
    Werkzeug 131
    wesentliches 15
Risikoabneigung 45
Risikoakzeptanz 44, 46
Risikoanalyse
    Cloud Computing 225
Risikoanalysematrix 186
Risikoart 13
Risikobegriff 7
    ursachenbezogene Sicht 10
    wirkungsbezogene Sicht 10
Risikobehandlungsplan 141, 142
Risikobehandlungsrat 103
Risikobericht 141, 144, 190
    Ad-hoc-~ 147
Risikoberichtswesen 52, 143
Risikobewusstsein 39, 40, 43
Risikodatenbank 187
Risikoeigentümer 100
Risikofaktor 10
Risikofreude 45
Risikohandbuch 50
Risikoidentifikation 129
    verkürzte 126
    vollständige 126
Risikoindikator 164
Risikoinventur 163
Risikokatalog 186
Risikokennzahl 164

Risikoklasse 24
Risikoklassifikation 23
Risikokommunikation 43, 52
Risikokontrollmatrix 186
Risikokorridor 48
Risikokultur 39, 42, 52
   konstruktive 43
Risikolagebericht 146
Risikoleitlinie 50
Risikolenkungskreis 103
Risikoliste 187
   Top-Ten 187
Risikomanagement 55, 57, 155
   Anpassungsfähigkeit 62
   Ausschuss 104
   Dokument 184
   Einführung 267
   Entwicklung 267
   externe Gruppe 106
   Gremium 102
   Implementierung 272
   IT-Betrieb 203
   Konzeption 270
   Methode 122
   Methodenwahl 192
   Office (Corporate Risk Management Office) 104
   Organisation 52
   Organisationsstruktur 87
   Portfolio 255
   Programm 255
   Prozess 52
      Checkliste 184
      Grundstruktur 111
      organisatorische Verankerung 111
      Verantwortung 117
   Prüfung 287
   Rollen 94
   Software 193, 196
   Softwarelösung 199
   Überführung 273
   Vorgabe 68, 309
   Vorgehensmodell 253
   Weiterentwicklung 273
   Werkzeug 122

Risikomanagement (Fortsetzung)
   Werkzeugwahl 192
   Wirtschaftlichkeit 62
Risikomanager 99
Risikomatrix 48, 185
Risikoneigung 39, 44
Risikonetzdiagramm 189
Risikoneutralität 45
Risikooptimierung 77
Risikoplan 187
Risikopolitik 39, 50, 123
Risikopotenzial 18
Risikoprioritätszahl (RPZ) 165
   Würfel 166
Risiko-Reporting-Plan 147
Risikorichtlinie 50, 54
Risikospinnendiagramm 189
Risikosteuerungskreis 103
Risikostrategie 63
Risikoszenario 179
Risikotoleranz 46
Risikotragfähigkeit 46
Risikotransparenz 32
Risikotreiber 164
Risikovorsorge 66
Risikowürfel (Risk Cube) 20
Risk Breakdown Structure (RBS) 177
Risk Cube *siehe IT-Risikowürfel*
Risk Mitigation 64
Risk Self Assessment 210
ROSI *siehe Return on Security Invest*
RPZ *siehe Risikoprioritätszahl*
RUG *siehe Rational Unified Process*

S

Sarbanes-Oxley Act (SOX) 71
   Compliance 71
Schadenshöhe 131, 136
Schadensklasse 34
Schwachstelle 36
   siehe auch Verwundbarkeit
Scoring-Methode 174
Scrum 254
Sensitivitätsanalyse 175
Sicherheitsrisiko 188

Social Engineering 234
Solvency II 72
SOX *siehe Sarbanes-Oxley Act*
Späh- und Schadsoftware (Malware) 234
Spiralmodell 254
Stärken-Schwächen-Analyse (SWOT-Analyse) 176
Steuerungskennzahl 167
Steuerungssystem 283
Störfallablaufanalyse 177
strategisches IT-Projektrisikomanagement 250
strategisches Risiko 14
Stresstest 178
SWOT-Analyse *siehe Stärken-Schwächen-Analyse*
Szenariomethode 179

T

technische Verwundbarkeit 37

U

Überwachungssystem 283
Ursachenanalyse 181
ursachenbezogene Sicht des Risikobegriffs 10
Ursache-Wirkungs-Analyse 181
Ursache-Wirkungs-Beziehung 29, 179
Ursache-Wirkungs-Diagramm 191

V

Value at Risk 166
verbleibendes Risiko 15
Verfügbarkeit (Availability) 19
verkürzte IT-Risikoidentifikation 126
Vertraulichkeit (Confidentiality) 18
Verwundbarkeit (Vulnerability, Weakness) 36
  organisatorische 38
  personelle 38
  technische 37
Verwundbarkeitsanalyse 126
Virtualisierung 209
Virtualisierungslösung 231
V-Modell XT 253
vollständige IT-Risikoidentifikation 126
vorbeugende Kontrolle 281
Vulnerability *siehe Verwundbarkeit*

W

Wahrscheinlichkeitsbegriff 11
Wasserfallmodell 253
Weakness *siehe Verwundbarkeit*
wesentliches Risiko 15
wirkungsbezogene Sicht des Risikobegriffs 10
Wirtschaftlichkeitsbetrachtung 274

X

XP *siehe Extreme Programming*

Z

zentraler Betrieb 205, 207
Zurechenbarkeit (Accountability) 19
Zuverlässigkeitsanalyse, menschliche 167

2., überarbeitete u. aktualisierte Auflage,
2014, 320 Seiten, gebunden
€ 39,90 (D)
ISBN 978-3-86490-045-7

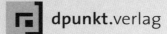

Wieblinger Weg 17 · 69123 Heidelberg
fon 0 62 21/14 83 40
fax 0 62 21/14 83 99
e-mail hallo@dpunkt.de
http://www.dpunkt.de

Niklas Spitczok von Brisinski ·
Guy Vollmer · Ute Weber-Schäfer

Pragmatisches IT-Projektmanagement

Softwareentwicklungsprojekte auf Basis des PMBOK® Guide führen

2., überarbeitete u. aktualisierte Auflage

Jedes Softwareentwicklungsprojekt ist einmalig. Es bringt unterschiedlichste Charaktere für einen begrenzten Zeitraum mit dem Ziel zusammen, ein neues, herausragendes Produkt zu entwickeln. Dieses Buch zeigt ein praxiserprobtes Vorgehen, das Softwareprojekte zum gewünschten Erfolg bringen kann. Basierend auf dem PMBoK Guide (Project Management Body of Knowledge) des Project Management Institute stellt es eine einfache, effiziente Vorgehensweise für das Management von Softwareentwicklungsprojekten vor. Mit hilfreichen Prozessillustrationen, zahlreichen Vorlagen und einer PMBoK-Guide-Referenz.

Die aktualisierte und überarbeitete 2. Auflage berücksichtigt die Änderungen, die sich durch den neuen PMBOK Guide 5 für das Vorgehen ergeben. Zudem wurden die unmittelbaren Prozesse der Softwareentwicklung agiler als bisher gestaltet, bleiben dabei aber immer noch im Rahmen des PMBOK Guides.

Martin Kütz

IT-Controlling für die Praxis

Konzeption und Methoden

2., überarbeitete u. erweiterte Auflage

2., überarbeitete u. erweiterte Auflage, 2013, 340 Seiten, gebunden
€ 44,90 (D)
ISBN 978-3-86490-003-7

Das Buch entwickelt eine zeitgemäße Controlling-Konzeption für die IT. Martin Kütz beschreibt Prozesse, Instanzen und Objekte des IT-Controllings und leitet daraus ein Prozessmodell ab. Der Leser erhält Hinweise für den Aufbau, die organisatorische Einbindung und personelle Ausstattung eines IT-Controlling-Dienstes. Weiter werden die wichtigsten Methoden der Kosten-, Leistungs- und Wirtschaftlichkeitsrechnung dargestellt.

Die 2. Auflage wurde komplett überarbeitet und vertieft Themen wie Multiprojektmanagement, Kostenrechnung, interne Leistungsverrechnung sowie Entscheidungsunterstützung.

Stimmen zur ersten Auflage:

»Fazit: Ein Buch vom Praktiker für den Praktiker – keine ganz leichte Lektüre, aber sinnvoll und hilfreich.« (c't 25/05)

»Dieses Buch ist allen IT-Verantwortlichen und IT-Controllern zu empfehlen die zur Bewältigung ihrer Aufgaben sowohl an praktischen Hinweisen als auch an theoretischen Hintergründen interessiert sind.« (Controlling & Management, 51. Jg. 2007, H.4)

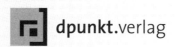

Wieblinger Weg 17 · 69123 Heidelberg
fon 0 62 21/14 83 40
fax 0 62 21/14 83 99
e-mail hallo@dpunkt.de
http://www.dpunkt.de